DEUS
MINHA ESSÊNCIA

DE

CATIA REGIELY

RIO DE
JANEIRO
2024

US

365 *dias de devocional fortalecendo minha identidade*

MINHA
ESSÊNCIA

PREFÁCIO

QUE ALEGRIA TER VOCÊ AQUI comigo para embarcarmos juntos em uma jornada de momentos transformadores, que o encherão de inspiração e certamente o impulsionarão a viver o extraordinário.

Este devocional foi uma criação especial e intensa. Ele não é só mais um livro para a sua coleção, mas sim um convite para que possamos declarar, por 365 dias, que Deus é a nossa essência, a nossa fortaleza, o nosso socorro.

Passear por estas páginas vai ser como receber de Deus o renovo e o encorajamento de que todos precisamos na nossa rotina. Vencer os dias maus, as enfermidades, o nosso próprio eu e tantas outras guerras que enfrentamos dia a dia é algo que depende inteiramente de nós. Não é pela força do nosso braço que superamos essas barreiras, mas pela convicção de quem Deus é, e não apenas do que Ele pode fazer. Nossa mente e nosso coração devem estar sempre cheios do que traz esperança.

A leitura diária deste devocional vai ajudar você a se posicionar com ousadia e fé diante das adversidades da vida. Afinal, quem de nós nunca precisou de socorro? Porém, melhor do que confiar unicamente no conselho dos homens é poder se alimentar da palavra de vida que flui do rio de Deus.

Deus: Minha essência convoca você a dizer à alma e ao coração que Deus tem o controle de tudo e a relembrar a soberania do Pai de amor que tem sustentado cada um de nós em graça e bondade. Com este livro você cuidará de diversas áreas da vida, das mais fáceis de identificar àquelas que você tem evitado confrontar. Assim como o fogo refina o ouro, eu declaro que estas palavras, estes pensamentos e estas experiências o conduzirão a uma experiência única e poderosa, aprofundando seu relacionamento íntimo e pessoal com Deus, o seu Pai, o nosso Melhor Amigo.

Me sinto privilegiada por ser um instrumento de Deus e poder registrar aqui a minha jornada de fé em busca por mais do Divino. Também me sinto grata em rasgar o meu coração em verdade para que cada um de vocês possa, junto comigo, caminhar em direção ao modelo perfeito de vida, que é ser cada vez mais parecido com Cristo.

Este devocional tem a missão de nos levar a deixar Jesus aparecer cada vez mais através de nós — no trabalho, nos relacionamentos, na família e onde quer que possamos estar. Ele é bom, fiel, companheiro e verdadeiramente amoroso. Permita-se ser tocado, mudado e profundamente transformado. Deus: Minha essência é um convite à mesa, ao secreto com Deus, à real dependência nEle, pois só Ele tem as palavras de vida.

Espero encontrar você em meio a estas palavras e ao fim deste ano. Que possamos celebrar o que Ele fez, o que está fazendo e o que virá.

Com muito amor e temor,
Catia Regiely

JANEIRO

1º DE JANEIRO

UM NOVO COMEÇO

*"Quem está unido com Cristo é uma nova pessoa;
acabou-se o que era velho, e já chegou o que é novo."*
(2 CORÍNTIOS 5:17)

O QUE VOCÊ ESPERA PARA O ANO que começa hoje?

Você tem um livro em branco a partir de agora, pronto para ser escrito com novas histórias, sonhos e realizações. Está pronto para realizar tudo o que deseja? Ou vai chegar ao fim de dezembro e se frustrar? A escolha é sua. Aproveite para pensar sobre o ano que passou e absorver as lições que ele deixou. Mas entenda que todas as dificuldades, os erros e os desafios não definem quem você é. Recomece unindo-se a quem, de fato, revelará sua identidade. Quem está unido com Cristo é uma nova pessoa e, assim, poderá viver a oportunidade de um novo começo. Ele nos oferece uma vida renovada: as coisas antigas passam, e tudo se faz novo.

A chave para um ano bem-sucedido está nos aprendizados, na mentalidade e nos hábitos renovados que podemos escolher diariamente. Entender que o velho passou e dar espaço para o novo faz parte dessa renovação de mente e de vida para a qual convido você a partir de hoje, por meio destas leituras diárias. Afinal, tudo muda quando mudamos a nossa maneira de pensar.

Reflita sobre como está o seu tempo com Deus; pense na sua saúde física e emocional. Inicie o dia de hoje planejando fazer pequenas mudanças, recomeçando. A cada dia, você pode escrever uma nova página desse lindo livro que está à sua espera. Tudo é novo!

Desejo que suas decisões façam você se aproximar cada vez mais de Deus e do propósito que Ele tem para a sua vida! Você merece viver o extraordinário!

VAMOS ORAR

Senhor, ajuda-me a renovar minha mentalidade e adotar hábitos que me aproximem de Ti. Leva-me a viver um estilo de vida que reflita a transformação que fizeste em mim. Que este ano seja um tempo de crescimento, renovação e bênçãos. Em nome de Jesus, amém.

ANOTAÇÕES

_____

_____

_____

_____

_____

_____

2 DE JANEIRO

CONFIANÇA RENOVADA

"Confie no Senhor de todo o coração e não se apoie na sua própria inteligência."
(PROVÉRBIOS 3:5)

SERÁ QUE VOCÊ CONFIA MESMO no Senhor? Confiar significa entregar tudo a Ele. Medos, sonhos, esperanças, planos, inquietações.

Precisamos entender que, muitas vezes, somos limitados e falhos, e vivemos situações que nos trazem dúvidas, ansiedade e aquele sentimento de incapacidade. Enfrentamos muitos desafios e inúmeras incertezas no decorrer da vida, e é natural tentar resolver as coisas com nossa própria lógica e entendimento. Ao fazer isso, podemos desanimar e pensar em desistir. Mas tudo muda quando contamos com a sabedoria do Senhor. Ele vê muito além do que podemos ver e conhece cada detalhe do nosso futuro. Quando confiamos nEle, essa atitude nos liberta da necessidade de querer controlar tudo e todos.

Neste dia, eu o convido a buscar uma fé mais profunda; a confiar no Senhor, mesmo quando não O entender; a colocar todas as suas inquietações nEle. Pode até parecer loucura, mas é possível viver uma vida feliz, ainda que em meio às atribulações. Para isso, é preciso estabelecer um relacionamento diário com Deus, fazendo dEle sua prioridade e seu novo estilo de vida. Assim, você experimentará a paz e a sabedoria que excedem todo entendimento humano, que estão muito além dos nossos olhos e do nosso raciocínio.

Vamos fazer diferente e confiar no poder do único que pode nos ajudar em qualquer situação? Aceite o desafio e experimente abrir mão do controle.

VAMOS ORAR

Pai, eu quero confiar em Ti de todo o meu coração. Ensina-me a não depender do meu próprio entendimento, mas a buscar Tua sabedoria em todas as áreas da minha vida. Que minha confiança em Ti seja renovada e fortalecida a cada dia. Em nome de Jesus, amém.

ANOTAÇÕES

3 DE JANEIRO

PERSEVERANÇA NA ORAÇÃO

"[...] *orem sempre* [...]" (1 TESSALONICENSES 5:17)

QUANDO LI ESSA MENSAGEM, CONfesso que minha mente quis me sabotar! Logo pensei: *Como alguém vai orar sem parar? Como fazemos isso, Senhor?! Temos tantas demandas, tanto trabalho! Isso é IMPOSSÍVEL!*

Nessa hora, o Espírito Santo me levou a pensar sobre a minha respiração. Respiramos o dia todo, por necessidade, mas pensamos para fazê-lo?

Assim como nosso corpo físico, nosso espírito precisa respirar; a oração contínua é a "respiração" do Espírito do Senhor em nós. Orar sem cessar não tem a ver com quanto tempo você passa ajoelhado. É um reconhecimento de quem somos. Quando entendi isso, passei a sentir vergonha do meu "relatório" de orações semanais.

Orar sem cessar é um estilo de vida. É ter em Deus aquele melhor amigo que não precisa de horário marcado. É só chegar perto que Ele está pronto para ouvir, dando as melhores orientações e direções. Quantos problemas, frustrações, distrações e desilusões seriam evitados, só porque você entendeu o poder de orar sem cessar? Acesso livre ao nosso melhor amigo: é isso que Deus deseja desenvolver em nós.

Vamos começar juntos o desafio de falar com nosso melhor amigo, sem hora marcada? Pode ser ao escovar os dentes, tomar banho, fazer seu cafezinho, dirigir, treinar na academia... Quem sabe ao lavar a louça, cuidar da casa ou dos negócios... Enfim, experimente. Convide-O hoje para ser o primeiro do seu dia, ser seu GPS, seu fiel amigo em todo tempo.

Orar sem cessar é a respiração do seu espírito!

VAMOS ORAR

Senhor, eu quero viver essa comunhão plena através da oração. Ensina-me a conversar Contigo a todo momento. Desperta-me ao longo do meu dia para estar com meus pensamentos alinhados com os Teus. Em nome de Jesus, amém!

ANOTAÇÕES

4 DE JANEIRO

GRATIDÃO DIÁRIA

"[...] e sejam agradecidos a Deus em todas as ocasiões. Isso é o que
Deus quer de vocês por estarem unidos com Cristo Jesus."

(1 TESSALONICENSES 5:18)

COMO VOCÊ ACORDOU HOJE? Parou por alguns segundos ou levantou apressado, correndo, atrasado, logo se envolvendo com inúmeras tarefas do dia? Encheu sua mente de informações, distrações e notícias, até que se viu dominado por uma sensação de angústia? Quando não entendemos o presente e a oportunidade dada por Deus todos os dias, é fácil nos sentirmos assim.

Acordar é um verdadeiro privilégio, porém vivemos tão atarefados, que nos esquecemos desse bem tão precioso. Quando isso acontece, qualquer problema domina nosso coração. A Palavra de Deus nos orienta a dar graças em TODAS as circunstâncias, então pense comigo: se, ao acordar, você não entende que já recebeu um presente e que precisa ter uma atitude de gratidão, será que, mesmo com tantas coisas a fazer durante o dia, você se lembrará disso?

A gratidão vai muito além das nossas palavras. Gratidão é uma atitude, um comportamento que não depende de circunstância, mas entende a vontade de Deus. Isso mesmo! A vontade do Senhor para sua vida é um comportamento que reverbera a gratidão.

O versículo de hoje está revelando qual é essa vontade: Deus deseja que você supere todas as suas adversidades com uma atitude de gratidão.

Olhe para a sua vida hoje. Imagino que existam situações difíceis, mas deixe-me lembrar algo a você: todas as coisas cooperam para o bem daqueles que amam a Deus.

VAMOS ORAR

Pai, quero cumprir Tua vontade. Quero acordar todas as manhãs e me lembrar deste presente chamado *vida*. Desenvolve em mim um coração cheio de gratidão. Obrigado por me amar e pelo perdão diário.

ANOTAÇÕES

5 DE JANEIRO

FÉ QUE MOVE MONTANHAS

"[...] se vocês tivessem fé, mesmo que fosse do tamanho de uma semente de mostarda, poderiam dizer a este monte: "Saia daqui e vá para lá", e ele iria. E vocês teriam poder para fazer qualquer coisa!" (MATEUS 17:20)

COMO ANDA A SUA FÉ? A FÉ É IMAginação! Sabe por quê? Você acredita em algo que ainda não aconteceu, algo que não consegue ver, mas, ainda assim, visualiza a situação como se já tivesse acontecido. Isso é fé na prática, e ela transforma toda a nossa esperança em realidade!

Não precisamos ter uma fé enorme, mesmo porque, humanamente, temos nossas limitações. É necessária uma pequena porção, assim como Jesus diz, do tamanho de um grão de mostarda. Sim! Isso é suficiente para mover qualquer obstáculo e trazer à realidade o que você deseja, pois acreditar nos faz confiar plenamente em Deus e ter a certeza do Seu poder em nós.

Lembre-se dos problemas que você foi capaz de vencer e que, na hora, pareciam impossíveis. Com fé, você conseguiu acreditar que seria vencedor. Acreditar que é possível nos faz ultrapassar todas as impossibilidades e ver além de todos os problemas. Quando confiamos em Deus, nós nos alinhamos com a Sua vontade e temos força para enfrentar cara a cara os desafios que a vida nos coloca, agora com coragem e certeza de quem está conosco.

Comece seu dia reconhecendo o poder da fé em sua vida. Concentre-se na força que vem da fé. Essa perspectiva transformadora não só muda nossa atitude, mas também abre portas para milagres e mudanças significativas.

VAMOS ORAR

Senhor, fortalece a minha fé para que eu possa ver além das minhas circunstâncias e acreditar no Teu poder para mover montanhas. Ajuda-me a confiar em Ti de todo o meu coração, sabendo que nada é impossível para aqueles que creem. Que eu possa viver cada dia com a certeza de que, em Ti, posso superar qualquer desafio. Em nome de Jesus, amém.

ANOTAÇÕES

6 DE JANEIRO

AMOR AO PRÓXIMO

"O meu mandamento é este: amem uns aos outros como eu amo vocês."
(JOÃO 15:12)

VOCÊ JÁ SE PERGUNTOU COMO seria o mundo se cada pessoa escolhesse amar o próximo como Jesus nos amou?

A mensagem de hoje nos instiga a ter uma atitude que pode mudar toda a história da humanidade. O amor não é um sentimento, é uma decisão que devemos tomar todos os dias. Se cada um de nós fizer a própria parte, amando como Jesus nos ensinou, como estaremos daqui a algum tempo?

Reflita sobre seus comportamentos em relação ao próximo, sobre o que você tem feito para praticar esse mandamento. Independentemente da sua rotina, dos desafios que vive todos os dias, você tem tirado um tempo para se dedicar ao próximo? Principalmente àquele que está dentro da sua casa? Eu sei que podemos nos esquecer disso e chegar ao final do dia cansados, sem nos lembrar de amar o próximo, nem que seja com uma simples pergunta: "Como foi o seu dia?" Ou então com um sorriso, afirmando: "Eu estou aqui!"

Por isso quero desafiá-lo a prestar atenção em todos os movimentos que podem acontecer hoje. Lembre-se de ser gentil no trânsito, sorrir para uma pessoa em situação de rua, levar uma palavra amiga ao colega no trabalho, oferecer um prato de comida a alguém que está com fome ou dar um abraço. São gestos simples que nos farão praticar o mandamento de Jesus e nos trarão a felicidade de manifestar o amor de Deus. Escolha amar e viver o amor de Deus em sua vida!

VAMOS ORAR

Senhor, me ensina a amar o próximo e a praticar esse mandamento tão poderoso! Que eu possa ser a manifestação viva do Teu amor e poder na vida do meu próximo. Em nome de Jesus, amém.

ANOTAÇÕES

7 DE JANEIRO

SABEDORIA DIVINA

"Mas, se alguém tem falta de sabedoria, peça a Deus,
e ele a dará porque é generoso e dá com bondade a todos."

(TIAGO 1:5)

COM TANTAS VOZES E OPINIÕES ao nosso redor, encontrar a verdadeira sabedoria pode parecer impossível. Mas Tiago nos lembra de uma verdade poderosa: se precisamos de sabedoria, basta pedi-la a Deus. Ele nos concede generosamente e sem reservas. A sabedoria está além da inteligência humana, ou do fato de existir certo e errado. Ela é um princípio que Deus nos dá de forma abundante para que possamos olhar a vida por outro prisma, ou seja, acima de qualquer circunstância.

A sabedoria também não é uma exigência para sermos perfeitos. Ela nos dá o direito de agir, mesmo com as nossas imperfeições e limitações, porém dependendo do Pai para nos sustentar.

Quando pedimos sabedoria, estamos dizendo que não queremos confiar em nosso próprio entendimento ou em conselhos alheios, mas no poder sobrenatural que vem de Deus. Imagine começar seu dia rogando a Deus por sabedoria. Você já pediu sabedoria hoje? Aproveite para começar de forma diferente: peça-a e sinta-a entrando em seu ser, preenchendo toda a sua alma de paz, dando um novo olhar para a vida!

VAMOS ORAR

Senhor, eu sei que muitas vezes não tenho sabedoria para lidar com as situações que acontecem em minha vida. Mas hoje quero começar o meu dia diferente e peço que me dês a sabedoria necessária para que eu consiga ter uma nova perspectiva. Em nome de Jesus, amém.

ANOTAÇÕES

8 DE JANEIRO

NOVAS OPORTUNIDADES

"Não vivam como vivem as pessoas deste mundo, mas deixem que Deus os transforme por meio de uma completa mudança da mente de vocês. Assim vocês conhecerão a vontade de Deus, isto é, aquilo que é bom, perfeito e agradável a ele." (ROMANOS 12:2)

NÃO SE CONFORMAR É NÃO aceitar. O que você tem aceitado viver que o mundo mostra como certo ou normal?

O resultado da nossa vida hoje é a consequência do padrão de mentalidade que temos. Se estamos em crise em alguma área da vida, se estamos insatisfeitos ou infelizes, precisamos entender que somos responsáveis por isso. Nada ocorre por acaso. Nós construímos. E construímos por meio do padrão de mentalidade que temos. Existe alguma área da sua vida que vem lhe causando dor? Se sua reposta for "sim", hoje você receberá a instrução do Senhor para mudar tudo isso. O primeiro passo é dizer: "Chega!" Não se conforme, não aceite isso! A vida muda quando você entende que precisa mudar.

O segundo passo é a renovação da sua mente. Deus nos chama à transformação, a pensar de maneira diferente, a ver o mundo com os olhos da fé. Isso requer disposição para abandonar padrões de pensamento negativo e escolher diariamente nutrir uma nova mentalidade.

Para experimentar a boa, agradável e perfeita vontade de Deus, precisamos viver essa renovação. Isso significa adquirir novos conhecimentos, novas atitudes, novos hábitos e novas ideias alinhadas com os ensinamentos de Deus. Quando algo assim acontece, começamos a viver a vida que Ele projetou para nós.

Você deseja viver a boa, agradável e perfeita vontade do Senhor? Então dê um basta hoje mesmo e diga "CHEGA!" ao que você sabe que precisa dizer!

VAMOS ORAR

Senhor, ajuda-me a renovar e transformar a minha mente, a tal ponto que eu consiga ver plenamente a Tua vontade em minha vida. Que eu possa ser o reflexo de Tua luz na vida do outro, e que todos possam ver-Te em mim. Em nome de Jesus, amém.

ANOTAÇÕES

9 DE JANEIRO

RENOVANDO AS FORÇAS

"[...] mas os que confiam no Senhor recebem sempre novas forças. Voam nas alturas como águias, correm e não perdem as forças, andam e não se cansam." (ISAÍAS 40:31)

VOCÊ GOSTA DE ESPERAR? JÁ teve a experiência de marcar algo com alguém e essa pessoa se atrasar por horas?

Acredito que todos nós já passamos por essas situações. Se não somos quem esperou, somos quem se atrasou. Nesse dia, você se lembra de ter se sentido mais forte? *Ah! Já que meu amigo está atrasado, vou aproveitar para dar uma renovada na minha força!* Algo me diz que não foi isso que você pensou. No mínimo, você ligou, mandou algumas mensagens e até pensou em cancelar o compromisso. Não é?!

Ninguém gosta de esperar, porque geralmente criamos expectativas com pessoas ou situações que podem nos decepcionar. Porém, hoje estamos sendo convidados a acessar outro nível de espera. Quando esperamos pela pessoa certa, o jogo muda. A situação é completamente diferente.

Quem é essa pessoa? Nosso Pai, nosso Senhor e Salvador! Quando esperamos nEle, temos uma garantia: ficaremos mais fortes!

Quando nossa dependência estiver no alvo certo, nossa visão será ampliada e nos tornaremos verdadeiros atletas, correndo com fôlego e força total. Esperar no Senhor nos transforma. Você já pensou nisso?

Você está sendo convidado a viver isso. E o primeiro passo é abrir mão do orgulho, que faz você querer controlar todas as coisas no seu tempo. O tempo não é seu, então aprenda a esperar e confiar. O Senhor, hoje, convoca você a se tornar mais forte. Você aceita?

> **VAMOS ORAR**
> Senhor, eu quero viver isso! Quero descansar e esperar em Ti. Quero essa renovação diária, essa visão ampliada e esse fôlego extraordinário de um atleta. Ensina-me a entender Tua vontade. Preciso de Ti todos os dias. Amém.

ANOTAÇÕES

10 DE JANEIRO

PERSEVERANÇA NA JORNADA

"Vocês sabem que numa corrida, embora todos os corredores tomem parte, somente um ganha o prêmio. Portanto, corram de tal maneira que ganhem o prêmio."
(1 CORÍNTIOS 9:24)

PERSEVERANÇA: UMA PALAVRA que carrega o poder de um troféu. Uma qualidade que deve ser experimentada por todos nós, principalmente neste tempo, quando tudo está tão desafiador. A perseverança nos faz não desistir e continuar nossa jornada, mesmo cansados e atribulados, até a recompensa chegar e partirmos para a nova terra.

Sei que, nos momentos difíceis, quando parece não haver uma solução, a primeira opção é desistir. Mas chamo a sua atenção para que consiga ver a perseverança na vida e morte de Jesus. Ele também poderia ter desistido e parado no meio do caminho, mas foi até o fim para cumprir o plano perfeito de Deus.

Se hoje você se sente sobrecarregado, pegue esse exemplo maior que carregamos por toda a nossa vida e saiba que Deus está ao seu lado, pronto para renovar suas forças. Encare cada desafio com a certeza de que você não está sozinho. Deus promete sustentar aqueles que perseveram. Acredite que Deus está guiando cada passo seu.

VAMOS ORAR

Senhor, ajuda-me a perseverar na jornada da vida, enfrentando cada desafio com coragem e determinação. Renova minhas forças e mantém meus olhos focados em Ti. Dá-me a sabedoria para seguir em frente, confiando que Tu estás comigo em todos os momentos. Em nome de Jesus, amém.

ANOTAÇÕES

11 DE JANEIRO

PROPÓSITO DIVINO

"Só eu conheço os planos que tenho para vocês: prosperidade e não desgraça e um futuro cheio de esperança. Sou eu, o Senhor, quem está falando."

(JEREMIAS 29:11)

VOCÊ SABIA QUE DEUS TEM UM plano para a sua vida? Sim! Ele nos garante que são planos bons, de nos fazer prosperar e nos dar esperança e um futuro. Você pode se perguntar: "Então por que tantas dificuldades?"

Estamos aqui para enfrentar tempestades, mas também para desfrutar o calor do sol e a brisa da manhã. As dificuldades vêm para nos deixar mais fortes e resistentes, a fim de aprendermos cada lição, amadurecermos, nos tornarmos seres humanos mais sábios.

Deus nos assegura que conhece os planos que tem para nós. Você acha que os planos dEle seriam ruins ou de sofrimento? Jamais! Na verdade, nós mesmos nos colocamos em situações opostas às que Ele tem para nós, pois temos livre-arbítrio. Mas Deus sempre está pronto para nos ajudar e nos dar a sabedoria necessária para vencer. Quando confiamos nEle e buscamos Sua orientação, encontramos paz em saber que estamos sob Seu cuidado. Seus planos são revelados conforme vamos vencendo cada obstáculo, obedecendo e sendo fiéis a Ele.

Não se sinta inseguro em relação à promessa do dia de hoje. Respire fundo, sinta o poder de Deus sendo manifestado em seu espírito nesta manhã e tome posse dos planos que Ele já preparou. Permita-se viver de coração aberto, sempre pronto a experimentar a vontade de Deus e tudo o que Ele tem para você.

VAMOS ORAR

Senhor, agradeço os planos que tens para minha vida: planos de prosperidade e esperança. Ajuda-me a confiar em Ti e a buscar Tua orientação em cada passo que dou. Renova minha fé e dá-me a coragem para seguir o caminho que preparaste para mim. Que eu possa viver de acordo com o Teu propósito. Em nome de Jesus, amém.

ANOTAÇÕES

12 DE JANEIRO

VENCENDO A PROCRASTINAÇÃO

"Portanto, prestem atenção na sua maneira de viver. Não vivam como os ignorantes, mas como os sábios. Os dias em que vivemos são maus; por isso aproveitem bem todas as oportunidades que vocês têm." (EFÉSIOS 5:15-16)

VOCÊ JÁ ADIOU TAREFAS IMportantes, mesmo sabendo que precisava concluí-las? A procrastinação é um desafio comum, mas devemos nos lembrar da importância de ser sábio e aproveitar bem o tempo. Deus nos chama a viver de maneira prudente, valorizando cada momento e utilizando nosso tempo de forma eficaz para cumprir Seus desígnios.

Para vencer a procrastinação, precisamos primeiro reconhecer o valor do tempo que Deus nos deu. Cada dia é uma oportunidade única para crescer, servir e realizar algo significativo. Quando adiamos nossas responsabilidades, estamos desperdiçando preciosos momentos que nunca mais voltarão. A sabedoria bíblica nos ensina a "remir o tempo", ou seja, aproveitar ao máximo cada oportunidade, vivendo de maneira intencional e produtiva.

Comece hoje com pequenas ações, para não se frustrar por não conseguir executar o que planejou. Defina metas e objetivos diários, mas não faça listas muito extensas, pois você ainda corre o risco de chegar ao fim do dia com algumas pendências. Então seja honesto consigo mesmo e coloque na lista apenas o que você der conta de realizar. Não se sabote e também não desvie sua rota diária. Foque cada atividade, de forma a cumpri-la com eficiência.

Seja prático e peça sabedoria e disciplina para superar a procrastinação e vencer dia após dia.

VAMOS ORAR

Senhor, ajuda-me a vencer a procrastinação que vem me consumindo e me atrapalhando a executar meus projetos e sonhos. Dá-me sabedoria para entender o valor do tempo e me mostra em que estou desperdiçando a minha vida, para que eu possa refazer essa rota ainda hoje. Amém.

ANOTAÇÕES

_____

_____

_____

_____

_____

13 DE JANEIRO

AMOR INCONDICIONAL

"Mas Deus nos mostrou o quanto nos ama: Cristo morreu por nós quando ainda vivíamos no pecado." (ROMANOS 5:8)

CRISTO MORREU PELOS NOSSOS pecados. Esse é o exemplo mais puro e profundo de amor incondicional. Deus não esperou que fôssemos perfeitos ou merecedores; Ele nos amou em nosso estado mais frágil e imperfeito.

O amor de Deus não depende de nossas ações ou méritos. É um amor que nos alcança em nossas falhas e nos oferece redenção e esperança. Em um mundo onde muitas vezes o amor é condicionado a comportamentos e expectativas, o amor de Deus se destaca como um farol de graça e misericórdia. Ele nos ama plenamente e nos convida a viver nessa verdade transformadora.

Você se sente amado por Deus?

Você pode se sentir desvalorizado, incapaz e não merecedor desse amor; isso faz parte da natureza humana, mas quero convidá-lo a abrir o coração e perceber que Deus já provou o amor dEle por nós, pelo sacrifício de Jesus. Essa realidade deve ser integrada em seu âmago, pois Ele nos chama a também amar. Cristo fez o que precisava fazer para nos salvar. Pela cruz, podemos ter certeza dessa atitude.

Sinta essa presença, esse amor que transborda de dentro para fora!

VAMOS ORAR

Senhor, obrigado pelo Teu amor incondicional. Ajuda-me a viver no Teu amor e a refleti-lo em minhas relações. Que eu possa amar aos outros como Tu me amaste, com graça e misericórdia. Em nome de Jesus, amém.

ANOTAÇÕES

14 DE JANEIRO

ESPERANÇA NO SENHOR

"Mas eu abençoarei aquele que confia em mim, aquele que tem fé em mim, o Senhor." (JEREMIAS 17:7)

VOCÊ ACHA DIFÍCIL CONFIAR seus problemas a Deus? Há quanto tempo está tentando carregar o fardo de seus problemas sozinho?

Quando somos dominados pela rotina, deixamos que as preocupações tomem conta de nós e não conseguimos avançar. Afinal, seguimos querendo estar no controle e acreditando que vamos dar conta de tudo sozinhos.

Confiar em Deus requer um salto de fé. É preciso abdicar do que não somos capazes de controlar e deixar nas mãos do nosso Pai todas as ansiedades e os problemas, com a certeza de que Ele sabe o que é o melhor para nós. Quando fazemos isso, trocamos com Ele esse fardo pesado, e o nosso se torna leve. Ficamos como uma árvore firmada junto às águas, alimentada constantemente e podendo estender suas raízes, sem medo do calor intenso ou das tempestades. Confiar em Deus nos dá força, calmaria e esperança, independentemente de toda a circunstância.

Pare de lutar contra seus problemas e contra você mesmo! Aprenda a partir de hoje a confiar em Deus e deixar com Ele o que cabe a Ele, lembrando sempre que Deus é fiel e nunca o abandonará. Tenha fé, dê esse salto sem medo e com a certeza de que o mais Ele fará!

VAMOS ORAR

Senhor, minha esperança está em Ti. Ajuda-me a confiar em Teu plano e a crer que Tu tens o melhor para mim. Que minha esperança em Ti seja uma âncora firme, me dando força e paz em todas as circunstâncias. Em nome de Jesus, amém.

ANOTAÇÕES

15 DE JANEIRO

VIDA DE ORAÇÃO

"Continuem firmes na oração, sempre alertas ao orarem e dando graças a Deus."
(COLOSSENSES 4:2)

VOCÊ JÁ PAROU PARA PENSAR NO poder da oração? Sabia que a ciência comprovou que a oração é poderosa só pelo fato de você se ajoelhar e juntar suas mãos em posição de prece?

Orar não é ficar fazendo pedidos e mais pedidos. E o texto de hoje diz claramente: "velando nela com ação de graças", ou seja, em gratidão. Então, a oração é uma conversa íntima com Deus; é quando você permite que Ele olhe para você por dentro, com todas as suas mazelas, feridas, sombras. A oração leva você a uma condição pura da essência, deixando-o vulnerável, mas, ao mesmo tempo, forte em Deus!

Viver uma vida de oração é saber que tudo que você é e tem vem dEle!

A oração nos faz crescer e nos dá a direção correta que devemos seguir. É com a oração que acessamos o fôlego de Deus e nos fortalecemos para continuar nossos desafios diários. Mesmo quando as respostas que queremos não vêm, temos a certeza de que estamos sendo guiados por um pai amoroso e que tudo sabe.

Você pode estar lendo este texto e se sentindo distante, pensando que é difícil construir uma rotina de oração, mas o ponto principal do versículo de hoje é a perseverança. Perseverar em oração é estar em oração um pouco por dia, até que você se veja mergulhado por algumas horas nela. Não comece exigindo muito de você. Reserve alguns minutos do seu dia para falar com Deus e agradecer todas as bênçãos. Logo a oração será um hábito em sua vida, e você verá as transformações se concretizando.

VAMOS ORAR

Senhor, ajuda-me a perseverar na oração. Que minha vida seja marcada por um relacionamento íntimo e contínuo Contigo. Ensina-me a orar com ação de graças, reconhecendo Tuas bênçãos em minha vida. Amém.

ANOTAÇÕES

16 DE JANEIRO

PODER DO PERDÃO

"Pelo contrário, sejam bons e atenciosos uns para com os outros. E perdoem uns aos outros, assim como Deus, por meio de Cristo, perdoou vocês."

(EFÉSIOS 4:32)

PERDOAR NÃO É FÁCIL, REQUER humildade e coragem. Às vezes, as feridas são profundas, e o perdão parece impossível. Deus nos dá força para perdoar, sempre nos lembrando do grande perdão que recebemos através da obra consumada da cruz de Cristo. Sim! Ele nos perdoou de maneira incondicional, ou seja, sem pedir nada em troca e sem ao menos merecermos.

Esse perdão nos chama a fazer o mesmo pelo nosso próximo! Mas preferimos dizer que a pessoa que nos machucou não merece o perdão, porque o que ela fez foi imperdoável. Já parou para pensar que nós também não merecíamos o perdão? Que todos estávamos afastados da Glória de Deus, em corrupção da carne e em pecado, antes do sacrifício perfeito? Somos todos iguais e não temos o direito de não perdoar. Temos o dever de liberar perdão, soltando a corda que nos prende às pessoas que nos magoaram.

Perdoar não é justificar quem está errado ou o que foi feito; é libertar-se para uma vida plena e leve! O perdão tem o poder de restaurar relacionamentos, curar feridas e nos fazer renascer da escuridão! Aproveite para pensar nas pessoas que você precisa perdoar e peça a Deus que lhe dê força e graça para liberar esse perdão.

Você está disposto? Ou ainda prefere ficar julgando o próximo com suas justificativas e desculpas? Deus perdoou sua vida através de Jesus. Ele salvou você. E, da mesma forma, você pode decidir perdoar hoje aqueles que o feriram.

VAMOS ORAR

Senhor, ajuda-me a perdoar como Tu me perdoaste. Que eu possa liberar qualquer rancor ou mágoa e permitir que Tua paz e Teu amor encham meu coração. Ajuda-me a viver uma vida de perdão e misericórdia, refletindo Teu caráter em minhas ações. Em nome de Jesus, amém.

ANOTAÇÕES

17 DE JANEIRO

OPORTUNIDADES DE CRESCIMENTO

"Meus irmãos, sintam-se felizes quando passarem por todo tipo de aflições. Pois vocês sabem que, quando a sua fé vence essas provações, ela produz perseverança." (TIAGO 1:2-3)

OS CONFLITOS EXISTEM PARA nos fazer crescer. Você já ouviu a expressão "Crescer dói"? É isso mesmo! Gosto de fazer uma analogia com a infância. Os médicos falam da dor do crescimento, quando os ossos começam a se desenvolver e sentimos dor. Isso acontece também em todas as áreas da vida: emocional, social, espiritual etc. Outro exemplo de quando somos crianças é quando estamos aprendendo a andar e caímos diversas vezes, o que também nos deixa doloridos.

O desafio de hoje não é apenas olhar para todas as provações por que estamos passando e que têm gerado dor, mas enxergar em cada uma delas uma oportunidade para nosso crescimento como pessoas, principalmente nos preparando para assumir lugares ainda mais altos.

Sem nossos momentos de conflitos, não seríamos capazes de desenvolver resiliência, adaptabilidade, força nem sabedoria. Ao contrário, seríamos pessoas negativas, que, ao passar pelos desafios, enxergariam apenas o lado ruim de todas as questões. Não importa quais são as suas dificuldades, é preciso saber que cada uma delas é uma oportunidade que você está tendo de se transformar. Consegue ver?

Não desanime! Persista! Perceba cada obstáculo como uma etapa importante do caminho. Confie que Deus está ao seu lado cuidando de tudo para que, quando você chegar ao final dessa fase, esteja preparado para as novas fases que virão.

VAMOS ORAR

Senhor, ajuda-me a ver as provações como oportunidades de crescimento. Dá-me a coragem e a fé para perseverar, sabendo que Tu estás comigo em cada desafio. Fortalece minha confiança em Ti e molda-me de acordo com Teu propósito. Em nome de Jesus, amém.

ANOTAÇÕES

18 DE JANEIRO

VIDA EM ABUNDÂNCIA

"[...] eu vim para que as ovelhas tenham vida, a vida completa."

(JOÃO 10:10)

JESUS DECLARA QUE VEIO PARA nos dar vida, e vida em abundância.

O que seria uma vida em abundância? Você já se perguntou isso? Talvez já tenha pensado que a abundância está totalmente relacionada a bens materiais. Não, não é somente isso. A vida abundante é plena; nela, todas as áreas da vida têm a marca de Cristo.

A primeira parte do versículo de hoje fala sobre o ladrão: "O ladrão vem apenas para roubar, matar e destruir." Se Jesus veio para nos dar uma vida completa, existe um ladrão que tenta, a todo custo, roubar isso de nós.

Você já viveu o desprazer de um assalto? Provavelmente foi uma experiência estressante. Porém, por mais difícil que possa ter sido, não se compara com o que satanás — o ladrão — quer causar em você. Ele não deseja apenas bens materiais, mas também sua alegria, sua paz, seus sonhos, sua esperança. Todos os dias, ele luta incansavelmente para tentar roubar algo de você. Mas anime-se: Jesus, o seu Bom Pastor, salvou você e lhe concede vida abundante.

Hoje você pode pedir a Ele que revele essa abundância em todas as áreas da vida. Talvez você esteja parcialmente feliz com alguns resultados; porém, entenda: você pode e merece muito mais. Pode ser completo, pleno e abundante. Essa é a vida que Jesus promete hoje.

VAMOS ORAR

Jesus, obrigado por ser meu Bom Pastor. Quero viver diariamente essa vida abundante em todas as áreas. Restitui tudo o que um dia eu deixei ser roubado de mim. Quero viver a plenitude do Teu Reino. Em nome de Jesus, amém.

ANOTAÇÕES

19 DE JANEIRO

A CORAGEM DE ESTER

"[...] e, se eu tiver de morrer por causa disso, eu morrerei." (ESTER 4:16)

ESTER, UMA JOVEM JUDIA, FOI colocada em uma posição de influência como rainha da Pérsia. Quando seu povo enfrentou a ameaça de aniquilação, ela arriscou a vida para interceder junto ao rei. Sua coragem foi sustentada por jejum e oração, demonstrando uma profunda dependência de Deus. Ela sabia que era perigoso ir ao encontro do rei sem ser chamada e que isso poderia levá-la à morte, mas a fé e o amor pelo seu povo fizeram dela valente.

A coragem de Ester nos ensina a enfrentar nossos próprios desafios com fé e determinação. Independentemente do risco, ela nos mostra que a confiança em Deus nos sustenta e guia. Essa jovem poderia continuar no palácio, e nada aconteceria com a sua vida, mas ela não aceitou o decreto que foi imposto ao seu povo e agiu no momento certo para defender toda uma nação. Isso nos mostra que muitas vezes é preciso sair da zona de conforto e fazer o que deve ser feito.

Quais situações que estão exigindo coragem você tem vivido? Não há problema em estar com medo, mas você não pode deixar esse medo travar suas atitudes e impedi-lo de seguir e alcançar a vitória de que precisa. Permita que a coragem de Ester fale com você neste dia. Aprenda com ela. Use sua coragem e saia da zona de conforto! Enfrente seus obstáculos e aproveite para realizar grandes coisas por meio do amor de Deus.

Depois que conquistar a vitória, assim como Ester, faça uma festa celebrando e agradecendo a Deus por tê-lo ajudado.

VAMOS ORAR

Senhor, dá-me a coragem de Ester para enfrentar os desafios da vida. Ajuda-me a confiar em Ti e a buscar Tua força em momentos de medo e incerteza. Que minha fé em Ti me leve a agir com bravura e determinação. Em nome de Jesus, amém.

ANOTAÇÕES

20 DE JANEIRO

TRANSFORMAÇÃO PELO ESPÍRITO

"Portanto, todos nós, com o rosto descoberto, refletimos a glória que vem do Senhor. Essa glória vai ficando cada vez mais brilhante e vai nos tornando cada vez mais parecidos com o Senhor, que é o Espírito." (2 CORÍNTIOS 3:18)

O QUE VOCÊ VÊ QUANDO OLHA no espelho? Será que está se vendo cada vez mais parecido com Cristo?

Viver uma vida transformada é isso! Cada vez que você se vê, consegue ver a Cristo. Quando as pessoas olham para você, a sua imagem reflete a de Cristo não só nos comportamentos, mas nos pensamentos.

Ser transformado à imagem dEle é um processo de busca profunda e mergulho em si mesmo e na Palavra de Deus, permitindo que Sua presença nos molde e nos renove continuamente. É uma transformação do Espírito, uma jornada na qual Deus remove tudo o que não é nosso e nos capacita a brilhar ainda mais intensamente, como um diamante em estado bruto que, depois do polimento, se torna uma pedra preciosa. Deus trabalha em nós e nos refina para sermos uma pedra preciosa e refletir a Sua Glória!

Estar preso a velhos hábitos e sentir-se desanimado com seu processo espiritual não são características de uma pessoa que reflete a imagem de Deus. Esse é um processo contínuo e poderoso. Você precisa confiar. Mergulhe nessa obra profunda que é você mesmo e começa hoje esse processo de lapidação da pedra bruta, até que seu brilho se confunda com a Glória de Deus.

Cada passo que você dá em direção a Deus, cada momento que passa na presença dEle contribuem para a renovação. Deixe o Espírito Santo guiar e moldar a sua essência, sabendo que você está sendo transformado de glória em glória para brilhar e refletir a majestade de Cristo.

VAMOS ORAR

Senhor, transforma-me pelo Teu Espírito. Que eu possa contemplar Tua glória e ser moldado à Tua imagem. Ajuda-me a viver de acordo com Tua vontade, permitindo que o Espírito Santo trabalhe em minha vida. Em nome de Jesus, amém.

ANOTAÇÕES

21 DE JANEIRO

VENCENDO A ANSIEDADE

"Entreguem todas as suas preocupações a Deus, pois ele cuida de vocês."
(1 PEDRO 5:7)

HOJE, MAIS DO QUE NUNCA, OUvimos falar de ansiedade — esse sentimento que não escolhe idade, gênero ou classe social e tem atingido milhares de pessoas. Os transtornos ansiosos são uma reação emocional a uma ameaça do futuro, uma incerteza em relação ao que virá, um medo do que pode acontecer.

Será que você tem se sentido assim? O medo do amanhã tem tirado de você o direito de viver o seu hoje? Você está sempre ansioso pelo que virá? Aprendi algo com o Senhor em relação a esse tema tão delicado e gostaria de compartilhar com você.

Vivemos preocupados com o amanhã. Queremos resolver as situações na força do braço e, quando não conseguimos, nos frustramos e ficamos paralisados. Nos distraímos por besteiras, não conseguimos focar os nossos projetos, estamos sempre adiando pequenas tarefas... Sem que percebamos, isso nos gera culpa e nos faz temer. Afinal, quem não produz hoje não terá o que colher amanhã.

Quer se ver livre desse sentimento tóxico? Produza o seu melhor hoje! Preste atenção no que acabou de ler: "O SEU MELHOR!" Você não precisa estar acima de ninguém. Seja melhor que ontem, todos os dias. Depois disso, lance sobre o Senhor toda a ansiedade, porque Ele tem cuidado de você.

Vença isso hoje. Olhe para o seu dia como uma grande oportunidade, dê o seu melhor em tudo e descanse no cuidado do Senhor. É uma boa escolha, né?!

VAMOS ORAR

Senhor, às vezes sou dominado pelo excesso de foco no futuro, mas hoje decido entregar tudo a Ti. Ajuda-me em todas as minhas demandas. Que eu encare tudo com mais verdade e responsabilidade, sabendo que estou plantando meu melhor, e meu amanhã estará guardado por Ti. Amém.

ANOTAÇÕES

22 DE JANEIRO

ALEGRIA NA PRESENÇA DE DEUS

"Tu me mostras o caminho que leva à vida. A tua presença me enche de alegria e me traz felicidade para sempre." (SALMO 16:11)

A BUSCA PELA ALEGRIA É ALGO muito recorrente no nosso dia a dia. Todo mundo deseja sentir-se feliz, animado, otimista. Sabe aquela sensação de todos os dias "acordar com o pé direito", abrir os olhos e celebrar a grandeza da oportunidade que é viver?!

Essa busca é real; porém, para várias pessoas, parece impossível, pois muitos precisam de motivos específicos para se sentirem animados e alegres. O dia tem que estar ensolarado. Se chover, a disposição vai embora com a chuva. Tudo tem que estar exatamente do jeito que foi planejado. Se algo sai do controle, pronto, acabou a alegria. Já são inúmeras razões para reclamação e tristeza.

Quantas vezes você deixa que situações específicas roubem sua alegria? Já parou para pensar sobre isso? Quantas vezes você deposita sua expectativa em coisas que estão fora do seu controle e, por ser assim, se frustra, chora, reclama? E lá se foi mais um dia de amargura.

Vou dar uma notícia extraordinária agora: existe um lugar onde esse estilo de vida que você tanto deseja é possível e está disponível. Esse lugar é na presença de Deus. Davi louva ao Senhor dizendo: "Na Tua presença, há plenitude de alegria." Uau! Esse lugar é real!

Não espere mais o dia perfeito, as pessoas perfeitas, as circunstâncias perfeitas para se sentir feliz. Encontre essa alegria na presença de Deus. Ele está ansioso para passar mais momentos com você e mostrar um caminho novo a seguir.

VAMOS ORAR

Pai, tantas vezes me sinto triste por depositar minha expectativa em situações adversas... Eu não quero mais viver assim. Ensina-me a desfrutar a alegria existente na Tua presença. Conduz-me nesse caminho certo mencionado por Davi. Desejo viver Contigo, meu Pai. Amém.

ANOTAÇÕES

23 DE JANEIRO

FORÇA CAPACITADORA

"Com a força que Cristo me dá, posso enfrentar qualquer situação."
(FILIPENSES 4:13)

COMO VOCÊ ESTÁ COMEÇANDO seus dias? Tem acordado cansado e se sentido sobrecarregado?

Nessas horas, só conseguimos pensar nos problemas, e nos esquecemos do poder que nos sustenta e nos ajuda a vencer qualquer desafio não com a nossa capacidade, mas com a força de Cristo. A mensagem de hoje nos leva a refletir sobre essa força que nos faz conseguir tudo de que precisamos, ultrapassando todo o entendimento e superando as limitações.

Quando Paulo proferiu o versículo do dia de hoje, estava preso e já tinha enfrentado outros desafios, como perseguições, naufrágios, entre outros momentos difíceis, mas conseguiu encontrar a força na sua dependência e no seu relacionamento com Deus. Ele entendeu que essa confiança o fazia passar por diversas situações e vencê-las.

Convido você a buscar essa dependência naquele que cuida de você e é especialista em resolver o caos. Isso o ajudará a acordar todos os dias com uma energia renovada.

Nele está a fonte inesgotável de força de que você precisa para seguir seus dias sem carregar os pesos que a vida impõe, trazendo apenas o que lhe cabe e o que você pode fazer, sem desconsiderar a responsabilidade pelas suas atitudes e pela resolução dos problemas. Você não precisa enfrentar seus desafios sozinho. Ele está ao seu lado para fortalecê-lo.

VAMOS ORAR

Jesus, obrigado pela energia diária. Que eu possa todos os dias depender mais de Ti. Sei que sou capaz de vencer todas minhas adversidades quando confio na Tua força capacitadora. Fica comigo, Pai. Amém.

ANOTAÇÕES

24 DE JANEIRO

ESPERANÇA VIVA

"Louvemos ao Deus e Pai do nosso Senhor Jesus Cristo! Por causa da sua grande misericórdia, ele nos deu uma nova vida pela ressurreição de Jesus Cristo. Por isso o nosso coração está cheio de uma esperança viva."

(1 PEDRO 1:3)

A ESPERANÇA EM CRISTO É viva e poderosa. É ela que sustenta a nossa base em tempos de crise e alimenta em nosso coração uma visão positiva. Quando estamos passando por algum conflito ou sofrimento, precisamos voltar nossos pensamentos a Jesus Cristo, lembrando-nos dos momentos terríveis que Ele passou para nos regenerar como pessoas e nos dar a possibilidade da vida eterna.

A ressurreição de Cristo nos garante que, independentemente das crises que enfrentamos, nossa esperança nEle não pode ser abalada. É um verdadeiro presente, fruto da misericórdia de Deus, que nos mantém vivos e seguros e nos dá a certeza de que o Pai está sempre trabalhando para o nosso bem.

Se você anda cabisbaixo, sem esperança, volte seu olhar para Jesus, relembre suas experiências e receba o amor dEle! Feche os olhos e sinta-O à sua frente sorrindo e lhe dizendo o tamanho do amor e da esperança que o fizeram cumprir o plano de Deus. Sem falhar, sem questionar, Cristo simplesmente cumpriu o plano divino para trazer a esperança de que você precisa.

Sinta a sua esperança sendo renovada e o seu espírito sendo fortalecido. Agradeça a Ele. Diga o quanto você é feliz por tê-Lo em sua vida! Perceba como estar vivo é maravilhoso, porque você pode resolver todos os conflitos que surgirem no meio do caminho com a esperança que Ele lhe dá.

VAMOS ORAR

Senhor Jesus, obrigado por essa esperança viva que posso acessar todos os dias da minha vida. Ensina-me a depender mais de Ti. Eu quero viver a alegria dessa confiança. Não permita que eu me distraia e me afaste dessa convicção encontrada em Ti. Amém.

ANOTAÇÕES

25 DE JANEIRO

SERVINDO COM ALEGRIA

"Adorem o Senhor com alegria e venham cantando até a sua presença."
(SALMOS 100:2)

SERVIR: UMA PEQUENA PALAVRA, mas com um tremendo poder.

Quando pensamos em servir, não devemos pensar em peso ou em uma obrigação a cumprir. Quando alguém disser que você "precisa fazer algo" para servir, pare e pense em duas coisas: *Estou com o meu coração nessa tarefa ou missão? Vou servir com o meu coração alegre, sem esperar reconhecimento algum, ou será um peso para mim?*

Existe um grande diferencial no ato de servir, mas hoje muitos acabaram perdendo a verdadeira essência dessa palavra. Seja qual for a atividade a ser executada no ato de servir, ela deve ser realizada primeiramente para Deus; pois, em cada momento durante o qual você está servindo, está também se conectando com o Senhor. A alegria em servir não vem da tarefa propriamente dita, mas dessa conexão sobrenatural que conquistamos e que automaticamente gera um impacto positivo nas pessoas ao nosso redor.

Faço uma convocação a você, leitor: que juntos possamos resgatar a verdadeira essência do ato de servir e fazê-lo em verdade e em espírito, buscando cumprir os ensinamentos de Cristo, mas princi-palmente vivendo na prática esse princípio. Assim, com certeza nos tornaremos testemunhos vivos de transformação para outras pessoas.

Que possamos servir e amar mais!

Encontre alegria na presença do Senhor e deixe essa alegria transbordar em tudo o que você faz.

VAMOS ORAR

Senhor, obrigado por me dar a oportunidade de Te servir. Ajuda-me a servir com alegria, reconhecendo que cada ato de serviço é uma forma de Te honrar e adorar. Que minha alegria em Te servir possa ser um testemunho para os outros e que eles também sejam inspirados a Te buscar. Em nome de Jesus, amém.

ANOTAÇÕES

26 DE JANEIRO

CONFIANÇA NAS PROMESSAS DE DEUS

"[...] porque é o 'sim' de todas as promessas de Deus. Por isso dizemos 'amém', por meio de Jesus Cristo, para a glória de Deus."

(2 CORÍNTIOS 1:20)

EU TENHO CERTEZA DE QUE você já foi iludido alguma vez com falsas promessas. E por que não dizer que também já iludiu alguém quando prometeu algo que não tinha certeza se cumpriria?

Sempre que não cumprimos com a nossa palavra, estamos errados. Quanta gente sofre por promessas vazias de pessoas que juram amor eterno, de falsos líderes religiosos que usam a palavra de Deus de maneira mentirosa ou até mesmo por conta de propostas que nunca chegaram? Talvez, neste momento, você esteja vivendo essa fase de desilusão, tendo depositado toda a sua confiança em alguém ou em uma circunstância. Preciso lhe dizer que existe uma nova perspectiva. Você pode abrir seu coração novamente para acreditar nas promessas certas, sem incerteza, engano ou frustração.

As promessas de Deus feitas por meio de Cristo serão todas cumpridas em sua vida. Não haverá vacilo por parte de Deus. Ele é fiel, e você tem o "sim" do Pai.

Você pode estar se questionando agora: *Que promessas são essas?* Ele promete perdão dos seus pecados, santificação, apoio na tentação e na provação, orientação, paz na morte e glória eterna além da sepultura. Tudo isso em Jesus. Nada falhará.

Confie seus dias no Senhor, pois Ele jamais o decepcionará. Você tem o "sim" dEle.

VAMOS ORAR

Senhor, ensina-me a confiar mais e mais nas Tuas promessas. São tantas as frustrações aqui na terra, que, muitas vezes, me esqueço das Tuas promessas, mas elas são imutáveis sobre mim. Obrigado, Jesus. Amém.

ANOTAÇÕES

27 DE JANEIRO

A OBEDIÊNCIA DE MARIA

"Maria respondeu: 'Eu sou uma serva de Deus; que aconteça comigo o que o senhor acabou de me dizer!'" (LUCAS 1:38)

VOCÊ GOSTA DE IMAGINAR algumas histórias da Bíblia? Eu também! Sempre que leio as Escrituras, minha imaginação corre solta. A história de Maria tem um lugar especial em meu coração, e meu desejo hoje é que ela invada o seu a partir desta leitura.

Maria morava em Nazaré, na Galileia, e estava prestes a se casar com um homem chamado José. Um dia, ela recebeu a visita inesperada de um anjo, e era a visita que mudaria a vida dela.

A primeira coisa que o anjo disse foi: "Alegre-se! Como você foi agraciada pelo agir de Deus!" Ela ficou perplexa com as palavras do anjo, mas ele a tranquilizou: "Maria, não fique com medo. Deus preparou uma surpresa: você vai engravidar, dará à luz um filho e irá chamá-lo Jesus." Maria quis saber como, já demonstrando obediência. Ela queria saber como, e não por quê.

Será que podemos aprender algo com isso? Quantas situações na vida são bloqueadas pelos questionamentos da nossa mente e pela nossa falta de obediência ao chamado do Senhor?

Maria respondeu: "Eis aqui a serva do Senhor."

E se você decidir praticar esse nível de obediência hoje? E se você trocasse seus questionamentos pela confiança e obediência? Quantos projetos teriam nascido? Quantas vidas teriam sido alcançadas?

Reflita sobre isso e decida obedecer!

VAMOS ORAR

Jesus, hoje eu decido viver em obediência à Tua voz. Molda meu coração para ser como o coração de Maria. Ensina-me a abrir mão dos questionamentos e das dúvidas e a confiar em Ti. Sei que carrego projetos que mudarão vidas. Então, coloco-me à Tua disposição hoje. Amém.

ANOTAÇÕES

28 DE JANEIRO

O PODER DA PALAVRA

"Pois a palavra de Deus é viva e poderosa e corta mais do que qualquer espada afiada dos dois lados."

(HEBREUS 4:12)

TUDO QUE DEUS DIZ É SÉRIO. O que Ele diz acontece. Sua poderosa palavra é aguda como um bisturi e capaz de cortar tudo, seja dúvida ou desculpa, mantendo-nos abertos para ouvir e obedecer. Nada nem ninguém está fora do alcance dela. Não há como fugir.

A palavra de Deus, que está registrada na Bíblia, tem o poder de revelar nossa verdadeira motivação e nosso pensamento. Quando lemos que ela é viva e eficaz, isso nos mostra que ela tem grande efeito na vida daqueles que desejam aceitá-la. É uma fonte que jamais secará, capaz de preencher o vazio da alma e acalmar o coração no dia da angústia. Aqueles que encontram esse refúgio jamais perecerão, pois essa palavra não voltará vazia. Ela tem poder de alcançar alma e espírito, juntas e medulas. Nada fica oculto diante dela.

Se existe algo na sua vida que tem lhe causado dor e sofrimento, e você tem colocado um sorriso falso no rosto para que ninguém perceba ou questione, ou quem sabe tenha medo do julgamento humano e, por isso, esconda segredos, dores e pecados, saiba que você pode se livrar de tudo isso hoje. Aceitar que essa palavra atue em você é viver novidade de vida; é ser transformado diariamente; é ser livre, por entender que existem inúmeras promessas impressionantes esperando por você.

VAMOS ORAR

Senhor, obrigado pelo poder da Tua palavra. Eu desejo viver os princípios que nela estão. Ajuda-me a entender tudo que essa poderosa palavra direcionar. Em nome de Jesus, amém.

ANOTAÇÕES

29 DE JANEIRO

FÉ DE ABRAÃO

"Abraão creu em Deus, o Senhor, e por isso o Senhor o aceitou."
(GÊNESIS 15:6)

VOCÊ SE CONSIDERA UMA PESsoa de fé? Não falo apenas de uma fé religiosa, mas de uma fé que não depende de costumes, culturas ou rituais. Falo de uma fé de atitudes. Isso mesmo, uma fé que não é pautada em espera na inércia, mas a fé que Abraão nos inspira alcançar.

Abraão também teve seus questionamentos e os apresentou a Deus. Isso fez com que ele se movimentasse em direção ao cumprimento da promessa. Existe uma diferença enorme em nosso comportamento quando estamos sendo orientados pelo Senhor. Ele conhece o coração do homem, conhece nossas fraquezas e dúvidas; porém, deseja acrescentar em nós um nível maior de fé. Para que isso aconteça, o Pai permite desafios em nossa vida.

Abraão creu e agiu, e Deus cumpriu a promessa.

Em qual área você precisa do socorro do Senhor? Qual circunstância tem tirado sua perspectiva de sonhos realizados?

O Senhor convida você a uma atitude de fé. Saia da mornidão e comece a caminhar na expectativa de que Deus está conduzindo tudo. Ele honra aqueles que nEle confiam e seguem Seus caminhos.

> **VAMOS ORAR**
>
> Senhor, eu tenho tantos questionamentos dentro do meu coração... Muitas vezes essas dúvidas me levam a uma ausência de ação, mas hoje eu decido confiar no Teu direcionamento. Decido seguir Tua voz e avançar em fé para o lugar que ainda me mostrarás. Caminha comigo, Pai. Em nome de Jesus, amém.

ANOTAÇÕES

30 DE JANEIRO

O ORGULHO PODE SER SEU FIM

"O orgulhoso acaba sendo humilhado, mas quem é humilde será respeitado."
(PROVÉRBIOS 29:23)

A PALAVRA DE DEUS NOS ORIENta sobre o perigo desse mal chamado *orgulho*. Por meio dessa orientação, aprendi que o orgulho é a causa de todas as quedas. Um casamento acaba porque o orgulho entra e nenhum dos dois tem a humildade de reconhecer os próprios erros e pedir ajuda; uma empresa quebra porque o dono se acha bom o suficiente para controlar tudo, ignorando que é necessário ajuda e inovação; um problema de saúde ocorre muitas vezes por negligência, por falta de controle alimentar... Toda queda que acontece na vida tem raiz num coração orgulhoso que não reconhece erros ou a necessidade de ajuda.

Em Tiago 4:6, esse princípio é reforçado: "Deus se opõe aos orgulhosos, mas concede graça aos humildes." Consegue imaginar o peso de uma vida na qual Deus se opõe a você?

O orgulho se manifesta diariamente quando não temos paciência para ouvir as pessoas, quando somos grosseiros e não damos atenção a quem precisa de nós. Ele rouba nossa consciência e nos faz mentir, enganar e até maltratar pessoas que amamos.

Que hoje possamos verdadeiramente entender que ter um coração orgulhoso precede nosso fim. Que nossa consciência possa ser ativada pela palavra de Deus, e que nosso comportamento reverbere a humildade que o Senhor deseja.

VAMOS ORAR

Senhor, eu quero me livrar das amarras do orgulho. Ajuda-me a ter clareza dos comportamentos que revelam esse mal. Ensina-me a ter um coração humilde e disposto a servir. Em nome de Jesus, amém.

ANOTAÇÕES

31 DE JANEIRO

A MARAVILHOSA GRAÇA DE DEUS

"Pois pela graça de Deus vocês são salvos por meio da fé. Isso não vem de vocês, mas é um presente dado por Deus." (EFÉSIOS 2:8)

A SALVAÇÃO É UM DOM DE DEUS do começo ao fim, e isso nada tem a ver comigo e com você. A maravilhosa graça do Senhor nos alcançou. Ele quis derramar sobre nós a bondade, em Cristo Jesus. A salvação foi ideia e obra dEle; nossa parte em tudo isso é apenas confiar.

Quando penso nessa graça, me sinto constrangida! Como pode alguém se importar tanto comigo?! Sabemos que não somos dignos nem merecedores, mas a graça dEle viu graça em nós, e isso é um imenso presente.

Por muito tempo, a religião me fez acreditar que eu poderia fazer algo através de obras da carne para merecer essa graça; cheguei também a acreditar que eu poderia usar as obras como uma moeda de troca com Deus. Quanto mais eu fazia algo, mais poderia ser amada e abençoada por Ele. Até que um dia mergulhei na verdadeira e genuína graça de Deus e entendi que não era protagonista nessa história.

Talvez minha trajetória seja parecida com a sua. Você vive se sentindo sobrecarregado, tentando se ocupar o tempo inteiro com as obras das suas mãos, achando que assim será mais amado e respeitado pelo Senhor. Preciso lhe dizer que nada que você faça altera o que Ele fez. Deus fez tudo e nos salvou. Ele criou cada um de nós por meio de Cristo Jesus, e a Ele nos unimos nessa obra grandiosa.

A graça é algo maravilhoso. É um favor imerecido de Deus. Receba-a hoje em sua vida.

VAMOS ORAR

Pai, não existe palavra que expresse minha alegria e gratidão por Tua graça em mim. Tua graça me alcançou, e decido Te louvar todos os dias da minha vida. Obrigado por esse amor que constrange. Que eu possa ser canal desse amor na vida de todos com quem eu me conectar. Em nome de Jesus, amém.

ANOTAÇÕES

FEVEREIRO

1º DE FEVEREIRO

PERSEVERANÇA PARA NÃO DESISTIR

"Mas vocês, irmãos, não se cansem de fazer o bem."
(2 TESSALONICENSES 3:13)

CONSTANTEMENTE, NAS REDES sociais, vemos o reconhecimento instantâneo. Logo, é fácil ficar desmotivado quando os resultados não aparecem de imediato. Ouvimos mil histórias de sucesso aparentemente rápidas, mas a verdade é que a maioria das realizações é consequência de perseverança e dedicação diárias.

Na carta que enviou aos tessalonicenses, Paulo diz para não nos cansarmos de fazer o bem. Devemos continuar nossos esforços, mesmo quando não conseguimos ver resultados imediatos. Não se cansar de fazer o bem é ser sempre sua melhor. Costumo dizer que nosso cotidiano se chama "campo", e nele sempre podemos plantar algo novo. Provavelmente não colheremos o fruto de imediato, mas com certeza ele florescerá. Isso é não se cansar de fazer o que é bom todos os dias.

Perseveramos quando nos mantemos firmes no que acreditamos, mesmo que pareça não haver saída. Isso pode ser continuar ajudando alguém que está passando por um momento complicado ou que tem dificuldades para permanecer comprometido com um projeto importante.

Cada boa ação e cada esforço para fazer o bem estão construindo algo maior. Pode não ser visível agora, mas Deus vê e valoriza cada movimento em direção a fazer o bem. Perseverança é acreditar que cada passo está levando você na direção certa.

VAMOS ORAR

Senhor, fortalece-me para que eu não desista dos objetivos que colocaste em meu coração. Ajuda-me a continuar fazendo o bem, mesmo quando me sinto cansado. Renova minha fé e minha determinação diariamente, lembrando-me de que Tu és minha força. Que eu possa alcançar o propósito que tens para minha vida, confiando em Tua fidelidade. Em Teu nome, amém.

ANOTAÇÕES

2 DE FEVEREIRO

CURA PARA A ALMA E O CORPO

"E Jesus disse: 'Minha filha, você sarou porque teve fé. Vá em paz; você está livre do seu sofrimento.'" (MARCOS 5:34)

No VERSÍCULO DE HOJE, VEMOS um exemplo poderoso do impacto da fé na vida de uma pessoa. A mulher com quem Jesus falou havia sofrido por muitos anos com uma enfermidade, mas sua fé em Cristo a levou a tocar em Suas vestes, crendo que seria curada.

A fé dessa mulher não era uma crença passiva; era a confiança ativa e determinada de que Jesus tinha o poder de transformá-la. Isso não apenas resultou em sua cura física, mas também em uma paz interior e uma renovada esperança para o futuro. Jesus reconheceu a fé de Sua filha e a recompensou, mostrando que valoriza profundamente a confiança depositada nEle.

Essa mulher tem muito a nos ensinar. Ela foi pontual em sua estratégia. Onde Jesus passava, todos almejavam Seu toque para receber o milagre, mas ela pensou diferente: a fé gerou nela a autenticidade do plano. Ela enfrentou a multidão e a rejeição pela doença que a assolava; ela não quis saber se Jesus a tocaria, ou se seria vista por Ele, simplesmente criou um plano e agiu.

Hoje quero desafiar você a ter esse estilo de fé — uma fé que gera ações autênticas. Uma fé que traz cura para o corpo, a alma e o espírito. Nem sempre é o toque de Jesus que vai nos curar; muitas vezes, é o fato de nos aproximarmos dEle que faz Sua virtude nos encontrar.

VAMOS ORAR

Jesus, obrigado por Teu amor e poder que me transformam. Aumenta minha fé, para que eu possa criar estratégias novas e me movimentar em direção ao milagre. Ajuda-me a buscar Tua presença diariamente, sabendo que Tu podes trazer cura e paz à minha vida. Amém.

ANOTAÇÕES

_____

_____

_____

_____

_____

3 DE FEVEREIRO

A HUMILDADE QUE AGRADA A DEUS

"Não façam nada por interesse pessoal ou por desejos tolos de receber elogios; mas sejam humildes e considerem os outros superiores a vocês mesmos."

(FILIPENSES 2:3)

SER HUMILDE E TRATAR O PRÓXIMO com respeito e consideração não deve ser uma obrigação, mas um comportamento natural. Porém, nos dias de hoje, o egocentrismo está em alta! Parece que o "eu" precisa estar no centro das atenções; queremos ser reconhecidos pelas nossas "boas ações", enquanto, na verdade, estamos buscando nossos próprios interesses.

A mensagem de hoje visa tirar você da zona de conforto e fazê-lo entender o que Paulo nos ensina ao chamar-nos para a humildade. Não quer dizer que precisamos nos diminuir ou nos sentir inferiores; a humildade está em não nos vangloriar, em não querer o tal reconhecimento humano. Igualamo-nos em essência, entendendo que somos filhos do mesmo Deus e que estamos nesta terra para exercer essa humildade que não exige nada, não se exalta, não se acha superior.

Ao praticar esse novo olhar, você passa a entender o que significa a verdadeira humildade. Ela é uma virtude poderosa que nos libera do peso da competição e da necessidade de aprovação externa. Considerar o outro superior é enxergar o valor de cada um não pelo status ou pela condição financeira, mas sim por ser pessoa e filho de Deus. Olhar para a essência do outro é ver Deus refletindo-se nele também; assim, criamos um ambiente de respeito e colaboração no qual todos se sentem valorizados e amados.

Pense em como você pode viver essa verdade em sua vida. Lembre que pequenos atos de humildade podem ter um impacto enorme e transformar a maneira como nos relacionamos com os outros.

VAMOS ORAR

Senhor, ajuda-me a viver com humildade. Livra-me do orgulho e da contenda, e dá-me um coração puro que busca servir e amar. Que minhas ações reflitam o caráter de Jesus e tragam glória ao Teu nome. Em nome de Jesus, amém.

ANOTAÇÕES

4 DE FEVEREIRO

A CORAGEM DE DAVI

"Davi respondeu: — Você vem contra mim com espada, lança e dardo. Mas eu vou contra você em nome do Senhor Todo-Poderoso, o Deus dos exércitos israelitas, que você desafiou." (1 SAMUEL 17:45)

HOJE, VAMOS FALAR DE UMA HIStória muito conhecida e de muito valor para o mundo cristão. Você se sente pequeno diante dos problemas da vida? Sabe quando bate o desespero e você não enxerga o seu potencial para vencer esses gigantes? Então, a história de hoje vai lhe ensinar que, mesmo quando nos sentimos pequenos, temos o poder de vencer todos os gigantes que aparecem!

Davi, um pastor de ovelhas muito novo, enfrentou um gigante filisteu, Golias. Ele não colocou sua fé em armas ou força física, mas no poder do Senhor dos exércitos, que estava com ele. Davi declarou corajosamente que vinha em nome do Senhor, sabendo que Deus está com ele, e não ficou com medo do tamanho ou da força de Golias. Davi estava convicto de que o Senhor lutaria por ele.

Essa é uma lição poderosa para nós. Muitas vezes enfrentamos desafios que parecem ser invencíveis e problemas que nos assustam. Mas, como Davi, podemos encontrar coragem ao confiar em Deus.

Nossas guerras, sejam elas emocionais, físicas e espirituais, não são vencidas com o que temos em mãos; nós as vencemos por-

que quem está do nosso lado tem o poder de nos dar as ferramentas certas. Quando enfrentamos problemas gigantes, precisamos confiar que há em nós algo maior que aquilo que está no mundo. O mesmo Deus que ajudou Davi a derrotar Golias está conosco em todas as guerras. Acredite!

VAMOS ORAR

Senhor, agradeço-Te pela coragem que me dás. Ajuda-me a enfrentar meus desafios com a mesma confiança de Davi. Lembra-me de que não estou sozinho e de que Tu és maior do que qualquer inimigo. Fortalece minha fé para que eu possa andar corajosamente em todas as situações. Em nome de Jesus, amém.

ANOTAÇÕES

5 DE FEVEREIRO

A RESILIÊNCIA DE PAULO

"Não estou querendo dizer que já consegui tudo o que quero ou que já fiquei perfeito, mas continuo a correr para conquistar o prêmio, pois para isso já fui conquistado por Cristo Jesus." (FILIPENSES 3:12)

RESILIÊNCIA É O PODER E A FORÇA que temos para nos adaptar às mudanças, nos recuperar diante dos desafios e seguir em frente, mesmo quando tudo que estamos vivendo não é favorável.

O apóstolo Paulo é especialista nesse assunto. A vida dele foi marcada por muitas fases e situações adversas, mas ele sempre se manteve firme e com foco. Acredito que o que sustentou Paulo em meio aos desafios foi a clareza e a firmeza do seu propósito. Ele caminhava com um objetivo bem-definido, que era Cristo.

Percebo que a falta de um objetivo claro é, muitas vezes, o que nos impede de manter a resiliência. Precisamos, assim como Paulo, ter um alvo para continuarmos avançando. Todos os dias enfrentamos mudanças e desafios, como doenças, perdas de entes queridos, dificuldades financeiras e relacionamentos complicados. Independentemente da situação pela qual você esteja passando, ser resiliente é olhar para todas as circunstâncias e entender que elas são passageiras. Você pode convertê-las em fontes de esperança. Paulo afirmou que "a esperança não nos decepciona". A resiliência está nessa esperança que nos faz transformar o que parece mero sofrimento numa verdadeira obra de Deus.

O que você precisa transformar em sua vida? Quais situações parecem estar testando sua fé e determinação? Hoje, desafio você a se inspirar na história desse homem de fé e a buscar a força de que precisa em Deus, para não desistir e para superar cada um desses momentos.

VAMOS ORAR

Deus, que eu possa, assim como Paulo, seguir o Teu exemplo e ser resiliente em meus desafios. Que eu possa ser um testemunho vivo de superação, e que tudo que eu viver possa servir de exemplo àqueles que eu amo. Em nome de Jesus, amém.

ANOTAÇÕES

_____

_____

_____

_____

_____

6 DE FEVEREIRO

O PERIGOSO ENGANO

"Quem pode entender o coração humano?
Não há nada que engane tanto como ele;
está doente demais para ser curado." (JEREMIAS 17:9)

QUEM GOVERNA A SUA VIDA? SUAS emoções ou a vontade de Deus?

O coração humano é complexo e pode facilmente ser influenciado por emoções passageiras, desejos egoístas e enganos sutis. Quando nos deixamos ser governados por esses sentimentos, tendemos a ter atitudes que nos levam à ruína, nos prejudicam e destroem nossa identidade.

Não quero dizer que sentir é errado; porém, quando temos inteligência emocional, conseguimos discernir as emoções, entendendo aquelas que nos dominam, as que nos fazem crescer e as que nos levam para mais próximo de Deus. Afinal, foi Deus quem nos fez com todos os nossos sentimentos.

Seu coração está alinhado com a vontade de Deus? Depender somente do que sentimos é perigoso, pois podemos adotar atitudes por impulso, agir sem pensar e tomar decisões indevidas. Quando nos alinhamos à vontade de Deus, nos colocamos em direção à verdade e à justiça dEle, evitando agir impulsivamente, pois estamos nos submetendo à Sua direção de modo constante.

Para alcançar esse discernimento, é necessário estar em oração e meditar na palavra de Deus diariamente, sobretudo estando aberto à correção e orientação do Espírito Santo. Reflita sobre as áreas da vida nas quais você pode estar confiando demais em seus próprios sentimentos e menos na orientação de Deus. Peça a Ele que revele qualquer engano e que guie você na verdade.

VAMOS ORAR

Jesus, obrigado por Tua sabedoria e orientação. Ajuda-me a reconhecer as limitações e os enganos do meu próprio coração. Dá-me discernimento para seguir Tua vontade em todas as áreas da minha vida. Purifica meu coração e direciona-me em caminhos de verdade e justiça. Em nome de Jesus, amém.

ANOTAÇÕES

7 DE FEVEREIRO

A JUSTIÇA DE DEUS

"Deus é um juiz justo; todos os dias ele condena os maus."
(SALMOS 7:11)

VIVEMOS EM UM MUNDO NO qual a injustiça muitas vezes parece prevalecer. Vemos atos de corrupção, opressão e maldade ao nosso redor e podemos nos sentir desanimados, questionando se a justiça será feita. Porém, a Palavra de Deus nos lembra de que o Senhor é um justo juiz. Ele vê todas as coisas e garante que a justiça será estabelecida.

Você já se sentiu injustiçado? Já se decepcionou com alguém em quem depositou confiança, amor, respeito, mas, quando percebeu, foi recebido por um comportamento frio e maldoso? Isso deve ter deixado seu coração com sede de justiça, mas hoje somos convidados a levar esse sentimento de indignação e injustiça ao Senhor.

Em Hebreus 4:13, está escrito: "Não há nada que se possa esconder de Deus." Essa Palavra nos garante que o Senhor vê todas as coisas, e por isso é Ele quem julga a nosso favor.

Não sei em qual área da vida você tem vivido momentos de injustiça, e talvez esse sentimento possa estar causando um impulso de fazer justiça com as próprias mãos. Deixe Deus ser o seu juiz. Não permita que o orgulho mine sua mente, tentando levar você a tomar decisões por conta própria; pois, sempre que agimos com o coração minado pelo orgulho, somos levados a falhar e nos decepcionamos ainda mais. Confie todas as suas inquietações ao Senhor; Ele se levantará a seu favor!

VAMOS ORAR

Senhor, confio na Tua justiça e no Teu julgamento perfeito. Ajuda-me a viver retamente e a defender o que é certo, mesmo quando a injustiça parece prevalecer. Dá-me a paz de saber que Tu estás no controle e que, no Teu tempo, a justiça será feita. Em nome de Jesus, amém.

ANOTAÇÕES

8 DE FEVEREIRO

LIDANDO COM A OFENSA

"Quem tem juízo toma cuidado a fim de não se meter em dificuldades, mas o tolo é descuidado e age sem pensar." (PROVÉRBIOS 14:16)

COMO EVITAMOS AS OFENSAS? ISSO é algo que não está sob o nosso controle. Nem Jesus conseguiu passar a vida sem ser ofendido. É inevitável! Acredito que o segredo está na maneira como lidamos com as ofensas, e não na ofensa propriamente dita. Nossa ação determinará nosso caráter e, principalmente, nossa maturidade espiritual. Portanto, a sabedoria é necessária.

Quando a sabedoria faz parte do nosso caráter, não deixamos a raiva ou o ressentimento nos dominarem; em lugar de reagir, é importante agir! Sabe aquela frase popular, "Toda ação tem uma reação"? É preciso aprender a ser ativo, e não reativo. A reação é uma resposta: não paramos para refletir sobre como devemos lidar com uma situação. Simplesmente reagimos àquilo que nos ofendeu. Mas, quando agimos, estamos usando nossa sabedoria para fazer diferente em relação ao que o outro fez.

Ser sábio diante da ofensa requer humildade e autocontrole. O domínio próprio e a humildade vêm ao perceber que quem se levantou contra você é alguém ferido e que sabe apenas ferir. É nessa hora que somos chamados a agir em graça. Não é ignorar, reprimir ou permitir essas injustiças, mas agir de maneira que honre a Deus, não tirando nossa paz interior.

Quando enfrentar uma situação de ofensa, pare e pense antes de reagir. Ore pedindo orientação a Deus para que suas palavras e ações reflitam o amor e a sabedoria dEle.

VAMOS ORAR

Senhor, ajuda-me a lidar com as ofensas de maneira sábia. Dá-me a capacidade de perdoar e de buscar a reconciliação, refletindo Teu amor e Tua misericórdia. Ajuda-me a evitar o mal e a responder com sabedoria em todas as situações. Em nome de Jesus, amém.

ANOTAÇÕES

9 DE FEVEREIRO

A SABEDORIA DE SALOMÃO

"Deus deu a Salomão sabedoria, entendimento fora do comum e conhecimentos tão grandes, que não podiam ser medidos." (1 REIS 4:29)

SALOMÃO É CONHECIDO POR SUA sabedoria. Ele foi o homem que recebeu o dom da sabedoria para governar com justiça o seu povo. Quando Deus lhe perguntou o que desejava, ele escolheu conhecimento profundo e inteligência sem medida. Não havia nada que não estivesse ao alcance do seu intelecto.

Você tem feito pedidos a Deus? Talvez esteja há algum tempo insistindo em pedir a Ele que o abençoe em uma área específica da vida, e não recebeu até agora. Ou, quem sabe, você alcançou o que gostaria, mas não conseguiu manter. Sabe por que isso acontece? Porque estamos pedindo de forma errada!

Salomão poderia pedir o que quisesse: riqueza, reinos, qualquer coisa; porém, pediu sabedoria. Isso é um ensinamento poderoso para nós. Precisamos aprender com Salomão, pois, por meio desse dom recebido, ele teve êxito em tudo o que fez. Ele foi o homem mais rico que existiu e governou todo um reino com justiça — tudo isso porque soube pedir.

Quando sabemos pedir, Deus nos atende prontamente. A sabedoria é o segredo para uma vida justa e plena! Ela nos faz aplicar de maneira prática todo o nosso conhecimento, tomar decisões melhores e criar relacionamentos mais fortes.

Reflita sobre os pedidos que tem feito a Deus; troque sua vontade pela vontade dEle. Peça sabedoria e se prepare para viver o extraordinário.

VAMOS ORAR

Senhor, assim como Salomão pediu, também peço que me concedas sabedoria. Ajuda-me a tomar decisões justas e a viver de maneira que Te honre. Dá-me discernimento e entendimento para enfrentar os desafios do dia a dia. Que eu possa sempre buscar Tua sabedoria em todas as áreas da vida. Em nome de Jesus, amém.

ANOTAÇÕES

10 DE FEVEREIRO

PROSSEGUIR COM FÉ

*"É claro, irmãos, que eu não penso que já consegui isso. Porém uma coisa eu faço:
esqueço aquilo que fica para trás e avanço para o que está na minha frente.
Corro direto para a linha de chegada a fim de conseguir o prêmio da vitória.
Esse prêmio é a nova vida para a qual Deus me chamou por meio de Cristo Jesus."*

(FILIPENSES 3:13-14)

PAULO NOS ENSINA A IMPORtância de deixar o passado para trás e se concentrar no futuro com fé. Ele reconhece que ainda não alcançou a perfeição, mas escolhe focar seu avanço, guiado pela fé na vocação que Deus lhe confiou em Cristo.

A vida do apóstolo Paulo é uma grande fonte de motivação. Ao refletir sobre o fato de que ele viveu em uma época que pode ser difícil até de imaginar e, mesmo assim, trabalhou com determinação e foco em prol do Reino, é inegável admitir que sua visão é obstinada. Ele sabia exatamente para onde queria ir e tinha metas claras. Diferentemente de muitas pessoas que se prendem a saudosismos, Paulo fazia questão de se desvincular de tudo isso, pois compreendia que o que realmente importava o aguardava à frente.

Quantas partes do seu presente têm sido dominadas pelo passado? Quanto tempo você tem dedicado a reviver o que foi ou, talvez, aquilo que poderia ter sido? Ei! Observe seu dia. Você tem uma linha de chegada à sua espera.

Seu passado só terá poder sobre seu presente se você não tomar uma decisão agora. Seu futuro pode ser transformado! Levante-se, é hora de começar a correr. Há uma missão para a sua vida, e você sabe disso. Então, chegou o momento da largada. Olhe para a frente, estabeleça um objetivo, esqueça o passado e siga adiante com fé!

VAMOS ORAR

Pai, eu quero a coragem, a ousadia, a determinação e o foco de Paulo para correr a minha corrida. Ajuda-me a ter uma visão clara e obstinada de Reino. Que eu cumpra Tua vontade e que eu seja um canal de bênçãos na vida de todas as pessoas com quem eu me conectar. Em nome de Jesus, amém.

ANOTAÇÕES

11 DE FEVEREIRO

A LIBERTAÇÃO EM CRISTO

"[...] e conhecerão a verdade, e a verdade os libertará." (JOÃO 8:32)

QUAL É A VERDADE QUE VOCÊ precisa encontrar para ser livre? Em Cristo, encontramos a verdade que nos liberta de tudo o que nos prende, como o pecado, a culpa e a vergonha.

Pare um momento e pense sobre as áreas da vida nas quais você precisa da verdade libertadora de Cristo. Encontre em Jesus o chamado a essa liberdade e comece o processo de se conhecer, pois, no profundo do seu ser, Ele faz morada.

O caminho para descobrir todas as verdades não está acima, abaixo, de um lado nem do outro. Está dentro de você! Mergulhe e encontre Jesus nesse lugar fértil que é o seu coração. Liberte-se de todas as amarras que têm impedido você de viver a plenitude.

O Senhor tem todas as respostas que você procura e sabe exatamente aquilo de que você precisa. Entregue-se a essa verdade e deixe-O conduzir você. Permita que a verdade o transforme, e assim encontrará uma nova vida, cheia de propósitos e esperança.

É essa verdade que o capacita a abandonar as velhas formas de viver e a assumir uma identidade de filho, sem medo de julgamentos e com a confiança de que você é verdadeiramente amado e aceito, renovando as forças para enfrentar as cadeias que o estão aprisionando! Mas não se esqueça: esse é um processo contínuo e um compromisso com a Palavra de Deus que você precisa firmar diariamente.

Você aceita o desafio?

VAMOS ORAR

Senhor, obrigado pela libertação que encontro em Ti. Ajuda-me a conhecer Tua verdade e vivê-la, deixando para trás todas as cadeias que me aprisionam. Que eu possa experimentar a liberdade completa que Tu ofereces e viver uma vida abundante em Tua presença. Em nome de Jesus, amém.

ANOTAÇÕES

12 DE FEVEREIRO

A FIDELIDADE DE DANIEL

"Daniel respondeu: Que o rei viva para sempre! O meu Deus mandou o seu Anjo, e este fechou a boca dos leões para que não me ferissem. Pois Deus sabe que não fiz nada contra ele. E não cometi nenhum crime contra o senhor." (DANIEL 6:21-22)

MANTER A FIDELIDADE AOS nossos princípios e à nossa fé pode ser um desafio. A pressão do mundo para nos conformarmos é intensa, e as tentações são diversas.

A mensagem de hoje nos inspira a permanecer firmes diante das inúmeras propostas que nos são apresentadas diariamente. Daniel é um exemplo para nós: ele não cedeu, mesmo quando sua vida estava em risco, e Deus recompensou sua fidelidade, protegendo-o. Comprometer a própria fé poderia ter sido a escolha mais fácil para Daniel, mas ele não corrompeu suas convicções.

Enfrentamos diversas situações que testam nossa integridade, honestidade e fé. Somos confrontados por propostas que nos levam a agir contra nossos princípios no trabalho, enfrentamos críticas por nossas crenças e resistimos a tentações que podem nos desviar do caminho correto.

Quais propostas você aceitou que comprometeram sua fé?

Ser fiel a Deus é mais do que simplesmente confiar nEle. É ter a certeza da nossa identidade e entender que as propostas são passageiras, podendo nos conduzir a um lugar de sofrimento. É acreditar que Ele está sempre conosco, honra nossa fidelidade e nos concede coragem para enfrentar qualquer proposta que contrarie nossos princípios, recompensando-nos com Seu amor e perdão.

Reflita hoje sobre o caminho que está trilhando e avalie sua fidelidade a Deus. Ele está pronto para falar com você!

VAMOS ORAR

Jesus, obrigado por Tua palavra neste dia. Ela me orienta e me inspira constantemente. Que eu possa ter coragem para sustentar meus princípios e valores, e que o mundo não corrompa meu amor por Ti. Ajuda-me a enfrentar todos os meus desafios. Amém.

ANOTAÇÕES

_____

_____

_____

_____

_____

_____

13 DE FEVEREIRO

A CURA QUE VEM DE DEUS

"No entanto, era o nosso sofrimento que ele estava carregando, era a nossa dor que ele estava suportando. E nós pensávamos que era por causa das suas próprias culpas que Deus o estava castigando, que Deus o estava maltratando e ferindo." (ISAÍAS 53:4)

SE A CONDENAÇÃO TEM PESADO em sua consciência, lembre que isso não vem de Deus. Ele enviou Jesus para morrer por nós, e Seu Filho assumiu sobre Si nossas enfermidades e dores, suportou o peso do pecado e não nos deixou a carga da culpa.

Devemos nos libertar do pecado, mas igualmente da culpa que este nos impõe. O diabo sabe que a condenação e a vergonha nos afastam de Deus, por isso recorre à acusação para nos impedir de desfrutar a liberdade que Jesus conquistou por nós. Temos o direito de buscar a cura física, espiritual e emocional. Quando compreendemos a grandeza do sofrimento que Ele suportou por nós, entendemos que tudo isso aconteceu para que fôssemos curados e libertos.

Há situações que podem provocar doenças, e isso faz parte da experiência humana. Mas precisamos reconhecer que Deus se importa com nossa dor e deseja que tenhamos uma saúde plena. Jesus entende nossas aflições; Ele as carregou para que encontrássemos alívio e esperança. A cura que Deus nos oferece alcança todas as áreas da vida.

É importante lembrar que a cura nem sempre se manifesta como desejamos ou no tempo que almejamos. Deus tem o poder de nos curar instantaneamente; entretanto, em algumas circunstâncias, Ele nos concede força e graça para suportar a enfermidade. Independentemente de nossa situação, podemos confiar que Ele está conosco e que Seu plano é perfeito.

VAMOS ORAR

Jesus, obrigado por carregar nossas enfermidades e dores. Ajuda-me a confiar em Tua cura, tanto física quanto espiritual. Concede-me a força para enfrentar os desafios e a fé para crer em Tua bondade, mesmo quando não a consigo ver. Amém.

ANOTAÇÕES

_____

_____

_____

_____

_____

_____

14 DE FEVEREIRO

ESCAPANDO DA ARMADILHA

"Os maus armaram uma armadilha para me pegar, mas eu não esqueço a tua lei."
(SALMOS 119:61)

VOCÊ JÁ CAIU EM ALGUMA armadilha?

Todos nós já caímos. Muitas vezes elas vêm na forma de tentações, dificuldades ou influências negativas. Quando isso acontece, nos esquecemos da lei de Deus ou mantemos o foco em Sua palavra para não nos desviarmos?

A Bíblia é a bússola que podemos consultar todos os dias. Nela encontramos conforto e direcionamento para estar atentos às ciladas que tentam nos assombrar. Quando não temos o hábito de meditar sobre a Palavra de Deus, certamente nos tornamos uma presa muito fácil. Assim como os predadores conseguem caçar pequenos animais, sempre cairemos nas armadilhas dos predadores espirituais que estão somente aguardando um pequeno deslize nosso.

Comece nesta manhã a dedicar tempo ao estudo da Palavra de Deus, pois ela nos dá discernimento e sabedoria para enfrentarmos nosso dia e nossas batalhas. A Bíblia tem o poder de nos desenvolver; através dela, discernimos todas as armadilhas que possam querer nos sabotar.

Confie no poder soberano do Pai, pois você está guardado e protegido contra as ciladas do inimigo.

VAMOS ORAR

Senhor Jesus, obrigado por Tua palavra e direção neste dia. Ajuda-me a estar vigilante. Que eu medite todos os dias em Tua Palavra e não me esqueça da Tua lei. Proteja-me das ciladas dos meus inimigos e que eu possa estar sempre no centro da Tua presença. Em nome de Jesus, amém.

ANOTAÇÕES

15 DE FEVEREIRO

ALEGRIA EM TODAS AS CIRCUNSTÂNCIAS

"Tenham sempre alegria, unidos com o Senhor! Repito: tenham alegria!"

(FILIPENSES 4:4)

VIVEMOS TEMPOS DESAFIADOres, e manter a alegria pode parecer uma missão impossível. Mas imagine acordar todos os dias com a certeza de que Deus está no controle e de que Suas promessas são verdadeiras?! Essa perspectiva muda tudo, né?

Como encontrar alegria quando estamos tristes ou desanimados? O que é estar sempre alegre no Senhor? Será que é estar sorrindo o tempo todo, inclusive quando a vontade é de chorar?

Não. Definitivamente não!

Sempre ouço de algumas pessoas próximas, e até mesmo das minhas lindas seguidoras: "Catia, o que você toma para ser tão animada assim?!" Vou confessar algo para vocês: eu amo ouvir isso! Sabe por quê? Porque esse é um fruto do Espírito Santo que, através da Palavra, foi desenvolvido no meu caráter. Posso dizer que estou longe ainda de ser como eu gostaria, mas me alegro em compartilhar que não sou mais como eu era!

Estar sempre alegre é ter a certeza de que Deus está o tempo todo trabalhando em nós e a nosso favor. É confiar que, independentemente do que aconteça, Ele tem um plano muito maior e melhor do que somos capazes de pensar. O ensinamento de Paulo é algo mais profundo — é saber que Deus está no controle de tudo, e assim a alegria permanece em nós, ainda que o mundo lá fora esteja desabando. Essa alegria está baseada numa confiança extrema, e não apenas no que vivemos externamente.

Que tal começar a praticá-la hoje?

VAMOS ORAR

Senhor, ajuda-me a encontrar alegria em Ti em todas as circunstâncias. Que a Tua alegria seja minha força e meu sustento. Quero viver com um coração agradecido e uma perspectiva positiva, confiando em Tua bondade e fidelidade. Em nome de Jesus, amém.

ANOTAÇÕES

16 DE FEVEREIRO

CORAGEM EM DEUS

"Lembre-se da minha ordem: 'Seja forte e corajoso!
Não fique desanimado, nem tenha medo, porque eu, o Senhor,
seu Deus, estarei com você em qualquer lugar para onde você for!'"

(JOSUÉ 1:9)

EU SINTO QUE DEUS SEMPRE deseja nos lembrar dessa mensagem. Seja forte e corajoso! Ele sabe como nós somos, por isso deixou tantas instruções para nos manter firmes em Seu propósito.

As histórias do povo de Deus contidas na Bíblia são exemplos para nós. Quando Josué foi chamado para liderar os israelitas até a Terra Prometida, Deus o instruiu: seja forte e corajoso! E não desanime!

Eu gosto de perceber quanto a Palavra de Deus pode nos ensinar. No caso desse versículo, por exemplo, vemos que não basta só força e coragem. Precisamos de ânimo e não podemos ser medrosos. O que nos paralisa, muitas vezes, não é falta de força, mas de ânimo para nos manter firmes naquilo que Deus ordenou.

Ser corajoso não significa não ter medo, mas é estar disposto a ter fé apesar do medo. Quando enfrentamos momentos difíceis, não podemos esquecer que Deus está conosco. Temos um suporte e uma força espiritual que nos impulsiona a seguir em frente, independentemente das circunstâncias.

Perceba qual área da sua vida precisa de um novo posicionamento. Peça clareza ao Espírito Santo. Ore ao Senhor para que ele aumente sua coragem e confiança, mas também para que desenvolva em você uma conduta de bom ânimo e disposição, a fim de usufruir da coragem que Ele garante.

VAMOS ORAR

Senhor, fortalece-me com a Tua coragem. Ajuda-me a lembrar que Tu estás sempre ao meu lado, em cada desafio e em cada passo que eu der. Dá-me ânimo e força para enfrentar os medos e seguir adiante com confiança. Em nome de Jesus, amém.

ANOTAÇÕES

17 DE FEVEREIRO

O PODER DA FÉ

"A fé é a certeza de que vamos receber as coisas que esperamos
e a prova de que existem coisas que não podemos ver." (HEBREUS 11:1)

O SIGNIFICADO PLENO DA FÉ INclui ação. É ela que torna a vida digna de ser vivida. É por ela que lidamos com aquilo que não podemos ver, e vemos o mundo trazido à existência pela palavra de Deus. Mas, para que a fé tenha esse efeito sobre nós, ela precisa ser exercida. Precisa ser tangível, palpável, uma união entre corpo e espírito.

Costumo dizer que a fé tem movimento, atitude e posicionamento. Vejo tantas pessoas paralisadas em momentos de dificuldade... e a desculpa sempre é: "Estou esperando em Deus." Espera não significa ausência de ação. É justamente por confiarmos que fazemos a nossa parte, porque sabemos que Ele não nos abandonará e, no momento certo, agirá em nosso favor.

Foi por uma atitude de fé que Israel atravessou o mar Vermelho em terra seca, que Abel apresentou a Deus um sacrifício melhor que Caim, e que Abraão disse sim ao chamado de Deus e partiu para um lugar desconhecido.

Este é o grande poder da fé: VOCÊ PODE AGIR!

Não importa a área da vida em que você está paralisado esperando o agir do Senhor. É certo que esta mensagem não chegou até suas mãos por acaso ou coincidência. Você recebe a resposta que procura. Levante-se comece a agir! Fé não é uma palavra passiva, com implicações puramente cerebrais; é uma palavra ativa, que flexiona os músculos. É uma palavra que ordena a vida em nós e ao nosso redor.

VAMOS ORAR

Senhor, eu quero ser inundado por essa fé. Ela me levará a agir independentemente do meu estado atual. Ajuda-me a desfrutar esse poder! Não quero andar por vista, mas por visão. Em nome de Jesus, amém.

ANOTAÇÕES

18 DE FEVEREIRO

ENFRENTANDO AS DIFICULDADES

"Eu digo isso para que, por estarem unidos comigo, vocês tenham paz. No mundo vocês vão sofrer; mas tenham coragem. Eu venci o mundo." (JOÃO 16:33)

ESSA PALAVRA É ESSENCIAL PARA nossa vida!

Quantas vezes nos sentimos sozinhos e desesperançosos em meio às adversidades? Nesses momentos, temos a sensação de que Jesus não está nos vendo, ou talvez esteja nos castigando de alguma maneira. Essa palavra veio para desconstruir tal ideia. Jesus não nos prometeu somente dias bons! Ele nos avisou que aqui viveríamos provações e sofrimento. Perceba que, ao fazer isso, Ele também nos dá um comando: "Tenham coragem; tenham ânimo!"

As aflições são uma verdade sobre nossa vida; porém, a coragem e o bom ânimo que Jesus menciona também precisam se tornar essa verdade!

Hoje, o Senhor nos chama a esse bom ânimo!

Não entenda tudo como dor e sofrimento, mas como oportunidade de crescimento. As dificuldades também servem para nosso aprendizado. Cada desafio é uma chance de desenvolver nossa fé, paciência e perseverança. Deus usa essas situações para moldar nosso caráter e nos aproximar dEle. Ao passarmos por provações, aprendemos a depender mais de Deus e a confiar em Sua sabedoria e provisão.

Receba uma abundante dose de bom ânimo neste dia!

Ele venceu. Você também vencerá.

VAMOS ORAR

Pai, obrigado pela paz que só Tu podes oferecer, mesmo em meio às dificuldades. Eu quero ter bom ânimo e coragem todos os dias para enfrentar minhas dificuldades. Dá-me forças para enfrentar os desafios com fé e confiança em Ti. Que eu possa sempre encontrar paz em Tua presença e me lembrar das Tuas promessas. Em nome de Jesus, amém.

ANOTAÇÕES

_____

_____

_____

_____

_____

19 DE FEVEREIRO

SUPERANDO O MEDO

"Pois o Espírito que Deus nos deu não nos torna medrosos; pelo contrário,
o Espírito nos enche de poder e de amor e nos torna prudentes."

(2 TIMÓTEO 1:7)

O MEDO ESPIRITUAL É TÃO PREJU-dicial, que pode nos impedir de avançar. Ele nos paralisa em todos os âmbitos da vida. É preciso ter em mente que o espírito de medo não vem do Senhor. Não estou me referindo ao medo como sentimento, porque, ao contrário do que muitos dizem, ele pode nos proteger de muitas situações — por exemplo, na prudência ao atravessar uma rua, na cautela ao realizar um investimento financeiro e na atenção ao dirigir. Nesse sentido, o medo pode ser uma proteção.

O medo espiritual é totalmente diferente, pois ele age tentando provar que não somos capazes de realizar algumas de nossas missões.

Pense na última vez que o medo o paralisou — um medo que trouxe inação. Você não tinha ideia de como seria se tentasse fazer algo novo e, mesmo assim, decidiu não tentar. Esse é o medo espiritual. Entenda: existe alguém que conhece os pesos que você carrega e faz de tudo para paralisá-lo. Nosso adversário não tem prazer em ver nossa atitude perante os desafios. Ele sempre enviará o medo para tentar atormentar nossa mente, mas, na cruz, Jesus já venceu todo sentimento de covardia.

É necessário assumir essa verdade e usufruir desse direito.

Existem pequenos passos que você deve dar para superar seus medos; atitudes diárias podem fortalecer sua fé. Pense nisso e tome decisões que o levem a se mover em direção aos seus objetivos. Desafie-se a enfrentar um medo específico, lembrando-se de que você tem o espírito de Deus em si.

VAMOS ORAR

Senhor, ajuda-me a superar meus medos. Fortalece minha fé para que eu possa enfrentar qualquer desafio com coragem. Que eu possa sempre me lembrar de que Tu estás comigo. Em nome de Jesus, amém.

ANOTAÇÕES

20 DE FEVEREIRO

A VERDADE QUE LIBERTA

"Não mintam uns para os outros, pois vocês já deixaram de lado a natureza velha com os seus costumes [...]" (COLOSSENSES 3:9)

HÁ UMA GRANDE PRISÃO QUE pode existir em nossa vida. Ela se chama *mentira* e deseja nos manter permanentemente cativos. Quando mentimos, tiramos de nós e dos outros o direito de acessar quem verdadeiramente somos e quais são as nossas reais intenções, e assim acabamos por viver uma vida aprisionados por esse mau comportamento.

Como novas criaturas em Cristo, somos chamados a abandonar o velho homem e suas práticas, e a mentira faz parte disso. Deus nos chama para viver na verdade, pois é a verdade que nos liberta e nos aproxima dEle. Quando mentimos, nos afastamos da luz de Deus e entramos em trevas que nos aprisionam.

Em João 8:12, Jesus afirma esta verdade poderosa: "Eu sou a luz do mundo; quem me segue não andará em trevas, mas terá luz da vida." Se andamos com Jesus, temos a luz que clareia tudo à nossa volta, sobretudo nossas atitudes. Precisamos convidar Jesus para trazer clareza sobre tudo que existe em nós, pois, quando damos acesso a essa luz, saímos das trevas e do engano.

Escolha hoje viver na verdade. Abandone tudo o que for mentira e peça ao Senhor que a luz dEle brilhe através da sua face e que você possa viver na liberdade que Ele tem para você e para todos que você ama.

VAMOS ORAR

Jesus, eu desejo viver na verdade e abandonar toda forma de mentira. Que minhas palavras e ações reflitam Tua luz e integridade. Dá-me um coração limpo, no qual Tua luz esteja constantemente presente. Ajuda-me a construir relacionamentos baseados na confiança e na verdade. Em nome de Jesus, amém.

ANOTAÇÕES

21 DE FEVEREIRO

VIGILÂNCIA ESPIRITUAL

"Fiquem vigiando, pois vocês não sabem em que dia vai chegar o seu Senhor."

(MATEUS 24:42)

JESUS NOS ORIENTA A ESTAR sempre alerta, vivendo uma vida que glorifique a Deus em tudo o que fizermos, pois não sabemos quando Seu Filho voltará. Ser vigilante espiritualmente, portanto, é fazer a vontade de Deus, e não a nossa.

Devemos ter disciplina na vida de oração. Ler a Palavra de Deus, meditar sobre ela, ter sensibilidade à orientação do Espírito Santo. Se praticarmos a vigilância espiritual, seremos capazes de perceber as armadilhas do inimigo e conseguiremos evitar os caminhos maus.

A vigilância espiritual também requer uma mente e um coração diligentes. Faça escolhas em seu dia a dia focando aquilo que edifica e aumenta a fé. Evite distrações e tentações que possam desviar você do caminho de Deus. Mantenha-se firme em seu propósito e sua missão e jamais se esqueça de que sua verdadeira cidadania está no céu.

VAMOS ORAR

Pai, ajuda-me a estar espiritualmente vigilante em todos os momentos. Dá-me a força e a disciplina para manter uma conexão constante Contigo, buscando Tua orientação e vivendo de acordo com Tua vontade. Que eu possa discernir as armadilhas do inimigo e permanecer firme na fé. Em nome de Jesus, amém.

ANOTAÇÕES

22 DE FEVEREIRO

RESPONSABILIZE-SE POR SEUS ATOS

"Porque cada pessoa deve carregar a sua própria carga."

(GÁLATAS 6:5)

A AUTORRESPONSABILIDADE É UM princípio bíblico essencial para o crescimento espiritual e pessoal. Em Gálatas, Paulo lembra que devemos carregar nossos próprios fardos, ou seja, assumir a responsabilidade por tudo o que fazemos e pensamos. Não podemos agir como filhos mimados. Quando reconhecemos nossos deveres, demonstramos maturidade e caráter.

Assumir a responsabilidade pela própria vida não é carregar esse fardo sozinho. Deus nos deu entendimento e ousadia para vencer desafios. No entanto, deve partir de nós a busca pelo Seu direcionamento. Temos que aprender a fazer escolhas sábias e a corrigir nossos erros. A prática da autorresponsabilidade reflete o caráter íntegro de Jesus Cristo, que está dentro de nós.

Reflita sobre as áreas da vida nas quais você precisa assumir mais responsabilidade. Como você tem agido nos seus relacionamentos, no trabalho e na vida espiritual? Peça a Deus que lhe dê coragem e sabedoria para agir como uma pessoa íntegra e que tem credibilidade diante dos homens. Ao assumir a autorresponsabilidade, você verá crescimento e transformação.

VAMOS ORAR

Senhor, ensina-me a ter autorresponsabilidade em minhas ações e decisões. Dá-me coragem para carregar meus próprios fardos e viver de acordo com Teus princípios. Que eu possa crescer em maturidade e refletir Teu caráter em todas as áreas da minha vida. Em nome de Jesus, amém.

ANOTAÇÕES

23 DE FEVEREIRO

A PRÁTICA DA EMPATIA

"Alegrem-se com os que se alegram e chorem com os que choram."
(ROMANOS 12:15)

A EMPATIA É UM ASSUNTO MUIto disseminado nos dias de hoje. Você se considera uma pessoa empática? Sabe aquela frase, "Faça para o outro aquilo que gostaria que fizessem para você"? Ser empático é se colocar no lugar do outro antes de agir.

Como você tem agido no seu dia a dia?

Ter empatia é praticar o texto da nossa mensagem de hoje; é se alegrar com os que se alegram e chorar com os que choram. Essa é uma atitude nobre, de uma compaixão profunda. É manifestar o verdadeiro amor de Cristo presente em nós. Em vida, foi o que Jesus mais nos ensinou, sempre compartilhando as dores e alegrias do povo.

Ser empático ajuda você a construir relacionamentos verdadeiros, saudáveis e fortes. Conseguimos oferecer apoio e conforto de maneira sincera e com amor, além de nos aproximarmos cada vez mais do coração de Deus.

Se você percebeu que seu nível de empatia está baixo, comece hoje a treinar. Procure ouvir atenta e ativamente as pessoas, fale palavras de encorajamento e esteja presente por inteiro quando estiver com o seu próximo. Por exemplo: quando for ouvir alguém, não fique no celular, não se distraia com outros assuntos, esteja ali de corpo e alma. Quando esse comportamento se tornar um hábito, o seu nível de empatia estará na medida certa, e, através de você, o amor de Cristo será revelado para todos ao seu redor.

VAMOS ORAR

Jesus, eu quero ser empático com os outros, alegrando-me com suas alegrias e chorando com suas tristezas. Preciso de um coração compassivo e atento às necessidades daqueles ao meu redor. Que eu possa refletir Teu amor em minhas ações. Em nome de Jesus, amém.

ANOTAÇÕES

24 DE FEVEREIRO

A BONDADE DE DEUS

"Procure descobrir, por você mesmo, como o Senhor Deus é bom.
Feliz aquele que encontra segurança nele!" (SALMOS 34:8)

A BONDADE DE DEUS É UMA característica fundamental de Seu caráter. Ele nos convida a experimentar e ver Sua bondade em nossa vida diária.

Nesta mensagem, quero encorajá-lo a confiar em Deus e a estar seguro nEle, pois assim você conseguirá ver a bondade de Deus em todas as coisas. Ela se manifesta a todo tempo, em Suas provisões, na proteção, no amor incondicional e em Sua misericórdia.

Quais são seus motivos para não ver a bondade de Deus? Independentemente do que está passando, entenda que todas as situações que você tem vivido hoje existem para o seu bem. Às vezes não conseguimos enxergar isso, porque estamos focados apenas em problemas e situações difíceis, mas quero convidá-lo a se inspirar e a trazer a gratidão para o coração, mudando o seu olhar para as circunstâncias e sentindo a bondade de Deus, que sempre permanece.

Não foque apenas as grandes manifestações e os grandes milagres, pois a bondade do Pai está nos pequenos detalhes ao nosso redor. Escolha um momento do dia e reflita sobre como você pode experimentar a bondade de Deus. Agradeça a Ele Suas bênçãos e confie que Ele continuará a ser bom em todas as circunstâncias.

VAMOS ORAR

Pai, sou grato por Tua infinita bondade. Ajuda-me a reconhecer as muitas maneiras pelas quais Tu és bom para mim e a agradecer por elas. Que eu possa viver com gratidão e confiança, sabendo que Tu estás sempre cuidando de mim. Fortalece minha fé para confiar em Tua bondade em todas as circunstâncias. Em nome de Jesus, amém.

ANOTAÇÕES

25 DE FEVEREIRO

SONDA-ME, SENHOR

"Ó Deus, examina-me e conhece o meu coração! Prova-me e conhece os meus pensamentos." (SALMOS 139:23)

DAVI NOS ENSINA ALGO MUITO especial nesse salmo.

Davi entendia que poderia estar sendo conduzido por emoções enganosas e pede ao Senhor que examine seu coração. Em Jeremias 17:9, está escrito: "O coração do homem é mais enganoso do que qualquer coisa." Essa Palavra nos mostra que a intuição de Davi é confirmada.

Em muitos momentos, podemos ser enganados pelos desejos do coração. Sem perceber, tomamos decisões que, à primeira vista, parecem benéficas, mas nos trarão prejuízos a longo prazo. Por isso é importante fazermos da oração de Davi a nossa oração diária.

É muito fácil ser enganado pela motivação; podemos fazer boas escolhas de comportamento, mas isso perde o valor quando esperamos receber algo em troca. Devemos nos comportar de maneira positiva por saber quem somos, e não por aquilo que desejamos.

Quando pedimos a Deus que revele nossos pensamentos e intuitos mais secretos, reconhecemos a necessidade de mudança de mentalidade.

Que tal criar um momento de quietude em sua rotina para permitir que Deus sonde seu coração? Pode ser uma oração silenciosa, uma meditação na Palavra ou simplesmente um tempo de reflexão. Peça a Deus que revele áreas que precisam de cura e mudança. Confie que Ele, em Sua infinita misericórdia, guiará você em um caminho de renovação e crescimento.

VAMOS ORAR

Senhor, sonda meu coração. Revela qualquer coisa em mim que precise ser transformada. Ajuda-me a crescer espiritualmente e a viver de acordo com a Tua vontade. Dá-me a coragem para enfrentar minhas falhas e a graça para mudar. Amém.

ANOTAÇÕES

26 DE FEVEREIRO

ANTÍDOTO PARA ANSIEDADE

*"Deixo com vocês a paz. É a minha paz que eu lhes dou;
não lhes dou a paz como o mundo a dá. Não fiquem aflitos, nem tenham medo."*

(JOÃO 14:27)

No DIA A DIA, É NATURAL QUE A ansiedade nos aflija conforme somos pressionados pelo trabalho, por problemas em casa, por crises financeiras e por todas as demandas envolvidas no nosso cotidiano.

Jesus nos traz uma solução eficaz para esses dias em que a ansiedade toma conta: a paz dEle. O Senhor nos lembra de que Sua paz é diferente daquela que o mundo oferece. Trata-se da paz que excede todo o entendimento humano.

Para vivenciá-la, precisamos fazer de Jesus o porto seguro de nossa vida. Isso significa confiar nEle e em Suas promessas em todas as áreas. Quando ficamos ansiosos no trabalho, podemos lembrar que tudo o que tocamos prospera. Se tememos o futuro, lembremos que nosso Pai celestial é quem escreve os nossos dias.

Enfrentar dificuldades financeiras, por exemplo, é extremamente estressante. Mas, quando confiamos que Deus é nosso provedor e nos sustenta, descansamos em Suas promessas. A incerteza sobre o futuro nos causa medo e desespero. Mas precisamos lembrar que servimos a um Deus que sustenta todo o universo — que dirá Seus filhos?

Que tal hoje fazer uma oração entregando todas as suas ansiedades a Jesus?

VAMOS ORAR

Senhor, obrigado pela paz que Tu ofereces; uma paz que excede todo entendimento. Ajuda-me a confiar em Ti e a Lhe entregar minhas ansiedades. Que a Tua paz encha meu coração e minha mente. Peço tranquilidade e força para enfrentar os desafios diários em todas as áreas da minha vida. Em nome de Jesus, amém.

ANOTAÇÕES

27 DE FEVEREIRO

O FRUTO DO ESPÍRITO

"Mas o Espírito de Deus produz o amor, a alegria, a paz, a paciência, a delicadeza, a bondade, a fidelidade, a humildade e o domínio próprio. E contra essas coisas não existe lei." (GÁLATAS 5:22-23)

O FRUTO DO ESPÍRITO SANTO é a evidência de que Deus está em nós. Com esse fruto, refletimos o caráter de Cristo. Paulo fala das qualidades que o Espírito Santo quer que tenhamos: amor, alegria, paz, paciência, caráter, bondade, fidelidade, mansidão e domínio próprio. Para que esse fruto brote dentro de nós, é necessário que obedeçamos ao Espírito Santo. Precisamos dar liberdade para que Ele controle nossas ações e nossos pensamentos.

Nossos problemas devem ser encarados como oportunidades de adquirir essas qualidades. O amor é demonstrado na bondade que oferecemos às pessoas. A alegria, vivenciamo-la nas bênçãos diárias. A paz é obtida quando colocamos nossa confiança em Deus. E a paciência é desenvolvida ao esperarmos pelo tempo de Deus.

Ore a Deus e peça a Ele que ajude você a crescer no fruto do Espírito. Dê liberdade para que Ele esteja à frente do seu modo de viver, revelando seu caráter. Quanto mais nos rendermos ao Espírito Santo, mais seremos transformados de maneira significativa, e isso impactará positivamente todos ao nosso redor.

VAMOS ORAR

Senhor Jesus, faz nascer em mim o fruto do Teu Espírito Santo. Que eu comece a demonstrar amor, alegria, paz, paciência, caráter, bondade, fidelidade, mansidão e domínio próprio em meu viver. Transforma meu coração por completo. Que eu possa viver de acordo com Tua vontade. Em nome de Jesus, amém.

ANOTAÇÕES

28 DE FEVEREIRO

A CORAGEM DE JOSUÉ

"Josué disse: Não tenham medo; não percam a coragem. Sejam fortes e corajosos porque o Senhor fará isso com todos os inimigos que vocês enfrentarem."

(JOSUÉ 10:25)

SE EXISTE UM SENTIMENTO QUE é capaz de mudar o cenário da nossa vida, ele se chama *coragem*! Amo ler essa passagem da Bíblia e perceber a liderança de Josué, pois, se há um sentimento forte presente, é a coragem.

Eu me considero uma mulher corajosa. Principalmente quando olho para tudo pelo que já passei e percebo que o que não me deixou desistir foi a coragem de permanecer firme, mesmo nos dias ruins.

Quero encorajá-lo a ver seus desafios hoje com outros olhos. A Palavra de Deus nos fornece uma garantia: Ele não nos dá fardo maior do que possamos suportar. Deus entende que existe capacidade em você para vencer. Deus enxerga força em você! Talvez você possa se perguntar: "Por que não consigo enxergar essa força?" É simples: porque você precisa, primeiro, ser corajoso!

Entender o que está disponível para nós, como filhos de Deus, demanda coragem. Coragem para entender que o que o Senhor deseja de nós é um posicionamento. E esse posicionamento depende do nosso nível de coragem para confiar que Ele lutará por nós.

Existe um chamado sobre sua vida hoje. Seja forte e corajoso! Levante-se e se posicione para viver tudo que o Senhor tem para você.

VAMOS ORAR

Senhor, eu preciso da Tua coragem para enfrentar os desafios em minha vida, assim como Josué o fez. Fortalece minha fé e ajuda-me a confiar em Tuas promessas. Dá-me a determinação e a ousadia para seguir em frente, sabendo que Tu estás comigo em todas as batalhas. Em nome de Jesus, amém.

ANOTAÇÕES

MARÇO

1º DE MARÇO

RENÚNCIA

"E Jesus disse aos discípulos: Se alguém quer ser meu seguidor, esqueça os seus próprios interesses, esteja pronto para morrer como eu vou morrer e me acompanhe."
(MATEUS 16:24)

SEGUIR A JESUS É MUITO mais profundo do que podemos imaginar. Hoje, percebemos que "ser de Jesus", em algumas culturas, é mais popular do que já foi um dia. Mas o que seria verdadeiramente seguir a Cristo?

O livro de Mateus nos traz uma reflexão profunda sobre esse tema — renúncia, esse é o verdadeiro convite que recebemos. Jesus diz aos discípulos: "Quem quiser Me seguir tem que aceitar minha liderança." Portanto, existe um princípio: não estamos no comando! Quem está na garupa não pega a rédea.

Cristo nos convida para a caminhada sabendo que temos nossas bagagens; mesmo assim, reforça: "Não fuja do sofrimento. Pegue tudo que você tem e me siga. Eu te mostrarei como agir." Entenda, Jesus conhece a bagunça que somos e não se importa com isso; o desejo dEle é que renunciemos ao autocontrole. Ele sabe exatamente tudo sobre nós e ainda deseja andar conosco.

Existem tantos lugares em que gostaríamos de estar, mas às vezes não somos qualificados para acessá-los, ou temos que deixar algumas coisas de lado e ser diferentes para nos encaixar.

Com Jesus, isso não acontece, pois Ele nos deseja como somos e com tudo que temos, porém nos pede o controle.

Será que você aceita fazer a melhor caminhada da sua vida a partir de hoje? Se sim, abra mão da sua autossuficiência e desfrute a jornada ao lado dEle.

VAMOS ORAR

Jesus, aceito Teu convite. Quero renunciar aos meus desejos e viver Tua vontade. Ensina-me a depender integralmente de Ti. Direciona meus passos e mostra-me Tuas verdades. Amém.

ANOTAÇÕES

2 DE MARÇO

VERDADEIRA RIQUEZA

"Não ajuntem riquezas aqui na terra, onde as traças e a ferrugem destroem, e onde os ladrões arrombam e roubam. Pelo contrário, ajuntem riquezas no céu, onde as traças e a ferrugem não podem destruí-las, e os ladrões não podem arrombar e roubá-las."

(MATEUS 6:19-20)

QUANDO EU LEIO OS VERSÍculos acima, percebo que Jesus conhece perfeitamente nossa conduta; somos muito previsíveis. Vivemos atarefados, são inúmeras as nossas demandas, e os estímulos que recebemos nos fazem acreditar que estamos ficando para trás. Tem sempre alguém trabalhando mais, estudando mais, fazendo mais dinheiro, crescendo e sendo melhor. Acreditamos que na terra está toda a nossa garantia; logo, parar jamais é uma opção, afinal temos muitos "tesouros" para ajuntar.

Deus não tem prazer em nos ver assim, com esse peso, com essa necessidade excessiva de acumular riquezas terrenas! O que Ele deseja é que cultivemos um comportamento que reflete a certeza da glória eterna. Estamos aqui de passagem, nós já temos uma morada garantida!

Não devemos nos omitir em relação à vida financeira, é claro. Deus se alegra em ver a prosperidade em nossa vida e a responsabilidade que demonstramos em relação a nossas finanças. Porém, não devemos inverter as bases — onde está nosso tesouro, está nosso coração.

A verdadeira riqueza é aquela que não se corrompe pela traça ou pela ferrugem. Em sua casa está seu maior tesouro, valorize isso! Não existe preço que pague o valor de termos quem amamos ao nosso lado. Então, que seu coração esteja nisso. Não permita que a busca pelo dinheiro ou pelos bens materiais o impeça de valorizar toda a riqueza que você já possui.

VAMOS ORAR

Jesus, eu não quero meu coração em tesouros terrenos, mas quero buscar aquilo que será eterno. Ensina-me a discernir a área financeira da minha vida. Que eu tenha metas aprovadas por Ti. Sonda meu coração, Pai. Amém.

ANOTAÇÕES

3 DE MARÇO

DISCERNIMENTO

"O que eu peço a Deus é que o amor de vocês cresça cada vez mais e que tenham sabedoria e um entendimento completo, a fim de que saibam escolher o melhor. Assim, no dia da vinda de Cristo, vocês estarão livres de toda impureza e de qualquer culpa." (FILIPENSES 1:9-10)

QUANDO OLHAMOS NOSSA VIDA atentamente, conseguimos perceber nossas inúmeras escolhas diárias. Elas são tão automáticas, que chegam a ser imperceptíveis! Acho interessante que, na carta aos filipenses, Paulo nos atenta a isso, orando para que tenhamos amor e sabedoria para fazer as melhores escolhas.

Toda manhã, decidimos como será nosso dia, nosso trabalho, nossa conexão com a família e nossas outras demandas. Quando não perpetuamos esse hábito, vivemos a vida à mercê do acaso, sendo apenas reativos a tudo que nos acontece. Mas não precisamos viver assim!

Se seguirmos o conselho do apóstolo Paulo, ganharemos perspectivas totalmente diferentes. O amor e o discernimento para boas escolhas podem mudar a nossa história! Não precisamos ser vítimas de tudo que nos acontece; somos capazes de assumir um posicionamento que nos leve a fazer escolhas melhores e mais assertivas.

Você pode estar se questionando: "Como saberei fazer essas boas escolhas?" Basta prestar atenção na orientação de Paulo — ele não negocia o inegociável; a primeira coisa que faz é orar. Uma rotina de oração pode nos levar a outros níveis de escolhas; isso é discernimento! Assim, desfrutaremos os resultados extraordinários que o Senhor tem para nós!

VAMOS ORAR

Senhor, eu preciso de discernimento para fazer boas escolhas no meu dia. Ajuda-me a crescer em conhecimento e percepção, para que eu possa provar o que é excelente. Dá-me sabedoria em minhas decisões e clareza em momentos de incerteza. Em nome de Jesus, amém.

ANOTAÇÕES

---

4 DE MARÇO

A PRESENÇA DE DEUS

"Deus disse: Eu irei com você e lhe darei a vitória."
(ÊXODO 33:14)

OISÉS RECEBEU A IMPORTANTE missão de libertar os hebreus! Ao se deparar com tamanha responsabilidade, sentiu-se pequeno e incapacitado. Por essa razão, buscou a certeza de que Deus estaria ao seu lado, pronto para ajudá-lo. Isso é tudo de que também necessitamos: a presença constante do Senhor em nossa vida. Não devemos buscá-Lo apenas nos dias difíceis. É essencial que, diariamente, construamos um espaço para o Pai em nosso cotidiano, demonstrando que Ele não é apenas nosso socorro, mas uma companhia agradável que desejamos desfrutar em todos os momentos.

Sempre que Deus caminha ao nosso lado, a vitória é certa! Mesmo quando nossos planos não se realizam como desejamos, se o Senhor está conosco, existe algo maior e melhor em ação. Por diversas vezes, negligenciei a presença diária do Senhor em minha vida. Eu não enxergava o poder que isso representava e acabava tentando fazer tudo sozinha. Só quando me sentia esgotada ou percebia que tudo dava errado é que corria em busca dEle.

Certa vez, em um encontro especial, Ele me disse: "Filha, por que você se machuca tanto? Não sou Eu quem provoca isso em você, Eu apenas permito essas coisas para que você possa estar Comigo." A profundidade dessas palavras me impactou. Naquele dia, entendi que poderia ter o Senhor comigo todos os dias, e Ele se tornou meu mais íntimo e querido amigo.

Prepare-se para viver o mesmo!

VAMOS ORAR

Pai, sou imensamente grato por Tua presença em minha vida. Não me abandones! Tua companhia é meu maior prazer; que eu nunca me esqueça disso! Que estar Contigo seja sempre o meu lugar preferido. Desperta em mim, a cada dia, um desejo maior de viver o Teu amor. Em nome de Jesus, amém.

ANOTAÇÕES

5 DE MARÇO

RESTAURAÇÃO

*"Dá-me novamente a alegria da tua salvação
e conserva em mim o desejo de ser obediente."*

(SALMOS 51:12)

ESSA FOI A ORAÇÃO DE DAVI QUANDO percebeu que tinha perdido a alegria de viver. Ele estava sendo consumido pelo remorso e pela culpa decorrentes do pecado que havia cometido. Com isso, podemos aprender uma grande lição sobre arrependimento e restauração.

O salmista reconheceu seu pecado e orou pedindo misericórdia, purificação e um "espírito reto", percebendo a importância de um coração quebrantado. O arrependimento verdadeiro passa por algumas fases: fé em Jesus, que nos purifica; tristeza pelo pecado; confissão; abandono do pecado; restituição; e um viver reto. Existe somente esse caminho para a restauração completa!

Hoje, o Senhor nos chama a uma autoavaliação e ao quebrantamento. Naturalmente nós pecamos, porém, quando não temos clareza dos nossos erros, não damos os passos necessários para acessar uma restauração total. Quando nos arrependemos, confessamos e abandonamos nossos pecados, o Senhor diz que não se lembra mais deles. Isso não significa que Ele se esqueceu; em vez disso, de uma forma extraordinária, parece que Ele opta por não se lembrar deles (nós também não precisamos fazer isso!).

Não importa qual tenha sido seu erro ou seu pecado, você pode, assim como Davi, fazer a escolha certa e restaurar o seu caráter. Nosso Deus é bom e misericordioso! O versículo 17 do Salmo 51 afirma: "[...] tu não rejeitarás um coração humilde e arrependido." Receba essa Palavra e livre-se da culpa do pecado. Seja restaurado!

> **VAMOS ORAR**
>
> Querido Deus, obrigado por Teu amor e perdão. Eu preciso ser restaurado por Ti. Perdoa meus pecados e livra-me do peso da culpa. Dá-me um coração igual ao Teu. Não quero viver longe da Tua presença. Em nome de Jesus, amém.

ANOTAÇÕES

6 DE MARÇO

PUREZA DE CORAÇÃO

"Felizes as pessoas que têm o coração puro, pois elas verão a Deus."
(MATEUS 5:8)

O QUE É SER PURO DE CORAÇÃO? Será que é aceitar tudo, entender a todos e ser sempre o bonzinho da história? Não! A pureza de coração não está na ausência do pecado ou na perfeição de alguém, mas na demonstração do amor genuíno de Deus.

Jesus afirmou que os puros de coração verão a Deus. Ele não estava falando de vê-Lo na vida eterna, pois quer que vejamos o Senhor todos os dias ainda nesta vida. Fazemos isso estando atentos às provações e tentações, não caindo na crueldade de um mundo que só busca seus próprios interesses e nos mantendo abertos para que a transformação nos alcance diariamente.

Há um preço para quem deseja ter um coração puro, mas também há uma recompensa. Não precisamos ter medo de pedir ao Senhor que faça "uma limpa" em nós. Talvez sintamos o desconforto da verdade que Ele traz; porém, se assumirmos nossa responsabilidade e escolhermos viver em santidade, seremos abençoados.

Uma das chaves para que a pureza do coração seja revelada é a oração. Através da conexão com Deus, podemos sentir a Sua essência e reproduzi-la em nosso cotidiano. Esteja atento a tudo o que acontece no seu dia. Ao final de cada um deles, analise seu coração. Examine-se e decida fortalecer sua fé!

VAMOS ORAR

Senhor, purifica meu coração; quero viver de maneira que agrade a Ti. Dá-me um amor sincero por Ti e pelos outros. Que meus pensamentos, minhas palavras e minhas ações reflitam Tua santidade. Que todos os dias o Espírito Santo me transforme. Em nome de Jesus, amém.

ANOTAÇÕES

7 DE MARÇO

A MISERICÓRDIA DE DEUS

"O amor do Senhor Deus não se acaba, e a sua bondade não tem fim. Esse amor e essa bondade são novos todas as manhãs; e como é grande a fidelidade do Senhor!"
(LAMENTAÇÕES 3:22-23)

CERTAMENTE, TODOS NÓS VIVE-ríamos uma vida miserável, derrotada, destruída e separada de Deus se não fosse pela Sua compaixão e disposição em nos perdoar. O amor do Senhor é leal, misericordioso e eterno; jamais se acabará, não pode secar e é renovado todas as manhãs sobre a nossa vida.

Quando começo a pensar nesse amor, fico constrangida. Quantas vezes nos afastamos do Senhor quando erramos, pecamos ou falhamos, por pensarmos que Ele está zangado conosco ou nos amando menos? Hoje, porém, somos reafirmados nessa palavra: a misericórdia do Senhor nos alcançou, jamais estaremos sozinhos ou seremos abandonados! A cada nascer do sol, esse amor é declarado, e Sua bondade nos alcança, direcionando nossos passos e nos fazendo caminhar em segurança.

A fidelidade de Deus não é uma repetição teimosa de obrigação, mas é sempre revestida da surpresa, da criatividade, da certeza e da regularidade que marcam um novo dia. Usufrua do direito de ser amado, cuidado e protegido. As misericórdias dEle o alcançam hoje. Sorria! Existe Alguém que ama você incondicionalmente.

VAMOS ORAR

Pai, como é especial acordar com a certeza de que não estou sozinho. Teu amor é o combustível para os meus dias; perdoa-me por às vezes pensar que isso depende de mim. Sei que não fiz nada para merecer, e mesmo assim Tua misericórdia me alcançou. Obrigado, meu Deus. Amém.

ANOTAÇÕES

8 DE MARÇO

PAZ INTERIOR

*"E a paz de Deus, que ninguém consegue entender, guardará o coração
e a mente de vocês, pois vocês estão unidos com Cristo Jesus."*
(FILIPENSES 4:7)

VOCÊ CONHECE ALGUÉM QUE já passou por inúmeras dificuldades, mas se manteve otimista e feliz? Eu, particularmente, amo pessoas assim! Sempre tive o desejo de entender melhor o comportamento humano: por que pensamos como pensamos? Por que, numa mesma situação, cada pessoa se comporta de uma maneira? Para compreender essas coisas, me dediquei a estudar. Com isso, o Espírito Santo me levou a entender que nossa reação diante das circunstâncias está fundamentada na qualidade dos nossos pensamentos.

Na carta aos Filipenses 4:8, está escrito: "Por último, meus irmãos, encham a mente de vocês com tudo o que é bom e merece elogios, isto é, tudo o que é verdadeiro, digno, correto, puro, agradável e decente." A resposta que eu procurava está nesta pergunta: como alimentamos nossa mente todos os dias?

A paz mencionada por Paulo só é possível quando começamos a avaliar a qualidade dos nossos pensamentos. Não existe paz em uma mente tomada por estímulos que não agradam a Deus. Seus pensamentos ditam o ritmo da vida! Isso é muito forte, então aconselho que você reflita sobre o que tem pensado. Quer viver acompanhado da paz que o mundo não é capaz de entender? Então não aceite tudo que o mundo oferece.

VAMOS ORAR

Senhor, apresento todos os meus pensamentos diante de Ti. Quero desfrutar a paz que a Tua palavra me garante. Ensina-me a pensar certo! Blinda a minha mente contra aquilo que não Te agrada. Fica comigo, Senhor. Amém.

ANOTAÇÕES

9 DE MARÇO

A GRAÇA SALVADORA

*"Pois pela graça de Deus vocês são salvos por meio da fé.
Isso não vem de vocês, mas é um presente dado por Deus."*

(EFÉSIOS 2:8)

NÃO TEMOS NENHUM MÉRI-to na graça, apenas precisamos ter fé para ser salvos. Parece bem fácil, não é? E é mesmo! Afinal, devemos apenas acreditar! Não é necessário nenhum esforço ou sacrifício.

Você consegue ver como é grande o poder da fé? Não se trata de acreditar apenas nas coisas que desejamos, mas de acreditar, primeiramente, no plano perfeito de Deus. A graça é o melhor presente que poderíamos ter recebido por meio de Jesus! É a expressão do amor incondicional do Senhor, que nos alcança independentemente das nossas condições, feridas, erros ou pecados. Ela tem o poder de nos transformar em novas pessoas e nos dá forças para superar qualquer problema, vencer qualquer pecado e seguir o caminho da justiça.

Por mais obras que façamos para Deus, nenhuma delas nos salvará, pois todo o processo de redenção e tudo que recebemos do Alto vêm pela graça divina. Que isso seja um estímulo para continuarmos firmes e abundantes na obra dEle aqui na terra, a fim de que todos conheçam o amor e a misericórdia de Deus dadas em Jesus Cristo.

VAMOS ORAR

Querido Jesus, obrigado por Tua graça salvadora, que me alcançou e transformou. Quero viver de acordo com Tua vontade, sendo um reflexo do Teu amor. Que eu nunca me esqueça de que a salvação é um presente imerecido e de que Tua graça é suficiente para mim em todas as circunstâncias. Em Teu nome, amém.

ANOTAÇÕES

1O DE MARÇO

LIVRE-SE DA CULPA

*"Agora já não existe nenhuma condenação para
as pessoas que estão unidas com Cristo Jesus."*
(ROMANOS 8:1)

A CULPA É UM FARDO INVISÍVEL que nos desgasta e não nos faz bem algum. Ela impede o progresso e nos torna incapazes de ter comunhão com Deus; afinal, devemos nos aproximar dEle com fé e confiança, e não com medo e culpa.

É natural olharmos para o passado e encontrarmos um mar de pecados, erros e vergonha. Quando andávamos na carne, tínhamos a mente voltada para a carne; porém, agora que andamos em acordo com a palavra de Deus, vivemos segundo o Espírito.

Nosso adversário tem prazer em nos ver voltando ao passado; na verdade, ele não quer que saiamos de lá. Satanás é nosso acusador; todos os dias, ele deseja minar a nossa mente, nos influenciando a carregar o peso da culpa e da condenação. Entretanto, a mensagem de hoje nos afirma que não existe condenação para os que estão em Cristo. Então, livre-se desse fardo que por tanto tempo o tem acompanhado. Jesus morreu, tornando-se o perfeito sacrifício pelo pecado; mais nenhum sacrifício é ou será necessário.

Deus não faz nada pela metade! A obra de Jesus na cruz está consumada;

logo, você pode começar a desfrutar a libertação da culpa e da condenação que se estende diante de você. Não permita que seus pensamentos o mantenham em uma prisão ou o façam carregar essa bagagem tão pesada. Não acredite nos seus sentimentos mais do que acredita na Palavra de Deus. Repita agora em voz alta: "Eu sou livre!"

VAMOS ORAR

Jesus, levo a Ti minha mente neste momento. Entrego-Te meus pensamentos, para que eles reflitam a liberdade que desfruto em Ti. Obrigado por livrar-me da bagagem pesada dos meus pecados. Sei que, através do Teu amor, posso viver uma vida plena e feliz. Amém.

ANOTAÇÕES

11 DE MARÇO

AUTOCUIDADO

"Será que vocês não sabem que o corpo de vocês é o templo do Espírito Santo, que vive em vocês e lhes foi dado por Deus? Vocês não pertencem a vocês mesmos, mas a Deus." (1 CORÍNTIOS 6:19)

VOCÊ TEM CUIDADO DE SI? Não me refiro apenas à sua dedicação ao corpo, ainda que esse já seja um grande passo em favor de si mesmo. Quero chamar sua atenção para as emoções, pois importar-se com elas é uma atitude essencial de autocuidado! Passar um creme no rosto antes de dormir é maravilhoso para a pele, mas de nada adianta quando nosso coração está aflito.

O autocuidado está relacionado ao equilíbrio de todas as áreas da vida. Creia: podemos ter a plenitude do Senhor em cada uma delas! Paulo nos ensina que nosso corpo é templo do Espírito Santo e que precisamos nos cuidar de forma madura, honrando a Deus. Entretanto, se pararmos para analisar por alguns minutos, veremos que costumamos ficar mais preocupados com os problemas dos outros do que com cuidar de nós mesmos!

Podemos fazer uma comparação entre o autocuidado e o autoamor/amor-próprio. Este, por vezes, é tomado como egoísmo, mas o próprio Jesus disse que deveríamos amar o próximo como amamos a nós mesmos. Como cuidar do outro se não conseguimos nos amar? Não se pode transbordar um copo vazio! Reflita sobre como você pode praticar o autocuidado diariamente e comece já! Essa é uma forma de servir melhor a Deus e de expressar o seu amor por Ele.

VAMOS ORAR

Senhor, preciso de sabedoria para equilibrar minhas responsabilidades. Ensina-me a seguir o exemplo de Jesus, que dedicava tempo para estar Contigo e cuidar de Si mesmo. Que eu possa Te honrar em todas as áreas da minha vida, cuidando de meu corpo, minha mente e meu espírito. Em nome de Jesus, amém.

ANOTAÇÕES

12 DE MARÇO

OBEDIÊNCIA

"Se forem humildes e me obedecerem,
vocês comerão das coisas boas que a terra produz."
(ISAÍAS 1:19)

ESSE VERSÍCULO NOS MOStra a natureza e a generosidade de Deus. Como os israelitas tinham desobedecido ao Senhor e estavam sofrendo por isso, Isaías tentava animá-los a se voltarem para Deus e a seguirem os mandamentos dEle, pois assim acessariam as melhores coisas da terra.

Hoje, Deus nos convida a trilhar o caminho da humildade e da obediência. Ele tem prazer em nos abençoar e em nos proporcionar o melhor, porém precisamos aceitar Sua condição, sendo humildes e obedientes. Você está disposto a deixar que Ele conduza seus passos e direcione suas decisões? Mais do que isso, terá a humildade de seguir Suas orientações? Às vezes, queremos tantas coisas, que acabamos nos sobrecarregando e nos frustrando. Viver um estilo de vida de obediência é trocar nosso querer pelo querer do Senhor, e essa troca nos garante uma colheita farta!

Hoje, peça a Deus que tome a frente de todos os seus projetos e seja o líder de todas as áreas da sua vida. Não existem dúvidas ou prejuízos nessa escolha. A humildade e a obediência nos levam a desfrutar o melhor desta terra.

VAMOS ORAR

Pai, entrego o controle da minha vida em Tuas mãos. Quero Te obedecer e seguir Tuas orientações. Desenvolva em mim um caráter humilde. Que minhas atitudes glorifiquem o Teu nome. Em nome de Jesus, amém.

ANOTAÇÕES

13 DE MARÇO

COMPROMISSO COM A VERDADE

"Por isso não mintam mais. Que cada um diga a verdade para o seu irmão na fé,
pois todos nós somos membros do corpo de Cristo!"
(EFÉSIOS 4:25)

POR MUITO TEMPO, MINHA compreensão de mentira era mentirosa. Eu pensava que mentir era contar histórias que não existiam, ou seja, a mentira se restringia ao que eu dizia às pessoas ou ao que elas podiam me dizer. Porém, com o passar do tempo, percebi que era algo muito mais profundo e sorrateiro — a mentira é um comportamento que autoriza o diabo a fazer suas vontades em nossa vida.

Em João 8:44, está escrito: "Vocês são filhos do Diabo e querem fazer o que o pai de vocês quer [...]. Quando o Diabo mente, está apenas fazendo o que é o seu costume, pois é mentiroso e é o pai de todas as mentiras." Isso é forte! Entender essa verdade foi tão libertador para mim, que desejo o mesmo para você.

A maior mentira de todas é a que você tem contado a si mesmo. Quando justifica suas falhas ou esconde a verdade sobre suas ações e seus comportamentos, você se priva da oportunidade de viver a verdade que liberta. Posso lhe afirmar que a área da sua vida que mais lhe causa dor tem crescido porque você tem alimentado uma mentira para validar esse sofrimento.

Abandone essa mentira hoje. Comprometa-se com a verdade. Peça a Deus clareza sobre quais atitudes estão autorizando o caos em sua jornada. Quando faltamos com a verdade, sofremos e levamos muitas pessoas ao sofrimento. Jesus é aquele que nos tira desse lugar, pois é o caminho, a verdade e a vida. Você merece a verdade desta vida!

VAMOS ORAR

Jesus, quero firmar um compromisso de verdade Contigo. Mostra-me quais dentre os meus comportamentos têm validado o caos na minha vida. Entra com a Tua verdade e me purifica, Pai. Eu quero seguir o Teu caminho. Amém.

ANOTAÇÕES

14 DE MARÇO

SER SAL DA TERRA

"Vocês são o sal para a humanidade; mas, se o sal perde o gosto, deixa de ser sal e não serve para mais nada. É jogado fora e pisado pelas pessoas que passam." (MATEUS 5:13)

DEUS NÃO É UM SEGREDO A SER guardado, e você está na terra incumbido de uma missão: ser o sal que carrega o sabor divino. Se você perder a capacidade de salgar, como as pessoas poderão sentir o tempero de uma vida dedicada ao Senhor?

Gosto de pensar que o sal é algo que gera transformação. Todo alimento ao qual adicionamos sal se transforma. Se eu e você somos chamados para ser o sal deste mundo, então temos como missão transformar os ambientes que frequentamos e as pessoas com quem nos conectamos.

Todos os dias podem se tornar empolgantes se nos considerarmos agentes de Deus! Estamos aqui para cumprir uma missão dada por Ele e podemos fazer isso de modo muito mais eficaz do que imaginamos. Pare um instante e pense: quantas pessoas conhecidas e desconhecidas fazem parte da sua rotina? Você as encontra o tempo todo, então pode trabalhar sendo esse sal apenas por ter clareza disso! Dar um bom-dia para alguém que está sempre mal-humorado, fazer um elogio para aquela atendente do supermercado, ajudar um vizinho a carregar as sacolas e até mesmo compartilhar uma palavra de amor com uma pessoa em situação de rua é salgar a vida do próximo, é transformar, é ser um agente do Senhor.

Já pensou em quantos podem ser curados e transformados se você apenas decidir fazer o seu "trabalho"? Sem amor, tudo perde o gosto. O amor representa o sal; ele é a energia, a alegria e o sabor em nossa vida.

VAMOS ORAR

Senhor, obrigado pela Tua maravilhosa palavra neste dia, lembrando-me de que estou aqui para uma missão: ser o sal que gera transformação na vida das pessoas. Ensina-me a viver debaixo dessa palavra e desenvolve em mim um coração que ama. Em nome de Jesus, amém.

ANOTAÇÕES

15 DE MARÇO

VOCÊ NÃO ESTÁ SOZINHO

"E lembrem disto: eu estou com vocês todos os dias, até o fim dos tempos."

(MATEUS 28:20)

É PROVÁVEL QUE VOCÊ JÁ TENHA vivenciado esse sentimento. Em algum momento da vida, todos nós já nos sentimos sozinhos. Essa solidão não se resume à ausência de pessoas ao nosso redor, pois, mesmo cercados por elas, a solidão pode nos acompanhar. É possível que, assim como eu, você tenha passado por períodos em que todos se afastaram — aqueles grandes amigos que um dia estiveram tão presentes já não estão mais; talvez seu estilo de vida tenha mudado, fazendo com que várias pessoas não queiram mais sua companhia... Aprendi que essas fases são muito significativas, não porque os amigos deixaram de ser verdadeiros, mas porque há momentos em que o Senhor deseja nossa entrega total, e o afastamento é uma parte desse processo.

Não sei em que fase você se encontra agora, mas uma coisa é certa: você não precisa se sentir sozinho. Há Alguém que anseia estar ao seu lado todos os dias! Nos momentos bons e ruins, no verão e no inverno, na primavera e no outono, Ele não desiste da sua companhia, nem mesmo quando você está estressado ou mal-humorado.

Nossos pensamentos podem nos conduzir a um lugar de solidão, no qual nos sentimos incompreendidos e desvalorizados, levando-nos a crer que fomos deixados de lado. Porém, isso não é verdade! Existe uma promessa clara para nós: jamais seremos abandonados pelo Senhor. Hoje, levante a cabeça e compreenda: você não está sozinho! Aceite essa garantia e desfrute a companhia do Pai!

VAMOS ORAR

Jesus, agradeço Tua maravilhosa companhia. Quantas vezes meus pensamentos me levam a um lugar de solidão, mas hoje sei que Tua presença jamais me abandona. Eu creio na Tua palavra, Pai! Fica comigo! Amém.

ANOTAÇÕES

16 DE MARÇO

INTIMIDADE COM DEUS

*"Cheguem perto de Deus, e ele chegará perto de vocês.
Lavem as mãos, pecadores! Limpem o coração, hipócritas!"*

(TIAGO 4:8)

TANTAS PESSOAS ESTÃO ATRÁS de um relacionamento perfeito... de um namoro que começa nas férias de verão, igual aos filmes da Sessão da Tarde; quem sabe de um casamento incrível, no qual o "para sempre" seja real; ou de uma amizade daquelas que levamos para a vida toda. Uma coisa é certa — para qualquer um desses relacionamentos acontecer, precisamos dar o primeiro passo nessa construção chamada intimidade. Só assim é possível ter uma relação duradoura.

Com Deus, não é diferente: ser íntimo dEle é construir o melhor relacionamento da nossa vida. Através dessa intimidade, todos os outros relacionamentos ficam incrivelmente melhores! Tiago está nos dizendo: "Aproximem-se de Deus, e Ele se aproximará de vocês!" Precisamos desejar essa conexão e agir em prol dela diariamente. O Senhor está disposto a trabalhar a nosso favor e a desenvolver em nós um caráter íntegro e puro.

Aprofundar a intimidade com nosso Pai não é algo difícil e complicado como muitos pensam. Só precisamos desejar tanto isso a ponto de essa ser nossa prioridade diária. O Senhor sabe exatamente quem e como você é, então não existe uma barreira entre você e Ele. Convide-O para um papo diário, conte como se sente, abra seu coração sem medo; não existe nada que você possa dizer sobre si mesmo que Ele não saiba. Portanto, seja verdadeiro e peça que Ele lhe mostre aquilo que seus olhos enganosos ainda não conseguem ver.

VAMOS ORAR

Pai, eu desejo me aproximar mais de Ti. Quero me tornar parecido Contigo. Meu coração é enganoso, então me ajuda a ter sensibilidade para discernir o bem e o mal. Limpa-me por completo, Pai! Em nome de Jesus. Amém.

ANOTAÇÕES

17 DE MARÇO

SEJA CONTENTE EM CADA FASE

"Então o seu povo acreditou nas promessas de Deus e cantou louvores a ele.
Mas logo esqueceram o que Deus tinha feito e agiram sem esperar o seu conselho.
No deserto, eles se deixaram levar pelos seus desejos e puseram Deus à prova. Então ele deu
o que pediram, mas lhes mandou também uma doença terrível." (SALMOS 106:12-15)

PODEMOS NOS PERDER SE IGnorarmos o quanto somos abençoados pelo Senhor e se permitirmos que a insatisfação e a lamentação dominem o coração. Os israelitas experimentaram de maneira extraordinária o poder e a provisão divina, mas rapidamente se deixaram levar pela cobiça e pela insatisfação.

Não somos muito diferentes deles. Quantas vezes nos tornamos tão obcecados pelos nossos desejos, que nos esquecemos de agradecer o que já temos? Cada fase de nossas vidas traz consigo suas próprias bênçãos e desafios; caso não tomemos cuidado, passaremos toda a nossa existência desejando o que ainda nos falta. Apaixonamo-nos, casamo-nos e, em pouco tempo, começamos a focar os defeitos. Depois, pedimos por filhos; então, ansiosos, aguardamos o dia em que eles crescerão. Nunca estamos satisfeitos!

Os israelitas foram libertos da escravidão e receberam exatamente o que pediram, mas não souberam acolher a liberdade e a provisão que o Senhor lhes concedeu. Isso ocorre o tempo todo conosco — aquilo que tanto desejamos pode não ser uma necessidade real. Deus sonda nosso coração e sabe, com precisão, o que é melhor para nós! Confie que o Senhor está agindo a seu favor, mesmo quando as circunstâncias parecerem confusas. Ele conhece suas necessidades e está cuidando de você.

VAMOS ORAR

Senhor, ajuda-me a encontrar contentamento em cada fase da minha vida. Que eu nunca me esqueça de Tuas obras e que eu confie em Teu plano perfeito. Renova minha fé e meu coração com gratidão e satisfação. Em nome de Jesus, amém.

ANOTAÇÕES

18 DE MARÇO

DOMINE SUA LÍNGUA

"Da mesma boca saem palavras tanto de agradecimento como de maldição. Meus irmãos, isso não deve ser assim." (TIAGO 3:10)

TIAGO DEFENDE QUE É IMPOSSÍvel subestimar o significado das palavras; não há "meras" palavras. As de Deus fazem o mundo girar, e as nossas, ainda que não sejam tão poderosas, causam grande impacto.

No capítulo 3 de seu livro, Tiago usa três metáforas para falar do poder da língua. Primeiro, ele a compara ao freio na boca de um cavalo. Sem isso, o animal é quase sempre selvagem e imprevisível, mas, com ele na rédea, é possível levar o bicho a fazer qualquer coisa. Depois, a língua é vista como o leme de um navio. Mesmo que uma grande embarcação enfrente ventos violentos, seu pequeno leme determinará o curso. Por fim, ela se mostra como uma faísca na floresta. Quando deixada em campo aberto, pode se espalhar e, antes que se perceba, fazer tudo virar fumaça.

Com a língua, bendizemos a Deus e também amaldiçoamos homens e mulheres feitos à imagem dEle. Como isso é possível? Palavrões, maldições, elogios e bênçãos saem todos da mesma boca! Lançamos palavras duras não somente aos outros, mas a nós mesmos; chegamos a amaldiçoar nossos dias sem perceber. Isso pode soar estranho, mas é como muitas vezes fazemos.

Nossas palavras frequentemente não combinam com nossa fé, e eu quero chamar a sua atenção para isso hoje. Reflita sobre o que você tem dito e tome uma atitude. Tiago afirma que aquele que consegue controlar a própria língua pode controlar todo o seu ser. Esforce-se para ser assim!

> **VAMOS ORAR**
> Pai, ajuda-me a compreender o impacto do que falo e a usar minha língua como um instrumento de bênção, e não de maldição. Que minhas palavras sejam como as de Jesus: cheias de amor, de graça e de verdade. Amém.

ANOTAÇÕES

19 DE MARÇO

PARE DE IMPRESSIONAR PESSOAS

"Tenham o cuidado de não praticarem os seus deveres religiosos em público a fim de serem vistos pelos outros. Se vocês agirem assim, não receberão nenhuma recompensa do Pai de vocês, que está no céu." (MATEUS 6:1)

COMO É PESADA E DIFÍCIL A VIDA das pessoas que vivem sob o jugo da hipocrisia, querendo sempre ser honradas pelos outros. Chamo isso de "vício da aprovação". Jesus nos adverte contra praticar boas ações para tentar impressionar os outros, nos encorajando a esperar recompensa do Pai Celestial.

Eu gosto de pedir ao Senhor que sonde a motivação do meu coração em tudo o que me disponho a fazer. As pessoas podem não ver, mas Deus sabe qual é o motivo central de tudo que fazemos.

Por muito tempo, carreguei um peso insustentável tentando impressionar as pessoas, porque precisava da aprovação e validação delas. Eu praticava deveres religiosos, porém minha motivação era pautada no meu próprio ego. Isso é desgastante, pois acabamos nos sobrecarregando para fazer o bem, enquanto a própria essência do bem não está em nós.

Hoje quero incentivar você a olhar com coragem e verdade as suas motivações. Talvez você tenha feito coisas incríveis e importantes, tenha se desdobrado em prol da sua igreja ou de pessoas, mas, como a validação não veio, você se frustrou. Você não precisa mais se sentir assim! Peça ao Senhor que sonde seu coração e alinhe suas motivações. Pare de tentar impressionar as pessoas!

VAMOS ORAR

Jesus, sonda meu coração e minhas motivações; eu não quero viver hipocritamente, não quero a honra desta terra. Ajuda-me a alinhar meu coração com a Tua vontade. Quero que minhas atitudes glorifiquem a Ti. Ajuda-me, Pai. Amém.

ANOTAÇÕES

_____

_____

_____

_____

_____

20 DE MARÇO

A VERDADEIRA HUMILDADE

"Porque até o Filho do Homem não veio para ser servido, mas para servir e dar a sua vida para salvar muita gente."

(MARCOS 10:45)

A MENSAGEM ACIMA É CONHE-cida como o discurso do servo e foi proferida por Jesus durante Sua última viagem a Jerusalém. Por meio dela, Cristo mostra o verdadeiro significado do serviço. Ele não veio ao mundo para ser reconhecido ou servido, mas para servir e dar Sua vida em resgate de muitos.

O Filho de Deus é o verdadeiro exemplo em que devemos nos inspirar diariamente. Ele nos ensina a não servir só aos nossos próprios interesses, mas também aos interesses alheios, e a agir com compaixão, importando-nos com quem sofre e oferecendo apoio e amor.

Nosso serviço não deve se estender apenas a desconhecidos; devemos nos dedicar a nossa casa, família, filhos, amigos, parentes, igreja, trabalho... Enfim, servir pode significar muitas coisas. Podemos tornar o serviço um estilo de vida que glorifica a Deus!

Reflita um momento sobre quais atitudes práticas você poderia agregar à rotina para cumprir esse chamado à verdadeira humildade. Lembre-se de que servir é um privilégio, e somos abençoados pelo Senhor quando o fazemos com todo o nosso coração.

VAMOS ORAR

Senhor Jesus, desenvolve em mim a verdadeira humildade de servir com amor. Ajuda-me a olhar as pessoas com empatia e compaixão. Dá-me discernimento para entender quais atitudes preciso tomar para servir aqui na terra e Teu nome ser glorificado no céu. Em nome de Jesus, amém.

ANOTAÇÕES

21 DE MARÇO

INTEGRIDADE E CARÁTER

"Como são felizes os filhos de um pai honesto e direito!"

(PROVÉRBIOS 20:7)

NÃO É NOVIDADE PARA NÓS que os filhos são um reflexo dos seus pais, da sua casa ou das pessoas com quem mais convivem. Essa informação é bem recorrente, porém acredito que não gere o impacto que deveria. Tendemos a criar expectativas elevadas em relação aos nossos filhos. Desejamos que eles conquistem o mundo, construam uma carreira de destaque e adotem comportamentos fundamentados em princípios e valores sólidos. Contudo, não devemos esquecer que fazemos parte da construção ativa dessa expectativa.

Nossos filhos não seguirão nossos discursos ou desejos mais do que nossas atitudes. Como dizem, as palavras podem até convencer, mas o exemplo arrasta. É em casa, no poder da rotina, que desenvolvemos pessoas fortes, resilientes e respeitosas. A mensagem de hoje reafirma esta verdade: o futuro feliz de um filho está em um pai honesto e direito!

Hoje, somos convidados a examinar nossas atitudes: será que nossos filhos encontram em nós tudo aquilo que exigimos deles? Somos rígidos em relação à mentira, mas será que mentirinhas como "fala que eu não estou" ou "diz que estamos saindo" quando ainda se está no banho não impactam o aprendizado deles? Que possamos ser honestos, verdadeiros e íntegros em nosso dia a dia, a fim de que nosso caráter influencie e abençoe nossos filhos.

VAMOS ORAR

Senhor Jesus, ensina-me a ser uma referência para os meus filhos. Que eles encontrem em nosso lar toda a verdade. Que eu possa, através dos meus comportamentos, construir princípios e valores sólidos que vão acompanhá-los por toda a vida. Em nome de Jesus, amém.

ANOTAÇÕES

22 DE MARÇO

PERSEVERANÇA NAS PROVAÇÕES

"E também nos alegramos nos sofrimentos, pois sabemos que os sofrimentos produzem a paciência, a paciência traz a aprovação de Deus, e essa aprovação cria a esperança."
(ROMANOS 5:3-4)

AS TRIBULAÇÕES FAZEM PARTE da vida — isso é um fato. No entanto, é preciso entender que Deus deseja usá-las para nos aperfeiçoar. Paulo exorta os romanos a se gloriarem nas tribulações, porque elas produzirão perseverança, experiência e, por fim, esperança em seus corações.

Esse ensinamento é incrível, pois nos traz uma nova perspectiva em relação aos problemas pessoais. Toda tribulação serve para o nosso crescimento! Quando estamos imersos em adversidades, não conseguimos enxergar com clareza, mas, quando as superamos, compreendemos o quanto nos tornamos mais fortes. Mesmo nos dias mais caóticos, mantenhamos em mente que todas as coisas cooperam para o nosso bem!

Hoje, consigo olhar para minha vida e perceber o poder dessa verdade. Quando eu e meu marido, Alessandro, nos casamos, foi um período muito difícil; éramos jovens e passamos por problemas financeiros bem complicados. Naquele momento, não tínhamos maturidade emocional nem espiritual para entender, porém hoje percebo que todas as aflições vividas foram necessárias.

Então, se você tem passado por essa fase, entenda e receba o conselho do apóstolo Paulo. Acredite: ele sabe o que está dizendo; isso vem para fortalecer! As tribulações servem para nos motivar a chegar mais perto de Deus. Ele está conosco em cada momento da caminhada. Sua perseverança não é em vão; ela está o transformando de glória em glória!

VAMOS ORAR

Senhor, ajuda-me a ver as provações como oportunidades de crescimento e desenvolvimento da minha fé. Que eu me alegre diariamente na confiança de que não estou sozinho, mas que é a Tua presença que me mantém de pé. Em nome de Jesus, amém.

ANOTAÇÕES

23 DE MARÇO

NÃO DESANIME

"Por que estou tão triste? Por que estou tão aflito?
Eu porei a minha esperança em Deus e ainda o louvarei.
Ele é o meu Salvador e o meu Deus."

(SALMOS 42:5)

O DESÂNIMO É CAPAZ DE DESTRUIR nossa esperança e alegria, então naturalmente o diabo tenta fazer isso conosco. A Bíblia, contudo, reforça repetidamente para não desanimarmos. Deus sabe que, se a apatia existir dentro de nós, não chegaremos à vitória que Ele nos prometeu.

Quero chamar sua atenção para algo muito importante nesse tema, que pode mudar por completo o que você sente: você não fica desanimado, você se torna desanimado. Para isso acontecer, é preciso ter pensamentos específicos que nos levem à sensação de desalento, como "não vou conseguir", "isso é muito difícil", "eu sempre fracasso nisso", "não sei se isso é para mim", "existem pessoas melhores do que eu", "é melhor eu nem tentar" etc. Se tais pensamentos permeiam sua mente, saiba que não é de se admirar seu abatimento.

Tenha pensamentos desanimadores, e ficará desanimado; tenha pensamentos de fracasso, e fracassará miseravelmente. O desânimo é construído na sua cabeça! Como você pensa, assim você é. Deus não tem prazer nisso e hoje o chama para renovar a mente e colocar sua confiança nEle. Comece a meditar na Palavra e deixe-a transformar a qualidade dos seus pensamentos. Assim como o desânimo é construído, o bom ânimo também é. Está na hora de começar a construir certo!

VAMOS ORAR

Pai, obrigado pela Tua Palavra. Preciso renovar a qualidade dos meus pensamentos e pensar em todas as promessas liberadas sobre a minha vida e minha casa. Ajuda-me a ser quem Tua Palavra diz que sou. Em nome de Jesus, amém.

ANOTAÇÕES

24 DE MARÇO

ALEGRIA NA ORAÇÃO

"Que a esperança que vocês têm os mantenha alegres;
aguentem com paciência os sofrimentos e orem sempre."
(ROMANOS 12:12)

TODA MANHÃ SE INICIA COM responsabilidades diárias preenchendo a mente. Somos chamados para um novo dia cheio de oportunidades! Assim que acordar, agradeça ao Senhor mais essa chance de viver. Enquanto toma café da manhã, leva as crianças para a escola e enfrenta o trânsito, converse com Deus. Leve seus pensamentos a Ele e convide-O para ficar ao seu lado.

Faça orações curtas, como "obrigado, Senhor, por este dia" ou "ajuda-me a ser paciente hoje". Esse hábito transformará sua rotina. Durante o almoço, agradeça pelo alimento e pela companhia. Mesmo fazendo uma refeição simples, orar pode encher seu coração de gratidão e alegria. À tarde, diante de desafios como prazos apertados ou conflitos, uma oração rápida pedindo que o Senhor renove suas forças fará toda a diferença. No caminho de volta para casa, reflita sobre seu dia e converse com o Pai sobre suas alegrias e frustrações.

Esse diálogo sincero com aquEle que se importa com cada detalhe da sua vida traz paz. O Eterno deseja que você se alegre quando conversa com Ele. Experimente fazer isso nas tarefas mais simples e rotineiras! Transforme cada atividade do seu cotidiano em um momento com Deus. Posso garantir: seus dias nunca mais serão os mesmos!

VAMOS ORAR

Senhor, obrigado por estar comigo em cada momento do meu dia. Quero transformar minhas atividades diárias em oportunidades de conversar Contigo e abrir meu coração. Ajuda-me a despertar para isso, pois preciso estar em Ti, Pai. Em nome de Jesus, amém.

ANOTAÇÕES

25 DE MARÇO

A MISSÃO DE SERVIR

"Entre vocês, o mais importante é aquele que serve os outros."
(MATEUS 23:11)

VOCÊ JÁ PAROU PARA PENSAR NO impacto positivo do serviço ao próximo? Este é um princípio que tem se tornado cada vez mais fraco em um mundo que, muitas vezes, exalta o egoísmo e o orgulho. Jesus nos oferece um exemplo totalmente diferente. Ele, sendo o Rei dos reis, escolheu servir em vez de ser servido. Essa escolha de abrir mão do status e do orgulho pessoal para servir aos outros é um chamado profundo e desafiador para cada um de nós!

Servir é mais do que uma ação: é um estilo de vida, é reconhecer que nossa verdadeira grandeza está em nossa disposição de nos sacrificar pelos outros. Quando escolhemos servir, estamos dizendo "não" ao nosso egoísmo e "sim" à compaixão e ao amor. Isso nos transforma e nos aproxima mais do coração de Deus.

Pense em como sua disposição de ajudar e apoiar os outros pode mudar o curso da vida de alguém, seja com uma palavra de encorajamento, com um ato de bondade ou com um simples tempo de qualidade para ouvir.

Existem áreas em que você poderia servir com mais atenção? O egoísmo e o orgulho o têm impedido de ajudar os outros? Como você pode se posicionar para servir com humildade e amor, seguindo o exemplo de Jesus?

VAMOS ORAR

Senhor, ajuda-me a abrir mão do meu egoísmo e orgulho. Ensina-me a servir com humildade e amor. Que meu serviço seja um reflexo do Teu amor e um testemunho vivo da minha fé. Usa-me para fazer a diferença na vida das pessoas ao meu redor. Em nome de Jesus, amém.

ANOTAÇÕES

26 DE MARÇO

RENOVAÇÃO DIÁRIA

"Por isso nunca ficamos desanimados. Mesmo que o nosso corpo vá se gastando, o nosso espírito vai se renovando dia a dia." (2 CORÍNTIOS 4:16)

AS BATALHAS DO DIA A DIA PO-dem nos desgastar tanto física como emocionalmente, mas a boa notícia é que, apesar do desgaste externo, Deus nos oferece renovação diária. Pense numa planta que recebe água e nutrientes todos os dias. Ela pode enfrentar ventos fortes, sol escaldante e períodos de seca, mas, enquanto suas raízes estiverem recebendo o que precisam, ela continuará a crescer e florescer. Do mesmo modo, nossa vida espiritual precisa do toque diário do Senhor. Ele renova nosso interior, e nEle encontramos energia e disposição para prosseguir em meio às tempestades.

Quando nos sentimos cansados pelas preocupações, demandas, trabalhos e tantas frentes que dependem de nós, não podemos deixar o desânimo nos paralisar. Quem está cansado deve descansar, jamais parar, por isso é importante estarmos atentos à qualidade dos nossos pensamentos. É necessário fortalecer e renovar a mente em Cristo, afinal o corpo acessa aquilo em que a mente acredita.

VAMOS ORAR

Jesus, muito obrigado pela renovação diária em minha vida. Ajuda-me a encontrar força e esperança em Ti todos os dias. Que eu não desanime quando me sentir cansado, mas renove meu espírito com Tua paz. Em Teu nome, amém.

ANOTAÇÕES

27 DE MARÇO

QUAL É O SEU PROPÓSITO DE VIDA?

"Pois foi Deus quem nos fez o que somos agora; em nossa união com Cristo Jesus, ele nos criou para que fizéssemos as boas obras que ele já havia preparado para nós."

(EFÉSIOS 2:10)

TODOS NÓS NOS DEPARAMOS com esta questão: qual é o meu propósito de vida? Por muito tempo, essa dúvida me intrigou. Eu não aceitava que minha existência se resumisse a dias bons e ruins; eu buscava algo mais profundo. Queria compreender qual era a minha missão e qual era o propósito de Deus para mim. Dediquei o livro *Nunca mais quem eu era* a esse tema, compartilhando como descobri minha missão e meu valor.

Talvez essa dúvida reverbere em seu coração, e isso ocorre porque, provavelmente, você não está vivendo de acordo com o seu propósito. Quando essa incerteza surge, é nossa alma clamando por significado, é nosso interior desejando realizar seu verdadeiro desígnio.

Deus tinha um bom plano estabelecido para cada um de nós muito antes de chegarmos a este planeta. Não se trata de um plano falido, marcado por fracassos, infelicidade, pobreza e doenças. O plano do Senhor é bom, cheio de vida, saúde, felicidade e realização. Jeremias 29:11 reafirma essa promessa: "Só eu conheço os planos que tenho para vocês: prosperidade e não desgraça e um futuro cheio de esperança. Sou eu, o Senhor, quem está falando." Então, jamais acredite nas mentiras que satanás tenta contar sobre sua vida. Você é precioso para Deus e foi criado para boas obras!

VAMOS ORAR

Pai, obrigado por Tua palavra neste dia, que reafirma meu chamado para as boas obras. Sei que essa é Tua vontade para mim todos os dias. Ajuda-me a ter clareza do meu propósito. Direciona os meus passos e esteja comigo em todas as minhas decisões e escolhas. Em nome de Jesus, amém.

ANOTAÇÕES

28 DE MARÇO

A AUTORIDADE DA BÍBLIA

"Pois toda a Escritura Sagrada é inspirada por Deus e é útil para ensinar a verdade, condenar o erro, corrigir as faltas e ensinar a maneira certa de viver."

(2 TIMÓTEO 3:16)

A PALAVRA QUE ME CHAMA A atenção nesse versículo é "inspira", cujo significado pode ser "sopro de Deus". Paulo afirma que as Escrituras são inspiradas por Deus, ou seja, não são meros pensamentos humanos. Tudo que existe na Palavra foi "soprado" por Ele.

A Bíblia é muito mais do que um incrível livro histórico; é o nosso manual de vida. Ela pode nos instruir, nos corrigir, nos direcionar e inspirar nossa fé. Passei um bom tempo justificando minha falta de dedicação à leitura sagrada, e a narrativa que eu usava pode ser semelhante à de muitos: "Eu não consigo entender!" ou "A Bíblia é muito complexa!". Quanto mais eu contava essa história, mais acreditava nela.

Um dia, em oração, pedi ao Senhor que falasse comigo, pois desejava uma orientação divina. De repente, um pensamento forte e claro surgiu em minha mente: "Abra a Bíblia!" Foi tão intenso, que imediatamente obedeci. Ao abrir a Escritura, como "mágica", tudo de que eu precisava estava ali diante de mim. Senti aquelas palavras entrando em minha alma e percebi que o Senhor me respondia; foi uma das melhores sensações da minha vida! Estávamos eu e Deus, e Ele me ouviu — na verdade, Ele sempre me ouviu, eu é que não tinha tempo de ouvi-Lo. Após essa experiência, minha Bíblia se tornou a voz de Deus, direcionando-me e corrigindo-me diariamente.

Se você deseja viver essa experiência e enxergar a palavra como um verdadeiro manual, não sabote mais suas leituras. Você não precisa ler a Bíblia sozinho; convide o Espírito Santo para ler com você!

VAMOS ORAR

Senhor, obrigado pela Tua Palavra poderosa, que me instrui e direciona. Amo poder sentir que Tu falas comigo através dela. Que eu jamais negocie esse tempo de estudo da Bíblia. Amém.

ANOTAÇÕES

29 DE MARÇO

QUEM É O ESPÍRITO SANTO?

"Mas o Auxiliador, o Espírito Santo, que o Pai vai enviar em meu nome, ensinará a vocês todas as coisas e fará com que lembrem de tudo o que eu disse a vocês."

(JOÃO 14:26)

VOCÊ SABE QUEM É O ESPÍrito Santo? Muitas vezes, ficamos confusos sobre Sua essência, mas a Bíblia deixa claro quem Ele é: um auxiliador amigo, enviado pelo Pai após a ascensão de Jesus aos céus. Ele habita dentro de nós e nos revela todos os ensinamentos de Cristo.

O Espírito Santo é a semente de Deus em nós e nos lembra de todas as coisas que Jesus disse. Jamais estaremos sozinhos, pois Ele afirmou: "Eu vou, mas os deixarei com assistência plena." O Espírito Santo é o presente de despedida de Jesus para nós! Você pode construir um relacionamento sólido com esse Amigo que está dentro de você, conversar com Ele, pedir orientação e conselhos. Uma vez que experimente essa sensação, nunca mais se sentirá sozinho ou abandonado!

Quando oramos, experienciamos a presença real do Espírito. Ele intercede por nós com gemidos inexprimíveis (Romanos 8:26). Então, quando não souber o que pedir ao Senhor, clame para que o Espírito Santo traduza aquilo que está em seu coração, pois Ele conhece suas necessidades. Hoje, convide o Espírito Santo para ser seu melhor amigo e confidente; Ele dará os melhores conselhos e guiará seu caminho.

VAMOS ORAR

Pai, obrigado por enviar o Espírito Santo para ser meu melhor amigo. Abro meu coração para a presença dEle e peço que Ele me ensine, me guie e me lembre de tudo o que Cristo ensinou. Em nome de Jesus, amém.

ANOTAÇÕES

30 DE MARÇO

VIVER EM PLENITUDE

*"E, por estarem unidos com Cristo, vocês também têm essa natureza.
Ele domina todos os poderes e autoridades espirituais."*

(COLOSSENSES 2:10)

O QUE VEM À MENTE QUANDO você lê o título de hoje? Seu primeiro pensamento é "Uau, posso viver uma vida completa!" ou "Plenitude?! Isso é impossível!"? Pois bem, estou aqui para dizer que viver de modo pleno não é apenas uma possibilidade, mas um direito que você tem através de Cristo! É mais do que sobreviver ou passar pelos dias, é viver a vida ao máximo, aproveitando tudo o que Deus tem para oferecer. Em Cristo, você é completo!

Muitas vezes, buscamos a plenitude em coisas passageiras, como em sucesso, bens materiais e relacionamentos. Embora tudo isso traga satisfação momentânea, a vida plena só pode ser encontrada em Cristo, afinal somente Ele nos dá a paz que excede todo o entendimento, uma alegria que não depende das circunstâncias e um propósito que enche de significado cada um dos nossos dias.

Jesus disse que veio para que tenhamos vida em abundância (João 10:10), então isso quer dizer que Deus deseja que vivamos plenamente e aproveitemos a generosidade das Suas bênçãos. Não estamos isentos das dificuldades, mas estamos certos de que, em Cristo, temos vida abundante mesmo em meio às crises.

Viva com a confiança de que, em Cristo, você é completo e tem tudo de que precisa para uma vida plena e abundante. Permita que Ele preencha cada vazio e transforme cada parte do seu ser!

VAMOS ORAR

Senhor, obrigado por me oferecer plenitude em Cristo. Ajuda-me a confiar plenamente em Tua provisão e a seguir Teu propósito. Renova a minha mente e meu espírito, para que eu experimente a verdadeira abundância que vem de Ti. Em nome de Jesus, amém.

ANOTAÇÕES

31 DE MARÇO

A FELICIDADE NAS PEQUENAS COISAS

"Quem é fiel nas coisas pequenas também será nas grandes;
e quem é desonesto nas coisas pequenas também será nas grandes."

(LUCAS 16:10)

COMO SEU DIA COMEÇA? TAL-vez com um café quentinho, com o bom-dia de quem você ama, com o abraço dos filhos ou com o cafuné no cachorro, coisas simples que fazem você feliz.

Durante uma fase complicada, como uma crise financeira ou um problema de saúde, experimente prestar atenção nos acontecimentos mais ordinários do seu dia: a leitura de um livro, uma comida fresquinha, o reencontro com um amigo... Essas pequenas situações trarão o escape de que você precisa e lhe ensinarão a valorizar o que realmente importa.

Muitas vezes, buscamos a felicidade em grandes conquistas ou bens materiais, mas a verdadeira satisfação está em aprender a ser grato pelas pequenas coisas. Uma atitude de fidelidade no pouco demonstra a Deus que estamos prontos para receber mais. É esse comportamento grato e contente que transforma nossa perspectiva e nos faz enxergar a vida de maneira mais positiva.

Ser fiel no pouco reflete nosso caráter — se formos cuidadosos e atenciosos com o que já temos, construiremos uma base forte para que o Senhor possa nos presentear com maiores bênçãos e oportunidades. Fidelidade é maturidade espiritual!

VAMOS ORAR

Jesus, obrigado por todos os dias que me permites viver. Tenho tantos motivos para ser feliz, que acabo me esquecendo de agradecer. Eu quero ser fiel no pouco, valorizando e administrando tudo o que me deste. Renova meu coração com gratidão e alegria em todas as circunstâncias. Em Teu nome, amém.

ANOTAÇÕES

ABRIL

1º DE ABRIL

ABRA MÃO DE TUDO QUE VOCÊ NÃO É

"Jesus respondeu: Os que têm saúde não precisam de médico, mas sim os doentes."

(LUCAS 5:31)

NO CONTEXTO DESSE VERSÍCULO, Jesus estava curando um homem com paralisia, fato que chocou os judeus presentes, acostumados a acreditar que pessoas com deficiência eram punidas por Deus devido à sua má conduta. Com esse milagre, Cristo demonstrou que essas teorias não eram verdadeiras, restaurando o homem como prova de Seu poder e amor por todos.

Jesus nos ensina na prática o que é viver em essência, e não por influência. Às vezes, nos preocupamos tanto com formas, padrões, modas, rituais e obras para tentar nos encaixar que esquecemos quem realmente somos. O grande perigo disso é nos tornarmos influenciáveis, perdendo nossa identidade e nosso chamado.

Vivi muito tempo tentando me encaixar, me comparando com os outros e competindo com eles. Talvez você também passe por algumas experiências assim, porém é necessário entender que todos nós temos limitações, fraquezas e incapacidades. Satanás adoraria que você pensasse que é a única pessoa no mundo que enfrenta essas situações, mas isso é uma grande mentira. Se fôssemos perfeitos, por que Jesus viria até aqui?

De acordo com nosso versículo do dia, Ele veio para os que estão doentes, para os que precisam de ajuda, e nós precisamos! Por isso, não devemos viver o peso de ser quem não somos. Ele sabe exatamente quem você é.

> **VAMOS ORAR**
>
> Pai, eu abro mão de ser tudo que não sou; quero me tornar vulnerável para ser quem desejas que eu seja. Ajuda-me a ter um posicionamento coerente perante as influências deste mundo. Que minha vida seja o reflexo do Teu amor diário. Amém.

ANOTAÇÕES

_____

_____

_____

_____

_____

2 DE ABRIL

NINGUÉM É PERFEITO

"E ninguém precisava falar com ele sobre qualquer pessoa, pois ele sabia o que cada pessoa pensava." (JOÃO 2:25)

EU DEMOREI TANTO TEMPO PARA entender a profundidade do texto de hoje que espero entregar em poucas palavras uma grande chave de libertação; não porque a Palavra é minha, longe disso, mas por ser de Jesus. Repita comigo: "Ninguém é perfeito!" Repita quantas vezes forem necessárias para você, verdadeiramente, acessar essa liberdade! Ninguém é perfeito, e esperar perfeição é loucura e certeza de frustração.

Temos uma tendência natural, que geralmente não percebemos: queremos encontrar o amor perfeito, o amigo perfeito, a casa perfeita, o bairro perfeito, o emprego perfeito, a igreja perfeita... mas isso existe? Sabemos que não! Ainda assim, procuramos essa "perfeição". Quando não a encontramos — e não a encontraremos aqui na terra —, o que fazemos? Nos sentimos decepcionados e frustrados.

Quero convidar você a renovar seu ponto de vista. A verdade é que você nunca se decepciona com ninguém, o que traz decepção é a expectativa que você criou em relação ao que esperava. Observe o que Jesus nos ensina: ninguém precisava falar a respeito de ninguém, pois Ele sabia o que havia no homem! Os discípulos não O decepcionaram, Ele não ficou frustrado ou arrasado, porque já conhecia a natureza humana. Cristo esperava sempre o melhor, mas entendia que não haveria perfeição.

Quer parar de se decepcionar com as pessoas? Olhe para a sua natureza!

VAMOS ORAR

Jesus, obrigado por esta palavra, pois tantas vezes me frustro em relação a tudo e todos. Hoje, entendo que somos fracos e falhos; a imperfeição está em nossa carne, por isso devemos olhar somente para Ti. Ajuda-me a melhorar todos os dias, Pai. Amém.

ANOTAÇÕES

3 DE ABRIL

RECEBA PODER

"Jesus viu o homem deitado e, sabendo que fazia todo esse tempo que ele era doente, perguntou: 'Você quer ficar curado?'" (JOÃO 5:6)

VOCÊ TEM LUTADO CONTRA um problema que parece não ter solução? Uma doença, uma ferida emocional ou até um desafio espiritual? Deseja se livrar disso? Essa foi a pergunta que Jesus fez a um homem que, por 38 anos, esperava à beira de um tanque, aguardando que alguém tomasse a iniciativa por ele. Cheio de desculpas, ele acreditava não ter a capacidade de agir para superar seu problema, preferindo acolher a compaixão dos que estavam ao seu redor.

A pergunta que deixo para você hoje é: você quer ser curado? Deseja conquistar a vitória sobre esse desafio que o atormenta há tanto tempo? Foi assim que Jesus se dirigiu àquele homem, para que ele abandonasse o vitimismo. Quantas vezes nos acomodamos às nossas limitações e dificuldades, aprisionando-nos em desculpas e coitadismo? Esses sentimentos podem nos prender, fazendo-nos sentir impotência e incapacidade. No entanto, Jesus nos convida a algo muito mais grandioso.

O que você realmente precisa fazer é dizer: "Sim, eu quero ser curado! Quero superar este desafio!" É importante entender que essa escolha só se torna efetiva quando é acompanhada de ações. Tomar uma decisão e continuar na mesma rotina não trará solução. Jesus está preparado para lhe conceder poder e auxiliar em sua transformação, mas você é o protagonista do seu próprio milagre!

VAMOS ORAR

Senhor, ajuda-me a sair do vitimismo e da pena, concede-me ânimo e coragem para agir e buscar a transformação que tanto anseio. Agradeço por abrir meus olhos e me mostrar quanto poder o Senhor me dá para alcançar minha própria cura! Em nome de Jesus, amém.

ANOTAÇÕES

4 DE ABRIL

ALEGRE-SE POR SER DIFERENTE

"O sol tem o seu próprio brilho; a lua, outro brilho; e as estrelas têm um brilho diferente. E mesmo as estrelas têm diferentes tipos de brilho." (1 CORÍNTIOS 15:41)

SER DIFERENTE FAZ PARTE DO projeto de Deus. Ele nos criou distintos uns dos outros e não foi por engano. Costumamos admirar tanto as conquistas das pessoas, principalmente nas redes sociais, que sem perceber começamos a nos comparar e acabamos nos sentindo insuficientes. A comparação nos leva a um lugar de inferioridade, no qual passamos a nos esforçar para ser como os outros e nos perdemos de quem nascemos para ser. Isso entristece e fere o Espírito Santo.

Deus deseja que realizemos aquilo que está designado a nós, e não que nos sintamos pressionados a copiar o feito de outra pessoa. Cada um tem um caminho e um ritmo diferente! Romanos 12 nos incentiva a nos dedicar ao nosso dom, o que nos leva a entender que há uma capacitação específica para cada pessoa. Precisamos descobrir qual é o nosso dom e nos dedicar cada vez mais a ele. Paralisar-se por não ser como alguém que admira é negar a singularidade que o Senhor colocou em você.

Grandes realizações não surgem da noite para o dia, mas são construídas com paciência, perseverança e fé. Não podemos esquecer que Deus está trabalhando em nossa vida, mesmo que não consigamos perceber nosso progresso imediatamente. Continue com seus projetos, sabendo que Deus criou você com um propósito único. Não se importe por ser diferente!

VAMOS ORAR

Senhor, não quero me comparar com os outros e me afastar de quem me fizeste para ser. Ensina-me a confiar no Teu plano para a minha vida. Que eu possa respeitar meu tempo e minha fase, sabendo que Tu estás trabalhando em mim. Em nome de Jesus, amém.

ANOTAÇÕES

5 DE ABRIL

INVISTA NO AMOR

*"Eu lhes dou este novo mandamento: amem uns aos outros.
Assim como eu os amei, amem também uns aos outros."*

(JOÃO 13:34)

ATUALMENTE, OBSERVAMOS a banalização do amor, que deveria ser o eixo central de nossa vida. Você está dedicando tempo e energia a coisas que considera importantes, mas que, para Deus, têm pouco valor?

Passei muitos anos em busca do sucesso, tentando transformar a mim mesma e aos outros. Isso me levou a esquecer o que Jesus declarou ser essencial: amar uns aos outros como Ele nos amou. Não se especialize em questões que o Senhor considera irrelevantes. Em outras palavras, não desperdice seu tempo e esforço em atividades que não têm valor duradouro e que em nada contribuem para o avanço do Reino de Deus.

Amar como Jesus amou deve ser o nosso principal objetivo na vida. É fácil nos deixar levar pelas demandas cotidianas e perder de vista nosso verdadeiro propósito. O amor não é apenas um sentimento, é uma ação diária e intencional. Invista seu tempo e sua energia em amar as pessoas ao seu redor!

Faça uma reflexão sincera sobre sua caminhada em amor. Você está dedicando tempo ao que realmente importa? Estude o amor de Deus, aprofunde-se nas Escrituras e peça ao Espírito Santo que o leve a amar de maneira sincera. Amar é um esforço que sempre nos custa alguma coisa; pense nisso.

VAMOS ORAR

Jesus, preciso fazer do amor a prioridade da minha vida. Que eu não desperdice meu tempo em coisas sem valor, mas que eu invista no que realmente importa: amar como Tu me amaste. Direciona-me todos os dias para que eu possa refletir Teu amor em todas as minhas ações. Amém.

ANOTAÇÕES

6 DE ABRIL

VOCÊ JÁ SABE DA LINDA NOVIDADE?

"E, quando Deus fala da nova aliança, é porque ele já tornou velha a primeira. E o que está ficando velho e gasto vai desaparecer logo." (HEBREUS 8:13)

PENSE EM COMO NOS SENTIMOS ao receber uma grande novidade: existe emoção, empolgação, esperança e alegria! A Nova Aliança de Deus é a mais bela novidade que já nos foi dada. Graças à ressurreição de Jesus, temos acesso direto ao Senhor. Além disso, recebemos o perdão dos nossos pecados e a promessa de vida eterna. Isso nos liberta do peso das antigas leis e nos convida a viver em liberdade e graça.

A Nova Aliança em Cristo é como virar a página da nossa história, abrindo um novo capítulo repleto de possibilidades. Não estamos mais aprisionados ao passado ou às leis que se mostram impossíveis de serem cumpridas. Podemos avançar com confiança e esperança renovadas, pois essa nova realidade traz consigo uma responsabilidade: viver à altura do que recebemos.

Você consegue mensurar tudo o que envolve a Nova Aliança? Certamente não! Não conseguimos calcular, comparar ou medir a graça que recebemos por meio dela, mas podemos e devemos vivê-la! Deus nos convida a deixar para trás as velhas práticas. É hora de abandonar hábitos antiquados, pensamentos negativos e tudo o que nos distancia dEle, para vivermos conforme Sua vontade.

Que tal celebrarmos a linda novidade do pacto com a gratidão e a liberdade que essa nova vida nos proporciona? Você está disposto? Vamos juntos nesta jornada de descobertas da Palavra de Deus!

VAMOS ORAR

Senhor, agradeço a maravilhosa novidade do novo pacto. Ajuda-me a deixar para trás o que é antigo e a viver plenamente a nova vida que Tu me ofereceste. Que eu possa refletir Tua graça e liberdade em todas as minhas ações. Em nome de Jesus, amém.

ANOTAÇÕES

7 DE ABRIL

DECISÃO E CONFIANÇA

"Acima de tudo, meus irmãos, quando vocês prometerem alguma coisa, não jurem pelo céu, nem pela terra, nem por nada mais. Digam somente 'sim', quando for sim, e 'não', quando for não, para que Deus não os condene." (TIAGO 5:12)

SE NOSSO CORAÇÃO NOS DIZ QUE devemos fazer algo e, depois, permitimos que nossa mente nos convença do contrário, deixamos a porta aberta para a condenação. Tiago nos aconselha a evitar juramentos por coisas maiores, enfatizando a importância de que nosso sim seja genuinamente um sim, e nosso não seja, de fato, um não.

Durante muito tempo, tive dificuldades em recusar pedidos. Em geral, aceitava apenas para agradar aos outros e evitar deixar a impressão de ser chata, enquanto, por dentro, meu coração clamava por um não! Esse tipo de situação me causava um grande desgaste — é profundamente desconfortável fazer algo por obrigação, mesmo que tenha sido escolha sua. Esse comportamento nos leva a condenar a verdade que habita em nosso coração.

Quando somos verdadeiros em nossas decisões, escolhas e palavras, refletimos um coração genuíno e uma vida que busca honrar a Deus. Pequenas mentiras e exageros parecem inofensivos, mas podem nos custar toda a credibilidade. Agir de forma desonesta para agradar ou buscar a aprovação dos ou-

tros nunca será uma boa escolha. Deus já nos aprovou antes mesmo de nascermos! A falta de aceitação alheia não define quem somos.

Decida levar todos os seus relacionamentos com mais verdade e respeite as pessoas como você gostaria de ser respeitado. Ser verdadeiro é uma prova de amor tanto aos outros quanto a si mesmo.

VAMOS ORAR

Pai, quero andar na verdade em tudo o que eu fizer. Ajuda-me a refletir Teu caráter e a ser alguém digno de confiança. Que minhas motivações sejam direcionadas pelo Espírito Santo. Em nome de Jesus, amém.

ANOTAÇÕES

8 DE ABRIL

VIVENDO PELA FÉ, E NÃO PELO MEDO

"Porque vivemos pela fé e não pelo que vemos."

(2 CORÍNTIOS 5:7)

EU SEI QUE, ÀS VEZES, A VIDA PArece bastante assustadora. Nesses momentos, o medo pode se tornar uma companhia constante, mas hoje quero relembrá-lo de algo poderoso: Deus nos convida a viver pela fé, e não pelo que vemos.

Viver pela fé é confiar que, mesmo quando tudo parece fora de controle, o Senhor está cuidando de cada detalhe da sua vida; é acreditar que Ele tem um plano para você, ainda que o caminho à frente se apresente nebuloso. Deus enxerga além do que somos capazes de perceber e conhece cada temor e preocupação que carregamos.

Posso afirmar que, quando começo meu dia na correria, sem dedicar um tempo para me conectar com o Pai, me sinto perdida e não consigo produzir nem a metade do que costumo realizar. Se você percebe o mesmo, deixo aqui uma dica: não pegue o celular assim que acordar! Não procure saber como está o mundo lá fora; em vez disso, conecte-se com o seu eu interior e sinta a paz que vem de Jesus. Deixe a fé transbordar dentro de si e permita que a certeza de que você não está sozinho preencha todo o seu ser! Assim, você estará pronto para iniciar o dia na presença daquEle que sempre está ao seu lado e sabe exatamente o que você está enfrentando.

Embora eu não saiba nada a seu respeito, quero encorajá-lo a viver pela fé! Viva com a certeza de que, independentemente dos desafios, Deus cumprirá Suas promessas e o encherá de paz em meio às tempestades e aflições.

VAMOS ORAR

Senhor, aqui estou diante de Ti, com todos os meus medos e minha ansiedade. Ajuda-me a viver pela fé e a confiar em Tuas promessas. Renova minha confiança e dá-me coragem para enfrentar os desafios com a certeza de que Tu estás ao meu lado. Em nome de Jesus, amém.

ANOTAÇÕES

9 DE ABRIL

O PAPEL DA FAMÍLIA NO REINO DE DEUS

"Porém aquele que não cuida dos seus parentes, especialmente dos da sua própria família, negou a fé e é pior do que os que não creem." (1 TIMÓTEO 5:8)

O VERDADEIRO SUCESSO É ESTAR inteiro para a família, e isso se faz alimentando o amor-próprio, cuidando dos filhos, zelando pelo lar e sendo um(a) bom(a) esposo(a). Como andam sua casa, seus filhos, seu cônjuge? Use este tempo com Deus para fazer uma reflexão. Se algo não estiver bem, não hesite em considerá-lo, assumir sua responsabilidade e identificar as mudanças necessárias. Afinal, é exatamente nesse ambiente que experimentamos o Reino de Deus!

A família é nossa missão primordial; nosso lar é o espaço onde podemos manifestar o amor e os ensinamentos de Cristo. Faço questão de ser a essência de Deus em minha casa, para que, em seguida, eu possa refletir a mesma essência ao meu próximo.

Recebo muitas mensagens de pessoas com dificuldade para estar presentes com os filhos, pois precisam trabalhar e estão exaustas no fim do dia. De fato, é fácil se perder em inúmeras atividades externas e esquecer o que realmente importa. A prosperidade não chega quando vivemos dessa forma, por isso estou aqui para ressaltar a importância de cuidar da família — ela é o seu maior tesouro!

Um simples gesto que você pode adotar para demonstrar esse cuidado é compartilhar refeições juntos, orar em unidade, participar das tarefas escolares ou simplesmente fazer um passeio no parque. Vamos iniciar essas mudanças hoje? Lembre-se: a verdadeira liderança e o serviço começam em casa.

VAMOS ORAR

Jesus, desejo ver minha família como meu primeiro ministério, cuidar da minha casa com amor e zelar por tudo aquilo que o Senhor me proporcionou. Que meu coração possa estar em Ti e que eu reflita todo esse cuidado aos meus. Em Teu nome, amém.

ANOTAÇÕES

1O DE ABRIL

LIVRE-SE DE TODO PESO

"Assim nós temos essa grande multidão de testemunhas ao nosso redor. Portanto, deixemos de lado tudo o que nos atrapalha e o pecado que se agarra firmemente em nós e continuemos a correr, sem desanimar, a corrida marcada para nós." (HEBREUS 12:1)

VOCÊ SABIA QUE NOSSAS PREO-cupações muitas vezes nos acompanham inconscientemente por longos períodos? Elas são como fardos emocionais e nos tornam prisioneiros da ansiedade, um mal dos dias atuais. Você sabia também que a maioria dos medos e das inquietações nunca se concretiza? Isso mesmo! Pense em uma preocupação que você tem carregado e que, até o momento, não se materializou. Ainda assim, você se sente no controle, como se tivesse poder para dominar a situação. Pare agora! Solte isso! Declare em voz alta: "Eu não preciso lutar com o desconhecido!"

Para mim, o início da jornada de se livrar desse peso não foi fácil; eu queria resolver tudo sozinha, achava que daria conta de tudo. Quando percebi, estava carregando até o que não me pertencia. Foi aos poucos que o Espírito Santo me capacitou e me mostrou onde eu precisava me entregar e o que eu precisava soltar.

Esses fardos que você tem carregado impedem o fluir da vida, da casa e da prosperidade. O primeiro passo para se libertar deles é identificá-los. Você consegue reconhecer e nomear suas preocupações? Quanto mais delas você carrega, maior a chance de se desviar da vontade de Deus. Por isso, convido você a adotar pequenos hábitos e mudanças. Meditar na Palavra e construir um relacionamento sincero com Ele ajudará a viver com mais leveza.

Você merece uma vida leve, cheia da graça e da presença do Senhor!

VAMOS ORAR

Senhor Jesus, ajuda-me a identificar e a me livrar de todos os fardos e pecados que me aprisionam. Preciso de ousadia e coragem para realizar as mudanças necessárias em minha vida. Que eu possa manter meus olhos em Ti e viver conforme a Tua vontade. Em nome de Jesus, amém.

ANOTAÇÕES

11 DE ABRIL

SEJA PURO DE CORAÇÃO

"Felizes as pessoas que têm o coração puro, pois elas verão a Deus."
(MATEUS 5:8)

POR QUE É NECESSÁRIO EXAminar nosso coração? A pureza dele revela a essência de Deus em nosso interior. Isso não significa que Ele vai se materializar na sua frente, mas que você conseguirá vê-Lo em si mesmo! Afinal, somos feitos à imagem e semelhança dEle.

Sabe a pureza de uma criança? É assim que Deus espera que sejamos! Quando julgamos, reclamamos e pensamos apenas em nossos interesses, estamos automaticamente renunciando à pureza e contaminando o coração com atributos do ego. Ter um coração puro não é uma característica natural; para a maioria de nós, é algo em que precisamos trabalhar. Em 1 Tessalonicenses 4:3, somos instruídos a desejar a santificação e a nos dedicar para recebê-la, pois essa é a vontade de Deus.

Não podemos ser hipócritas a ponto de dizer que é possível estar o tempo todo com o coração limpo, pois vivemos situações diárias que nos tiram do sério. Contudo, devemos confessar o que nos sujou, pedir perdão e clamar para que Deus nos purifique. Ele sabe que somos seres passíveis de cometer erros, afinal, é nosso Criador, e conhece nossa postura diante de desafios e tribulações, mas é a humildade que mostrará a pureza de uma criança e quebrantará nosso coração. Assim, veremos Deus refletido em nossa face e nosso interior.

VAMOS ORAR

Pai, cria em mim um coração puro e renova dentro de mim um espírito forte. Ajuda-me a viver de maneira que O agrade, com intenções sinceras e pensamentos limpos. Protege meu coração das influências negativas e enche-me com Teu amor e Tua graça. Em nome de Jesus, amém.

ANOTAÇÕES

12 DE ABRIL

AGORA VOCÊ PODE DESCANSAR

"Venham a mim, todos vocês que estão cansados de carregar as suas pesadas cargas, e eu lhes darei descanso." (MATEUS 11:28)

JESUS COMPREENDE NOSSAS lutas e cansaços e nos oferece um descanso que vai além do físico — é um alívio para a alma. Não se trata apenas de uma pausa temporária, mas de uma restauração emocional que nos permite vivenciar a segurança do esconderijo do Altíssimo.

Aprendi que, quando nos sentimos sobrecarregados, é provável que estejamos carregando pesos que não deveríamos. A Palavra de Deus é clara ao afirmar que Ele não nos impõe desafios além da nossa capacidade.

Talvez você tenha se sentido sobrecarregado pelas inúmeras demandas e responsabilidades diárias. Mas tenho uma boa notícia: você não precisa carregar tudo isso sozinho. Pare de achar que é responsável pelos problemas do mundo! Desacelere, olhe para sua vida com mais calma e perceba que ela está exatamente como você a tem feito. Se não está leve como precisa ser, você está abraçando o que não lhe pertence. Abra mão dessa autossuficiência que só machuca! Aprenda a confiar e a descansar no Senhor.

Descansar em Deus não significa que todos os nossos problemas serão solucionados, ou que devemos ficar paralisados; descansar em Deus é agir na confiança de que o melhor vai acontecer. É nEle que encontramos paz e leveza em meio às tribulações. Jesus se responsabiliza por nossas dores e enfermidades. Ele já levou tudo sobre Si na cruz do Calvário. Assim, Cristo nos convida a acessar um lugar confortável e agradável.

VAMOS ORAR

Pai, estou cansado e sobrecarregado. Venho a Ti em busca de descanso e renovo. Ajuda-me a entregar minhas preocupações a Ti e a confiar em Teu cuidado. Renova minha força e concede-me a paz que somente Tu podes oferecer. Em nome de Jesus, amém.

ANOTAÇÕES

13 DE ABRIL

QUEM ESTÁ GUIANDO VOCÊ?

"Eu, o Senhor, sempre os guiarei; até mesmo no deserto, eu lhes darei de comer e farei com que fiquem sãos e fortes. Vocês serão como um jardim bem-regado, como uma fonte de onde não para de correr água." (ISAÍAS 58:11)

O GUIA É AQUELE QUE ESCOLHE O caminho, pois conhece cada detalhe da estrada, e orienta quem não sabe andar sozinho. Você conhece o caminho ou tem andado desacompanhado por trilhas desconhecidas, ficando exposto a vulnerabilidades?

Talvez você esteja se sentindo perdido e cansado por seguir em rotas equivocadas, o que gera desgaste. E se decidisse caminhar em uma direção certeira, com um guia que conhece perfeitamente cada passo dessa estrada e que, por isso, estará sempre à sua frente? Ele é constante e infalível; você não correrá o risco de ser abandonado nem de se perder. Estou falando de Jesus!

Se a Palavra nos diz que o Senhor nos guiará, é fundamental aceitarmos que não sabemos nem podemos andar sós. Ele é o guia, nós somos os guiados, mas quantas vezes invertemos essas funções? Desejamos decidir, escolher e avançar sem conhecer o melhor caminho, e isso torna a vida cansativa, pesada e insustentável.

Hoje, podemos reconhecer que não sabemos caminhar sozinhos e que precisamos de um guia. O Pai nos oferece direção contínua e presença perene. Ainda que o terreno da jornada pareça árido, Ele nos provê e nos fortalece. Seremos reconhecidos pelo cuidado que recebemos e, durante a caminhada, transbordaremos vida para aqueles que também precisam de nós. Você aceita ser guiado por Ele?

VAMOS ORAR

Jesus, agradeço por esta palavra. Hoje, compreendo que estou cansado porque tenho caminhado nas trevas e caído em áreas que me ferem. Não quero estar à frente, desejo seguir atrás de Ti. Aceito a Tua direção! Caminha comigo! Em Teu nome, amém.

ANOTAÇÕES

14 DE ABRIL

FAÇA O MELHOR QUE PUDER

"Tudo o que você tiver de fazer faça o melhor que puder pois no mundo dos mortos não se faz nada, e ali não existe pensamento, nem conhecimento, nem sabedoria. E é para lá que você vai." (ECLESIASTES 9:10)

VOCÊ JÁ COMEÇOU A FAZER ALGUma coisa, mas, por alguma razão, acabou desistindo ou parando no meio do caminho? O texto de hoje nos conduz a uma autoanálise: o que temos feito com tudo que chega às nossas mãos? Isso se refere às obras que nos são possíveis. Você tem executado todas as suas funções com excelência? Não se trata de fazer tudo com perfeição, mas de dar o seu melhor nas atividades e tarefas, independentemente do tamanho ou do grau de dificuldade delas.

Existem diversos ímpetos que vêm ao coração e que nunca realizaremos. Podemos mantê-los em nosso interior, claro, mas, se desejamos ser úteis, não devemos nos contentar apenas com formular planos em nossa mente e conversar sobre eles. Uma boa realização vale mais do que milhares de teorias brilhantes! Não esperemos por grandes oportunidades ou por tipos diferentes de trabalho; antes, façamos apenas o que nos vem à mão dia após dia. Não temos outro tempo para viver — o passado já se foi, e o futuro ainda não chegou; nos resta apenas o presente!

Em Gálatas 6:7, está escrito: "Não se enganem: ninguém zomba de Deus. O que uma pessoa plantar, é isso mesmo que colherá." Seu fruto de amanhã depende da sua escolha atual. O que você tem semeado no seu campo? Plante sua melhor semente. Faça o máximo que puder com as condições que tem até ter condições de fazer ainda melhor.

VAMOS ORAR

Senhor Jesus, ajuda-me a ter clareza quanto a tudo que tenho feito. Que eu execute todas as minhas funções com amor e excelência, entendendo que o hoje é uma oportunidade. Abençoa as minhas mãos, para que elas sejam bênção sobre tudo e todos. Em Teu nome, amém.

ANOTAÇÕES

15 DE ABRIL

MATURIDADE

"Digo mais isto: enquanto é menor de idade, o filho que vai herdar a propriedade do pai é tratado como escravo, mesmo sendo, de fato, o dono de tudo."

(GÁLATAS 4:1)

UMA CRIANÇA, AO RECEBER UMA herança farta, é responsável o suficiente para acessá-la? Embora seja herdeira, não tem maturidade para utilizar toda a riqueza que lhe foi destinada. Sendo assim, precisará viver um processo que exigirá consciência madura de quem é e do seu direito.

O que Paulo está falando aos gálatas é que, quando eles não conheciam o Senhor, havia uma herança os esperando, porém eram como prisioneiros por não terem a consciência espiritual ativada para perceber a dimensão dela. O apóstolo os alerta, então, para que não retornem à prisão religiosa em que viviam antes de conhecer o Evangelho de Jesus. Mas e quanto a nós?

Precisamos entender que, antes de nos entregar coisas grandiosas, o Senhor vai requerer de nós maturidade. O que chamamos de provação, Deus chama de amadurecimento e preparo. Esse processo requer mudança de comportamento; enquanto agirmos como crianças mimadas e desaforadas, não vamos receber o que é nosso direito.

Existe alguma atitude sua que reflita imaturidade? Pense em como uma criança se comporta: geralmente, ela só deseja fazer o que lhe traz prazer imediato, não tem controle do tempo e questiona bastante. Esse modo de agir não é semelhante ao nosso? Fazemos birra com Deus, cruzamos os braços, esperamos que Ele nos tire de onde já fomos autorizados a sair... Crianças fazem apenas o que gostam, adultos maduros fazem o que é necessário. O que você tem feito?

VAMOS ORAR

Senhor, obrigado pela Tua palavra. Eu preciso alcançar um novo nível de maturidade para acessar o que é meu por direito. Ajuda-me a ter clareza dos meus comportamentos infantis e desenvolve em mim maturidade para receber o que Tu tens. Em nome de Jesus, amém.

ANOTAÇÕES

16 DE ABRIL

ASSUMINDO O AUTOGOVERNO

"Vale mais ter paciência do que ser valente; é melhor saber se controlar do que conquistar cidades inteiras." (PROVÉRBIOS 16:32)

VOCÊ SE IRRITA FACILMENTE? Costuma perder o controle? O que tira você do sério?

Enfrentar conflitos faz parte da nossa vida. Eles podem ocorrer em todos os nossos relacionamentos, em qualquer lugar onde existam pessoas. Confrontos são inevitáveis devido à nossa individualidade.

Para não sofrermos e não fazermos outras pessoas sofrer, precisamos aprender a lidar com nossos sentimentos e emoções. Acredito que tudo começa no pensamento! Então, se passarmos o dia nutrindo pensamentos negativos e ruins sobre tudo e todos, dificilmente vamos conseguir nos controlar. Autogoverno é domínio próprio, o qual é um fruto do Espírito Santo.

Já enfrentei algumas situações constrangedoras por não ter esse fruto germinando dentro de mim. Eu era o tipo de pessoa que se orgulhava em dizer "Não levo desaforos para casa!" e "Falo tudo na cara!" (sim, eu me envergonho disso). Para ser bem sincera, se não me autogovernar, essa natureza carnal ainda tenta me dominar.

Enquanto não havia entendido como era difícil ter autocontrole, não me empenhei suficientemente para desenvolvê-lo. Aliás, é importantíssimo dizer que esse é um exercício diário; atingir uma boa dose de autocontrole é para os fortes! Podemos orar, jejuar e ler a Bíblia, mas também precisamos desse fruto do Espírito em nós. Sem ele, nos tornamos vulneráveis. Como uma cidade com os muros derrubados, assim é quem não sabe dominar-se.

VAMOS ORAR

Pai, obrigado pela Tua Palavra que sempre me ensina e instrui a um novo comportamento. Ajuda-me diariamente a ter autogoverno. Que eu vença, por meio do Espírito Santo, todas as minhas emoções carnais. Em nome de Jesus, amém.

ANOTAÇÕES

17 DE ABRIL

POR QUE TANTO MEDO?

"Não fiquem com medo, pois estou com vocês; não se apavorem, pois eu sou o seu Deus. Eu lhes dou forças e os ajudo; eu os protejo com a minha forte mão."

(ISAÍAS 41:10)

SE EXISTE ALGUMA COISA QUE precisamos fazer, o Senhor nos capacitará! Ele jamais nos levará a um lugar ou a uma situação para depois nos abandonar, nem nos deixará enfrentar algo sozinhos. Isaías 41:10 nos lembra: Ele está conosco.

É natural sentir medo. Esse sentimento normalmente surge quando vivemos situações que vão além do nosso controle. Porém, a Bíblia está cheia de exemplos de homens e mulheres de Deus que enfrentaram batalhas terríveis, mas nunca foram desamparados pelo Senhor. Do mesmo modo, Ele está o tempo todo ao nosso lado, nos protegendo.

Sei que, em meio a um desafio, parece que todas as perspectivas de melhora somem, mas sabe por que isso acontece? Porque nossa mente nos leva a acreditar que só venceremos com nossa força. Ao olhar para nós, a decepção vem, e a incredulidade e o desespero atormentam nossa mente, porque não encontramos força suficiente em nosso interior. Como pensamos errado, sentimos medo — medo do hoje, do amanhã, do que pode vir ao nosso encontro...

Hoje, o Senhor nos faz uma pergunta: "Por que tanto medo?" Precisamos ser sinceros com Ele: "Pai, sentimos medo porque nossa autossuficiência não nos deixa depender integralmente de Ti!" Você consegue ser transparente com Ele hoje? Nosso Deus não rejeita um coração quebrantado. Entregue tudo a Ele, que o protege com Sua forte mão.

VAMOS ORAR

Senhor Jesus, ajuda-me a confiar em Ti completamente quando o medo tentar tomar conta de mim. Não quero que minha autossuficiência me roube do Teu cuidado. Lembra-me de Tuas promessas e de Tua presença constante em minha vida. Em Teu nome, amém.

ANOTAÇÕES

18 DE ABRIL

OS FRACOS
E OS FORTES

"Aceitem entre vocês quem é fraco na fé sem criticar as opiniões dessa pessoa." (ROMANOS 14:1)

O QUE É SER FRACO NA FÉ? COMO podemos julgar se o outro tem uma fé grande ou pequena? O que determina isso: tempo de oração? O quanto o outro ajuda o próximo? A religião que alguém professa? O apóstolo Paulo mergulha em um tema crucial em Romanos 14: a liberdade e o amor.

Sempre encontramos pessoas com diferentes níveis de consciência, pontos de vista e experiências, e não devemos julgá-las nem tentar entender o grau de fé de cada uma, afinal todo indivíduo está vivendo seu processo, que deve ser respeitado. Somos diferentes, cada um com a própria essência, identidade, personalidade, habilidades, dons, valores e opiniões. No trabalho, na família ou nos grupos de amigos, não encontraremos ninguém como nós. Precisamos ser pacientes e evitar julgamentos que possam criar barreiras ou afastar alguém.

Amar uns aos outros incondicionalmente é fundamental! Quando respeitarmos o ponto de vista e a fé do outro, criaremos um ambiente acolhedor e seremos porto seguro para aqueles que necessitam, mas são receosos por viverem em uma sociedade que julga e condena. Não estou dizendo que você precisa abandonar tudo o que aprendeu, seus valores e princípios. Não! Mas deve tratar as diferenças com respeito e humildade! Assim, você será como um ímã e atrairá pessoas por conta da sua mensagem de amor e respeito.

VAMOS ORAR

Pai, eu preciso respeitar o processo de cada um. Dá-me sabedoria para não julgar, apenas amar. Quero ser o canal por meio do qual as pessoas encontrarão o Teu amor, que é completo. Que minha consciência possa expandir-se cada vez mais em relação à Tua grandeza e misericórdia. Em nome de Jesus, amém.

ANOTAÇÕES

19 DE ABRIL

PÃO AOS NECESSITADOS

"Por exemplo, pode haver irmãos ou irmãs que precisam de roupa e que não têm nada para comer. Se vocês não lhes dão o que eles precisam para viver, não adianta nada dizer: 'Que Deus os abençoe! Vistam agasalhos e comam bem.'" (TIAGO 2:15-16)

VOCÊ JÁ SE RECUSOU A AJUDAR alguém em necessidade por receio do que essa pessoa poderia fazer com seu dinheiro ou por achar que ela poderia estar mentindo? Já afirmou que iria orar para que Deus ajudasse alguém que, na verdade, só precisava de um prato de comida ou de roupas para se aquecer? Somos representantes de Deus nesta terra. Quando lemos que a fé sem obras é morta (Tiago 2:17), entendemos que nossa crença deve ser acompanhada por atitudes e movimentos que refletem o coração do Pai.

Abençoar os outros é estar atento às suas necessidades e agir para atendê-las. Quando identificamos alguém que precisa de roupas ou de comida, é nossa responsabilidade oferecer ajuda de forma concreta. Isso é parte do nosso chamado como seguidores de Cristo.

Em Marcos 10:45, está escrito: "Porque até o Filho do Homem não veio para ser servido, mas para servir e dar a sua vida para salvar muita gente." Quantos exemplos de serviço e amor encontramos em Jesus! Se desejamos impactar e trazer vida aos que amamos, especialmente aos que não têm perspectiva alguma de futuro, precisamos começar a praticar os ensinamentos dEle.

Está na hora de refletir sobre como você tem manifestado o amor de Cristo em seu dia. É fundamental reconhecer as próprias ações e compreender qual é o seu verdadeiro chamado.

VAMOS ORAR

Senhor, desenvolve em mim um coração generoso e atento às necessidades dos outros. Que minha fé se traduza em ações concretas de amor e compaixão. Ensina-me a ser um canal da Tua provisão, trazendo esperança e dignidade aos que necessitam. Em nome de Jesus, amém.

ANOTAÇÕES

20 DE ABRIL

ACEITE O CHAMADO

"Moisés respondeu ao Senhor: Ó Senhor, eu nunca tive facilidade para falar nem antes nem agora, depois que começaste a falar comigo. Quando começo a falar, eu sempre me atrapalho." (ÊXODO 4:10)

EXISTEM MOMENTOS EM QUE A insegurança grita em nossos ouvidos, tentando nos convencer de que não somos capazes de realizar nossos desejos, sonhos ou ordenanças divinas. Até Moisés, que colecionou experiências extraordinárias e ouviu claramente a voz do Senhor, deixou-se paralisar por sua insegurança. Ele tinha medos e receios, assim como nós.

Moisés acreditava que Deus havia escolhido a pessoa errada e apresentou diversas desculpas, considerando-se inadequado para a missão. Ele focava suas fraquezas, convencendo-se de que nem sequer sabia se expressar corretamente. No entanto, a resposta de Deus a Moisés foi rápida e direta: "Eu certamente estarei com você." Isso era o bastante! Amo o fato de que o Pai sempre nos mostra que nossas vulnerabilidades não definem o que Ele tem para nós. O Senhor não precisa da nossa capacidade, só deseja a nossa disposição ao Seu chamado.

É bem provável que você já tenha se deixado paralisar pela insegurança ou pelo medo. Quantos planos e projetos permanecem engavetados simplesmente porque você não se sente preparado para realizá-los? Quando alimentamos esse tipo de pensamento, nossas emoções e sentimentos se atrofiam em relação ao nosso propósito.

Não precisamos nos preocupar com o que podemos fazer. O grande Eu Sou nos fortalece. Desafios podem surgir, mas escolhas precisam ser feitas; e, quando nossa escolha se baseia na vontade de Deus, isso é mais do que suficiente.

VAMOS ORAR

Pai, agradeço o Teu chamado. Desejo cumprir tudo aquilo que está reservado para mim. Ensina-me tudo o que ainda não sei para realizar o meu propósito. Capacita-me, Deus! Em nome de Jesus, amém.

ANOTAÇÕES

21 DE ABRIL

A SUFICIÊNCIA DA GRAÇA

"Mas ele me respondeu: 'A minha graça é tudo o que você precisa, pois o meu poder é mais forte quando você está fraco.' Portanto, eu me sinto muito feliz em me gabar das minhas fraquezas, para que assim a proteção do poder de Cristo esteja comigo."

(2 CORÍNTIOS 12:9)

A EXPERIÊNCIA DE PAULO, QUE enfrentou um "espinho na carne", vai nos ajudar muito neste dia. Ele pediu três vezes que Deus tirasse o espinho, mas a resposta que ouviu foi: "A Minha graça é tudo o que você precisa." Isso nos lembra que, nos momentos de maior fraqueza e insuficiência, não é nossa força que nos mantém de pé, mas sim a graça do Senhor!

Pense em quando uma criança vai aprender a andar de bicicleta; no começo, ela cai muitas vezes, sente medo. No entanto, a cada queda aprende algo novo e ganha confiança e habilidade. Assim somos nós, as quedas são oportunidades de provarmos a suficiência da graça de Deus.

Talvez você se sinta desconfortável ao olhar para si e encontrar uma "bagunça"; são tantas falhas e crenças que limitam seu avanço... Seu coração até deseja melhorar, mas suas atitudes parecem confrontar esse desejo. Hoje, somos convidados a pensar diferente, a olhar para nossas fraquezas e vulnerabilidades como oportunidades. Paulo aprendeu a se alegrar em sua fragilidade porque nela a graça de Deus se manifestava.

A autossuficiência costuma tirar de nós a oportunidade singular de acessar a bondade do Senhor. Quando aprender a reconhecê-las, verá Deus derramando a força dEle sobre você. A graça divina é mais do que suficiente; seja grato pelo poder que o aperfeiçoa nas suas limitações.

VAMOS ORAR

Senhor, agradeço Tua graça, que é sempre suficiente. Ajuda-me a ver minhas fraquezas como oportunidades para experimentar o Teu poder. Que eu possa confiar plenamente em Ti e encontrar força na Tua presença. Em nome de Jesus, amém.

ANOTAÇÕES

22 DE ABRIL

VIVER COM PROPÓSITO

"Portanto, quando vocês comem, ou bebem, ou fazem qualquer outra coisa, façam tudo para a glória de Deus." (1 CORÍNTIOS 10:31)

O TEMA DE HOJE TOCA PROFUNDamente meu coração. Sempre achei que a vida não era feita apenas de dias bons e ruins; dentro de mim, algo apontava para uma grandeza maior. Embora descobrir isso tenha sido desafiador e doloroso, não me arrependo de tê-lo feito, visto que sou imensamente grata por ter entendido o que é viver com propósito. O propósito a que me refiro vai muito além do que fazemos; é por que fazemos!

Quem sabe você esteja em conflito, buscando algo grandioso e notável para fazer, como alcançar uma carreira de destaque. Quem não busca isso hoje? Todos queremos ser reconhecidos e honrados pelo que fazemos, e não existe problema algum nesse desejo — o problema começa quando esquecemos nossa motivação.

A Palavra nos instrui a fazer tudo para a glória de Deus. Preste atenção: "tudo" significa tudo mesmo! Absolutamente qualquer coisa que envolva sua existência precisa glorificar a Deus.

Se hoje você não enxerga valor no que faz, preste atenção na motivação que o leva a agir. Seja qual for a função que exerce, não se apegue nem se desvalorize por isso. Quando coloca Deus no centro das ações e motivações, seus resultados mudam!

Tudo que envolve você é importante! Não existe nada que não traga resultados, sejam eles positivos ou negativos. Que esta reflexão possa nos levar a viver uma vida com o propósito capaz de potencializar tudo em que colocamos as mãos: o de glorificar a Deus.

VAMOS ORAR

Jesus, obrigado por Tua Palavra que me orienta e confronta. Eu preciso examinar minhas motivações diárias. Quero viver meu maior propósito, que é o de glorificar Teu nome. Ajuda-me a ter clareza e consciência de todas as minhas motivações. Em Teu nome, amém.

ANOTAÇÕES

23 DE ABRIL

REFÚGIO EM DEUS

"Deus é o nosso refúgio e a nossa força, socorro que não falta em tempos de aflição." (SALMOS 46:1)

SOMENTE QUEM NÃO CONhece a Deus nem nunca viveu uma experiência com Ele confia em si mesmo ou no valor das coisas terrenas (diploma, carreira, bens materiais, amigos etc.). Nos dias difíceis, tudo isso perde o valor, e essas pessoas se percebem desnorteadas, sem ter em quem confiar. É comum sentirmos medo e desânimo diante das dificuldades da vida. No entanto, quando conhecemos quem é o Senhor, temos a Quem recorrer e podemos buscar refúgio no lugar certo.

Deus nos provê a plena certeza de que não estamos sozinhos. Mesmo nos dias sombrios, sabemos que a Sua vontade — que é boa, perfeita e agradável — está trabalhando a nosso favor. Não devemos procurar refúgio e consolo em pessoas ou distrações do mundo, afinal nosso único abrigo é o Senhor Jesus. Ele é suficiente para nos oferecer a paz que excede todo o entendimento durante as tempestades. Nossa mente é um campo de batalha, logo devemos escolher nos concentrar na promessa de que o Pai está sempre conosco, sendo aquEle que nos sustenta.

Talvez você esteja passando por uma situação difícil, sentindo-se desapontado com alguém ou com um negócio que o havia deixado tão empolgado, mas que acabou decepcionando. Encontre o refúgio e a proteção de que precisa no Senhor. Lembre-se: em Deus, as adversidades são oportunidades para crescimento. Entregue suas preocupações a Ele. Creia que o Pai é seu refúgio e sua fortaleza.

VAMOS ORAR

Senhor, Tua Palavra me assegura de que eu posso confiar no Teu refúgio, e é isto que eu desejo neste dia: entregar minhas adversidades e preocupações para Ti e descansar na confiança de que jamais me abandonarás. Tu és tudo de que eu preciso! Obrigado, Pai. Amém.

ANOTAÇÕES

24 DE ABRIL

VIVER EM SANTIDADE

"Pelo contrário, sejam santos em tudo o que fizerem, assim como Deus, que os chamou, é santo. Porque as Escrituras Sagradas dizem: 'Sejam santos porque eu sou santo.'"

(1 PEDRO 1:15-16)

PEDRO ESCREVEU SUA PRIMEIRA carta aos cristãos da Ásia Menor, que estavam passando por muitas dificuldades, sendo perseguidos e desprezados por seus círculos sociais. Nesse contexto, ele os aconselha a viver uma vida santa, mesmo que todos estejam agindo com desonestidade.

O Senhor nos chamou individualmente e nos escolheu para ser santos — esse não é apenas um conselho, mas um convite para experimentarmos o sobrenatural. Cristo em nós é a esperança da glória em nossa geração!

Viver em santidade pode parecer difícil, mas, quando nos vemos como seres feitos à imagem e semelhança de Deus, entendemos a grandeza desse chamado. Viver em santidade não é nunca mais cometer pecados ou falhas, mas ter um coração humilde e ensinável, que anseia a presença do Pai e procura andar de acordo com os Seus mandamentos. Se não escolhermos esse estilo de vida, a humanidade não poderá ver Deus através de nós.

É provável que conheçamos pessoas que nunca ouviram falar do amor de Jesus, e nós carregamos a responsabilidade de apresentá-Lo através do nosso modo de viver. Deus acredita em você e já lhe deu tudo de que precisa para ser santo. Convide o Espírito Santo para morar em seu interior e permita que Ele controle sua vida. Você não será perfeito, mas pode manter-se disposto a crescer e a ser transformado dia após dia. Cada pequena vitória conta; cada passo em direção à santidade é um passo para mais perto de Deus.

VAMOS ORAR

Senhor Jesus, obrigado por me chamar para uma vida de santidade. Ajuda-me a refletir o Teu caráter em tudo. Preciso diariamente de sabedoria para fazer escolhas que Te honrem e para resistir ao pecado. Em Teu nome, amém.

ANOTAÇÕES

25 DE ABRIL

PROVISÃO DE DEUS

"E o meu Deus, de acordo com as gloriosas riquezas que ele tem para oferecer por meio de Cristo Jesus, lhes dará tudo o que vocês precisam." (FILIPENSES 4:19)

IMAGINE UM PAI AMOROSO QUE sempre está atento às necessidades dos filhos, pronto para fornecer não só o que é necessário, mas tudo, e com abundância. Assim é Deus com cada um de nós. Somos assegurados de que Ele suprirá todas as nossas necessidades de acordo com Suas riquezas em glória. Suas provisões são ilimitadas e perfeitas!

Existem inúmeros exemplos da provisão divina na Palavra. Você se recorda de quando os hebreus estavam perdidos no deserto e o Senhor enviou maná para alimentá-los? Ou da ocasião em que Elias estava escondido, e os corvos o sustentavam com alimento? E quanto a você? Quantas vezes a provisão do Alto se manifestou de maneira pontual em sua vida? Quantas vezes você se viu em meio a um conflito, já sem esperança, mas Deus veio ao seu encontro, e, no momento exato, a "porta se abriu"? Quantas vezes o que desejamos não era, de fato, o que precisávamos, e o Pai se revelou como nosso provedor? Ele se importa com Seus filhos e está atento às nossas necessidades.

Não importa a origem da crise que enfrentamos, Ele sempre tem a solução perfeita. Sua provisão vai além das necessidades materiais — o Senhor nos traz paz quando estamos ansiosos, nos fortalece quando estamos fracos e nos direciona quando estamos perdidos. Cada deserto é uma oportunidade de ver a mão de Deus trabalhando milagrosamente em nossa vida.

VAMOS ORAR

Jesus, obrigado pelo Teu cuidado e amor. Percebo que cada passo que dou em Ti me mantém seguro e protegido. Que meu coração esteja atento às Tuas orientações, pois entendo que minha provisão vem de Ti. Renova minha fé na Tua fidelidade e cuida de cada área da minha vida. Amém.

ANOTAÇÕES

26 DE ABRIL

VIVER EM GRATIDÃO

*"Em nome do nosso Senhor Jesus Cristo,
agradeçam sempre todas as coisas a Deus, o Pai."*

(EFÉSIOS 5:20)

A RECLAMAÇÃO É UMA VERDAdeira armadilha mental. Há pessoas tão acostumadas com essa postura que, quando não encontram um motivo evidente para reclamar, acabam criando um. Você conhece alguém assim? Acredito que esse seja um sinal do vício da insatisfação, que se manifesta em pessoas cujo olhar é treinado para enxergar apenas o que não lhes agrada. Um dia, o clima é ruim porque está frio; no outro, porque faz calor demais; se chove, ficam mal-humoradas; se não chove, reclamam do tempo seco. Enfim, não faltam motivos para a insatisfação!

Caso conheça alguém assim, afaste-se! Se você se identifica com esse comportamento, é hora de mudar! Pertencer a um círculo de insatisfeitos ou ser uma pessoa assim traz apenas desvantagens. A mentalidade de quem vive insatisfeito é profundamente triste.

O Senhor nos convida a uma nova maneira de viver, que não agradece apenas pelo que é bom, mas vive em estado de gratidão permanente, reconhecendo que "todas as coisas trabalham juntas para o bem daqueles que amam a Deus, daqueles a quem ele chamou de acordo com o seu plano" (Romanos 8:28). A palavra "todas" abrange tudo, tanto as experiências positivas quanto as negativas, e ambas contribuem para o propósito divino em nós.

Já pensou em renovar a sua mentalidade? Seja grato por cada pequeno detalhe do seu dia, desde a água quente do seu banho até o canto dos pássaros. Esse novo comportamento tem o poder de transformar sua mentalidade e, em breve, seus resultados.

VAMOS ORAR

Senhor Jesus, obrigado por Tua palavra. Que meus olhos aprendam de Ti em cada detalhe dos meus dias e que eu me mantenha ciente de que tudo importa para o meu crescimento. Em Teu nome, amém.

ANOTAÇÕES

27 DE ABRIL

APRENDA A TER VISÃO

*"Um país sem a orientação de Deus é um país sem ordem.
Quem guarda a lei de Deus é feliz."* (PROVÉRBIOS 29:18)

QUANDO AS PESSOAS NÃO CONseguem ver o que Deus está fazendo, tropeçam em si mesmas; mas, quando se atentam ao que Ele revela, são abençoadas.

Queremos tantas coisas, como conquistar títulos e ser relevantes; porém, quando tentamos fazer isso ao longo da nossa jornada, é certo que nos depararemos com pedras no caminho que podem nos levar à desistência. Andar sem a orientação de Deus é uma escolha perigosa que, sem dúvida, vai nos causar dores. Sem ela, não somos capazes de enxergar além dos nossos desafios e ficamos perdidos, sentindo que não há significado na vida. Em contrapartida, se nossa visão está ampliada e alinhada com a lei do Senhor, somos capazes de ver além e entender quais são Seus sonhos e planos para nós.

Deus nos chama a uma nova visão! Não devemos ficar limitados pelo que estamos vendo no dia a dia. Comece a olhar para as áreas da sua vida não como alguém insatisfeito com seu atual estado, mas com uma visão ampliada, pensando em como você gostaria que elas fossem. Olhe para seu casamento, sua saúde, sua vida financeira, seu relacionamento com os filhos, sua vida profissional, vislumbrando o que deseja viver. Lembremo-nos de Abraão, que foi chamado para sair de casa sem saber para onde iria. Mesmo sem entender, ele confiou na visão de Deus.

Desafio você a ter o discernimento necessário para tirar as escamas que estão escurecendo os seus olhos e começar a enxergar além do natural!

VAMOS ORAR

Senhor, dá-me uma visão clara alinhada com Teus planos. Ajuda-me a ver além das circunstâncias imediatas e a enxergar o propósito maior que Tu tens para mim. Capacita-me a agir com fé e coragem. Em nome de Jesus, amém.

ANOTAÇÕES

28 DE ABRIL

SEJA UM ENCORAJADOR

"Pelo contrário, enquanto esse 'hoje' de que falam as Escrituras Sagradas se aplicar a nós, animem uns aos outros, a fim de que nenhum de vocês se deixe enganar pelo pecado, nem endureça o seu coração." (HEBREUS 3:13)

A BÍBLIA NOS ENSINA A EXORTAR e edificar uns aos outros, lembrando que todos enfrentamos lutas diárias e que, muitas vezes, uma palavra de incentivo pode fazer toda a diferença. Jesus é nosso exemplo, pois erguia os caídos, oferecia esperança aos desesperados e enxergava o melhor nas pessoas. Aprender com Ele é aceitar o nosso papel como agentes de transformação na vida do próximo. Nossa missão é construir, não destruir; levantar, não derrubar.

Frequentemente, o pecado pode nos enganar e endurecer o coração, mas o encorajamento mútuo atua como uma proteção contra essa armadilha. Ao animarmos uns aos outros, ajudamos a manter o coração sensível à voz de Deus e alinhado com Sua vontade. Já parou para refletir sobre o impacto de suas palavras? Um simples incentivo pode mudar o dia de alguém, fortalecer um amigo que está prestes a desistir e até reacender uma chama de esperança em um coração aflito.

Traga à sua mente alguém que esteja enfrentando uma situação difícil — um colega de trabalho, um amigo ou um familiar. Envie uma mensagem que o encoraje a seguir em frente! Pode ser que você se sinta tentado a pensar que esse gesto não fará diferença, mas uma palavra amiga pode mudar vidas!

VAMOS ORAR

Senhor, desejo ser uma fonte de encorajamento para todos ao meu redor. Que eu possa refletir Teu amor e Tua graça através de minhas palavras e ações, edificando e fortalecendo aqueles que cruzarem meu caminho. Que tudo que eu disser seja semente de esperança e fé, capaz de transformar vidas. Amém.

ANOTAÇÕES

29 DE ABRIL

VOCÊ É UM RIO DE ÁGUAS-VIVAS

"Como dizem as Escrituras Sagradas:
'Rios de água-viva vão jorrar do coração de quem crê em mim.'"
(JOÃO 7:38)

JESUS NOS ASSEGURA DE QUE aqueles que creem nEle terão rios de águas-vivas a fluir do coração. Fluir esse rio de águas-vivas significa viver uma vida repleta do Espírito Santo, de modo que nossas ações, palavras e atitudes reflitam a presença de Deus em nós.

Meu coração se enche de amor e paz ao ler essa mensagem, pois compreendo a importância que temos para o Reino de Deus. O Pai deseja que sejamos abundantes para que possamos transbordar. Esse transbordo representa as vidas que podemos impactar por meio de nossas atitudes. As águas que brotam de nós são continuamente renovadas por meio da fé e da conexão com Deus. Em vez de nos deixar consumir pelas preocupações cotidianas e pelas responsabilidades diárias, podemos confiar que Ele está agindo através de nós para tocar pessoas. Encare a água-viva como um elemento essencial, fresco e em constante movimento, jamais parado; ela simboliza a presença do Espírito Santo, que flui continuamente. É assim que o Senhor espera que sejamos: como águas puras que transbordam e abençoam todos ao redor.

Convido você a permitir que esse rio flua em seu interior e jorre para aqueles que necessitam de água pura, a fim de que nunca mais sintam sede. Essa é a semente mais poderosa, mesmo que pequena, que fará de você um semeador de almas, colhendo, sem dúvida, frutos extraordinários em sua jornada!

VAMOS ORAR

Senhor, capacita-me para que rios de águas-vivas fluam através de mim, trazendo vida, renovação e esperança a todos ao meu redor. Ajuda-me a ser um canal de Tua graça e do Teu amor, permitindo que o Teu poder opere livremente em minha vida. Em nome de Jesus, amém.

ANOTAÇÕES

30 DE ABRIL

SEU TRABALHO NÃO É INÚTIL

"Portanto, queridos irmãos, continuem fortes e firmes. Continuem ocupados no trabalho do Senhor, pois vocês sabem que todo o seu esforço nesse trabalho sempre traz proveito."

(1 CORÍNTIOS 15:58)

VOCÊ JÁ SENTIU COMO SE O SEU trabalho para Deus fosse em vão? Talvez você tenha investido tempo e energia em ministérios, eventos e pessoas, mas não tenha recebido nenhum reconhecimento. Eu sei que, de certa forma, desanimamos no percurso, mas aprendi a buscar o reconhecimento certo — aquele que vem de Deus.

Paulo, em seus mais diversos desafios, nos lembra de que, ainda que não vejamos resultados imediatos, nosso trabalho no Senhor nunca será inútil! Por esse motivo, encorajo você a permanecer firme e empenhado na obra, mantendo os olhos fixos nEle e fazendo tudo para Ele! Posso garantir que Deus vê o que você faz, sabe do preço que paga e tem consciência de cada gota de suor e lágrima que derrama, além de ter conhecimento da indiferença e das ofensas que já enfrentou. Peça a Ele que lhe dê um novo ânimo para realizar a obra que você foi chamado para fazer e não desista — essa não é uma opção!

A recompensa divina não é medida pelos padrões humanos. Na maioria das vezes, a mudança que você está produzindo é invisível aos homens, mas as sementes que está plantando crescerão no tempo de Deus. Seu trabalho está tocando vidas. Você pode nunca saber o impacto das suas ações, mas o Pai sabe e está trabalhando através de você.

VAMOS ORAR

Meu Pai, obrigado por me dar a segurança e a certeza de que o Senhor vê e reconhece o meu trabalho em Tua obra. Dá-me a Tua força e ajuda-me a continuar firme, mesmo se os resultados não vierem no tempo que eu espero. Tudo que faço é por Ti e para Ti! Em nome de Jesus, amém.

ANOTAÇÕES

MAIO

1º DE MAIO

ALGO NOVO VAI ACONTECER

"Mas agora o Senhor Deus diz ao seu povo: 'Não fiquem lembrando do que aconteceu no passado, não continuem pensando nas coisas que fiz há muito tempo. Pois agora vou fazer uma coisa nova, que logo vai acontecer, e, de repente, vocês verão. Prepararei um caminho no deserto e farei com que estradas passem em terras secas.'" (ISAÍAS 43:18-19)

ADORO QUANDO CHEGA UM novo mês, assim como aprecio as segundas-feiras. Sinto a presença de Deus em cada um desses detalhes. Estes primeiros dias são fundamentais, pois nos lembram de que sempre podemos recomeçar.

Não sei o que você vivenciou nesses primeiros quatro meses do ano, mas, independentemente das circunstâncias, agora somos chamados a abraçar um novo capítulo, uma nova fase, uma nova estação. Nesta nova etapa, temos a oportunidade de manifestar o plano de Deus para nossa vida. Contudo, é essencial alinhar os comportamentos com as bênçãos que estão por vir. Precisamos deixar o passado no lugar ao qual ele pertence, evitando nos fixar nas velhas lembranças e crendo que Deus tem um plano extraordinário para o nosso futuro.

Você está sendo convocado a viver o novo, mas, para isso, é preciso se desprender do que é velho. Quanto tempo deste ano você já perdeu preso a pensamentos e queixas sobre o que já passou? Acredito que, ao deixarmos de viver mentalmente no passado, conseguiremos nos alinhar com o que Deus tem para nós. Hoje você recebe a oportunidade de experimentar um novo tempo.

Isaías 43 nos revela que, mesmo diante de cenários improváveis, Ele realizará grandes coisas em nossa vida! Sua parte é abandonar o passado e cultivar uma mente que espera e confia naquEle que faz tudo novo.

VAMOS ORAR

Pai, agradeço por mais um mês que se inicia. Quero começar este período olhando para o futuro e acreditando que o melhor que vem de Ti está a caminho. Ajuda-me a deixar meu passado para trás. Que eu possa ter uma mente renovada a cada dia pelo poder da Tua palavra. Em nome de Jesus, amém.

ANOTAÇÕES

2 DE MAIO

NÃO BASTA DECLARAR

"Porém eu e a minha família serviremos a Deus, o Senhor."

(JOSUÉ 24:15)

COM ESSA AFIRMAÇÃO JOSUÉ DEIxou claro aos filhos de Israel seu compromisso com a devoção a Deus. Não se tratava apenas de uma declaração de fé pessoal, mas da responsabilidade em guiar a família nesse mesmo caminho. Josué compreendia que a liderança espiritual começa dentro de casa. Ele não apenas conduziu o povo de Israel com coragem e fidelidade, mas assegurou que sua família seguisse a mesma trajetória.

Esse é um exemplo poderoso de incentivo, pois somos os líderes do lar e temos a responsabilidade de conduzir nossa família com amor, respeito e, principalmente, uma base sólida de princípios e valores. Precisamos entender a profundidade dessa declaração, mas o mais importante é que ela se torne parte do nosso estilo de vida. Muitas vezes, em meio à correria do dia a dia, nós nos esquecemos de incorporar esses valores em nossa rotina. Servir a Deus significa que nosso lar deve refletir esse compromisso todos os dias, e cabe a nós liderar esse movimento diário.

Reservar momentos para conversas e reflexões em família durante as refeições, antes de dormir ou em qualquer oportunidade de diálogo é fundamental. É necessário aprender a ouvir os filhos, compreender seus sentimentos e orientá-los de forma adequada.

Não basta simplesmente declarar que você e sua casa servirão ao Senhor ou colar um adesivo no carro com essa frase. Nossa liderança e o transbordar do que nos preenche são o que nos permitirão acessar a verdade contida nessas palavras.

VAMOS ORAR

Senhor, agradeço por minha família e pelos valores que nos unem. Ajuda-nos a viver de maneira intencional, sempre buscando o bem-estar e o crescimento mútuo. Fortalece nossos laços por meio da oração, trazendo paz e unidade ao nosso lar. Em nome de Jesus, amém.

ANOTAÇÕES

3 DE MAIO

ASSUMA O MAIOR COMPROMISSO DA SUA VIDA!

"Ponha a sua vida nas mãos do Senhor, confie nele, e ele o ajudará." (SALMOS 37:5)

VOCÊ TERIA CORAGEM DE ENTREgar sua vida e todas as suas escolhas nas mãos de outra pessoa?

Talvez já tenha feito isso, depositando todas as expectativas em alguém, e acabou frustrado e ferido. Essa é uma situação comum em relacionamentos amorosos. Muitas pessoas se apaixonam e mergulham no amor desse jeito, mas, no final, nem tudo acontece como o esperado, e aquele "para sempre" pode se transformar em um verdadeiro pesadelo. Talvez essa experiência tenha proporcionado aprendizados dolorosos, levando você a desconfiar de tudo e de todos.

Mas não precisamos viver à sombra de uma experiência negativa. Por meio de novas vivências, podemos reconstruir significados para tudo o que nos acontece. Hoje, somos convidados a experimentar algo novo: uma entrega total. Um compromisso profundo que, permita-me tranquilizá-lo, não envolve medos, riscos ou frustrações. Trata-se de se entregar àquele que já deu a própria vida por amor a você.

Essa entrega significa confiar nossa vida ao Senhor, entregar tudo em Suas mãos, na certeza de que Ele está sempre ao nosso lado, pronto para nos ajudar.

Entregar-se também implica renunciar a nossas vontades, nossos planos e receios, ao reconhecer que os caminhos de Deus e Seus pensamentos são superiores aos nossos. Em outras palavras, Deus sabe muito melhor do que nós aquilo de que realmente precisamos.

Você aceita viver essa experiência? Aceita se comprometer com o maior propósito da sua vida?

VAMOS ORAR

Jesus, agradeço por essa palavra que me inspira a ver minhas experiências sob uma nova perspectiva. Que eu possa realmente entregar tudo em Tuas mãos, tendo certeza de que essa é a melhor escolha. Ensina-me a confiar em Ti e a seguir Tua orientação. Em Teu nome, amém.

ANOTAÇÕES

4 DE MAIO

PARE DE VIVER DE APARÊNCIAS

"Mas o Senhor disse: 'Não se impressione com a aparência nem com a altura deste homem. Eu o rejeitei porque não julgo como as pessoas julgam. 'Elas olham para a aparência, mas eu vejo o coração." (1 SAMUEL 16:7)

É BEM VERDADE QUE VIVEMOS em um mundo onde a aparência muitas vezes parece ser tudo. As redes sociais e a cultura popular nos bombardeiam com imagens de perfeição, criando uma pressão constante para aparentar ser algo que talvez não sejamos. 1 Samuel 16:7 nos oferece uma perspectiva completamente diferente. Deus deixa claro que não se impressiona com a aparência externa, mas sim com o que está no coração. Quando Samuel foi enviado para ungir o novo rei de Israel, ele inicialmente olhou para a aparência dos filhos de Jessé. Mas Deus o corrigiu, dizendo que Ele não vê como o homem vê. Deus olha para o coração.

Esse versículo nos chama a uma reflexão — onde estamos colocando nosso valor e nossa identidade? Deus nos conhece intimamente e valoriza aquilo que está em nosso coração: nossas intenções, nossa fé, nossa humildade e nosso amor por Ele e pelos outros. Viver de aparências é fútil e leva à superficialidade, enquanto alimentar um coração puro e sincero nos aproxima de Deus e nos enche de Sua paz.

Escolha abrir mão daquilo que você não é, entenda que há um valor inestimável em ser você e em ser autêntico. Pare de viver de aparências e comece a viver para agradar a Deus, que vê além da superfície. Concentre-se em desenvolver um caráter que reflete os frutos do Espírito. Quando nosso coração está alinhado com Deus, nossa verdadeira beleza brilha, e a vida se transforma.

VAMOS ORAR

Pai, ajuda-me a não me preocupar com as aparências externas, mas a me concentrar no meu coração. Que eu possa desenvolver um caráter que Te agrada e viver de uma maneira que reflete Teu amor e Tua graça. Que minhas intenções sejam puras e meu desejo seja Te agradar em tudo o que faço. Em nome de Jesus, amém.

ANOTAÇÕES

5 DE MAIO

SIGA O MANUAL

*"Quem não fica com o ensinamento de Cristo, mas vai além dele, não tem Deus.
Porém, quem fica com o ensinamento de Cristo, esse tem tanto o Pai como o Filho."*

(2 JOÃO 1:9)

ALGUMA VEZ VOCÊ JÁ CONSIDErou que a vida poderia vir acompanhada de um manual? Acredito que todos nós adoraríamos desfrutar a "facilidade" que surge ao seguir instruções, garantindo que tudo corra perfeitamente. No entanto, muitas vezes não percebemos que esse manual de fato existe e que, desde o nosso nascimento, temos acesso a essas orientações. A Bíblia é esse manual — a palavra de Deus que nos revela a Sua verdade!

Porém, infelizmente temos um hábito enganoso: a verdade é que não gostamos de manuais. Sentimos falta deles quando não temos acesso, mas, quando estão à nossa disposição, tendemos a negligenciá-los, buscando sempre fazer tudo do nosso "jeitinho". Hoje, somos convidados a acessar e aproveitar um manual que pode transformar nossa vida.

A palavra de Deus tem esse poder. Quando nos dedicamos a aprendê-la, experiências incríveis nos aguardam. Assim, nos conectamos com o Espírito Santo, que nos proporciona discernimento e sabedoria para enfrentar os desafios do dia a dia.

Reconheço que, em alguns momentos, podemos nos sentir tentados a buscar interpretações bíblicas que se mostrem mais convenientes para a nossa realidade. Contudo, é fundamental entender que, para Deus, não existem atalhos. A palavra dEle é atemporal e imutável. Portanto, seja honesto consigo mesmo e, acima de tudo, com Deus! Não busque impor a sua vontade; em vez disso, procure sempre alinhar-se à vontade dEle. Apenas siga o manual, e tudo se encaminhará para o bem!

VAMOS ORAR

Senhor Jesus, desejo permanecer fiel aos Teus ensinamentos e viver de acordo com a Tua verdade. Concede-me sabedoria para reconhecer as falsas doutrinas e me afastar delas. Que eu possa meditar em Tua palavra diariamente e buscar o discernimento do Teu Espírito Santo. Em Teu nome, amém.

ANOTAÇÕES

6 DE MAIO

NOSSO ADVOGADO

"Meus filhinhos, escrevo isso a vocês para que não pequem. Porém, se alguém pecar, temos Jesus Cristo, que faz o que é correto; ele nos defende diante do Pai."

(1 JOÃO 2:1)

A BÍBLIA NOS ENSINA QUE DEUS abomina o pecado, e nós, Seus filhos, criados à Sua imagem e semelhança, também devemos repudiar as práticas que O desagradam. Mas frequentemente nos deixamos enganar por armadilhas traiçoeiras preparadas pelo inimigo. Quando pecamos, erramos o alvo: Cristo. João nos recorda que, se porventura pecarmos, temos um advogado que nos defende diante do Pai.

Jesus, o Filho de Deus, não apenas foi o sacrifício perfeito para a remissão de nossos pecados, mas também é nosso intercessor diante de Deus. Cristo é nosso advogado, apresentando nossa causa ao justo Juiz, nos defendendo e purificando com Seu sangue.

Quando pecamos, devemos confessar nossas falhas a Deus e clamar por Seu perdão. Ele está sempre disposto a nos perdoar, pois conhece o nosso coração e sabe que muitas vezes este nos engana. Por isso, não devemos nos afastar de Sua presença. O pecado tem o poder de nos constranger; ao reconhecermos nossos erros, podemos acreditar que somos indignos de estar diante de Deus, o que nos leva a nos distanciar do centro de Sua vontade.

Devemos lembrar que, apesar de nossas imperfeições, somos profundamente amados e perdoados por Deus através de Jesus. Assim, se falharmos, temos um advogado que nos defende no tribunal divino. Isso não nos autoriza a viver em pecado intencionalmente, mas nos concede o direito de experimentar o perdão que encontramos em Jesus.

VAMOS ORAR

Senhor Jesus, obrigado por ser meu advogado diante de Deus. Que eu possa viver em santidade, me desviando do pecado. Pai, se eu tropeçar em tentações pelo caminho, que eu possa confiar e descansar em Teu perdão e Tua misericórdia. Em nome de Jesus, amém.

ANOTAÇÕES

7 DE MAIO

PERDOE E RECEBA PERDÃO

"Perdoa as nossas ofensas como também nós perdoamos as pessoas que nos ofenderam."
(MATEUS 6:12)

O PERDÃO É UM DOS ATOS MAIS poderosos que podemos praticar. Quando Jesus nos ensinou a orar, Ele ressaltou a importância de perdoar os outros da mesma forma que desejamos ser perdoados por Deus. Na reflexão de hoje, podemos lembrar que o perdão é uma via de mão dupla: assim como damos, também recebemos.

Perdoar não é um benefício apenas para quem recebe o perdão, mas sobretudo para quem o concede! Afinal, quando nutrimos mágoas de alguém, acabamos nos prendendo a essa pessoa. Ela nos acompanha em todos os momentos, pois permanece fixada em nossa mente. Conservar rancor também nos aprisiona ao passado e impede o crescimento em todas as áreas da vida. Ao perdoar, nos libertamos do peso do ressentimento e permitimos que a paz de Deus reine em nosso coração.

Aproveite este dia para refletir sobre suas próprias imperfeições; tenho certeza de que isso o ajudará a entender a necessidade de perdoar os outros. Todos nós precisamos da graça e do perdão do Senhor. Por isso, do fundo do coração, espero que você consiga praticar esse ensinamento e que a força de Deus se manifeste em seu coração, permitindo que perdoe e experimente a liberdade e a alegria que esse ato proporciona.

VAMOS ORAR

Senhor, muito obrigado pela Tua infinita misericórdia e pelo exemplo de amor e perdão que nos ofereceste através de Jesus Cristo. Concede-me a força e a coragem necessárias para perdoar aqueles que me ofenderam, assim como Tu me perdoas. Que Tua paz reine em minha vida. Em nome de Jesus, amém.

ANOTAÇÕES

8 DE MAIO

A MELHOR DE TODAS AS PROMESSAS

"Então quem pode nos separar do amor de Cristo? Serão os sofrimentos, as dificuldades, a perseguição, a fome, a pobreza, o perigo ou a morte?" (ROMANOS 8:35)

PAULO NOS PROVOCA A REFLETIR sobre essa questão. Ele enumera uma série de desafios e adversidades que podemos enfrentar; são situações concretas e muitas vezes dolorosas que nos levam a duvidar da presença e do amor de Deus.

O cansaço, a pobreza ou a riqueza, a doença, as ocupações diárias ou as dificuldades que nos cercam não são barreiras. É importante lembrar: NADA nem NINGUÉM pode nos separar do amor de Cristo, exceto nós mesmos. Se depositarmos confiança no Senhor e entregarmos a Ele nossa vida e esperança, nada será capaz de nos afastar de Seu amor! Pelo contrário, enfrentaremos as tribulações, superaremos as angústias, venceremos as perseguições e resistiremos aos perigos e às dificuldades da vida.

Não podemos nos entregar ao desânimo. Se o Reino de Deus nos acompanha, o que poderá nos separar do amor dEle? Somente a nossa própria vontade ou a falta de perseverança.

Essa promessa é a mais poderosa de todas, pois nos assegura de que o amor de Deus é constante e imutável. Não importa o que enfrentemos, o amor de Cristo permanece firme e inabalável.

Você já se sentiu separado do amor de Deus em algum momento da vida? Lembre-se de que, apesar das aparentes dificuldades, nada pode afastá-lo desse amor. Deus está presente em cada detalhe, cuidando de você e agindo em seu favor, mesmo nas situações mais desafiadoras. Confie no amor infalível de Cristo.

VAMOS ORAR

Pai, agradeço a melhor de todas as promessas: que nada pode me separar do Teu amor. Quero lembrar dessa verdade em todos os momentos da minha vida. Dá-me coragem para enfrentar cada dia com a confiança de que sou amado por Ti. Em nome de Jesus, amém.

ANOTAÇÕES

9 DE MAIO

DÊ BONS FRUTOS

"Vocês só poderão ter frutas boas se tiverem uma árvore boa. Mas, se tiverem uma árvore que não presta, vocês terão frutas que não prestam. Porque é pela qualidade das frutas que sabemos se uma árvore é boa ou não presta." (MATEUS 12:33)

JESUS UTILIZA A ANALOGIA DESSE versículo como uma representação fiel da verdadeira condição do coração e do caráter moral de uma pessoa. O que reside dentro de nós, incluindo a escolha, a vontade, os desejos, as paixões, as atitudes e as disposições, produzirá frutos, sejam eles bons ou maus. E será evidente para todos aqueles que nos conhecem que tipo de fruto estamos gerando.

Nossa comunicação e nossas atitudes diárias revelam o que realmente existe no coração. Os pensamentos geram frutos: se tivermos pensamentos positivos, nossa atitude será positiva, e, assim, o fruto será bom. Por outro lado, se nutrirmos pensamentos negativos, os frutos serão tão ruins quanto estes, e, independentemente de sua qualidade, teremos que arcar com suas consequências.

Quando nos deixamos levar pela raiva, muitas vezes baixamos a guarda e expomos nossos verdadeiros pensamentos. Podemos dizer coisas agradáveis em público, sob os olhares de terceiros. No entanto, ao falarmos impulsivamente, revelamos o que está dentro de nós, a essência do que somos.

Mateus 12:35 afirma: "A boca fala do que está cheio o coração." Não podemos nos esquivar ou negar essa verdade. Os resultados refletem a qualidade dos frutos que produzimos. Se nos sentimos frustrados e infelizes, talvez seja o momento de refletir sobre que tipo de árvores temos sido. Comece hoje a nutrir sua mente com estímulos que o conduzirão a pensamentos positivos, o que se refletirá em suas atitudes.

VAMOS ORAR

Senhor Jesus, quero me tornar uma árvore frutífera. Ajuda-me a permanecer firme todos os dias na escolha de bons pensamentos. Que minhas atitudes possam refletir o que meu coração guarda: Tua paz e Teu amor. Em nome de Jesus, amém.

ANOTAÇÕES

10 DE MAIO

TOME SUA POSIÇÃO

"Quando os encontrarem, vocês não precisarão lutar. Fiquem parados ali e verão como o Senhor Deus salvará vocês. Povo de Judá e moradores de Jerusalém, não se assustem, nem fiquem com medo; marchem contra os inimigos amanhã, pois eu, o Senhor, estarei com vocês." (2 CRÔNICAS 20:17)

CHEGA UM MOMENTO EM QUE se deseja apenas baixar a cabeça, parar e desistir. Nós nos sentimos cansados de tanto lutar, e o desânimo parece ser inevitável.

Foi exatamente isso que aconteceu com o povo de Judá e Jerusalém. Eles estavam prestes a enfrentar uma grande batalha contra seus inimigos, e a perspectiva de perder a vida e a liberdade era assustadora. Porém, o rei Josafá convocou o povo para buscar a ajuda de Deus. Eles se reuniram no templo e clamaram por socorro!

A resposta do Senhor foi: "Não tenham medo nem se desanimem. Saiam para enfrentá-los amanhã, e o Senhor estará com vocês." Essa palavra de encorajamento foi um bálsamo para o coração do povo. Eles se sentiram fortalecidos e confiantes de que Deus estava com eles. Essa história nos ensina que, em tempos de guerra, devemos buscar a ajuda de Deus e confiar em sua promessa de livramento.

Eu aprendi que grande parte das pessoas passa por isso. Mas entendi também que o que separa os que vacilam e fracassam dos que experimentam a vitória é a capacidade de se reerguer. Existem batalhas que são vencidas simplesmente por você se posicionar, não recuar e jamais desistir.

Determine-se a perseverar na fé, mesmo não estando forte. Você não sabe do que é capaz até se apresentar para o serviço. Enquanto permanecemos firmes, o Senhor luta por nós.

VAMOS ORAR

Pai, sou grato por essa palavra maravilhosa que me orienta a me posicionar e a confiar em Ti. Quero estar sempre atento aos Teus comandos para minha vida. Ajuda-me a vencer todas as minhas batalhas. Em nome de Jesus, amém.

ANOTAÇÕES

11 DE MAIO

QUEM ESTÁ VIVENDO EM VOCÊ?

"Assim já não sou eu quem vive, mas Cristo é quem vive em mim.
E esta vida que vivo agora, eu a vivo pela fé no Filho de Deus, que me amou e
se deu a si mesmo por mim."(GÁLATAS 2:20)

PAULO QUESTIONA AOS GÁLATAS a razão de estarem tentando alcançar a perfeição por meio dos próprios esforços. Ele insiste que lembrem que a nova vida espiritual deles nasceu da fé e da dependência do Espírito Santo. Paulo também reforça que tentou seguir regras e se esforçar para agradar a Deus, mas isso não funcionou. Então, desistiu de ser o "homem da lei" para se tornar um "homem de Deus". E foi através de Jesus Cristo que ele encontrou capacidade para viver assim.

O ensinamento de Paulo permanece atual: não devemos tentar atingir a perfeição por qualquer outro meio que não o Espírito Santo.

Caso acreditemos que a aceitação está fundamentada em ações, sempre nos sentiremos inadequados e rejeitados quando falharmos. Porém, se compreendermos que nossa aceitação decorre do que Deus fez, experimentaremos a verdadeira liberdade.

Não podemos nos contentar com nossa situação atual esperando novas experiências enquanto continuamos fazendo as mesmas coisas. Em Deus, não há espaço para estagnação; não podemos nos limitar a uma vida superficial, com nossa fé se resumindo a apenas molhar os pés. Precisamos nos aprofundar em um verdadeiro processo de transformação, levando uma vida que realmente demonstre os frutos do Evangelho de Jesus.

Permita que Deus exerça o papel dEle em sua vida. Faça a sua parte e deixe que o Espírito Santo molde seu caráter.

VAMOS ORAR

Senhor Jesus, que alegria saber que a Tua presença habita em mim. Que em cada dia da minha vida eu possa caminhar com essa certeza. Que Teu Espírito Santo continue a me aprimorar e que eu possa verdadeiramente refletir quem Tu és. Em Teu nome, amém.

ANOTAÇÕES

12 DE MAIO

A ÚLTIMA PALAVRA É SEMPRE DELE

"As pessoas podem fazer seus planos, porém é o Senhor Deus quem dá a última palavra. Você pode pensar que tudo o que faz é certo, mas o Senhor julga as suas intenções. Peça a Deus que abençoe os seus planos, e eles darão certo." (PROVÉRBIOS 16:1-3)

TODOS NÓS TEMOS SONHOS E FAzemos planos para o futuro. É natural traçar metas e trabalhar para alcançá-las. Mas hoje estamos sendo lembrados de uma verdade essencial: "As pessoas podem fazer seus planos, porém é o Senhor Deus quem dá a última palavra." Isso significa que, por mais bem-intencionados e detalhados que sejam nossos planos, a vontade soberana de Deus é o que realmente prevalece.

Você pode planejar e querer que algo aconteça de determinada forma, mas a notícia que eu tenho para lhe dar é: o controle não está em suas mãos!

Acredite: se os seus planos não estiverem alinhados com a vontade soberana do Senhor, certamente ocorrerão problemas no meio do caminho. Ou o Senhor pode surpreendê-lo, dando-lhe mais do que você imagina. Isso aconteceu comigo quando comecei a escrever devocionais. Eu fiz muitos planos, e, quando lançamos o primeiro, para a minha grande surpresa, ele foi destaque em todos os lugares.

Fiz um plano, mas Deus me levou para outros patamares que eu não conseguia imaginar! E agora estou aqui novamente falando com você, através desta mensagem. E sei que será dessa mesma forma, pois estou alinhada à vontade dEle!

Os seus planos estão alinhados à vontade do Senhor? Faça uma reflexão sobre isso e peça a Ele que lhe mostre. Demonstre o seu desejo de se alinhar a Ele e de que todos os seus planos sejam mudados conforme a vontade dEle! Assim, você poderá desfrutar esse lindo presente que Ele está pronto para lhe dar!

VAMOS ORAR

Senhor, ajuda-me a lembrar que, por mais que eu planeje, a última palavra é sempre Tua. Julga minhas intenções e guia-me no caminho certo. Abençoa meus planos! Que eles estejam sempre alinhados com Tua vontade. Em nome de Jesus, amém.

ANOTAÇÕES

13 DE MAIO

FÉ INABALÁVEL, PEDIDO ATENDIDO

"Eu afirmo a vocês que isto é verdade: vocês poderão dizer a este monte: 'Levante-se e jogue-se no mar.' Se não duvidarem no seu coração, mas crerem que vai acontecer o que disseram, então isso será feito. " (MARCOS 11:23-24)

EXISTE ALGUM PEDIDO QUE você fez a Deus que ainda não se concretizou?

Quando compreendi o versículo de hoje, minha perspectiva mudou, e, automaticamente, a forma como faço meus pedidos também. Esse ensinamento me mostrou que precisamos, primeiro, acreditar que já recebemos, ou seja, crer que nosso pedido já foi atendido. Isso nos permite mentalizar o pedido realizado e sentir as emoções de vivenciá-lo. Se ainda não consegue mentalizar, é preciso acreditar profundamente! Isso é o que chamamos de FÉ!

Assim, ao formular seu pedido, comece sempre agradecendo! Você se lembra do momento em que Jesus multiplicou os cinco pães e dois peixes? O que Ele fez primeiro? Agradeceu! Esse é o segredo que abrirá as portas para que seus pedidos comecem a se realizar!

Após o agradecimento, visualize tudo em sua mente e traga as emoções de alegria e realização para o coração. Respire fundo, mentalize e sinta-se vivendo o milagre! Prepare-se! Grandes coisas o Senhor fará em sua vida; afinal, seu coração estará refletindo a gratidão e a fé que Ele espera de nós!

VAMOS ORAR

Deus, obrigado por me ensinar a orar e pedir da maneira correta! Que eu consiga demonstrar gratidão e fé inabaláveis em todos os meus pedidos. Dá-me sabedoria e discernimento para conseguir orar como se eu já tivesse recebido tudo que espero, pois sei que, para o Senhor, nada é impossível! Em nome de Jesus, amém.

ANOTAÇÕES

14 DE MAIO

PARE DE SE ESCONDER!

"Jesus disse ainda: 'Eu digo a vocês que, se alguém afirmar publicamente que é meu, então o Filho do Homem também afirmará, diante dos anjos de Deus, que essa pessoa é dele.'" (LUCAS 12:8)

JESUS NOS CHAMA A SER CO-rajosos e a professar nossa fé sem receios. Ele nos promete que, se O reconhecermos publicamente, Ele também nos reconhecerá diante dos anjos de Deus.

Viver nossa fé de maneira autêntica e aberta é uma escolha pessoal que nos capacita a ser um testemunho inspirador e encorajador para aqueles que amamos. Sei que muitas vezes podemos nos sentir envergonhados ao falar sobre nossa fé, temendo a rejeição alheia. No entanto, ao agir assim, não estamos sendo fiéis ao sacrifício de Jesus na Cruz! Foi por você! Foi por mim! Foi por nós!

Se você não se considera bom com as palavras, pode manifestar sua fé através de suas ações e sua vida. Quando vivemos nossa crença de maneira verdadeira e transparente, revelamos ao mundo quem de fato somos. No livro de Ester, vemos um exemplo disso: a presença de Deus é constantemente reconhecida, ainda que de forma velada, por meio da vida de Ester. Você pode declarar sua fé por meio de palavras ou atitudes.

Não tenha medo; desafie-se hoje mesmo! Pare de se esconder e permita que a luz e o amor de Cristo se reflitam em sua vida!

VAMOS ORAR

Senhor, agradeço pela fé que colocaste em meu coração. Dá-me coragem para declarar publicamente que sou Teu, seja através das palavras ou das ações, independentemente das circunstâncias. Que eu nunca sinta vergonha de proclamar minha fé, sabendo que Tu sempre me reconhecerás diante dos anjos. Em nome de Jesus, amém.

ANOTAÇÕES

15 DE MAIO

MUDANDO O SIGNIFICADO

"Meus irmãos, sintam-se felizes quando passarem por todo tipo de aflições. Pois vocês sabem que, quando a sua fé vence essas provações, ela produz perseverança." (TIAGO 1:2-3)

É DESAFIADOR ENCONTRAR ALEgria durante momentos difíceis.

Para ser perseverante, preciso estar feliz diante das minhas dificuldades? Sim, querido leitor. A felicidade não tem a ver com estar feliz, mas com ser feliz. Ela faz parte da nossa identidade, de quem somos. Quando reconhecemos que a felicidade é a própria essência de Cristo e confiamos nEle, conseguimos superar as provações. Como consequência, somos agraciados com a perseverança.

As dificuldades que enfrentamos nos desafiam a fortalecer nossa fé. Assim como o ouro é purificado pelo fogo, nós também somos moldados pelo Senhor por meio das nossas tribulações. Tendo consciência disso, convido você a se abrir para encontrar a felicidade dentro de si e sentir-se em paz, mesmo diante das adversidades que está enfrentando.

Afinal, tudo o que vivemos serve para nos refinar e aprimorar, para que possamos alcançar a boa, agradável e perfeita vontade de Deus. Acredite que Ele tem o melhor reservado para nós!

Aproveite o dia de hoje para acessar essa luz que habita em seu interior. Faça uma lista das provações que você tem enfrentado e encontre pelo menos um motivo para agradecer e sentir-se feliz por elas. Tenha coragem. Você é capaz!

Seja feliz, mesmo em meio às tribulações, e acolha o poder da perseverança e da fé!

VAMOS ORAR

Senhor, concede-me sabedoria para enxergar além das provações que enfrento. Ensina-me a manter a alegria em todas as circunstâncias, sabendo que elas geram em mim perseverança. Em nome de Jesus, amém.

ANOTAÇÕES

16 DE MAIO

A PROMESSA DA GLÓRIA FUTURA

"Então o novo Templo será ainda mais belo do que o primeiro, e dali eu darei prosperidade e paz ao meu povo. Eu, o Senhor Todo-Poderoso, falei." (AGEU 2:9)

DEUS NOS DÁ A PROMESSA incrível de que está sempre trabalhando para trazer algo melhor para nossa vida. Assim como prometeu um novo Templo mais belo, Ele tem planos de renovação e restauração para cada um de nós.

O "novo Templo" é você. Sim, acredite! Quando você entrega sua vida a Jesus e se torna uma nova criatura, a graça o regenera por inteiro, em todas as áreas da vida! Passamos por um processo de reconstrução, transformando o que foi quebrado em algo mais belo e forte.

Deus está constantemente moldando nosso caráter e transformando nosso coração para refletir mais de Sua glória. E por isso é muito necessário passar por períodos de desconstrução: velhos hábitos e mentalidades precisam ser removidos para dar lugar ao novo. É claro que não é um processo fácil, tampouco simples. É doloroso e demorado, mas, se você deseja experimentar a plenitude de uma vida próspera e em paz, é preciso dizer "SIM"!

Eu sei que, nos momentos de adversidade, é fácil perder a fé, porém a parte que nos cabe é confiar em Deus, mesmo quando não entendemos completamente Seus planos. E tenha certeza de que Ele está trabalhando para um futuro que será muito mais glorioso e gratificante!

VAMOS ORAR

Senhor, obrigado pela promessa de um futuro cheio de glória, prosperidade e paz. Que eu possa confiar em Teu plano e em Tuas promessas, sabendo que Tu estás sempre trabalhando para o meu bem. Fortalece-me para seguir em frente. Em nome de Jesus, amém.

ANOTAÇÕES

17 DE MAIO

UM CORAÇÃO NOVO

"Eu lhes darei um coração novo e porei em vocês um espírito novo. Tirarei de vocês o coração de pedra, desobediente, e lhes darei um coração bondoso, obediente."

(EZEQUIEL 36:26)

A MENSAGEM DE HOJE BUSCA transformar o seu coração, quebrantá-lo e torná-lo obediente e bondoso!

Você sabia que, devido a tantos desafios e tantas decepções, podemos acabar com o coração endurecido como pedra, muitas vezes sem perceber? A mágoa e o ressentimento nos aprisionam, impedindo-nos de viver a Graça de Cristo.

Você já prometeu a si mesmo que ninguém mais vai feri-lo emocionalmente? Eu já, várias vezes. Nesse momento, nos revestimos de uma armadura chamada *orgulho*, que também endurece o coração. No entanto, Deus, em Sua infinita misericórdia, deseja nos conceder um novo coração, disposto a amar sem medo de se ferir. Ele é quem vai nos direcionar a uma vida com sentido e significado.

Esta é a vontade dEle: transformar seu coração de pedra, orgulhoso e desobediente, repleto de ressentimentos, em um coração capaz de amar, sentir compaixão e perdoar — mas, principalmente, capaz de ter um relacionamento íntimo com o Pai.

Quando você permitir que essa transformação aconteça, seu coração será curado de todas as feridas que carrega, e você estará pronto para deixar para trás tudo aquilo que anteriormente o afligia. Abra e entregue esse coração de pedra a Deus, aceitando viver diariamente o processo de transformação, rendido ao amor do Senhor.

VAMOS ORAR

Senhor Jesus, agradeço por abrir meu coração e por me fazer entender a importância de abrir mão desse coração de pedra que só me tem levado à ruína. Eu aceito! Troca meu coração de pedra por um de verdade bondoso e obediente. Ensina-me a amar e a perdoar com esse novo coração que recebi de Ti. Em Teu nome, amém.

ANOTAÇÕES

18 DE MAIO

A ÚLTIMA FORÇA DE SANSÃO

"'Que eu morra com os filisteus!' Em seguida deu um empurrão com toda a força, e o templo caiu sobre os governadores e todas as outras pessoas. E assim Sansão matou mais gente na sua morte do que durante a sua vida." (JUÍZES 16:30)

A HISTÓRIA DE SANSÃO É MARCAda por momentos de grande força e também de grandes falhas. Apesar de sua trajetória turbulenta, o último ato de Sansão nos ensina sobre redenção, propósito e a força que Deus nos concede nos momentos mais sombrios. Traído e humilhado, Sansão encontrou forças para cumprir o propósito de Deus em sua vida, mesmo quando parecia que tudo estava perdido.

Quero chamar a sua atenção para buscar o propósito de Deus em sua vida. Nunca é tarde, e não importa o quanto seja difícil a situação que estamos vivendo. A vulnerabilidade de Sansão fez o Senhor atender ao seu pedido e transformou a sua fraqueza em força!

Não tenha medo de ser vulnerável para Deus, porque é dessa forma que você consegue acessar o coração e a força dEle.

A história também nos lembra da importância de se arrepender e confiar em Deus. Quando reconhecemos nossos erros e nos voltamos para Ele, Deus pode transformar nossa vida e nos dar a força para fazer grandes coisas. Independentemente das nossas falhas passadas, sempre há uma chance de redenção e propósito em Deus. Que possamos confiar nEle e buscar Sua força em todos os momentos.

VAMOS ORAR

Senhor Deus, peço que me fortaleça em minhas batalhas diárias assim como Sansão foi fortalecido em seu momento final. Ajuda-me a reconhecer que minha verdadeira força vem de Ti. Que minha vida seja um instrumento para cumprir Teus propósitos, independentemente das circunstâncias. Amém.

ANOTAÇÕES

19 DE MAIO

SOLTE SEUS PESOS, O FARDO AGORA É LEVE!

"Venham a mim, todos vocês que estão cansados de carregar as suas pesadas cargas, e eu lhes darei descanso." (MATEUS 11:27-28)

TODOS NÓS, EM ALGUM MOMENTO, nos sentimos sobrecarregados pelas pressões e responsabilidades da vida. Mas não precisamos viver assim. Hoje, convido você a liberar os fardos que tem carregado e a confiar em Jesus.

O mundo frequentemente nos empurra a fazer mais, ser mais e suportar mais do que podemos aguentar. Mas Jesus nos oferece uma alternativa radical: entregar as preocupações e os fardos a Ele. Ele compreende nossas limitações e anseia que vivamos em paz e descanso, e não em um estado constante de estresse e exaustão. Soltar nossos fardos é decidir confiar que Deus está no controle e que Ele nos auxiliará a enfrentar qualquer desafio que surja pelo caminho.

Deus não se alegra ao nos ver fatigados por nossas preocupações; por isso, enviou Seu filho Jesus para aguentar os fardos em nosso lugar. Muitas vezes temos dificuldade em compreender a grandeza desse amor, o que nos faz carregar pesadas cargas e nos sentir indignos de uma vida leve. Já parou para refletir sobre como o amor de Deus nos constrange de maneira tão profunda?

Só conseguiremos viver a leveza dessa promessa quando, de fato, reconhecermos que não estamos sozinhos. É essencial buscarmos a presença de Deus e seguirmos Seus ensinamentos. Assim, encontraremos o verdadeiro descanso e a renovação.

Hoje, entregue seu fardo a Jesus; o que Ele tem a oferecer é leve e tranquilo. A paz reinará em seu coração, e você viverá com mais plenitude!

VAMOS ORAR

Senhor, ajuda-me a libertar-me dos pesos que carrego e a confiar em Teu poder para me sustentar. Que eu possa entender a grandeza do Teu amor por mim. Renova minhas forças e guia meus passos diariamente. Em nome de Jesus, amém.

ANOTAÇÕES

20 DE MAIO

NÃO SE ESCONDA!

"Quem tenta esconder os seus pecados não terá sucesso na vida, mas Deus tem misericórdia de quem confessa os seus pecados e os abandona." (PROVÉRBIOS 28:13)

É BEM POSSÍVEL QUE EM ALGUM momento você já tenha pensado que a melhor alternativa para esconder um erro seria a omissão, ou até mesmo uma mentira. Perceba que esse é um comportamento que remonta a quando éramos crianças: por medo da consequência, aprendemos que o melhor era enganar.

É fácil olhar para uma criança e sugerir que ela ande na verdade, pois as consequências dos erros infantis não têm tanto impacto. Mas será que nós conseguimos viver assim?

O que não percebemos é que a tentativa de encobrir os erros apenas nos afasta de Deus e dos outros, criando barreiras que impedem a verdadeira transformação. A cura e o perdão têm início quando reconhecemos, de forma honesta, nossas falhas e buscamos a ajuda de Deus para superá-las.

Esconder nossos pecados pode parecer uma solução temporária para evitar a vergonha ou o julgamento, mas, na realidade, essa atitude apenas fortalece a dor e a separação espiritual. A verdadeira liberdade e restauração ocorrem quando confessamos nossos pecados a Deus e, quando necessário, a pessoas de confiança, nos empenhando em abandonar esses comportamentos com o auxílio do Senhor.

Deus é rico em misericórdia e está sempre pronto para perdoar e restaurar aqueles que se aproximam dEle com um coração arrependido. Não tema se livrar das mentiras e das máscaras que vestiu para esconder seus erros. Esteja aberto para uma transformação completa e um relacionamento mais profundo com Deus.

VAMOS ORAR

Pai, obrigado pela Tua misericórdia e pelo Teu perdão. Ajuda-me a enfrentar a vergonha e o medo que me impedem de confessar meus pecados. Dá-me coragem para ser honesto diante de Ti e buscar a transformação que só Tu podes proporcionar. Em nome de Jesus, amém.

ANOTAÇÕES

21 DE MAIO

NOS BRAÇOS DO PAI

*"No meu desespero eu clamei ao Senhor; eu pedi que ele me ajudasse.
No seu templo ele ouviu a minha voz, ele escutou o meu grito de socorro.
Então a terra tremeu e se abalou, e as bases dos montes balançaram e tremeram
porque Deus estava irado."* (2 SAMUEL 22:7-8)

O QUE FAZER EM MOMENTOS de desespero a não ser clamar ao Pai?

Foi assim que Davi agiu. Quando lemos o texto de hoje, podemos sentir o quanto ele é profundo.

Deus fez a terra tremer e os montes balançarem, pois se indignou ao ver Davi em desespero! Acredite. Deus, como nosso Pai, age dessa mesma forma quando vê Seus filhos em situações assim.

Gritar socorro nos momentos mais sombrios é a maneira que encontramos para ter refúgio e conforto. É como uma criança que, ao se machucar, corre para os braços do pai, pedindo socorro e ajuda.

Já aconteceu isso com você? Qual foi a sua reação?

Eu já passei por momentos desesperadores, e sempre fui parar nesse lugar: nos braços do Pai, para chorar, gritar, clamar! O amor dEle é tão grande e profundo que temos a certeza de que Ele não fica indiferente ao nosso desespero, mesmo que Sua resposta não seja imediata.

Se hoje você está vivendo um momento de tribulação e não está conseguindo ver a saída, convido-o agora a buscar o colo do Pai! Clame, grite, peça a Ele! Sinta-se em Seus braços, sendo acalentado e fortalecido!

Lembre-se sempre de que o amor de Deus é incalculável e constante.

VAMOS ORAR

Pai, eu clamo a Ti! Ouve a minha voz e atende ao meu pedido de socorro! Não aguento mais essa situação. Dá-me refúgio e segurança nos Teus braços! Preciso do Teu colo! Confio que Tu estás sempre atento às minhas orações. Obrigado por Teu amor e cuidado constantes. Em nome de Jesus, amém.

ANOTAÇÕES

22 DE MAIO

O AMOR DE DEUS EM CADA DETALHE

"Tu criaste cada parte do meu corpo; tu me formaste na barriga da minha mãe."
(SALMOS 139:13)

VOCÊ JÁ PAROU PARA REFLETIR sobre a profundidade desse texto? É simplesmente maravilhoso saber que Deus nos conhecia antes mesmo de sermos formados no ventre de nossa mãe. Com Seu amor infinito, Ele desenhou cada um de nossos detalhes.

Sim! Você não é um mero acaso. Ele planejou e moldou você com todo o cuidado e, ao concluir essa linda obra de arte, soprou em você o fôlego de vida que vem dEle.

Sua vida emanou de Deus. É como se o ar que entra e sai sem que você perceba fosse o mesmo fôlego que existia no pulmão do Criador. Que beleza e grandeza saber disso! Seu DNA é o mesmo que o do Senhor.

Após essa mensagem, não há como continuar a ser a mesma pessoa. Aceite a identidade única que você tem. Você e Ele são um só! Ele formou você, lhe deu vida e habita em cada célula de seu corpo, sua mente e seu espírito! Consegue sentir isso?

Olhe para si no espelho agora e observe cada detalhe do seu corpo. Você é perfeito! Ele o esculpiu exatamente como você é. Você é único! Não há ninguém na face da Terra igual.

Deixe-se envolver por esse amor agora. Lembre-se de que você foi criado para um propósito, e o primeiro passo é se aceitar e ser fiel à sua essência. Nunca permita que alguém diga o contrário. Não se preocupe com a aprovação dos outros, pois, antes mesmo de você ser concebido, o Senhor já o aprovou!

VAMOS ORAR

Senhor, obrigado por me criar com tanto amor e dedicação. Ajuda-me a recordar que sou obra das Tuas mãos e que Tu conheces cada detalhe da minha vida. Que eu possa confiar plenamente no Senhor e viver com a certeza de que sou amado e cuidado por Ti. Guia-me a cada passo e revela o Teu propósito para mim. Em nome de Jesus, amém.

ANOTAÇÕES

23 DE MAIO

O CASAMENTO PERFEITO

"No entanto, por estarmos unidos com o Senhor, nem a mulher é independente do homem, nem o homem é independente da mulher." (1 CORÍNTIOS 11:11)

HOJE, GOSTARIA DE COMPARTI-lhar um texto que me ajudou a compreender a mensagem deste dia. Ao lê-lo, passei alguns minutos refletindo sobre o verdadeiro significado do casamento, sem romantizar ou buscar aquelas histórias de conto de fadas.

A união entre um homem e uma mulher tem um propósito divino. Quando se tornam uma só carne, formam uma unidade com Deus. O casamento ideal é aquele que está alinhado a essa união!

Atualmente observamos na mídia, em filmes, desenhos e diversos setores da sociedade uma banalização do casamento, assim como da família. Casamentos se desfazem porque um deseja ser melhor que o outro, mergulhando em uma competição incessante. Contudo, o verdadeiro significado do casamento não é esse! Os valores têm se perdido pela falta de uma base sólida nos princípios de Deus.

Como mencionei, não quero que pense que o casamento perfeito é aquele que não enfrenta os seus "invernos", mas aquele que persiste no mais rigoroso "inverno" e se prepara para desfrutar a primavera e o verão juntos.

Hoje, convido você a olhar para o seu casamento ou relacionamento e a refletir sobre o papel que está exercendo. Vocês se complementam ou vivem em constante disputa? Diante de um problema externo, vocês unem forças para enfrentá-lo ou brigam entre si por conta dele? Reflita sobre isso.

> **VAMOS ORAR**
> Senhor Jesus, obrigado pelo presente do casamento e pela parceria única que Tu criaste entre marido e esposa. Que possamos crescer juntos em amor e respeito, superando os desafios com fé e confiança em Ti. Em nome de Jesus, amém.

ANOTAÇÕES

_____

_____

_____

_____

_____

24 DE MAIO

O PERIGO DAS AÇÕES IMPULSIVAS

"Agir sem pensar não é bom; quem se apressa erra o caminho."

(PROVÉRBIOS 19:2)

O MUNDO ESTÁ CADA VEZ MAIS acelerado, e somos constantemente pressionados por prazos exigentes e pela necessidade de tomar decisões imediatas. A cultura do "faça agora, pense depois" pode nos levar a agir por impulso, sem refletir sobre as consequências de nossos atos.

A Bíblia nos apresenta diversas histórias que ilustram os perigos da impetuosidade. Um exemplo é Esaú, que trocou sua primogenitura por um simples prato de lentilhas. Outro é o rei Saul, que perdeu o reino por desobedecer a Deus. Também temos a traição de Judas, que entregou Jesus por algumas moedas de prata, sem considerar o impacto que isso teria para toda a humanidade.

Certamente você já enfrentou as repercussões de uma decisão precipitada, assim como eu. Reconheço que, devido à minha imaturidade e à pressa, tomei atitudes que não deveria.

Reflita sobre as suas próprias escolhas: quais ações você poderia ter ponderado mais antes de executá-las? Hoje você acredita que, se não tivesse sido impulsivo, os resultados teriam sido diferentes?

Como podemos evitar a impulsividade e suas consequências negativas? A resposta está em buscar sabedoria e orientação em Deus.

Desafio você a parar, respirar e orar antes de tomar qualquer decisão. Assim, evitará a pressa, terá o tempo necessário para agir com discernimento e, o mais importante, se alinhará com a vontade do Pai.

VAMOS ORAR

Senhor, ajuda-me a evitar a pressa e a impulsividade nas minhas decisões. Concede-me sabedoria e paciência para buscar a Tua orientação em todas as áreas da vida. Que eu possa confiar e aguardar o Teu tempo, ciente de que sempre me guiarás pelo melhor caminho. Em nome de Jesus, amém.

ANOTAÇÕES

25 DE MAIO

O PODER DA RECONCILIAÇÃO

"Se o seu irmão pecar contra você, vá e mostre-lhe o seu erro. Mas faça isso em particular, só entre vocês dois. Se essa pessoa ouvir o seu conselho, então você ganhou de volta o seu irmão." (MATEUS 18:15)

QUAL É A SUA REAÇÃO QUANDO alguém o magoa? Geralmente tendemos a nos lamentar, a chorar, a falar mal da pessoa e, em alguns casos, até a desejar coisas ruins para ela. Não se preocupe, esse comportamento é comum a muitos de nós e reflete nossa humanidade.

No entanto, ao desenvolvermos a sabedoria de Deus, é possível adotar uma postura diferente, revelando Cristo em nossa vida. Se não permitirmos que essa sabedoria nos alcance, corremos o risco de alimentar ressentimentos e rancores, transformando-nos em pessoas frias e orgulhosas.

Quando alguém nos magoa, o melhor a fazer é convidar essa pessoa para uma conversa franca e respeitosa, expressando de forma clara o que nos incomodou, a fim de abrir os olhos dela. Se a conversa for sincera e de coração, poderemos nos reconciliar e restaurar um relacionamento saudável.

Essa atitude é extremamente nobre, e quem é filho de Deus reconhece a importância e o poder de resolver nossos conflitos com amor e transparência. Nesse momento, estamos manifestando Deus em nós e refletindo o Seu amor perdoador em nosso caráter.

Quem você precisa perdoar, mas ainda evita? Não permita que o tempo passe! Ser filho de Deus exige atitude e obediência, e você se sentirá muito melhor após resolver essa pendência em sua vida. Clame a Deus, busque a coragem dEle e vá em frente!

VAMOS ORAR

Senhor Jesus, obrigado por essa Palavra. Eu sei que preciso ter um coração humilde para resolver meus conflitos. Dá-me coragem para enfrentar com amor e sabedoria aqueles que me magoaram. Ajuda-me a buscar a reconciliação de maneira direta e pessoal. Em Teu nome, amém.

ANOTAÇÕES

26 DE MAIO

A OPRESSÃO NÃO NOS TORNA OPRIMIDOS

"'Quando vocês forem ajudar as mulheres israelitas nos seus partos, façam o seguinte: se nascer um menino, matem; mas, se nascer uma menina, deixem que viva. 'Porém as parteiras temiam a Deus e não fizeram o que o rei do Egito havia mandado. Pelo contrário, deixaram que os meninos vivessem." (ÊXODO 1:16-17)

JOQUEBEDE É UMA MULHER ADmirada pela coragem de desafiar o decreto do faraó, recusando-se a permitir que seu filho Moisés fosse lançado à morte no rio Nilo. Ela vivia como escravizada no Egito, em uma época marcada por grandes dificuldades, pois os israelitas enfrentavam a opressão brutal do faraó. Temendo uma possível rebelião entre os oprimidos, o faraó ordenou que todos os meninos israelitas nascidos fossem jogados no Nilo.

A coragem de Joquebede se destaca, pois ela contrariou a ordem do faraó. Observe a autenticidade de sua coragem: ela não se lançou a protestos ou lamentações com seu "grupo de amigas". Agiu de forma silenciosa e elaborou um plano para salvar a vida do filho. Assim como Joquebede, somos frequentemente tentados a "lançar ao rio" aquilo que Deus tem gerado em nós. Diariamente somos bombardeados por decretos, notícias e palavras que tentam nos convencer de que não podemos avançar em projetos, desejos ou sonhos. Muitas vezes, eu mesma permiti que esses decretos me paralisassem, adiando o surgimento de coisas lindas em minha vida.

Talvez isso tenha ocorrido com você também, mas hoje é um dia para mudar essa realidade. Viver em tempos de opressão não nos obriga a pensar como oprimidos. Portanto, sinta-se livre para gerar a partir de agora.

VAMOS ORAR

Pai, agradeço por Tua palavra encorajadora neste dia. Desenvolve em mim uma coragem repleta de ousadia e sabedoria. Que eu possa enfrentar meus desafios e, por meio deles, me tornar forte e valente para dar vida àquilo que já colocaste em meu coração. Em nome de Jesus, amém.

ANOTAÇÕES

27 DE MAIO

ALIANÇA PERFEITA

"'Mas com você eu vou fazer uma aliança. Portanto, entre na barca e leve com você a sua mulher, os seus filhos e as suas noras.' E Noé fez tudo conforme o que o Senhor Deus havia mandado." (GÊNESIS 6:18; 7:5)

A HISTÓRIA DE NOÉ É AMPLAmente conhecida, mas nem todos compreendem a profundidade da mensagem que ela transmite. Quantas vezes já ouvimos uma voz interna doce e suave nos orientando sobre o que fazer? Porém, nossa humanidade muitas vezes nos leva a pensar que "é apenas uma ideia da nossa cabeça", e deixamos essas orientações de lado.

Assim, passamos anos repetindo os mesmos pedidos e nos sentimos ignorados por Deus! Noé, por sua vez, ouviu essa voz e decidiu obedecer. No início, todos à sua volta o consideravam louco, riam dele e não acreditavam nas suas palavras. Contudo, a decisão de Noé o fazia parecer insensato para os outros, mas jamais para Deus! Ele não precisava da aprovação de ninguém, apenas do Senhor, e compreendeu o valor da verdadeira aliança, pois sua obediência resultou na salvação de vidas.

E você? Quais são as alianças que tem cultivado? Amizades, parcerias, relacionamentos amorosos ou familiares? Nenhuma delas deve se sobrepor à aliança que você precisa manter com Deus. Essa voz doce e suave é o Espírito Santo ao seu lado, orientando e direcionando seus caminhos. Não a negligencie.

Neste dia, convido você a reservar alguns minutos para refletir sobre suas alianças e, principalmente, para retomar a mais importante delas: a sua aliança com o Pai. O texto afirma que Noé agiu conforme a vontade do Senhor. Como você tem demonstrado sua obediência e fidelidade a Ele?

VAMOS ORAR

Senhor, agradeço porque Tu és um Deus de alianças. Que eu possa viver em fé e obediência, assim como Noé, confiando em Tua fidelidade e amor. Que eu seja um testemunho vivo do Teu cuidado e provisão. Em nome de Jesus, amém.

ANOTAÇÕES

28 DE MAIO

A GRANDEZA INSONDÁVEL DE DEUS

"O Senhor Deus é grande e merece receber altos louvores.
Quem pode compreender a sua grandeza?" (SALMOS 145:3)

COMO PODEMOS EXPLICAR O INEXplicável? Nossa racionalidade é insuficiente para mensurar ou comparar a grandeza de Deus. Somos seres limitados, e ainda assim nos esforçamos constantemente em tal tentativa.

Podemos perceber e sentir a presença dEle em toda a sua criação: na natureza, nos animais, nas crianças, nos rios e mares, nos homens e nas mulheres! Entretanto, essa grandeza ultrapassa nossas limitações.

Não há como explicar aquilo que não se pode ver. Somente podemos sentir! Muitas vezes nos deixamos prender aos milagres que desejamos receber, enquanto nos esquecemos de louvar a Deus por Sua grandeza e pelos milagres que já aconteceram, que estavam à nossa espera antes mesmo de nascermos: toda a criação!

Quanto tempo do nosso dia dedicamos a louvar e glorificar a Deus por tudo o que Ele já nos proporcionou? Por esse banquete de maravilhas que temos ao nosso alcance? É preciso refletir sobre como muitas vezes manifestamos mais nossos egoísmos do que nossa gratidão a Ele!

Vamos mudar essa perspectiva e começar a louvar o Senhor em todos os momentos. Que possamos deixar de lado nossas vontades e nossos pedidos e passemos a agradecê-Lo pela grandeza, pelo amor e pela misericórdia dEle! Vamos juntos aprender a viver o sobrenatural de Deus, reconhecendo Sua magnanimidade e expressando nossa gratidão.

VAMOS ORAR

Senhor, agradeço por quem Tu és! Agradeço pela vida que me concedeste e por toda a criação que me foi dada; nela encontro tudo de que preciso para viver! Mesmo com minha mentalidade limitada, rendo louvores de gratidão pelo Teu amor, Tua bondade e misericórdia! Em nome de Jesus, amém.

ANOTAÇÕES

29 DE MAIO

DEUS, POR QUÊ?

"Pensem hoje na grandeza de Deus e naquilo que aprenderam a respeito do seu poder e da sua força. Foram vocês, e não os seus filhos, que viram e conheceram tudo isso."
(DEUTERONÔMIO 11:2)

QUANTAS VEZES VOCÊ JÁ FEZ ESSA pergunta para Deus? Incontáveis, não é?! É natural que, ao passarmos por desafios, queiramos entender por que Deus os permitiu.

Aprendi algo em relação a essa questão, e isso mudou minha vida.

Em 2018, fiz uma cirurgia no seio. Quando ainda estava em fase de recuperação, descobri uma complicação que poderia evoluir para algo grave. Logo que eu soube da notícia, recebi uma coragem no mais íntimo da minha alma. Quando fui tentar questionar ao Senhor, minha mente inverteu a ordem da pergunta, e senti que, naquele momento, Deus estava me levando para uma nova fase.

Deus, *o que* posso aprender com essa experiência?

Mudar a pergunta mudou minha mentalidade em relação àquele grande problema. E isso me fez passar por essa fase com muita graça e fé.

Se você tem questionado a Deus com frequência quero convidá-lo a uma nova percepção. Em vez de pedir que Deus mude a circunstância da sua vida, peça que Ele a use para mudar você. A vida é um curso necessário, um treinamento.

E você pode fazer o seu melhor para ser aprovado.

Deus está trabalhando em nós, quer tenhamos consciência disso, quer não. Ele não sente alegria ao nos ver sofrendo, mas aprecia nosso desenvolvimento. Cada desafio, pequeno ou grande, prepara você para uma nova fase. Então, em vez de perguntar "Deus, por quê?", pergunte "Deus, o quê?".

VAMOS ORAR

Jesus, obrigado por Tua Palavra, que sempre tem a melhor orientação. Hoje eu abro mão dos meus por quês e confio que tudo que me acontece me fortalece. Ajuda-me a olhar para as situações da vida e a entender que elas me preparam para uma nova fase. Em Teu nome, amém.

ANOTAÇÕES

30 DE MAIO

CREIA E VEJA

"Jesus respondeu: Eu não lhe disse que, se você crer,
você verá a revelação do poder glorioso de Deus?" (JOÃO 11:40)

VOCÊ JÁ OUVIU FALAR DE TOMÉ? Aquele que, para acreditar, precisava ver? Sim, Tomé era cético. No entanto, isso não impediu que ele fosse amado e reconhecido por Jesus. Afinal, Cristo mostrou a Tomé Suas mãos perfuradas, pois o conhecia profundamente.

No versículo de hoje, Jesus conversava com Marta, que estava o tempo todo ocupada com suas tarefas, focando o "natural" em vez do espiritual. O Filho de Deus a desafiou a crer nEle e em sua natureza divina. Quando Marta aceitou esse convite, ela presenciou a ressurreição de seu irmão Lázaro. Da mesma forma, isso se aplica a nós. Se você já disse "Preciso ver para crer", está na hora de transformar sua mentalidade e seu coração. Creia primeiro!

Crer é acreditar, e acreditar é confiar! Quando confiamos, permitimos que o Senhor exerça Seu poder. É uma entrega sincera e genuína, uma verdade que muitas vezes não conseguimos compreender. Não precisamos entender; basta acreditar, e assim veremos e viveremos os milagres de Jesus!

Desperte a fé que habita em seu coração, pois Jesus está preparado para lhe desvendar o sobrenatural de Deus. Esse desafio vai além da sua razão, e Ele nem se importa com isso. O que Ele deseja é o seu coração. Você tem total capacidade de crer.

VAMOS ORAR

Senhor Jesus, agradeço por saber que posso depositar minha fé em Ti. Que minha vida seja um testemunho de Teus milagres e Tuas provisões divinas. Capacita-me a confiar em Ti em todas as circunstâncias, ciente de que Tu és o Deus que realiza o impossível. Em Teu nome, amém.

ANOTAÇÕES

_____

_____

_____

_____

_____

31 DE MAIO

TEMOR OU TEMER?

"Para ser sábio, é preciso primeiro temer a Deus, o Senhor. Ele dá compreensão aos que obedecem aos seus mandamentos. Que o Senhor seja louvado para sempre!"

(SALMOS 111:10)

QUANDO FALAMOS SOBRE TEMOR A Deus, muitas vezes o associamos a um sentimento negativo, como o medo. Quando crianças, possivelmente fomos ensinados a ter medo de Deus se fizéssemos algo de errado.

Hoje, graças à Sua bondade, sei discernir essas duas palavras parecidas com significados amplamente distintos.

Temer a Deus está ligado à reverência e à honra que devemos ao Pai. A melhor forma de expressar esse temor é por meio da sabedoria. Ao respeitar e reverenciar a Deus, abrimos espaço para que Ele oriente nossas decisões e ações diárias. Esse temor nos leva à capacidade de ter discernimento e viver de acordo com Seus mandamentos e Sua vontade.

Andar em sabedoria é transbordar nosso relacionamento com Deus em tudo que fazemos e, principalmente, na nossa busca por viver em obediência, demonstrando nosso comprometimento em honrá-Lo.

Se você sente que ainda não acessou essa sabedoria, clame a Deus com um coração sincero. Em Sua Palavra, Ele nos assegura de que nos dá sabedoria sem limites. Salomão, ao pedir sabedoria, tornou-se conhecido como o homem mais próspero da história.

O Senhor está preparado para conceder a você toda a sabedoria para começar a temê-Lo e, assim, receber todas as bênçãos que já estão à sua disposição. Coloque Deus em primeiro lugar no seu dia, pois isso permitirá que você experimente a profundidade e a beleza de viver para honrar ao Senhor.

VAMOS ORAR

Pai, obrigado por nos oferecer a verdadeira sabedoria por meio do temor a Ti. Perdoa-me se, em algumas ocasiões, negligenciei o respeito e a reverência que Te são devidos. Que minha vida seja um testemunho de Tua sabedoria e graça para aqueles que me cercam. Em nome de Jesus, amém.

ANOTAÇÕES

JUNHO

1º DE JUNHO

O QUE É IMPOSSÍVEL PARA VOCÊ?

"Jesus respondeu: 'O que é impossível para os seres humanos é possível para Deus.'"
(LUCAS 18:27)

COSTUMAMOS AFIRMAR QUE, para Deus, nada é impossível; no entanto, essas palavras muitas vezes são da boca para fora. Temos esse conhecimento teórico; mas, na prática, não vivemos de acordo com ele. Estamos sempre alimentando dúvidas e erguendo barreiras em relação aos nossos sonhos e projetos.

Você se lembra daquela ideia que ficou engavetada porque se achava despreparado? Do projeto que não se concretizou porque pareceu grande demais para você? Você tem verbalizado uma crença que, no fundo, não é verdadeira! E, por isso, acumula sonhos e projetos não realizados.

O impossível pertence a Deus, mas o possível continua em nossas mãos. Ao revisitar os milagres de Jesus, percebemos que todos os que pediram também tomaram uma atitude. Para a água ser transformada em vinho, foi necessário que os homens trouxessem os jarros de água. Para multiplicar os pães e peixes, foi indispensável colocá-los em cestos e distribuí-los. E, para que o homem fosse curado da paralisia, seus amigos precisaram descê-lo pelo telhado.

Deus faz o que não podemos, mas Ele também nos chama a fazer a nossa parte, mesmo que pareça pequena ou insignificante.

O que é necessário para que Deus possa agir em parceria com você?

Acredite na sua capacidade e tire ao menos um projeto do papel. Assim, terá a oportunidade de experimentar e vivenciar o impossível que Deus pode realizar.

VAMOS ORAR

Senhor, obrigado por abrir meus olhos! Ajuda-me a tirar meu projeto do papel e a realizar o que é possível para mim, fazendo a minha parte, enquanto me preparo para viver o que é a Tua parte. Em nome de Jesus, amém.

ANOTAÇÕES

_____

_____

_____

_____

_____

2 DE JUNHO

GUARDADO EM TODOS OS SEUS CAMINHOS

"Deus mandará que os anjos cuidem de você para protegê-lo aonde quer que você for."

(SALMOS 91:11)

ESTAMOS RODEADOS PELOS ANjos do Senhor nesta Terra e podemos sentir que nunca estamos sozinhos, mas sempre amparados. Os anjos estão prontos para nos proteger, independentemente de onde estivermos.

O reino espiritual é organizado e hierárquico. Assim como é no céu, também é na Terra. Tudo opera sob a ordem do nosso Pai. Ele ordena aos anjos, e eles obedecem.

Você se lembra da história de Maria? Foi o anjo Gabriel quem a visitou, levando a mensagem de Deus. Quando Jacó desejou receber a bênção divina, ele lutou contra um anjo. No Jardim do Getsêmani, ao suar sangue, Jesus recebeu a visita de um anjo que foi fortalecê-lo. Da mesma forma, são os anjos que executam o juízo de Deus, como no caso da destruição de Sodoma e Gomorra.

Esses exemplos nos mostram como os anjos trabalham e estão presentes conosco ainda hoje. Eu sei que não podemos vê-los, mas é possível senti-los quando nos tornamos sensíveis a essa presença. Você consegue se comunicar diretamente com eles, solicitando ajuda, proteção e orientação. Eles estão prontos para agir em seu favor! Você acredita?

Experimente dialogar com eles! Permita-se viver essa experiência e prepare-se para ser atendido!

VAMOS ORAR

Senhor Deus, obrigado por Tua proteção constante todos os dias em meu caminhar. Ajuda-me a estar aberto para sentir a presença dos Teus anjos, que me guiam e protegem! Em nome de Jesus, amém.

ANOTAÇÕES

3 DE JUNHO

PEREGRINOS NA TERRA

"Feliz a nação que tem o Senhor como o seu Deus! Feliz o povo que Deus escolheu para ser dele!" (SALMOS 33:12)

VOCÊ NÃO É DESTE LUGAR, VOCÊ está aqui! Como afirmou Jesus: "Não sou do mundo, mas estou no mundo e agora volto para o meu Pai." Nós pertencemos a Deus, nosso Criador, e, no tempo certo, voltaremos para Ele. Portanto, é essencial vivermos como peregrinos nesta Terra, pois em breve não estaremos mais presentes. Se você ainda se deixa enganar pelas tentações, ofertas e vida fácil, é provável que sua identidade não esteja clara em seu coração. Quem é você?

A mensagem é nítida: seremos felizes se aceitarmos o Senhor como nosso Salvador e tivermos a certeza de que somos escolhidos dEle. Essa é a nossa verdadeira identidade, e é assim que devemos viver.

Apesar de habitarmos um mundo onde os valores e princípios se evaporaram, devemos continuar a agir conforme o que Deus espera de nós. Somos chamados a ser luz em meio às trevas, a ser trigo no meio do joio e a trazer alegria e esperança a tristezas e desesperos de nossos irmãos.

Qual é a realidade que você tem vivido? A do mundo ou a do espírito? É evidente que, como seres humanos, não conseguimos viver plenamente no espírito, pois isso seria uma hipocrisia. Estou desafiando você hoje a viver os princípios do Criador de tal forma, que reflita sua identidade como Filho para aqueles que estão perdidos e precisam ser encontrados.

Você é capaz! Esse é o seu compromisso com Deus neste dia!

VAMOS ORAR

Senhor, ajuda-me a viver com os olhos fixos na promessa da nossa herança eterna no céu. Que eu possa encontrar alegria e paz em Ti, mesmo diante das dificuldades, e que minha vida reflita o Teu amor e a Tua graça. Em nome de Jesus, amém.

ANOTAÇÕES

4 DE JUNHO

O PASSADO NÃO ME DEFINE

"Quando ouvimos essas coisas, perdemos a coragem e todos nós ficamos com muito medo por causa de vocês. O Deus de vocês, o Senhor, é Deus lá em cima no céu e aqui embaixo na terra." (JOSUÉ 2:11)

RAABE É APRESENTADA NO LIVRO de Josué como uma prostituta de Jericó que se destacou por sua bravura ao esconder em casa dois espiões de Israel durante a conquista da cidade. Ela era uma mulher marginalizada pela sociedade, mas sua atitude revelava um profundo reconhecimento de quem Deus era. Raabe não permitiu que sua suposta "inferioridade" lhe roubasse a oportunidade que se apresentava.

Corajosamente, ela arriscou a própria segurança ao acolher os homens que estavam em combate contra sua cidade. Seu temor a Deus a libertou da condição de prostituta, garantindo sua salvação e a de toda a família quando as muralhas de Jericó desmoronaram.

Essa história nos ensina que as escolhas erradas de Raabe não a impediram de conhecer Deus e experimentar uma transformação quando tomou a decisão certa. Ela se casou, teve filhos e ainda se tornou parte da genealogia de Cristo. De prostituta, passou a viver uma vida redimida pela salvação. O passado de Raabe não a impediu de encontrar Deus e viver essa transformação.

Eu não conheço você e não sei como este devocional chegou até a sua rotina, tampouco conheço seu passado. Mas há algo que conheço: o Deus que transformou a minha vida e a de Raabe. Esse Deus deseja escrever uma nova história para você. Sei que você tem um passado. Eu também tenho. Nunca esqueça: seu passado não define quem você é!

VAMOS ORAR

Jesus, agradeço por olhar para mim além dos meus erros e pecados. Eu anseio viver uma nova história ao Teu lado. Que eu possa usufruir do direito ao perdão e à remissão, e que eu siga confiando que meu passado não define minha identidade. Em Teu nome, amém.

ANOTAÇÕES

5 DE JUNHO

FORÇA EM MEIO ÀS DIFICULDADES

"Muitas vezes ficamos aflitos, mas não somos derrotados. Algumas vezes ficamos em dúvida, mas nunca ficamos desesperados!" (2 CORÍNTIOS 4:8)

É COMUM SENTIRMOS DESÂNIMO diante das lutas. Paulo enfrentou inúmeras provações, acusações, perseguições e até mesmo a prisão, mas nunca perdeu a esperança.

Nas nossas tribulações, volta e meia questionamos Deus sobre os motivos de tudo. Muitas vezes não conseguimos enxergar nada de bom, mas apenas o problema que se apresenta diante de nós. E assim nos esquecemos de expressar gratidão!

Sempre me recordo de uma passagem que afirma que TUDO o que nos acontece é para o nosso bem. Isso é semelhante àqueles conselhos que recebíamos de nossos pais na infância: "É para o seu bem, menina!" Embora seja difícil de compreender, esta é a verdade. Quando tomamos consciência disso, conseguimos encontrar forças naquEle que nos criou, mesmo enfrentando dificuldades, provações ou até mesmo a prisão, seja ela física ou emocional.

Jó é um exemplo vivo dessa força. Ele perdeu tudo; mas, ainda assim, conseguiu reconhecer as bênçãos que Deus pusera em sua vida. Não sei quais desafios você está enfrentando nem para onde está direcionando seu olhar neste momento: se para o problema ou para as bênçãos diárias que recebe. E não estou dizendo que você não deve sentir aflição! Quero apenas lembrá-lo de que Deus o fortalece e sustenta. A prova disso é que a misericórdia dEle se renovou em sua vida hoje, e você está aqui, lendo esta mensagem que pode fortalecer o seu dia!

VAMOS ORAR

Senhor, obrigado por estar sempre ao meu lado. Ajuda-me a lembrar que tudo tem um propósito e que Tu estás me moldando e fortalecendo por meio das provações. Que eu possa encontrar força em Ti e manter a minha esperança viva. Em nome de Jesus, amém.

ANOTAÇÕES

6 DE JUNHO

SEJA EXCELENTE

"E ele mostrou logo que era mais competente do que os outros ministros e governadores. Ele tinha tanta capacidade, que o rei pensou em colocá-lo como a mais alta autoridade do reino." (DANIEL 6:3)

DANIEL ERA UM HOMEM CONFIÁvel, íntegro e temente a Deus. Sabe aquela pessoa que faz tudo com primor? Assim era ele, muito pontual em suas responsabilidades. Cumpria seus compromissos com a Palavra e honrava seus princípios e valores.

Ao estudar um pouco sobre Daniel, fui ficando admirada por seu comportamento reto e íntegro e percebi que o Espírito Santo me inspirava a compartilhar esta mensagem com você.

Por que admiramos alguém que executa tudo com excelência? Essa deveria ser uma atitude natural. Todos nós, que nascemos de novo em Cristo e fomos transformados por Ele, deveríamos adotar essa conduta como estilo de vida. Ser excelente em tudo o que fazemos é uma obrigação que decorre da nossa identidade!

Nosso Deus é um Deus de excelência, e, sendo criados à Sua imagem e semelhança, devemos agir em conformidade com essa identidade. Vamos refletir hoje sobre nosso comportamento em todas as áreas da vida. Será que todos nos percebem dessa forma? Esse adjetivo nos caracteriza de fato? Talvez seja hora de ponderar como temos realizado tanto as grandes quanto as pequenas missões do dia a dia.

Quem somos quando não há espectadores? Continuamos a ser excelentes? Ou aguardamos apenas feedbacks? Que hoje essas perguntas nos conduzam a uma escolha: ser excelentes assim como Deus!

VAMOS ORAR

Pai, agradeço por esta Palavra que me leva a refletir sobre minhas escolhas e meus comportamentos. Ajuda-me a ser como Daniel, pontual em todos os meus compromissos. Que a excelência se torne uma característica do meu caráter. Em nome de Jesus, amém.

ANOTAÇÕES

7 DE JUNHO

OBEDECER SIGNIFICA AMAR

"Por que vocês me chamam 'Senhor, Senhor' e não fazem o que eu digo?"
(LUCAS 6:46)

AO LER ESSA FRASE, NÃO ME vem à mente a imagem do Jesus calmo e bondoso que conhecemos, mas de um homem sério e indignado. Você já presenciou a cena em que um pai chama a atenção do filho? Precisamos deixar de romantizar a figura de Jesus, e quero alertá-lo para isso!

Vejo Jesus inconformado com aqueles que apenas falam superficialmente, sem assumir o verdadeiro comprometimento de viver a obediência no cotidiano. Nossa palavra deve estar em harmonia com nossas ações. De que adianta falar e não cumprir o que diz?

É muito comum que as pessoas exibam nas redes sociais uma vida maravilhosa e perfeita, enquanto a realidade é bem diferente do que mostram na tela. Muitas vezes, a pessoa vive um casamento em ruínas, mas as fotos no Instagram são deslumbrantes e inspiradoras! Você acha que essas pessoas estão vivendo em obediência? De jeito nenhum! E não é incomum que em pouco tempo elas se divorciem.

É importante entender que não conseguimos sustentar uma vida apenas com palavras — precisamos vivê-la! Se hoje você não obedece ao Senhor, pare de afirmar que Ele é o Senhor da sua vida! Contudo, se está falando e deseja uma mudança, então comece já a viver, obedecendo a Ele.

VAMOS ORAR

Senhor Jesus, obrigado por mostrar-me o que preciso mudar em minha vida. Ajuda-me a viver em harmonia com o que falo! Capacita-me a corresponder a esse amor, obedecendo a Ti em todas as minhas ações e palavras. Em Teu nome, amém.

ANOTAÇÕES

8 DE JUNHO

UM PELO OUTRO

"Portanto, confessem os seus pecados uns aos outros e orem uns pelos outros para serem curados. A oração de uma pessoa obediente a Deus tem muito poder."

(TIAGO 5:16)

NOS DIAS DE HOJE, SOMOS IN-centivados a tomar uma atitude que pode parecer contrariar a cultura atual: ser vulneráveis. Confessar nossos erros a outra pessoa e pedir oração pode parecer difícil, mas é exatamente o que Tiago nos encoraja a fazer.

Na era das redes sociais, em que mostramos apenas os melhores momentos, pode ser difícil admitir nossas falhas. Mas, quando estamos em comunhão com amigos, irmãos e familiares, somos autênticos e reais. Nessas ocasiões, não há como nos esconder atrás das câmeras.

Quando confessamos nossos pecados uns aos outros, abrimos o caminho para a cura emocional e espiritual. A ciência explica que uma pessoa que faz terapia sente alívio com o simples fato de verbalizar aquilo que o está afligindo. Veja só como a palavra é poderosa!

Mas é claro que, para confessar um pecado, você precisa saber a quem confessar; por favor, não conte para alguém em quem você não confia de fato! Salomão é um exemplo disso, pois escolhia seus conselheiros. Quando se sentir sobrecarregado ou lutando com algo, considere compartilhar isso com um amigo de confiança e peça oração.

Esteja aberto e disposto a ser escolhido por alguém para ser esse canal de Deus e, da mesma forma, a orar pelo seu irmão!

VAMOS ORAR

Senhor, obrigado por Tua palavra. Dá-me a coragem necessária para confessar meus pecados e buscar oração. Que eu possa ser um amigo fiel, sempre pronto a interceder por meus irmãos e irmãs em Cristo. Em nome de Jesus, amém.

ANOTAÇÕES

9 DE JUNHO

VOCÊ VAI MORDER A ISCA?

"Aqueles que amam a tua lei têm muita segurança, e não há nada que os faça cair."

(SALMOS 119:165)

PARA VIVERMOS UMA VIDA EXtraordinária, é essencial compreendermos a necessidade de perdoar. Não há dúvida: enquanto estivermos neste mundo, seremos cercados por outras pessoas, e elas poderão nos ofender.

Satanás utiliza uma isca poderosa para nos fazer cair; se estivermos distraídos, abarrotados de compromissos, sentindo-nos sobrecarregados e longe do Espírito Santo, não há dúvida de que acabaremos mordendo a isca chamada "ofensa".

Essa ofensa pode causar danos significativos ao nosso caráter, afastando-nos da vida plena que Cristo nos prometeu. Embora a ofensa em si não seja fatal, ela gera frutos quando lhe permitimos alimentar nosso coração, como raiva, ódio, dor, inveja, ressentimento, insultos e ataques. Isso já é suficiente para ilustrar o perigo de um coração ofendido, que pode resultar em comportamentos prejudiciais e disfuncionais.

Ceder a essa isca é um assunto sério e nos expõe a muitos riscos. Satanás não hesitará em continuar suas tentativas de nos ofender, mas somos nós que decidimos se vamos ou não sucumbir.

Eu já enfrentei muito sofrimento nesse aspecto. Perdi noites com meu coração repleto de ofensas. E, por não querer guardar esse sentimento, acabei ferindo as pessoas que mais amo. Foi por meio da palavra de Deus que encontrei discernimento para não cair mais nessa armadilha. Aqueles que amam a palavra experimentam a paz, e nada os faz tropeçar.

E você? Vai morder a isca?

VAMOS ORAR

Pai, agradeço por mais uma vez encontrar a Tua palavra, que é cura para a minha alma. Que eu possa caminhar com segurança em Tua lei para desfrutar a paz que me prometes. Protege meu coração de toda ofensa. Em nome de Jesus, amém.

ANOTAÇÕES

10 DE JUNHO

TENHA COMPAIXÃO

*"Uma pessoa desesperada merece a compaixão dos seus amigos,
mesmo que tenha deixado de temer ao Deus Todo-Poderoso."*

(JÓ 6:14)

NÃO DEVEMOS IMPUTAR NOSSAS tribulações exclusivamente ao diabo, pois tudo o que vivemos resulta das nossas próprias escolhas. Quando você observa uma pessoa em desespero, é importante entender que ela também se colocou nessa posição.

A melhor forma de ajudá-la sem interromper esse processo que ela precisa experienciar é demonstrando compaixão. Assim, proporcionamos conforto e afirmamos que ela não está sozinha. No entanto, muitas vezes confundimos compaixão com pena.

É preciso ter cuidado, pois esses sentimentos são distintos. A pena desvaloriza e, inconscientemente, transmite a ideia de que o outro é incapaz. Em contrapartida, a compaixão nos leva a sentir a dor do outro e a estar prontos para acolhê-lo, sem o retirar de seu processo, utilizando a empatia e o apoio sincero.

Jó conheceu a profundidade do sofrimento e nos ensina uma lição valiosa sobre compaixão: mesmo quando alguém perde o temor a Deus em razão do desespero, essa pessoa ainda merece o apoio e a compreensão de seus amigos.

Precisamos estar atentos às necessidades dos outros e oferecer nossa empatia, até quando parece que se afastaram de Deus. É importante lembrar que, em nossos próprios momentos de tribulação, devemos buscar amigos compassivos, que nos ajudem a carregar os fardos. Cultive esse sentimento em seu coração e torne-se um agente de cura e conforto, oferecendo apoio, esperança e amor àqueles que estão desolados.

VAMOS ORAR

Senhor Jesus, obrigado por ensinar-me a importância da compaixão. Ajuda-me a ter um coração sensível às necessidades dos outros e capacita-me a ser um canal do Teu amor e da Tua graça. Em Teu nome, amém.

ANOTAÇÕES

11 DE JUNHO

A PROVISÃO VEM DE DEUS

"E o meu Deus, de acordo com as gloriosas riquezas que ele tem para oferecer por meio de Cristo Jesus, lhes dará tudo o que vocês precisam."

(FILIPENSES 4:19)

PAULO ESCREVE AOS FILIPENSES uma promessa de Deus que se estende também a nós, Seus filhos. O apóstolo assegura que o Senhor suprirá todas as nossas necessidades, conforme as gloriosas riquezas que Ele oferece por meio de Cristo Jesus.

Essa promessa vai além das meras necessidades materiais e abrange todas as dimensões de nossa vida: física, emocional e espiritual. A provisão divina não se limita ao básico; Deus não deseja que vivamos de forma medíocre. Pelo contrário, Ele promete nos suprir abundantemente, de acordo com Sua infinita generosidade.

Quando enfrentamos crises financeiras, problemas de saúde, desavenças com aqueles que amamos ou qualquer outra dificuldade, podemos confiar que Ele proverá o necessário para atender todas as áreas da nossa vida. A vida abundante em Cristo Jesus não diz respeito apenas a bens materiais, mas também à provisão de saúde, à alegria, ao contentamento e à prosperidade em tudo o que nos propomos a realizar. Ao depositarmos nossa confiança nEle e priorizarmos Seu Reino e Sua justiça, Ele nos acrescenta tudo de que precisamos.

VAMOS ORAR

Senhor Jesus, obrigado pela Tua provisão. Ajuda-me a confiar que o Senhor suprirá todas as minhas necessidades. Que eu possa viver a vida abundante que Tu tens para mim. Em nome de Jesus, amém.

ANOTAÇÕES

12 DE JUNHO

SEJAM ESPERTOS E SEM MALDADE

"Escutem! Eu estou mandando vocês como ovelhas para o meio de lobos. Sejam espertos como as cobras e sem maldade como as pombas."

(MATEUS 10:16)

NÃO É PORQUE SOMOS CRENTES que devemos bancar os "bonzinhos"; assim, os outros acabarão nos explorando ou nos fazendo de bobos. Ao contrário, Jesus nos ensina a ser astutos como as serpentes e simples como as pombas.

As serpentes são ágeis, prudentes, atentas e vigilantes. Tal como elas, devemos estar alerta às armadilhas e tentações do mundo, a fim de não nos tornarmos presas fáceis, sempre discernindo o certo do errado. Já as pombas, com sua inocência, nos ensinam o valor de ter um coração puro e amoroso — qualidades essenciais a um verdadeiro cristão.

Garanto que que você já tem essas qualidades; basta desenvolvê-las. Eu mesma já estive dispersa em relação a isso, atendendo a todos os pedidos; quando percebia, minhas próprias necessidades haviam sido deixadas de lado.

Reflita sobre a sua vida neste momento. Você tem permitido que os outros definam quem você é? Quais comportamentos você precisa transformar e quais características necessita cultivar? Sugiro que estude mais sobre esses animais citados no versículo de hoje e aprenda com a criação; tenho certeza de que encontrará muitas qualidades que pode aplicar na sua vida!

Dessa maneira, você conseguirá influenciar positivamente as pessoas ao seu redor e viver entre os lobos de forma leve e que agrade ao Senhor.

VAMOS ORAR

Senhor, preciso da Tua ajuda para ser vigilante e puro neste mundo. Concede-me discernimento para reconhecer as ciladas do inimigo e sabedoria para tomar decisões que protejam minha fé. Mantém meu coração puro e minhas ações livres de maldade. Em nome de Jesus, amém.

ANOTAÇÕES

13 DE JUNHO

RENOVE-SE

"Para uma árvore há esperança; se for cortada, brota de novo e torna a viver.
(JÓ 14:7)

NA MENSAGEM DE HOJE, VAMOS aprender mais uma vez com a sabedoria da natureza, que nos ensina valiosas lições sobre a vida. As etapas que vivemos não determinam nosso destino. Desde o nascimento até o fim da vida, atravessamos diversas fases, sejam elas boas ou ruins. Contudo, independentemente das circunstâncias, temos a oportunidade de nos renovar a cada dia.

Nesse texto, Jó nos recorda de que até mesmo a árvore encontra esperança. Mesmo quando seus galhos são cortados, ela renasce! Isso é maravilhoso. Esta lição é valiosa para mim: nenhuma fase, por mais desafiadora que seja, pode extinguir a minha esperança. Tenho a chance de recomeçar!

Quando alguém me magoa, me lembro dessa verdade e deixo que a esperança brote em meu coração. Por mais despedaçada que eu me sinta naquele momento, reconheço que sou filha de um Pai amoroso, que nunca me abandona, mas sempre me capacita a renovar minhas forças. Desejo que você acolha esse mesmo entendimento em seu coração.

Não importa o que você esteja enfrentando: perdas, separações, falecimentos, tragédias ou pessoas que o ferem. Pode parecer que você está lidando com um corte profundo na alma, que causa muita dor. Mas nunca perca a esperança de renovar suas forças e resgatar a vontade de viver novamente! Renascer para uma nova fase pode levá-lo a um nível mais profundo de conexão com o Pai.

VAMOS ORAR

Senhor Deus, obrigado, porque em Ti encontro renovação e esperança. Ajuda-me a confiar na Tua obra restauradora em minha vida, e mesmo em meio a momentos de dificuldades eu confiarei inteiramente em Ti. Em nome de Jesus, amém.

ANOTAÇÕES

14 DE JUNHO

AME A DEUS ACIMA DE TUDO

"Portanto, amem o Senhor, nosso Deus, com todo o coração, com toda a alma e com todas as forças."

(DEUTERONÔMIO 6:5)

NOSSAS PRIORIDADES DIÁRIAS REvelam o que realmente valorizamos. É comum que compromissos, responsabilidades e distrações nos afastem do que importa de verdade. Afinal, estamos sempre em movimento, a ponto de mal conseguirmos parar e refletir sobre o que de fato faz diferença na vida.

Imagine que seu coração seja como uma casa. Quais cômodos você tem permitido que Deus habite? Ele tem acesso a todos os espaços ou existem áreas reservadas onde você ainda não O deixou entrar? Amar a Deus acima de tudo significa permitir que Ele esteja presente em todos os aspectos da nossa vida, sem reservas. Ele se importa com nossa rotina e anseia vivê-la ao nosso lado.

Quando nos apaixonamos por alguém, abrimos as portas de casa e deixamos essa pessoa entrar em todos os cômodos, certo? É esse mesmo amor que estou convidando você a sentir por Jesus: apaixone-se por Ele!

Esse amor intenso, descrito em Deuteronômio, é mais do que um mero sentimento; é uma escolha diária de colocar Deus no centro de tudo. É permitir que Seu amor nos guie e nos molde, influenciando todo o nosso dia. Quando amamos a Deus, nossas prioridades se reordenam naturalmente, e encontramos sentido e propósito em cada passo que damos.

Eu tenho um hábito que gostaria de compartilhar com você. É algo simples, mas transformou meus dias. Todas as manhãs, ao abrir os olhos, eu digo: "Deus, desejo a Sua companhia hoje. Caminhe ao meu lado!" Experimente!

VAMOS ORAR

Senhor, ajuda-me a amar-Te acima de todas as coisas. Que meu coração esteja completamente dedicado a Ti. Dá-me sabedoria para organizar minhas prioridades e colocar-Te no centro de tudo o que faço. Em nome de Jesus, amém.

ANOTAÇÕES

15 DE JUNHO

NÃO DEIXE O AMOR ESFRIAR

"A maldade vai se espalhar tanto, que o amor de muitos esfriará; mas quem ficar firme até o fim será salvo." (MATEUS 24:12-13)

O AMOR SE ESFRIARÁ! JÁ ESTAMOS vivendo essa profecia. A maldade tem se espalhado em proporção gigantesca! Assistimos todos os dias a notícias de violência, injustiça e conflitos que podem facilmente nos fazer perder a esperança e endurecer o coração.

Mas o que podemos fazer para reverter essa realidade e evitar que ela invada nossa vida? Permanecer firmes no amor de Deus é o segredo para nos sentirmos seguros. Jesus nos encoraja a estar cientes da grandeza do desafio, mas também a ter a certeza de que a recompensa chegará se mantivermos a perseverança.

Manter vivo o amor de Jesus em nossa vida exige intencionalidade e ação. Costumo confrontar a frase "Querer é poder". Isso não é verdade. Querer é apenas querer. Quando eu verdadeiramente desejo algo, preciso ter atitudes que conversem com meu desejo. Se desejamos manter Jesus vivo dentro de nós, precisamos amá-Lo. Para esse amor ser real, precisa vir acompanhado de atitudes.

Amar aqueles que nos rodeiam é uma bela atitude de quem ama a Jesus. É preciso manifestar esse amor em gestos simples, como uma atitude de bondade, uma palavra de encorajamento ou um ato de serviço. Desafio você a perseverar no amor, mesmo em tempos de adversidade. Afinal, ele é a força mais poderosa que temos. Ao permanecer firmes, estamos cumprindo o chamado que Jesus fez a cada um de nós.

VAMOS ORAR

Senhor, em um mundo onde a maldade parece prevalecer, ajuda-me a manter meu amor firme e constante. Que eu não permita que as dificuldades e injustiças esfriem meu coração. Renova em mim o Teu amor diariamente, para que eu possa amar como Tu amas. Em nome de Jesus, amém.

ANOTAÇÕES

16 DE JUNHO

ESTE É O DIA DA VITÓRIA!

"Este é o dia da vitória de Deus, o Senhor;
que seja para nós um dia de felicidade e alegria!" (SALMOS 118:24)

IMAGINE ACORDAR TODAS AS MA-nhãs com a certeza de que hoje é o dia da vitória de Deus. Pense em como seriam nossos dias se realmente carregássemos essa convicção em nossos pensamentos e nossas atitudes.

A mensagem de hoje nos lembra de que, a cada amanhecer, recebemos um presente: uma nova oportunidade de vivenciar o que Deus preparou para nós. Como seria a sua vida se você iniciasse cada dia com essa mentalidade de vitória?

Muitas vezes somos consumidos por preocupações, medos e desafios, o que nos faz esquecer que Deus já conquistou a vitória por nós. E se, em vez de nos concentrarmos nas dificuldades, começássemos a enxergar cada obstáculo como uma oportunidade de experimentar o poder transformador de Deus?

Reflita sobre os momentos em que você sentiu a presença de Deus de forma mais intensa. Foi em períodos de conforto ou em meio a desafios? Deus frequentemente revela Seu poder e amor durante as nossas lutas, mostrando que, através dEle, somos mais que vencedores.

Aproveite o dia de hoje para fazer uma lista de tudo que está impedindo você de enxergar este dia como a vitória de Deus. Em seguida, escreva sobre as barreiras emocionais que precisa superar. Depois desse exercício, lembre-se: a verdadeira vitória não é a ausência de problemas, mas a certeza da presença e do poder de Deus, mesmo em meio às dificuldades.

VAMOS ORAR

Senhor, hoje eu escolho enxergar este dia como a Tua vitória. Ajuda-me a confiar em Ti em todas as circunstâncias, entregando minhas preocupações e meus desafios. Que eu possa viver com alegria e confiança, sabendo que Tu já conquistaste a vitória por mim. Amém.

ANOTAÇÕES

17 DE JUNHO

APRENDA A MULTIPLICAR

"Deem aos outros, e Deus dará a vocês. Ele será generoso, e as bênçãos que ele lhes dará serão tantas, que vocês não poderão segurá-las nas suas mãos. A mesma medida que vocês usarem para medir os outros Deus usará para medir vocês." (LUCAS 6:38)

OLHE QUE LINDO O TAMANHO dessa promessa!

Deus nos promete que, se formos generosos, receberemos tantas bênçãos que não conseguiremos carregá-las nas mãos. Isso é poderoso! Não estamos falando de doar bens materiais, mas sim de nos doarmos.

Essa mensagem nada mais é do que a aplicação da lei da semeadura. Tudo o que plantarmos também colheremos. Esse princípio está em todas as áreas da vida — não há como fugir dele. Da mesma forma, se a nossa medida em relação ao próximo for ruim, assim será a do Senhor. Se julgarmos, seremos julgados. Se agirmos de maneira egoísta, o fruto do orgulho será colhido.

Quando entendi o que é o princípio da multiplicação, comecei a escrever. Todas as mensagens que você está lendo aqui e em outros livros meus são sementes que Deus plantou em meu coração; dessa forma, consigo plantar cada uma delas em terrenos férteis, como o seu coração. A partir desse momento, depois da minha decisão, a generosidade de Cristo começou a se manifestar na minha vida em forma de bênçãos sem medida e transbordantes.

Eu espero do fundo do coração que você entenda esta mensagem e comece a viver as bênçãos que o nosso Pai já tem disponíveis para você!

VAMOS ORAR

Senhor, obrigado por Tua palavra tão generosa sobre minha vida. Ensina-me a ser generoso como Tu és. Dá-me um coração pronto a me doar por completo, assim como Jesus fez por mim. Que eu possa ser um testemunho vivo da Tua bondade. Em nome de Jesus, amém.

ANOTAÇÕES

18 DE JUNHO

SEJA LUZ

"Vivamos decentemente, como pessoas que vivem na luz do dia. Nada de farras ou bebedeiras, nem imoralidade ou indecência, nem brigas ou ciúmes." (ROMANOS 13:13)

A VIDA É UM CONVITE CONtínuo para sermos luz neste mundo. Paulo nos incita a viver com dignidade e honra, como aqueles que pertencem à luz. Ele nos adverte a evitar comportamentos que não condizem com a transformação que devemos experimentar em Cristo.

Atitudes destrutivas, como festas excessivas, embriaguez, imoralidade, indecência, desavenças e ciúmes, nos afastam do caminho da luz. Nessa jornada, nos deparamos com as trevas, comprometendo não apenas a nossa própria vida, mas também a daqueles que amamos.

Imagine uma lanterna brilhando em uma noite escura. Assim como a luz dissipa a escuridão e ilumina o caminho, nossas vidas devem brilhar com clareza, orientação e esperança para aqueles que nos rodeiam. Cada ato de bondade, cada palavra de encorajamento e cada decisão justa testemunha o poder transformador de Cristo em nossas vidas.

Fomos criados para ser esse farol que ilumina e afasta toda a escuridão ao nosso redor. Peço que abra seu coração e permita que a maior luz entre, a luz do Senhor. Viva refletindo essa luz. A cada amanhecer, eleve uma oração a Deus, pedindo que Ele o guie nessa jornada de luz.

VAMOS ORAR

Senhor, obrigado por me chamar a ser luz em um mundo repleto de sombras. Ajuda-me a viver com dignidade e honra, refletindo Teu caráter em todas as minhas ações. Concede-me força para evitar comportamentos destrutivos e sabedoria para adotar atitudes que glorifiquem Teu nome. Que minha vida seja um testemunho da Tua luz e do Teu amor. Em nome de Jesus, amém.

ANOTAÇÕES

19 DE JUNHO

POR QUE JEJUM E ORAÇÃO?

"Então eles jejuaram, e oraram, e puseram as mãos sobre Barnabé e Saulo. E os enviaram na sua missão." (ATOS 13:3)

NO LIVRO DE ATOS, OBSER-vamos a igreja em Antioquia praticando o jejum e a oração, dois atos fundamentais antes de enviar Barnabé e Saulo (Paulo) em sua missão. Esse exemplo nos revela que o jejum e a oração são poderosos instrumentos para buscar o poder de Deus.

O jejum vai além da simples abstinência de alimentos. Trata-se de um momento dedicado a intensificar nossa concentração em Deus, afastando as distrações e buscando Sua orientação. A oração, por sua vez, é a nossa comunicação direta com o Senhor: apresentamos nossas súplicas, expressamos gratidão e buscamos Sua presença. Quando unimos jejum e oração, nos colocamos em um estado de maior sensibilidade espiritual, prontos para ouvir a voz de Deus.

Em minha vida, o jejum e a oração se tornaram parte integrante da minha jornada. No início de minha trajetória de mentorias, livros e transmissões ao vivo, eu hesitava e me sentia insegura, considerando-me apenas uma dona de casa, mãe e esposa. Contudo, à medida que pratiquei esses princípios, Deus confir-mou em meu coração que eu era chamada para isso. Reflita sobre as situações nas quais você tem se esquivado ou procrastinado em agir. Dedique-se ao jejum e à oração para sintonizar-se mais com a voz do Senhor e, sobretudo, para o seu próprio crescimento espiritual. Entregue-se e permita-se experimentar uma nova fase em sua vida!

VAMOS ORAR

Jesus, obrigado pelo privilégio de me aproximar de Ti através do jejum e da oração. Ajuda-me a usar essas práticas para buscar Tua direção e força em todas as áreas da vida. Que eu possa ouvir Tua voz e ser guiado em cada decisão. Em Teu nome, amém.

ANOTAÇÕES

_____

_____

_____

_____

_____

20 DE JUNHO

ONDE ESTÁ O SEU TESOURO?

"Pois onde estiverem as suas riquezas, aí estará o coração de vocês."
(MATEUS 6:21)

NESSA PASSAGEM DO EVANGELHO de Mateus, Jesus apresenta um ensinamento profundo. Durante o Sermão da Montanha, o Mestre revela que nosso coração está naquilo que mais valorizamos, ou seja, aquilo a que dirigimos nosso amor e nossa dedicação. Isso significa que, ao priorizarmos uma tarefa, um trabalho, um relacionamento ou até mesmo um hobby, esses elementos se tornam o núcleo de nossa vida.

Embora, muitas vezes, busquemos um sentido para nossa existência em bens materiais ou conquistas pessoais, a Bíblia nos adverte a não atribuir valor emocional e espiritual àquilo que pode ser corroído pela traça. Ao depositarmos confiança e devoção em questões e circunstâncias passageiras, a frustração é inevitável. A verdadeira plenitude da vida se revela quando direcionamos o coração ao Reino de Deus e nos empenhamos em cumprir Sua vontade. Dessa forma, conferimos valor a um bem que não pode ser destruído. A recompensa para aqueles que veem a vida espiritual como verdadeira riqueza é eterna.

Onde você tem colocado o coração? O que considera ser sua maior riqueza?

Se as respostas a essas perguntas forem carros, casas, pessoas ou cargos, sua confiança está fundamentada em coisas que não são eternas. Portanto, não perca mais tempo: comece a solicitar a Deus que o ajude a priorizar o Reino dEle, para que você possa viver uma vida plena e abundante, ciente de que seu coração está em um lugar seguro e eterno.

VAMOS ORAR

Senhor, obrigado porque em Ti encontro contentamento e alegria. Quero estar sempre sensível ao Teu chamado e propósito. Ajuda-me a priorizar o Teu reino e a Tua vontade acima de qualquer outra coisa. Em nome de Jesus, amém.

ANOTAÇÕES

21 DE JUNHO

EU POSSO TUDO?

"Alguém vai dizer: 'Eu posso fazer tudo o que quero.'
Pode, sim, mas nem tudo é bom para você. Eu poderia dizer: 'Posso fazer qualquer coisa.'
Mas não vou deixar que nada me escravize." (1 CORÍNTIOS 6:12)

EMBORA A LIBERDADE EM CRISto nos proporcione o livre-arbítrio, é importante recordar que nem tudo que é permitido é benéfico para nós. Liberdade não deve ser confundida com libertinagem — é fundamental avaliar o impacto de nossas ações tanto em nós mesmos quanto nas pessoas ao nosso redor.

É perigoso permitir que qualquer coisa nos aprisione. Seja o vício em substâncias, os comportamentos compulsivos ou os impulsos desenfreados, sujeitar-se a essas práticas pode prejudicar a capacidade de viver de forma plena e gratificante.

Sim, podemos tudo! Mas será que qualquer coisa nos convém? Você pode permanecer em um relacionamento que não lhe faz bem? Pode! Mas estará numa prisão emocional e física. Pode fazer uso de substâncias ilícitas? Sim, afinal, se fizer escondido, ninguém vai ver, não é? Mas Deus vai! E como fica a consciência depois que o efeito passa? Depressão, culpa e, novamente, grilhões.

Em que prisões você tem se mantido por conveniência ou mesmo por medo? Jesus nos chama à liberdade em todos os sentidos e nos dá o poder de escolher. Por esse motivo, é importante ter vigilância e autocontrole, pois as consequências também serão nossas. Escolha viver a sua jornada com Deus e praticando os ensinamentos dEle, para a sua liberdade não ser retirada através das prisões.

VAMOS ORAR

Deus, obrigado pela liberdade que me deste em Cristo. Ajuda-me a usá-la com sabedoria. Perdoa-me pelos momentos em que permito que vícios e desejos desenfreados me dominem. Dá-me discernimento para fazer escolhas que Te honrem. Em Teu nome, amém.

ANOTAÇÕES

22 DE JUNHO

RASGUE O SEU CORAÇÃO

"Em sinal de arrependimento, não rasguem as roupas, mas sim o coração. Voltem para o Senhor, nosso Deus, pois ele é bondoso e misericordioso; é paciente e muito amoroso e está sempre pronto a mudar de ideia e não castigar." (JOEL 2:13)

O DE QUE PROFETA JOEL NOS lembra de que o verdadeiro arrependimento vai além de gestos externos. No passado, rasgar as vestes era um sinal visível de luto ou arrependimento. No entanto, Deus busca algo mais profundo: um coração verdadeiramente contrito. O arrependimento genuíno é uma transformação interior que reflete uma mudança de mente e de coração — ele brota de dentro de nós.

Como está o seu coração diante de Deus? Você realmente se arrepende dos seus pecados ou está apenas seguindo em frente, acumulando pendências? O verdadeiro arrependimento implica retomar o caminho de Deus, vivenciando uma transformação que vai além das aparências e atinge o íntimo. Um coração quebrantado faz com que Deus nos receba de braços abertos, com um olhar repleto de amor, assim como o pai que acolheu o filho pródigo com uma grande festa!

O desejo mais profundo de Deus é ter um relacionamento íntimo conosco. Ele está sempre preparado para nos perdoar e restaurar nossa vida com verdade e integridade. Portanto, rasgue seu coração, arrependa-se dos pecados que têm impedido sua felicidade, confesse seus erros ao Senhor e clame por misericórdia! Prepare-se para ser recebido com uma grande celebração.

VAMOS ORAR

Pai, obrigado por me acolher em Teus braços com Tua infinita misericórdia e amor! Neste momento, decido rasgar meu coração e me arrepender de todos os meus pecados, assim como de todos os pensamentos e comportamentos que não Te agradam. Renuncio a tudo que tem me impedido de viver uma vida plena ao Teu lado. Em nome de Jesus, amém.

ANOTAÇÕES

_____

_____

_____

_____

_____

_____

23 DE JUNHO

QUEM VEM PRIMEIRO?

"Portanto, ponham em primeiro lugar na sua vida o Reino de Deus e aquilo que Deus quer, e ele lhes dará todas essas coisas." (MATEUS 6:33)

ESTAMOS PASSANDO POR TEMpos difíceis, sendo esmagados por tarefas infinitas e tempo limitado. Trabalho, família, amigos, compromissos sociais e responsabilidades pessoais competem constantemente pela nossa atenção, e acabamos nos sobrecarregando com as inúmeras prioridades. Diante de toda essa bagunça, a mensagem de hoje nos traz uma poderosa e prática lição: colocar o Reino de Deus em primeiro lugar!

Jesus nos ensina que, ao priorizarmos o Reino de Deus e a justiça do Pai, todas as outras coisas nos serão acrescentadas. Isso não quer dizer que as outras responsabilidades não tenham importância, mas que nossa principal ocupação deve ser nossa relação com Deus e a busca pelo Seu Reino. Quando fazemos isso, Ele promete suprir nossas necessidades.

O que você deseja, mas ainda não recebeu, e culpa Deus ou o diabo por isso? Talvez seja algo ainda não concretizado porque suas prioridades estão em outro lugar, e você só se lembra de Deus quando precisa pedir algo. A vontade do Pai é soberana, e a nossa deve estar alinhada com a dEle.

Quando permitimos que o Senhor seja o centro de nossa vida, obtemos uma nova perspectiva em relação a tudo que nos rodeia, o que também clarifica nossas escolhas e nossos pedidos em oração! Assim, nossas decisões estarão alicerçadas nEle e em Seus princípios, permitindo-nos experimentar Seu cuidado e a Sua provisão.

VAMOS ORAR

Senhor, ajuda-me a colocar Teu Reino e Tua vontade em primeiro lugar na minha vida. Dá-me sabedoria para priorizar o que realmente importa e confiar em Tuas promessas. Que eu possa viver cada dia buscando Teu propósito e confiando que Tu suprirás todas as minhas necessidades. Em nome de Jesus, amém.

ANOTAÇÕES

24 DE JUNHO

A SUA MISERICÓRDIA DURA PARA SEMPRE

"Pois o Senhor é bom; o seu amor dura para sempre, e a sua fidelidade não tem fim."
(SALMOS 100:5)

COMEÇO ESTA MENSAGEM COMpartilhando uma verdade maravilhosa: Deus é bom, Seu amor é eterno e Sua fidelidade é infinita! É reconfortante ter essa certeza em nosso coração, não é mesmo?

Quando abrimos os olhos para um novo amanhecer, percebemos que estamos vivos e que a misericórdia dEle se renova em nossa vida mais uma vez! É uma nova oportunidade de recomeçar, de fazer as coisas acontecerem! Vamos nos lembrar dessa linda promessa que nos acompanha todos os dias.

Para mim, o amor de Deus é como um combustível: ele me motiva a seguir em frente, não importam os desafios que eu enfrente. Esse amor me assegura de que sou incondicionalmente amada, até com meus erros e minhas falhas, e ao mesmo tempo me confere coragem para enfrentar as dificuldades.

Você tem se alimentado desse combustível ou está vivendo no automático, deixando-se ser levado?

Reconheço que enfrentamos diversos leões ao longo de um dia: trânsito caótico, filas intermináveis, reuniões de trabalho estressantes, entre outros. No entanto, quero convidá-lo a lembrar que é Deus quem nos sustenta e cumpre promessas! A fidelidade dEle nos proporciona a segurança necessária para prosseguir.

A partir de hoje, quero que você comece o dia com a sensação de renovação! Acorde, respire fundo e diga para si mesmo: "Hoje tenho mais uma chance de fazer diferente, de obter resultados distintos e de transformar vidas!"

VAMOS ORAR

Senhor, obrigado por Tua bondade, amor e fidelidade, que duram para sempre. Ajuda-me a me lembrar dessas verdades em meio à correria do dia a dia. Que eu possa confiar em Ti em todas as situações. Em nome de Jesus, amém.

ANOTAÇÕES

_____

_____

_____

_____

_____

25 DE JUNHO

AS ARMAS ESTÃO DENTRO DE VOCÊ

"Sísera estava muito cansado e caiu num sono profundo. Aí Jael pegou um martelo e uma estaca da barraca, entrou de mansinho e fincou a estaca na cabeça dele, na fronte. A estaca atravessou a cabeça e entrou na terra. E ele morreu." (JUÍZES 4:21)

VOCÊ CONHECE JAEL? DUrante a batalha entre os israelitas e o exército de Jabin, ela enfrentou e derrotou um comandante do lado inimigo: Sísera.

Jael era forte, corajosa e destemida, e estava pronta para qualquer desafio que surgisse. Ao se dar conta de sua iminente derrota, Sísera fugiu e buscou abrigo na tenda da mulher, que o acomodou com toda a gentileza para que ele se sentisse em segurança. Após algum tempo, Sísera adormeceu, e foi então que Jael agiu. Cobriu-o com um manto, pegou uma das estacas que sustentavam a tenda e, com a ajuda de um martelo, cravou-a em sua fronte, fazendo-a penetrar até o chão.

A primeira lição que extraí dessa história é que Jael não buscou soluções fora de casa para resolver seus problemas; ela tinha tudo de que precisava dentro da tenda. Nossa "tenda" representa nosso coração, onde temos todas as armas e respostas indispensáveis para os desafios.

Quais respostas você tem buscado fora de si para suas questões? Jael foi uma estrategista astuta ao utilizar os recursos à sua disposição para derrotar o inimigo. Tal como ela, temos poder para vencer nossos adversários, desde que saibamos usar corretamente as armas que Deus já nos concedeu. Assim, poderemos viver uma vida livre e plena, confiando somente nEle e no poder divino que habita em nós!

VAMOS ORAR

Senhor, revela-me as armas que estão dentro do meu coração e que me ajudarão a resolver as questões que afligem meus dias. Concede-me visão, astúcia e a estratégia de Jael. Que eu compreenda meu valor e poder diante da Tua grandeza! Em nome de Jesus, amém.

ANOTAÇÕES

26 DE JUNHO

VOCÊ OBEDECERIA?

"Então o anjo continuou: 'Não tenha medo, Maria! Deus está contente com você. Você ficará grávida, dará à luz um filho e porá nele o nome de Jesus.'"

(LUCAS 1:30-31)

MARIA FOI CONVOCADA PARA uma missão que, aos olhos humanos, parece impossível. No entanto, a jovem aceitou o desafio e disse: "Eis-me aqui!" Ela ainda era muito nova, com mais ou menos 15 anos, e o medo tomava conta de seu ser. O anjo a tranquilizou, afirmando que não precisava temer, e, mesmo diante da insegurança, a menina não hesitou em obedecer.

Frequentemente nos vemos paralisados pelo medo e pela incerteza, sem ousar avançar, apenas por receio. Maria sabia que enfrentaria inúmeras incertezas e desafios, mas aceitou sua missão apesar de tudo. Hoje ela é reconhecida como a mulher que trouxe nosso Salvador ao mundo.

Quantas missões deixamos em segundo plano? Quantos chamados de Deus descartamos como meras imaginações? Por isso, quero encorajá-lo a seguir o exemplo de Maria: confie e avance com coragem na sua missão de vida! Ela depositou sua fé de forma plena, enfrentou grandes perigos, julgamentos e perseguições, mas triunfou!

Com você não será diferente! Tenho certeza de que Deus já plantou algo em seu coração com o qual você tem lutado e para o qual ainda não disse seu "sim". Eu dei meu "sim" a Ele quando fui convocada para cuidar de vidas e transformar mulheres feridas em verdadeiras filhas, herdeiras do céu!

Dê esse passo e aceite sua missão. Ouça o que Ele deseja e aja. Tenha coragem!

VAMOS ORAR

Jesus, obrigado pelo exemplo de coragem e fé de Maria. Ajuda-me a confiar em Ti, mesmo quando enfrento desafios e incertezas. Dá-me forças para seguir Teus planos para minha vida com determinação e bravura. Que eu possa ser um testemunho do Teu amor e da Tua graça, assim como Maria foi. Amém.

ANOTAÇÕES

27 DE JUNHO

CUIDADO COM O ORGULHO

"Eu, o Senhor, examino os pensamentos e ponho à prova os corações. Eu trato cada pessoa conforme a sua maneira de viver, de acordo com o que ela faz." (JEREMIAS 17:10)

O ORGULHO PODE NOS ROUBAR diversas alegrias, além da nossa consciência. Muitas vezes, não entendemos o que nos aprisiona em algumas áreas da vida. Inúmeros questionamentos surgem todo dia e nos forçam a entender o motivo de tais prisões. Mas a Palavra de Deus é sempre clara quando fala sobre o coração do homem.

Esse sentimento pode não apenas nos privar de uma vida plena, repleta de alegrias e conquistas, mas também nos afastar de pessoas e momentos que desejamos celebrar e vivenciar. Por isso, a Palavra nos ensina que os olhos do Senhor estão atentos ao nosso coração, sondando nossas motivações e ações.

Sempre me questiono ao longo do dia: qual é a motivação por trás das minhas atitudes? Essa consciência me torna mais presente e evita que o orgulho inunde todas as minhas ações.

O pedido de perdão, a reconciliação, o auxílio em momentos difíceis, a humildade de olhar nos olhos e reconhecer nossas fraquezas são características de força e vitória. Não devemos nos moldar aos padrões deste mundo, mas buscar nos assemelhar a Cristo a cada dia. Do

que você precisa abrir mão hoje? A quem deve se dirigir para experimentar a manifestação poderosa de Deus por meio do amor e do perdão? O que deve ser deixado de lado neste momento? Não adie, pois cada dia perdido é um dia a menos vivendo a plenitude do sacrifício da cruz. Mergulhe completamente em Cristo. Você merece uma vida completa!

VAMOS ORAR

Senhor, obrigado por Tua palavra. Quero viver como um filho amado, sem traumas, sem angústia, sem orgulho. Estende a Tua presença sobre mim neste dia e ensina-me a ser manso e humilde de coração. Eu entrego tudo que sou e tudo que tenho. Amém!

ANOTAÇÕES

28 DE JUNHO

ENSINE COM AUTORIDADE E AMOR

"Ensine essas coisas e use toda a sua autoridade para animar e também para repreender os seus ouvintes. E que ninguém despreze você!"

(TITO 2:15)

POR MUITO TEMPO, ENFRENTEI DIficuldades para falar em público, pois me preocupava excessivamente com a reação dos outros e com seus possíveis julgamentos. Após um período de busca por conhecimento à luz da Palavra de Deus, percebi que não poderia guardar para mim os ensinamentos profundos que recebia direto da fonte. As sementes que recebemos precisam ser espalhadas.

Não é necessário ser um professor para transmitir a Palavra, mas cultivar um relacionamento íntimo com Deus, vivendo a Sua verdade. Você pode estar se perguntando: quem sou eu para ensinar alguém? É inegável que somos imperfeitos; mas, se eu focasse as minhas imperfeições, você jamais estaria com este livro em mãos. Precisamos compreender que, em nossas fragilidades, o Senhor nos aperfeiçoa e nos ensina ainda mais.

Quando ensinamos, aprendemos duas vezes. Como revela a própria Palavra, ela é como uma espada que corta em ambas as direções. Portanto, quando compartilhamos conhecimento, também estamos em um processo de aprendizado. A mensagem que proclamamos reflete-se em nós.

O ato de ensinar faz parte da minha rotina e me molda de maneira mais profunda na presença e no caminho do Senhor. Quero desafiá-lo a compartilhar esta mensagem com pelo menos uma pessoa e a perceber, em seu coração, o quanto você pode reaprender! Lembre-se, porém, de ensinar com a autoridade que vem de Cristo; Ele já capacitou você!

VAMOS ORAR

Obrigado, Pai, por confiar em mim e me equipar para ensinar a Tua palavra. Que tudo o que sair da minha boca reflita o Teu amor e a Tua sabedoria, e que eu possa ser um canal de transformação na vida das pessoas que me cercam. Em nome de Jesus, amém.

ANOTAÇÕES

29 DE JUNHO

O PERIGO DA TRAIÇÃO

"Jesus e os seus discípulos estavam jantando. O Diabo já havia posto na cabeça de Judas, filho de Simão Iscariotes, a ideia de trair Jesus."

(JOÃO 13:2)

TRAIÇÃO. ESSA PALAVRA AS-sombra milhares de pessoas em várias áreas da vida; afinal, quem nunca ouviu falar de algum caso? Entre casais, amigos, no trabalho? A Palavra nos conta que o inimigo colocou no coração de Judas uma semente de traição. Mas trair logo Jesus? Mesmo sabendo do plano, Ele lavou os pés dos discípulos e, como sempre, os ensinou a servir e amar. Não é um detalhe lindo?

A traição é perigosa e carrega consigo uma série de desastres: quebra de confiança, dor, opressão, angústia, ansiedade e tantas outras marcas. Além disso, ela está sempre vestida como se fosse algo melhor. A traição no relacionamento dá a entender que a nova relação é melhor que a anterior; sentar-se à mesa com alguém para falar mal do seu amigo significa que aquele que está sentado com você parece ser mais digno que aquele do qual vocês estão falando; a promoção no emprego depende da má reputação do seu colega, entre tantas outras situações.

Jesus sabia de tudo, e esse tudo fazia parte do plano para que você e eu pudéssemos estar aqui hoje dialogando —

e são inúmeros os alertas e conselhos na Palavra para que você elimine isso da sua vida.

Experimente essa realidade em Cristo. Ele é o filtro principal das suas ações. Pergunte-se: se Jesus estivesse aqui, agora, no meu lugar, Ele falaria ou faria isso? A partir daí, tome a sua decisão.

VAMOS ORAR

Senhor Jesus, obrigado por Sua palavra. Continue pastoreando meu coração de forma doce e firme, para que eu possa resplandecer mais e mais a Tua glória. Perdoa minhas falhas e fraquezas; ajuda-me a reconstruir o que foi quebrado. Em nome de Jesus, amém!

ANOTAÇÕES

30 DE JUNHO

QUEM COMPLETA A OBRA É ELE

"Pois eu estou certo de que Deus, que começou esse bom trabalho na vida de vocês, vai continuá-lo até que ele esteja completo no Dia de Cristo Jesus."

(FILIPENSES 1:6)

DEUS PLANTA EM NÓS O DESEJO e também nos oferece as ferramentas para concretizá-lo. Se for da vontade do Pai, tudo se concretizará!

O medo, a sensação de incapacidade e o desânimo podem fazer você pensar em desistir. Mas creia que Ele está ao seu lado e persevere! Talvez você não enxergue o quadro completo que Deus está pintando em sua vida, mas Ele já finalizou essa obra. Ele é o artista principal e está trabalhando em cada detalhe!

Você conhece a expressão "Coloque o pé, que Deus coloca o chão"? Quantas vezes eu fechei os olhos, coloquei o pé, como fez Moisés, e clamei para que o Senhor estivesse comigo! A cada passo dado, o chão se formava sob meus pés, e tudo acontecia conforme Ele havia planejado.

Aqueles que pensam demais acabam paralisados no mundo das ideias, sem realizar nada. Coloque o pé! Moisés reconheceu que não conseguiria sozinho, mas confiava que Deus tinha um plano. Contudo, se ele não tivesse levantado seu cajado sobre o mar, as águas não se teriam aberto, e todo o povo teria sucumbido.

O que falta para você dar esse passo e confiar que Deus concluirá a obra em sua vida? Ele lhe fornecerá todos os recursos necessários. Estará com você em cada instante, mesmo nos momentos em que o desânimo se apresentar. Ele é fiel para cumprir o que prometeu! Então, coloque o pé e sinta o chão se firmar!

VAMOS ORAR

Pai, obrigado por Tua fiel palavra. A partir de hoje, decido dar esse passo de fé, pois estou certo de que o Senhor firmará o chão sob meus pés. Não permitas que eu me desanime! Concede-me paciência e fé para seguir adiante, sabendo que Tu estás operando em mim e através de mim. Amém.

ANOTAÇÕES

JULHO

1º DE JULHO

ESCREVA A VISÃO

*"Ainda não chegou o tempo certo para que a visão se cumpra;
porém ela se cumprirá sem falta. O tempo certo vai chegar logo; portanto,
espere, ainda que pareça demorar, pois a visão virá no momento exato."*

(HABACUQUE 2:3)

O PROFETA HABACUQUE VIVEU em Judá, em uma época marcada por intensa turbulência e injustiça. Ao observar a violência, corrupção e idolatria que imperavam em sua nação, sentiu-se profundamente incomodado e questionou o Senhor sobre a presença do mal à sua volta.

Em resposta, o Senhor revelou a Habacuque uma visão que não apenas esclareceu as dúvidas do profeta, mas também revelou Seu plano divino. Embora aquela visão parecesse uma realidade muito distante, Deus garantiu que ela se concretizaria no momento perfeito, trazendo justiça e restauração.

Isso me ensinou uma lição valiosa: quando Habacuque abandona o lugar da murmuração e começa a buscar respostas, Deus lhe concede uma visão. O Senhor nos convida a "desviar os olhos de tudo que é negativo". É o nosso posicionamento que gera a visão.

Deus estava ensinando Habacuque (e também a nós) a confiar em Seu tempo, mesmo quando as circunstâncias parecem não ter solução. A visão do profeta nos lembra de que os planos divinos sempre ultrapassarão nossa compreensão limitada. Hoje, o Senhor convida você a abrir mão da murmuração, da vitimização, das reclamações e das frustrações, para começar a escrever a visão de tudo que deseja viver no Senhor.

VAMOS ORAR

Pai, em momentos de incerteza e dúvida, ajuda-me a recordar a visão que me concedeste. Fortalece minha fé para que eu possa esperar pacientemente pelo Teu agir, mesmo quando tudo à minha volta parece contrário. Que eu viva pela fé, mantendo meus olhos fixos em Ti. Em nome de Jesus, amém.

ANOTAÇÕES

2 DE JULHO

TUDO SOFRE, TUDO CRÊ, TUDO ESPERA

"Quem ama é paciente e bondoso.
Quem ama não é ciumento, nem orgulhoso, nem vaidoso."

(1 CORÍNTIOS 13:4)

O AMOR É PACIENTE E BON-doso, e não ciumento, orgulho-so ou vaidoso, como muitas vezes parece. No entanto, como explicar tantas famílias desestruturadas, tantos casamentos desfeitos e tantas vidas ceifadas por motivos insignificantes?

O que observo é que muitas pessoas idealizam o amor e, se a realidade não corresponde às expectativas, rompem seus relacionamentos. Isso não é amor e definitivamente não é amar! Amar é um verbo, uma ação, não um mero sentimento.

O cacau é o alimento que dá origem ao chocolate. Antigamente, ele era consumido *in natura,* mas as pessoas foram adicionando outros ingredientes, como o açúcar, tornando-o mais doce. O açúcar, sabemos bem, pode nos causar diversos malefícios; já o cacau puro, embora amargo, tem propriedades curativas, abre os brônquios e traz alegria.

As idealizações que fazemos do amor são um doce "veneno": podem nos prejudicar a cada nova dose; quando percebemos, estamos sufocados. Se nos fixamos em atender nossos próprios interesses e buscamos apenas os momentos bons nos relacionamentos, quando nos deparamos com a realidade, pomos um fim a tudo.

Ao compreendermos que o amor pode ser amargo, denso e, por vezes, desafiador, começamos a captar sua verdadeira essência. Desafio você a retirar o "açúcar" do seu relacionamento, a enxergá-lo em sua essência e, ainda assim, desejar permanecer nele, aceitando-o como é!

VAMOS ORAR

Pai, ensina-me a viver o verdadeiro amor. Que eu possa aceitar o outro como ele é e sempre estar disposto a fazê-lo feliz, colhendo, assim, a minha felicidade também. Em nome de Jesus, amém.

ANOTAÇÕES

3 DE JULHO

POR QUE CUIDAR DO MEU CORPO?

"Será que vocês não sabem que o corpo de vocês é o templo do Espírito Santo, que vive em vocês e lhes foi dado por Deus? Vocês não pertencem a vocês mesmos, mas a Deus [...]." (1 CORÍNTIOS 6:19)

GOSTO DE PENSAR QUE NOSSO corpo é uma casa — uma casa ocupada pela pessoa mais importante da nossa vida: o Espírito Santo de Deus.

Algumas pessoas pensam que ser cristão só tem a ver com as coisas espirituais, e não com as físicas. Porém, Paulo é muito claro ao dizer que nosso corpo físico, juntamente com nosso espírito, foi comprado com alto preço: o sangue de Jesus. Quando nos tornamos cristãos, nosso corpo é o local onde o Espírito Santo vive; nos tornamos Sua casa.

Com a vinda de Jesus e o estabelecimento da Nova Aliança, a forma como Deus habita entre o Seu povo mudou. Em vez de um templo físico feito por mãos humanas, Deus escolheu habitar dentro de cada um de nós. Como está essa sua casa? Você tem cuidado desse ambiente?

Somos frequentemente tentados a negligenciar a saúde física, emocional e espiritual, mas a compreensão de que o corpo é um templo sagrado deve nos motivar a viver de maneira mais consciente e responsável. Afinal, cuidar dele é uma expressão de gratidão pelo dom precioso que o Senhor nos deu e uma forma de glorificar Seu nome.

O Espírito Santo habita em nós, guiando-nos e fortalecendo-nos. É nossa responsabilidade honrá-Lo em tudo que fazemos, pois nossa vida deve refletir Sua presença. Jesus merece a melhor morada!

VAMOS ORAR

Deus, obrigado por habitar em mim através do Teu Espírito Santo. Perdoa-me por não cuidar adequadamente do meu corpo e por não honrar Tua presença em mim. Que minha vida seja um testemunho de Tua graça e Teu amor tanto no meu espírito quanto no meu físico. Capacita-me a viver de maneira que agrade a Ti em todos os aspectos. Em nome de Jesus, amém.

ANOTAÇÕES

_____

_____

_____

_____

_____

4 DE JULHO

PARE COM AS DESCULPAS!

"Talvez você tenha sido feita rainha justamente para ajudar numa situação como esta!" (ESTER 4:14)

ESTER, UMA JOVEM JUDIA que se tornou rainha da Pérsia, foi colocada em uma posição única para salvar seu povo da destruição iminente. Quando seu primo Mordecai a encorajou a interceder junto ao rei em favor dos judeus, ela precisou decidir entre arriscar a própria vida ou ficar em silêncio e ver seu povo perecer.

Ela pediu que Mordecai e todos os judeus jejuassem por três dias antes de ela se apresentar ao rei sem ser chamada — o que poderia significar sua morte. Apesar da situação delicada, ela confiou no Senhor e fez sua parte. Tendo um plano e agindo com sabedoria, ela conseguiu realizar o propósito que o Pai entregou em suas mãos.

As circunstâncias que nos rodeiam hoje certamente são as que trarão dias e experiências incríveis para nós. Por isso, pare de usar desculpas para justificar sua realidade atual. Muitas vezes, o Pai nos coloca em situações e posições para realizar algo maior do que podemos imaginar. Mesmo que nos sintamos inadequados ou temerosos diante das circunstâncias, devemos crer que Deus jamais nos abandonará.

Lembre-se: para tudo existe um propósito. Ester confiou no Senhor e cumpriu seu desígnio de salvar o povo judeu. Faça como ela, posicione-se! Tenha uma nova atitude para viver o novo de Deus!

VAMOS ORAR

Senhor, obrigado pelo exemplo de Ester e pela Tua fidelidade em momentos de grande desafio. Ajuda-me a reconhecer o propósito que o Senhor tem para a minha vida. Dá-me forças para cumprir o meu chamado, confiando que Tu me guiarás em cada passo do caminho. Em nome de Jesus, amém.

ANOTAÇÕES

5 DE JULHO

CONTRA O PROBLEMA, NÃO A PESSOA

"A resposta delicada acalma o furor, mas a palavra dura aumenta a raiva."
(PROVÉRBIOS 15:1)

DESISTA DE SOLUCIONAR UM PROblema se você estiver preocupado em identificar o culpado. Nossa maneira de falar é tão importante quanto o que falamos. Deus nos ensina que quem tem o coração sábio é conhecido como alguém compreensivo. Quanto mais agradáveis forem suas palavras, mais você conseguirá convencer os outros. Irritar e estressar quem lhe dá ouvidos jamais será útil.

Eu mesma já fui bastante incisiva ao me expressar e reconheço que esse é um aspecto que preciso observar diariamente. Quando temos um coração predisposto à ofensa, nos tornamos muito reativos. Essa era a minha postura, sempre reagindo às situações que interpretava como ofensas. Toda vez que enfrentava adversidades no casamento, eu costumava conduzir a conversa para um clima acalorado, enquanto meu marido demonstrava uma calma que, nesses momentos, eu considerava até pior. Quando você está irado, sente a necessidade de um cenário em que possa externalizar suas duras palavras.

Hoje, escrevo isso como um testemunho, pois não sou mais a pessoa que era. O Espírito Santo moldou meu caráter e alinhou minhas emoções, e é maravilhoso sentir-me livre das palavras ásperas que anteriormente saíam de mim. Se você chegou até aqui, esta mensagem é para você. Posicione-se para ir contra os problemas, mas nunca mais contra as pessoas.

VAMOS ORAR

Senhor, obrigado pela Tua palavra. Ajuda-me a responder com gentileza e sabedoria em momentos de conflito. Preciso de capacidade para focar a solução dos problemas em vez de atacar as pessoas ao meu redor. Que minhas palavras sejam sempre uma fonte de Teu amor e Tua graça. Em nome de Jesus, amém.

ANOTAÇÕES

_____

_____

_____

_____

_____

6 DE JULHO

ELE CUMPRE A LEI

"Não pensem que eu vim para acabar com a Lei de Moisés ou com os ensinamentos dos Profetas. Não vim para acabar com eles, mas para dar o seu sentido completo." (MATEUS 5:17)

ESSE TEXTO MOSTRA JESUS DANdo coordenadas a respeito da Lei e avisando o que aconteceria com quem desobedecesse aos mandamentos. Mais à frente, Ele também revela que só entrarão no Reino dos Céus aqueles que forem mais fiéis em fazer a vontade de Deus do que os mestres da Lei e os fariseus.

Quando leio essa passagem, vejo o nosso papel de influência como cristãos. O que você tem ensinado aos que estão ao seu redor? Quais são seus exemplos? Essas perguntas nos colocam diante do versículo 19, que diz: "Portanto, qualquer um que desobedecer ao menor mandamento e ensinar os outros a fazerem o mesmo será considerado o menor no Reino do Céu. Por outro lado, quem obedecer à Lei e ensinar os outros a fazerem o mesmo será considerado grande no Reino do Céu."

Mergulhar no conhecimento de Deus é uma ferramenta poderosa para nos mantermos no centro da Sua vontade. Aprender a discernir e a distinguir o tempo e o modo para as situações que ocorrem ao seu redor pode projetá-lo para um lugar privilegiado, com o respaldo da Palavra.

Quando estamos revestidos do Senhor, somos tomados por um conhecimento que nos dará ainda mais poder e autoridade para declarar, liberar e repreender no nome de Jesus. Estaremos nEle, agindo com Ele e gastando nossos dias por Ele. Se você precisa mudar a rota para caminhar debaixo da Palavra, a hora é agora!

VAMOS ORAR

Pai, hoje estou diante da Tua presença expondo minhas debilidades e confessando as vezes em que não expressei a beleza e a grandeza do Evangelho através de quem eu sou. Reveste-me da Tua autoridade e desperta-me para buscar mais do Teu conhecimento. Em nome de Jesus, amém.

ANOTAÇÕES

7 DE JULHO

SEUS PENSAMENTOS DIRIGEM A SUA VIDA

"Tenha cuidado com o que você pensa, pois a sua vida é dirigida pelos seus pensamentos." (PROVÉRBIOS 4:23)

CADA PENSAMENTO É UMA SEmente que plantamos, e nosso coração é o jardim que as acolhe. Tudo o que pensamos se manifesta no coração, germinando como algo bom ou ruim. Nossa vida é guiada pelos pensamentos. Assim, se cultivarmos pensamentos positivos, estaremos em um bom caminho. No entanto, se alimentarmos pensamentos negativos, criaremos uma realidade marcada por tristezas, fracassos e derrotas. No livro de Provérbios, encontramos diversos ensinamentos de Salomão sobre esse tema, como quando ele afirma que somos aquilo que pensamos. Você percebe que é o mesmo conceito, expresso de maneira diferente?

A ciência também revela que tudo o que pensamos se concretiza, como se atraíssemos aquilo que desejamos. Nossos pensamentos precedem as palavras. A própria Bíblia nos ensina que falamos do que está cheio o nosso coração — para chegar ao coração, as palavras primeiro passam pelo crivo da mente.

Querido leitor, você consegue entender a importância desta mensagem? Você tem filtrado o que permite entrar em sua mente, o que assiste, com quem dialoga? Inicie hoje a reflexão sobre seus pensamentos e comece a plantar sementes do bem em seu jardim, para que em breve você possa colher belas flores e frutos dessa semeadura. Decida agora quais pensamentos guiarão sua vida e prepare-se para uma transformação radical e sobrenatural!

VAMOS ORAR

Senhor, abre os meus olhos para os pensamentos que tenho alimentado em minha mente e que têm alcançado meu coração. Que eu consiga transformá-los e aprender a fazer deles sementes de bem e prosperidade! Transforma os meus pensamentos, em nome de Jesus. Amém.

ANOTAÇÕES

8 DE JULHO

AJUDE O SEU IRMÃO A CRESCER NA FÉ

"Pelo contrário, cada um de nós deve agradar o seu irmão para o bem dele, a fim de que ele cresça na fé." (ROMANOS 15:2)

TANTO FALAMOS DE PROPÓsito de vida, mas, quando é para ajudar um irmão, começamos a contar várias histórias que justificam nossa falta: "Não tive tempo", "Estou com a agenda apertada", e por aí vai... Estamos genuinamente interessados no crescimento espiritual e no bem-estar das pessoas à nossa volta?

A mensagem de hoje é uma convocação para refletirmos sinceramente sobre nossas atitudes em relação ao próximo, pois vivemos dias cada vez mais curtos, e o tempo parece mais escasso. Com o versículo de hoje, aprendemos a importância de fazer o bem aos nossos irmãos, visando ao seu crescimento e ao fortalecimento da fé deles em Deus.

As pessoas andam perdidas e confusas, céticas e distantes do Senhor, e o nosso propósito deve incluir o serviço ao próximo, a disposição de apoiar sem desculpas ou justificativas. É por meio dessas ações que demonstramos o amor de Cristo e promovemos o crescimento espiritual uns dos outros.

Esteja atento e saia do automático! Pare de pensar apenas na sua rotina e nas suas tarefas; reserve um tempo do dia para se importar com alguém. Existem muitas pessoas à sua volta que precisam do seu amor. Que possamos estar mais atentos e disponíveis, prontos para servir e apoiar nossos irmãos e irmãs, para que todos possamos crescer na fé e no amor de Deus.

VAMOS ORAR

Senhor Jesus, obrigado por me convocar hoje para olhar para o meu próximo. Perdoa-me se até agora eu estava vivendo no automático. Ajuda-me a estar sensível às necessidades espirituais daqueles que amo e me capacita a ser Tua ferramenta de encorajamento para eles. Em Teu nome, amém.

ANOTAÇÕES

9 DE JULHO

A ÁGUA DA VIDA ETERNA

"Mas a pessoa que beber da água que eu lhe der nunca mais terá sede.
Porque a água que eu lhe der se tornará nela uma fonte de água que dará vida eterna."

(JOÃO 4:14)

O AMOR QUE O SENHOR TEM por nós é imensurável, e a história da mulher samaritana nos demonstra isso. Jesus decide sentar-se justamente junto ao poço do qual a samaritana retirava água. O mais interessante é que o costume das pessoas era ir até lá pela manhã, mas ela, buscando evitar os olhares e julgamentos alheios, escolhe o horário em que estaria deserto. Essa mulher tinha consciência de suas falhas e da sua necessidade de melhorar, porém talvez nem soubesse por onde começar, assim como muitos de nós.

Conhecendo sua dor e necessidade, Jesus estava ali para oferecer algo muito maior do que apenas água — a "água viva" que saciaria sua sede espiritual e a transformaria por completo! Ao se encontrar com o Messias, a mulher samaritana descobriu não apenas um novo começo, mas também um propósito renovado e uma identidade restaurada.

Seu encontro com Cristo não ocorreu por acaso; foi uma demonstração clara do amor incondicional de Deus, que se aproxima de cada um de nós, não importa onde estejamos ou o que tenhamos feito. Jesus escolhe nos buscar em nossas dificuldades e nos oferece uma nova vida. Ele não é limitado por nossos erros ou nossas circunstâncias, mas nos chama a nos aproximar dEle e a aceitar o presente da graça. Seja vulnerável com o Senhor e permita que Ele encontre você em suas fraquezas.

VAMOS ORAR

Senhor Jesus, obrigado por ser a fonte de água viva que sacia minha sede. Perdoa-me pelas vezes em que busquei satisfação em outras fontes que não Te glorificam. Ajuda-me a beber profundamente da Tua Palavra e da Tua presença. Em Teu nome, amém.

ANOTAÇÕES

10 DE JULHO

A MINHA GRAÇA LHE BASTA

"Mas Ele me respondeu: 'A minha graça é tudo o que você precisa, pois o meu poder é mais forte quando você está fraco [...].'"
(2 CORÍNTIOS 12:9)

QUEM NUNCA DUVIDOU DOS próprios sonhos e abandonou aquilo que lhe dava esperança? Quem de nós nunca se sentiu triste por perdas que nos marcaram profundamente? Eu sei, o fardo não é tão leve quanto pensamos, mas a Bíblia nos leva a uma reflexão profunda e encorajadora sobre o que Deus nos prometeu — não uma vida sem lutas, mas Sua presença contínua em todas elas. Tenhamos bom ânimo!

Se, por alguma razão, os seus olhos se afastam do alimento que dá vida ao coração, a perspectiva de que Ele pode concretizar o que até então só existe em suas orações certamente passa a ser algo distante. Por isso, meu convite hoje é: volte ao lugar onde caiu! A graça do Todo-Poderoso lhe basta! Ele enxugará dos seus olhos toda lágrima, tomará você pelas mãos e o conduzirá ao lugar de descanso que lhe pertence.

Entregue tudo a Ele: medos, angústias, as marcas que insistem em acompanhá-lo ao longo dos anos, as vozes que lhe dizem para retroceder e não avançar... Chegou a hora de se libertar dessas amarras e parar de confiar na força do seu braço. Este lembrete pode arrancar você de onde está agora e fazer com que experimente a beleza que é ser achado aos olhos do Pai Eterno e ouvi-Lo dizer: "A Minha graça te basta!"

VAMOS ORAR

Senhor Jesus, rendo tudo agora diante dos Teus pés, reconhecendo que as minhas forças não são suficientes para suportar o peso das provações e dos medos que insistem em sobrecarregar meus ombros. Encontra-me neste momento com o coração aberto, como alvo da Tua graça. Sopra sobre mim, remove o que precisa ser removido e me faz Te ver como nunca antes. Em Teu nome, amém.

ANOTAÇÕES

11 DE JULHO

DEIXE DEUS LAPIDAR VOCÊ

"O Reino do Céu é como um tesouro escondido num campo, que certo homem acha e esconde de novo. Fica tão feliz, que vende tudo o que tem, e depois volta, e compra o campo. O Reino do Céu é também como um comerciante que anda procurando pérolas finas." (MATEUS 13:44-45)

VOCÊ CONHECE O PROCESSO de lapidação do diamante? Sabia que essa pedra preciosa é tão dura, que apenas uma é capaz de lapidar a outra? Hoje, estou aqui como um diamante para compartilhar uma mensagem que vai polir um pouco mais a sua essência. Pois, sim, você também é um diamante!

O comerciante mencionado no texto é Deus, nosso Criador. Ele pagou um preço elevado por você: Seu Filho, Jesus! No início, somos como pedras brutas, até que nossa identidade em Cristo seja resgatada e lapidada, transformando-nos em gemas preciosas.

Deus usará pessoas tão resistentes quanto você para lapidá-lo, assim como você também poderá ser um instrumento para outros. Então, a luz de uma face do diamante se reflete para a outra, sendo dissipada em todo ele. Isso acontece quando decidimos permitir que o Senhor nos lapide por completo — quando nos abrimos para que Ele realize o que precisa ser realizado, mesmo que nos cause dor ou nos faça chorar.

Deus nos oferece a possibilidade de escolher, mas nos encoraja a optar pela vida! E como podemos ter vida se ainda estamos na forma de uma pedra bruta? Decida-se e permita-se passar pelo processo de lapidação, até que você descubra o seu diamante interior e reflita ainda mais a luz perfeita do Pai.

Assim como eu descobri o meu verdadeiro valor, tenho certeza de que você encontrará o seu também! Aceita o desafio?

VAMOS ORAR

Pai, eu decido ser lapidado por Ti! Permito que o Senhor investigue tudo dentro do meu coração, resgatando a minha verdadeira identidade em Cristo. Ajuda-me também a ser um diamante na vida dos meus irmãos, para que eu possa ser um canal de transformação na vida deles. Em nome de Jesus, amém.

ANOTAÇÕES

12 DE JULHO

TENHA ALEGRIA

"Tenham sempre alegria, unidos com o Senhor! Repito: tenham alegria!"
(FILIPENSES 4:4)

A DEPRESSÃO É CONSIDERADA A doença do século. Aqueles afetados por ela frequentemente perdem a capacidade de se sentir alegres, pois ficam presos ao passado, lamentando-se e desejando mudá-lo. A verdadeira alegria é um estado interno, uma percepção de que, em nosso interior, existem motivos para nos sentirmos bem. Mas e nos momentos de tristeza? Precisamos nos alegrar? É fundamental que reconheçamos e respeitemos nossas emoções. Permita-se sentir a tristeza sem culpa! Tenha a certeza de que essa fase vai passar e a alegria resplandecerá em seu coração novamente. Paulo, mesmo encarcerado, nos deixou ensinamentos sobre a alegria, demonstrando que é possível vivenciá-la mesmo nas circunstâncias mais desafiadoras.

O apóstolo nos encoraja a nos alegrarmos sempre no Senhor, independentemente das situações que nos cercam. Essa alegria é um reflexo da nossa confiança em Deus e da gratidão por tudo que Ele realiza em nossa vida. Quando mantemos nossos olhos fixos nEle, encontramos forças para superar qualquer dificuldade com um coração alegre.

A partir de hoje, vamos olhar para nossas emoções sem peso ou culpa, lembrando sempre de nos alegrarmos no Senhor! Conecte-se com Ele em todos os momentos, seja qual for a situação. Viver a alegria dEle proporcionará uma nova perspectiva sobre a vida!

VAMOS ORAR

Senhor, desejo ser alegre em Ti, independentemente das circunstâncias à minha volta. Que eu sempre recorde que a verdadeira felicidade se encontra na união Contigo. Fortalece minha fé e renova minha alegria a cada dia. Em nome de Jesus, amém.

ANOTAÇÕES

13 DE JULHO

NÃO FUJA

"[...] e foi para o deserto, andando um dia inteiro. Aí parou, sentou-se na sombra de uma árvore e teve vontade de morrer. Então orou assim: Já chega, ó Senhor Deus! Acaba agora com a minha vida! Eu sou um fracasso, como foram os meus antepassados." (1 REIS 19:4)

FUGIR É UMA DAS MANEIRAS mais rápidas e fáceis de camuflar problemas, crises ou desafios pessoais. Um exemplo claro desse comportamento pode ser visto na vida de um grande profeta de Deus: Elias.

Após ter testemunhado um dos maiores milagres da sua vida, quando o fogo do Senhor desceu do céu e consumiu o sacrifício no monte Carmelo, Elias decidiu fugir para o deserto, assolado por desespero e desânimo, a ponto de desejar a própria morte. O foco do profeta se desviou: ele começou a enxergar Deus através de suas circunstâncias, em vez do contrário. Assim, fortaleceu suas dificuldades, o que o levou à paralisia emocional.

Talvez você esteja passando por um momento semelhante. Você já presenciou inúmeras maravilhas e milagres do Senhor, mas a exaustão emocional tem levado você a fugir dos problemas em vez de enfrentá-los com coragem. A experiência de Elias nos ensina que Deus nunca nos abandona, mesmo nos períodos mais sombrios, quando nossa tendência é fugir de tudo e de todos. Apesar de Elias ter até desejado a morte, o Pai não o condenou; pelo contrário, Ele enviou um anjo para confortá-lo e fortalecê-lo com Seu amor e cuidado.

Não fuja mais dos problemas, sejam eles relacionados ao casamento, à saúde, aos filhos ou às finanças. Abra seu coração para o Senhor; Ele está pronto para enviar o socorro de que você necessita, e jamais o abandonará!

VAMOS ORAR

Pai, obrigado por me amar e enxergar em mim capacidades que eu, muitas vezes, não consigo ver. Ajuda-me a encarar com coragem os desafios pelos quais estou passando hoje, sem fugir deles. Acompanha-me a todo tempo, pois assim serei fortalecido. Em nome de Jesus, amém.

ANOTAÇÕES

14 DE JULHO

RELEMBRE O QUE LHE DÁ ESPERANÇA

"Penso sempre nisso e fico abatido. Mas a esperança volta quando penso no seguinte: O amor do Senhor Deus não se acaba, e a sua bondade não tem fim."

(LAMENTAÇÕES 3:20-22)

HOJE VIVEMOS O CUMPRImento de diversas orações que já fizemos. Contudo, devido à correria, muitas vezes não percebemos isso, pois concentramos nossas energias nas circunstâncias desfavoráveis, que parecem distantes de nossos verdadeiros anseios. A esperança se alimenta do estímulo que oferecemos à mente. Quando focamos apenas o que ainda não está bem ou os erros cometidos, perdemos a perspectiva de melhora que a esperança nos oferece. Refletir sobre os problemas nos deixa desanimados, mas a esperança renasce quando alinhamos nossos pensamentos com o amor que Deus nos dedica, que é eterno, e com Sua bondade, que não tem fim.

Já enfrentei muitas situações desafiadoras, mas o Senhor sempre me fez acreditar que as circunstâncias não definem meu destino. Precisamos libertar nosso coração desse cativeiro e preenchê-lo com esperança e confiança.

É provável que você esteja se perguntando: "É tão simples assim?" Permita-me compartilhar um segredo: é realmente simples! Sua mente está sob seu controle. Você é quem decide o que entra e o que sai dela. Porém, não é necessariamente fácil. Você deve desejar alimentar pensamentos positivos e, além disso, se desapegar dos antigos padrões negativos.

Comece a refletir sobre o que você está pensando. Lembre-se: você governa sua mente, mas ela exerce influência sobre seu corpo. Assuma o controle!

VAMOS ORAR

Senhor, agradeço pela Tua palavra. Ajuda-me a assumir o comando da minha mente e a cultivar uma atitude de esperança, a fim de que eu possa me fortalecer diante dos desafios. Não me deixes desistir. Ensina-me a perseverar! Em nome de Jesus, amém.

ANOTAÇÕES

15 DE JULHO

VOCÊ ESTÁ PRONTO?

"Porém, como dizem as Escrituras Sagradas:
'O que ninguém nunca viu nem ouviu, e o que jamais alguém pensou que podia
acontecer, foi isso o que Deus preparou para aqueles que o amam.'"

(1 CORÍNTIOS 2:9)

A MENSAGEM DE HOJE É VERdadeiramente valiosa! Você já parou para pensar no que Deus preparou para nós, que O amamos? Não temos capacidade de mensurar ou compreender plenamente o que estamos prestes a viver; contudo, posso afirmar que o melhor ainda está por vir. Não digo isso para incitar uma ansiedade que você nunca teve, mas para cultivar a esperança de tempos melhores.

Nós fazemos planos e somos ousados, mas muitas vezes sentimos que estamos exagerando em nossos sonhos, como se eles estivessem distantes demais da nossa realidade. A própria Bíblia nos lembra que fazemos planos, mas é o Senhor quem os realiza e dá a última palavra! Ele não falha em Suas promessas, não é mesmo? Então por que devemos nos deixar levar pela aflição e pela ansiedade, pensando em como será o nosso futuro, se Ele nos garante que preparou algo tão extraordinário, que ninguém jamais viu, ouviu ou sequer imaginou?

A única coisa que consigo cultivar em meu interior é essa esperança, pois tenho a certeza de que um dia viverei tudo isso! Essa certeza me motiva a continuar vivendo meus dias, cumprindo o Seu chamado em minha vida. E você, como se sente? Vamos juntos nesta jornada, confiando no Pai e sabendo que em breve viveremos a realização dos sonhos dEle para nós?

VAMOS ORAR

Senhor Deus, agradeço porque posso depositar minha esperança em Ti, sabendo que tens um futuro glorioso preparado para mim. Ajuda-me a viver cada dia da minha vida com fé e confiança em Teu propósito perfeito. Em nome de Jesus, amém.

ANOTAÇÕES

16 DE JULHO

FAÇA A SUA PARTE: APROXIME-SE DO PAI

"Cheguem perto de Deus, e ele chegará perto de vocês.
Lavem as mãos, pecadores! Limpem o coração, hipócritas!" (TIAGO 4:8)

DEUS ESTÁ SEMPRE DISPOSTO A se aproximar daqueles que O buscam com um coração arrependido. Ele deseja limpar nossas mãos de todo pecado e purificar nosso coração da hipocrisia, mas não age de forma invasiva ou unilateral, apenas espera que tomemos a iniciativa de nos achegar a Ele.

Estabelecer um relacionamento íntimo e pessoal com o Pai, concedendo-Lhe liberdade para nos purificar de nossas práticas pecaminosas e de nossos sentimentos enganadores, é o nosso papel. Essa foi a maior lição da minha vida. Quando compreendi isso, comecei a me aproximar dEle de maneira genuína; como resultado, alcancei Seu coração e experimentei muitos dos milagres que tanto almejava.

Lavar as mãos simboliza a necessidade de vivermos de forma íntegra e moralmente correta, buscando o perdão e a santidade de Deus. Purificar o coração refere-se à limpeza de nossas motivações e intenções, tornando-nos sinceros e puros em nosso modo de viver.

Desafio você a se aproximar do Pai com um coração sincero e contrito. Permita-se ser limpo e redimido pelo sangue dEle! Não tema revelar suas falhas e imperfeições mais profundas, afinal Ele o conhece melhor do que você mesmo. Deixe que Ele o transforme por completo, limpando suas mãos e purificando seu coração, para que seus sentimentos e suas ações possam refletir a santidade do Todo-Poderoso.

VAMOS ORAR

Senhor, estou disposto a acessar o Teu coração e a construir um relacionamento íntimo Contigo. Limpa minhas mãos e purifica meu coração de todas as impurezas que possam estar prejudicando nossa relação. Renuncio a tudo que me afasta de Ti para viver em santidade, refletindo o Teu querer. Em nome de Jesus, amém.

ANOTAÇÕES

_____

_____

_____

_____

_____

17 DE JULHO

OUÇA ANTES DE FALAR

"Quem responde antes de ouvir mostra que é tolo e passa vergonha."
(PROVÉRBIOS 18:13)

O GRANDE DESAFIO DA HUMANIDADE é saber ouvir. Vivemos um tempo em que precisamos cada vez mais falar, falar e falar! Quando não estamos falando, estamos com a cara grudada no smartphone. Quantas vezes fui jantar com minha família em lugares públicos e me deparei com outras famílias usando os aparelhos, sem trocar uma palavra entre si?

Você consegue parar para ouvir seus filhos, cônjuge, pais, amigos? Salomão nos ensina, no provérbio de hoje, que precisamos escutar. Ouvir antes de falar, dar atenção aos nossos amados, dispor nossos ouvidos para ajudar o próximo.

No mundo corporativo, muito se fala sobre "escuta ativa"; na área de desenvolvimento pessoal, fala-se em "escuta empática"; apesar da diferença entre as duas, ambas dizem o mesmo que eu: ouça antes de falar! Ouvir é estar presente, é deixar as distrações de lado, é prestar atenção para saber o que responder sem falar besteiras e, acima de tudo, é mostrar para o outro o quanto ele é importante para você.

Desafio você hoje a escolher alguém para ouvir. Dedique um tempo do seu dia para praticar esta lição e se esforce para fazer dessa prática um novo hábito. Você se surpreenderá com a profundidade que as suas relações terão a partir disso!

VAMOS ORAR

Pai, dá-me sabedoria para ouvir antes de falar e, principalmente, para ouvir de maneira empática as pessoas que precisam. Que eu seja um ouvinte atento e compassivo, refletindo Tua paciência e Teu amor em minhas conversas. Que minhas palavras sejam sempre ponderadas e cheias de graça, promovendo a compreensão e a harmonia. Amém.

ANOTAÇÕES

18 DE JULHO

A RECOMPENSA DA FÉ

"Você é abençoada, pois acredita que vai acontecer o que o Senhor lhe disse."
(LUCAS 1:45)

QUANDO MARIA ACEITOU O DE-safio de gerar Jesus, demonstrou uma fé inabalável. Ela acreditou, com toda a sua alma, que o Senhor não mentiria e cumpriria Sua promessa. E assim, de fato, aconteceu!

A fé nos permite enxergar além do presente e confiar no futuro que Deus preparou para nós. Ao acreditarmos nas promessas dEle e mantermos nossa confiança, somos reconhecidos como verdadeiramente abençoados. Existem muitos exemplos de pessoas que manifestaram sua fé, como Ana, que rogou a Deus por um filho, e Raabe, que arriscou tudo por acreditar que somente Deus poderia libertá-la da sua situação, entre muitos outros. Todos eles alcançaram o favor do céu.

Não estou me referindo à fé que visa apenas à realização de nossos desejos ou de promessas específicas, mas sim à que busca a recompensa de viver em paz e com alegria no Senhor. A convicção de agradar a Deus é o verdadeiro propósito da fé!

Você pode ou não estar desfrutando das recompensas de ser uma pessoa de fé, mas, independentemente disso, con-vido você a refletir sobre tudo o que já viveu e a reconhecer as bênçãos que recebeu até aqui. Se preferir, escreva-as e, em cada registro, adicione a frase: "Eu sou abençoado!" Dessa forma, você incorporará em seu coração a mesma verdade que Maria experimentou!

VAMOS ORAR

Pai, assim como Maria foi abençoada, eu sei que também sou! Perdoa-me se, até agora, não consegui enxergar essa verdade. A partir de hoje, quero ser visto como um filho abençoado, que reconhece e sabe que tudo o que o Senhor promete, cumpre! Em nome de Jesus, amém.

ANOTAÇÕES

19 DE JULHO

A VERDADEIRA PROSPERIDADE

"Na casa do homem direito há muita prosperidade,
mas o lucro dos maus traz dificuldades." (PROVÉRBIOS 15:6)

SE AGIMOS COM INTEGRIDADE, temos o direito de conquistar a prosperidade. Em outras palavras, estamos aptos a crescer, ser felizes e completos individualmente e em família. Por outro lado, aqueles que agem com malícia enfrentam dificuldades não apenas financeiras, mas em vários aspectos, pois colherão os frutos de suas ações desonestas.

Ser próspero em todas as áreas significa prosperar emocional, física e espiritualmente. Em termos de saúde física, cuidamos do corpo, pois sabemos que somos templos sagrados; nos alimentamos e dormimos adequadamente, garantindo momentos de qualidade. Espiritualmente, buscamos a paz e desfrutamos a intimidade com o Pai, fundamentando a vida em Seus princípios. Isso nos proporciona segurança e a certeza de que somos amados por Deus. Não podemos ignorar a prosperidade financeira, que também deve ser vista como uma bênção, pois por meio dela conseguimos recursos para sustentar a família e ajudar aqueles que necessitam.

Das diversas formas de prosperidade que mencionei, qual delas você mais anseia? Aposto que é a financeira! Ela virá, mas você precisa se dedicar a buscar as outras antes. Acredite: a prosperidade financeira é apenas uma recompensa das demais formas de riqueza. Viva os princípios bíblicos e desfrute uma vida próspera!

VAMOS ORAR

Senhor, ajuda-me a buscar a verdadeira prosperidade. Exorta-me sempre que eu pensar em me desviar desse caminho. Que minha prioridade seja crescer espiritual, física e emocionalmente, para que a prosperidade financeira também me alcance. Em nome de Jesus, amém.

ANOTAÇÕES

20 DE JULHO

AGORA TEMOS VIDA POR MEIO DO FILHO

"E este é o testemunho: Deus nos deu a vida eterna, e essa vida é nossa por meio do seu Filho." (1 JOÃO 5:11)

DEUS NOS CRIOU À SUA IMAGEM e semelhança, concedendo-nos a condição de seres eternos. Contudo, ainda estávamos perdidos e afastados da graça do Senhor. Então, Jesus cumpriu o plano perfeito do Pai, de modo que, por meio dEle, recebemos a vida. Fomos agraciados com o direito de sermos chamados Filhos de Deus. Após a consumação da obra da cruz, fomos restaurados à comunhão com o Criador.

Enquanto elaborava esta mensagem, refletia sobre como priorizamos as coisas materiais e terrenas em detrimento do que é espiritual. Se mantivermos essa perspectiva limitada, não conseguiremos acessar a vida que esta mensagem nos convida a descobrir.

A vida eterna vai muito além da mera existência. A fé em Cristo nos conduz a não nos prendermos às preocupações terrenas, mas a mergulharmos nas profundezas do nosso ser, para que possamos reconhecer e valorizar adequadamente o imenso preço que foi pago por nós.

Ser cristão nos oferece uma perspectiva eterna. Ao compreendermos que nossas ações cotidianas são sementes plantadas na eternidade, deixamos de viver de forma aleatória e despropositada. É chegado o momento de assumirmos a vida eterna como o maior presente que podemos receber e, ao mesmo tempo, nos apropriarmos dela com a certeza de que a eternidade já começou para nós, filhos e coerdeiros em Jesus.

Reflita sobre a sua natureza eterna e decida honrar o Pai através de seus frutos e testemunhos!

VAMOS ORAR

Senhor, obrigado por perdoar os meus pecados e por me oferecer a vida eterna . Ajuda-me a viver a eternidade que conquistaste para mim em meu cotidiano. Que eu possa refletir a Tua vontade eterna. Em nome de Jesus, amém.

ANOTAÇÕES

21 DE JULHO

ESTÁ CONSUMADO

"De fato, a mensagem da morte de Cristo na cruz é loucura para os que estão se perdendo; mas para nós, que estamos sendo salvos, é o poder de Deus."

(1 CORÍNTIOS 1:18)

A VERDADEIRA MANIFESTAÇÃO do amor e do poder de Deus por nós é a obra da cruz. Ela é a base de toda a nossa fé! Na época, apenas os maiores criminosos eram condenados à crucificação, e Jesus, que nada devia a ninguém, recebeu esse veredicto. Porém, o que muitos não sabiam era que tudo isso fazia parte de um plano de salvação que resgataria toda a humanidade.

O maior símbolo de sofrimento e vergonha revelou o amor incondicional de Deus por mim e por você! "Está consumado!": essa foi a última frase pronunciada por Cristo. Naquele momento, o céu escureceu, a ira divina se manifestou e todos os presentes compreenderam que haviam se tornado parte do plano infalível. Sim! Esse plano nos trouxe justificação, redenção e regeneração de nossa identidade e filiação.

Para alguns, essa mensagem pode parecer loucura, especialmente para aqueles que ainda não a compreendem. No entanto, para os filhos que reconheceram a obra da cruz, a recompensa da salvação foi concedida. Isso nos leva a refletir que tal conquista não é mérito nosso, mas sim fruto da graça e do favor de Deus.

Se você ainda não conhecia essa mensagem e está lendo sobre isso pela primeira vez, ou se está afastado dos caminhos do Senhor, eu o convido a encarar essa verdade com alma e coração, reconhecendo Jesus como seu Salvador ou, se preferir, retomando o caminho de volta para os braços do Pai.

VAMOS ORAR

Senhor, agradeço por me lembrar do plano perfeito que me resgatou! Para muitos, parece loucura, mas eu reconheço o que Jesus fez por mim e tomo posse da minha salvação nEle. Que eu possa ser o Teu instrumento para que essa mensagem continue a transformar vidas. Em nome de Jesus, amém.

ANOTAÇÕES

22 DE JULHO

EMBRIAGUE-SE

"Não se embriaguem, pois a bebida levará vocês à desgraça;
mas encham-se do Espírito de Deus." (EFÉSIOS 5:18)

NA BÍBLIA, NÃO ENCONTRAMOS um mandamento explícito proibindo o consumo de álcool, nem mesmo uma declaração de que essa prática seja pecaminosa. No entanto, devemos considerar que qualquer excesso pode nos fazer perder o domínio sobre nós mesmos, o controle das nossas ações e a nossa percepção de limites.

A Palavra de Deus é clara ao nos alertar que a embriaguez leva à desgraça. Se você já presenciou alguém embriagado, sabe do que estou falando. O consumo excessivo de bebida alcoólica acarreta danos físicos, morais e espirituais. É fundamental termos consciência disso e sermos sinceros a respeito de nossas fraquezas. Uma taça de vinho pode não nos embriagar, mas conseguimos tomar só uma taça ou precisamos consumir a garrafa inteira?

Se cultivarmos essa consciência, certamente não enfrentaremos problemas com o vício, pois saberemos que os resultados do excesso são negativos. Essa questão tem mais a ver com bom senso do que com algo explicitamente bíblico. Em termos espirituais, porém, quando estamos sob o domínio da embriaguez, podemos atrair forças negativas que atormentam e consomem a alma.

A mensagem de hoje é um imperativo para nos embriagarmos do Espírito Santo, que nunca nos levará à vergonha e muito menos consumirá nossa alma. Pelo contrário, Ele nos edifica com o que vem do céu e revela o amor que o Pai sente por nós. Experimente viver essa experiência ainda hoje!

VAMOS ORAR

Pai, obrigado por me orientar à luz da Tua Palavra! Perdoa-me pelas vezes em que busquei satisfação em coisas temporárias, que verdadeiramente não me preenchem. Enche-me do Teu Espírito, renovando meu coração e minha mente. Em nome de Jesus, amém.

ANOTAÇÕES

23 DE JULHO

MUDE DE VIDA

"[...] e disse: 'Eu afirmo a vocês que isto é verdade: se vocês não mudarem de vida e não ficarem iguais às crianças, nunca entrarão no Reino do Céu. A pessoa mais importante no Reino do Céu é aquela que se humilha e fica igual a esta criança.' [...]" (MATEUS 18:3-4)

É FASCINANTE PERCEBER QUE A jornada do conhecimento nos proporciona liberdade. A Palavra nos assegura que conhecer a verdade é se render à transformação e à libertação. Para isso, nosso coração deve ser constantemente alimentado com o sustento celeste, a fim de que possamos nos assemelhar a Jesus.

Você pode estar se perguntando: "Por que devo ser como uma criança?" Minha resposta é simples, mas profunda: uma criança carrega a pureza, a beleza no olhar e um coração aberto ao aprendizado. O convite de Jesus para sermos como elas é para que possamos entregar a Ele tudo o que nos impede de adentrar no Reino do Céu.

Assim, é chegado o momento de mudar de vida, de nos submeter à vontade soberana de Deus, de transformar o pranto em riso e a tristeza em alegria. Isso só será possível se dermos passos firmes em direção à verdadeira transformação.

Vale a pena abandonar o velho eu, as práticas ultrapassadas e a antiga maneira de enxergar o mundo ao nosso redor. Uma criança pura enxerga beleza onde não há, encontra alegria nas coisas simples e busca, acima de tudo, estar em boa companhia. E você? Está disposto a caminhar em direção àquele lugar que despertará uma profunda mudança? Ainda há tempo; o velho homem precisa morrer para que tudo ao seu redor se renove, inclusive você.

VAMOS ORAR

Jesus, clamo para que Tua verdade invada o meu ser e eu possa ser capaz de ver beleza onde os meus olhos, que outrora foram contaminados pelos prazeres e pelas práticas do mundo, ainda não foram capazes de enxergar. Transforma minha vida. Quero abrir mão de quem sou para ter mais de Ti dentro de mim. Visita-me neste momento. Assim eu oro! Amém.

ANOTAÇÕES

24 DE JULHO

DESISTA DE DESISTIR

*"O fim de uma coisa vale mais do que o seu começo
. A pessoa paciente é melhor do que a orgulhosa."*

(ECLESIASTES 7:8)

VOCÊ INICIA PROJETOS, MAS NÃO os conclui? Constantemente se vê parando no meio do caminho? Salomão nos ensina que melhor é o fim do que o começo das coisas. Quando começamos algo novo, sentimos uma empolgação única e somos motivados a fazer com que tudo dê certo. No entanto, após certo tempo, o cansaço e o desânimo podem surgir, principalmente quando esperamos resultados rápidos. Como nada acontece da noite para o dia, acabamos desistindo e deixando nossos planos inacabados.

Hoje convido você a retomar seus sonhos. Se está pensando em desistir, faça uma pausa agora, respire fundo e sinta a força renovadora que existe dentro de você. Ouça a voz de Deus como um Pai amoroso chamando sua atenção e fazendo você perceber como é valioso para o Reino o projeto que você iniciou. Se já desistiu e se sente frustrado, peço que reflita sobre as razões que levaram a essa decisão.

Se ainda há uma chama ardente em seu coração, reavalie a ideia de recomeçar. Deus é um Deus de recomeços e conhece intimamente tudo o que se passa em nós. Ele também sabe qual é o nosso verdadeiro propósito na vida e o plano que preparou.

Se esse projeto é um sonho dEle, é certo que dará a última palavra.

Portanto, não espere mais! Este é o momento de deixar para trás o peso da frustração e reiniciar sua caminhada, para que, ao final, você tenha a plena certeza de que tomou a direção certa, sem arrependimentos.

VAMOS ORAR

Senhor, eu desisto de desistir! Quero recomeçar e me manter firme. Ajuda-me a ser constante em todas as áreas da vida. Que eu possa retomar meus projetos e sonhos, realizando-os com a Tua presença. Em nome de Jesus, amém.

ANOTAÇÕES

25 DE JULHO

A QUE DISTÂNCIA VOCÊ ESTÁ DE DEUS?

"Logo depois, uma nuvem os cobriu, e dela veio uma voz, que disse: Este é o meu Filho querido. Escutem o que ele diz!"

(MARCOS 9:7)

UM FILHO CAMINHAVA COM O pai pelo aeroporto e, em um momento de curiosidade, perguntou: "Pai, qual é o tamanho de Deus?" Com muito carinho, o pai respondeu: "Depende, filho. Olhe aquele avião parado. Qual é o tamanho dele?" O filho, impressionado, exclamou: "Uau, pai, é enorme!" O pai continuou: "Agora olhe para aquele avião voando lá em cima." O filho, um pouco confuso, respondeu imediatamente: "Aquele parece bem pequeno, pai! Mas não entendi o que o senhor quer dizer." Com sabedoria, o pai explicou: "O tamanho de Deus depende da proximidade que temos dEle. Se você estiver perto, Ele será grande. Mas, se estiver longe, Ele parecerá bem pequeno."

Essa conhecida história ilustra a importância do nosso relacionamento com o Senhor e nos ajuda a compreender a mensagem de hoje sobre ouvir a Sua voz. Você sabia que a voz divina é suave, como um sussurro ou uma brisa leve? Para ouvi-la, é necessário estar bem perto do Pai. Durante Seu batismo, Jesus ouviu a voz de Deus, e todos os que estavam ali perto também O ouviram afirmar que Cristo era Seu Filho querido.

Você tem escutado a voz de Deus ou tem se deixado levar pelas vozes barulhentas? Desafio você a se aproximar de Jesus, para que possa vê-Lo grande e ouvir a Sua doce voz em seu coração. O maior desejo do Senhor é dialogar conosco, por isso precisamos estar próximos e atentos.

VAMOS ORAR

Senhor, agradeço por ter livre acesso à Tua voz através do Espírito Santo que habita em mim. Compreendo que preciso me aproximar cada vez mais para conectar meu coração ao Teu. Que eu possa não apenas ouvi-la, mas também obedecê-la. Em nome de Jesus, amém.

ANOTAÇÕES

_____

_____

_____

_____

_____

26 DE JULHO

ALIMENTO PARA A ALMA

"Jesus respondeu: As Escrituras Sagradas afirmam:
'O ser humano não vive só de pão, mas vive de tudo o que Deus diz.'" (MATEUS 4:4)

VIVEMOS EM UM MUNDO RE-pleto de informações, desafios e preocupações. Se não estivermos firmados na Rocha, que é Cristo, podemos facilmente sucumbir diante das adversidades. Embora o nosso corpo necessite de alimento para manter-se saudável, é o nosso espírito que realmente nos sustenta!

Jesus, ao passar quarenta dias e quarenta noites no deserto sem alimento físico, não o fez para que imitássemos essa prática, mas para nos mostrar que, quando temos Deus como nosso alicerce, possuímos tudo de que precisamos. Cuidar do corpo deve ser um hábito diário; uma alimentação equilibrada e a prática de exercícios físicos são essenciais. No entanto, quero enfatizar a importância de priorizar o cuidado do espírito e da alma.

Dedique os primeiros momentos do seu dia a um simples bate-papo com Deus. Você só precisa de quinze minutos diariamente para ler um texto, meditar sobre ele e orar. Em particular, eu gosto muito de registrar o que aprendi, por isso escrevi este devocional. O ato de escrever ajuda a absorver ainda mais a mensagem!

Por fim, lembre-se: é fundamental praticar o que aprendeu. Caso contrário, todo esforço será em vão! Esse momento especial lhe dará acesso a uma fonte inesgotável de sabedoria, consolo e direção. Certamente, esse hábito proporcionará a força necessária para viver plenamente e cumprir o seu propósito de vida!

VAMOS ORAR

Senhor, agradeço Tua palavra, que é o alimento da minha alma. Ajuda-me a buscar, diariamente, o Teu conselho e a sabedoria contida nas Escrituras. Que eu encontre em Ti tudo de que preciso para viver plenamente. Fortalece-me com Tua verdade. Em nome de Jesus, amém.

ANOTAÇÕES

27 DE JULHO

CUIDE DA SUA VIDA!

"Com as suas palavras, o mentiroso esconde o seu ódio;
quem espalha mexericos não tem juízo."

(PROVÉRBIOS 10:18)

À MEDIDA QUE NOS DISTRAÍmos, nossos resultados ficam para trás; quando percebemos, estamos mergulhados em depressão, com fobias e até transtornos. Não preciso mencionar as dores de cabeça constantes e outros problemas de saúde que surgem, até que começamos a viver à custa de remédios e consultas médicas.

Se você se identifica com isso, chegou a hora de acordar e cuidar da sua vida! Até quando você continuará se enganando? Até quando ficará se ocupando da vida dos outros? Esta mensagem é um chamado para você voltar o olhar para si mesmo e perceber o tesouro que tem deixado escapar!

Posso parecer dura, mas o verdadeiro amigo é aquele que diz o que você precisa ouvir, e não apenas o que deseja. É imprescindível que tome uma atitude! Ainda há tempo! Sua vida é valiosa, e é essencial que você a trate com amor. Comece a se valorizar e evite se distrair tentando mudar outras pessoas, como seu pai, sua mãe, seu cônjuge, seus filhos ou amigos. O primeiro passo deve ser dado por você! Dedique-se ao autocuidado e, assim, perceberá que a transformação que tanto almeja acontecerá de maneira natural. Tenha coragem; você é capaz!

VAMOS ORAR

Senhor, eu reconheço que não tenho cuidado da minha vida como deveria. Afasta de mim qualquer desejo de mentir ou de espalhar fofocas. A partir de agora, serei responsável por minhas ações e cuidarei da minha vida com amor e dedicação. Em nome de Jesus, amém.

ANOTAÇÕES

---

28 DE JULHO

QUE TODO O SEU SER LOUVE

"Que todo o meu ser louve o Senhor, e que eu não esqueça nenhuma das suas bênçãos!"
(SALMOS 103:2)

COMO PODEMOS LOUVAR A DEUS com todo o nosso ser se não começamos de dentro para fora? Não adianta falarmos sobre Ele, cantarmos louvores na igreja, levantarmos as mãos e orarmos em línguas estranhas, se depois tudo volta ao normal: as reclamações, os murmúrios, os lamentos, a falta de gratidão, o descontentamento com o trabalho e a estressante convivência com o cônjuge e os filhos.

O nosso corpo se expressa! Louvar a Deus com todo o nosso ser envolve todas as situações e os momentos da vida, não apenas nossos instantes de louvor e oração. Louvá-Lo com nosso ser é manifestar a gratidão e o amor que Ele nos oferece e que também devemos retribuir. É reconhecer as milhares de bênçãos que recebemos todos os dias: vida, saúde, família, provisão e salvação.

Em nosso ritmo acelerado, frequentemente nos esquecemos de ser gratos e tornamos esse momento automático — ao nos deitarmos, fazemos apenas uma oração rápida e logo adormecemos, tamanha é a nossa fadiga.

A música que citei nos lembra de que, se o louvor não brotar de dentro de nós, realmente não estaremos louvando com todo o nosso ser. Se não alcançarmos nossas entranhas, nosso coração, nossos ossos e todos os membros do nosso corpo, estaremos apenas realizando uma atividade por compromisso. Pense nisso e experimente louvar a Deus, agradecendo-Lhe com todo o seu ser: alma, corpo e espírito! Você sentirá a diferença.

VAMOS ORAR

Senhor, eu Te louvo com todo o meu ser. Dou-Te graças por todas as bênçãos que tens derramado sobre minha vida. Ajuda-me a nunca esquecer a Tua bondade e a manter sempre um coração grato. Que minha vida seja um testemunho vivo do Teu amor e da Tua fidelidade. Amém.

ANOTAÇÕES

29 DE JULHO

PAIS, NÃO IRRITEM SEUS FILHOS!

"Pais, não tratem os seus filhos de um jeito que faça com que eles fiquem irritados. Pelo contrário, vocês devem criá-los com a disciplina e os ensinamentos cristãos."

(EFÉSIOS 6:4)

SE VOCÊ ESTÁ PERDENDO A paciência e deseja que seus filhos sejam obedientes de maneira cega, sem levar em conta suas emoções, é hora de reconsiderar essa postura. É essencial encontrarmos um equilíbrio na nossa abordagem educativa. Devemos ensinar com disciplina e valores cristãos, mas sempre com amor e paciência. Não se esqueça disso! Eu sei que a vida é corrida e que é desafiador manter a calma durante as birras e as diversas demandas que surgem, mas, se o Senhor nos confiou a responsabilidade de ser pais, somos chamados a cultivar compreensão, e não frustração.

Acredite: exercer sua autoridade não é sinônimo de ser autoritário. Quando adotamos uma postura rígida, afastamos nossos filhos, e, muitas vezes, eles se tornam rebeldes. Por isso, os ensinamentos cristãos são fundamentais para que desenvolvamos, em nós mesmos, características essenciais ao longo dessa jornada.

Busque conversar com seus filhos, compreendendo os motivos deles, enquanto você também compartilha os seus. Façam acordos e estabeleçam combinados; dessa forma, o papel de educador se tornará mais leve e agradável. Fato é que estamos formando uma nova geração e somos só os coadjuvantes dessa história. Nossos filhos são nossos espelhos. Se desejamos uma geração melhor, devemos ensiná-los a se tornar pessoas melhores.

VAMOS ORAR

Senhor, concede-me a graça de criar meus filhos com amor e paciência inabaláveis. Ajuda-me a exercer a disciplina com sabedoria e compaixão, refletindo sempre os Teus ensinamentos nas situações do cotidiano. Em nome de Jesus, amém.

ANOTAÇÕES

30 DE JULHO

DESCANSE

"[...] Mas é melhor ter pouco numa das mãos, com paz de espírito,
do que estar sempre com as duas mãos cheias de trabalho, tentando pegar o vento."

(ECLESIASTES 4:6)

EU COSTUMAVA SER OBCECA-da pela ação. Acreditava que meu valor estava intrinsecamente ligado às minhas realizações e sempre buscava reconhecimento. Não conseguia permitir uma pausa; a culpa me consumia. Sentia-me invisível e desprotegida, o que me levava a estar sempre ocupada. Eu literalmente não parava, enquanto meu vazio só crescia. Até que um dia recebi um presente: essa Palavra! Comecei a explorar as razões que me faziam "correr atrás do vento". Salomão, em sua sabedoria, ofereceu ensinamentos poderosos.

De que adianta perseguir tarefas intermináveis, encher o dia de afazeres e chegar ao fim dele exausta, percebendo que tantas obrigações ainda estão pendentes? Muitas vezes, deixei de passar tempo com meus filhos, de dar atenção ao meu marido, de ouvir aquele amigo que precisava de um apoio e, acima de tudo, negligenciei o meu relacionamento com Deus.

Se você se identifica com isso, pause por alguns minutos e reflita sobre o quanto você tem se dedicado a fazer, fazer, fazer, sem colher resultados, ape-nas acumulando cansaço e a sensação de culpa por não cumprir os papéis mais significativos da sua vida. Comece a estabelecer prioridades diárias e faça do seu momento de descanso uma delas. Garanto que essa mudança vai aumentar sua produtividade!

VAMOS ORAR

Senhor, agradeço por abrir meus olhos e me permitir descansar! Ajuda-me a estar mais atento e a ter o descanso como uma prioridade, sem sentir culpa, pois sei que meu reconhecimento vem de Ti. Em nome de Jesus, amém!

ANOTAÇÕES

31 DE JULHO

CHEGOU A HORA

*"Ele dizia: Chegou a hora, e o Reino de Deus está perto.
Arrependam-se dos seus pecados e creiam no evangelho."*
(MARCOS 1:15)

ESTAMOS CAMINHANDO PARA O tempo do fim, logo é necessário nos arrepender constantemente dos pecados e nos agarrar com todas as forças à Palavra, que é suficiente para nós.

Sabe quando uma mulher está esperando um filho e, aos nove meses, o médico ou o esposo, ao perceber as contrações ou ver a bolsa estourar, diz "Chegou a hora!"? Essa expressão é capaz de gerar uma alegria jamais sentida antes! Uma alegria intensa, aguardada, preparada. Nada é mais incrível que a chegada de uma criança na família!

Mas já parou para pensar que essa afirmação ecoa dos céus sobre a sua vida diariamente? Ei, o Reino de Deus está perto! A justiça, a paz e a alegria que pertencem a Ele estão disponíveis para invadir o seu natural e envolver você no sobrenatural de Deus. Você crê assim? Declare para si mesmo, com confiança: "Chegou a hora!" O novo de Deus está liberado sobre você!

Não permaneça parado onde está. Arrependa-se dos pecados, dos vícios diários, da falta de esperança. A hora está chegando! Assim como a noiva se prepara para se encontrar com o noivo no altar, que possamos agir da mesma maneira, nutrindo o coração com a Palavra e tendo uma vida regada de clamor e súplicas, declarando ser totalmente dependentes do Senhor.

VAMOS ORAR

Deus, Tu me conheces por inteiro, sabes do meu deitar, do meu levantar, das minhas dores, das minhas alegrias, assim como comanda até mesmo os meus dias maus. Eu me coloco diante de Ti, diante do Teu altar. Encontra-me neste momento e muda meu interior, pois sei que a hora chegou!

ANOTAÇÕES

AGOSTO

1º DE AGOSTO

O FUNDAMENTO DO AMOR

"A mensagem que vocês ouviram desde o princípio é esta: que nos amemos uns aos outros."

(1 JOÃO 3:11)

A BÍBLIA NOS ENSINA QUE DEUS é amor; em outras palavras, o amor faz parte da essência divina. Como filhos de Deus, devemos refletir essa característica do nosso Pai Celestial em relação a todos, sem distinção.

É verdade que há quem pareça fazer de tudo para nos tirar do sério, mas Jesus nos ensina que devemos amar até aqueles que consideramos inimigos! Como é possível fazer isso? Querido leitor, afirmo que é plenamente viável! Precisamos entender que o amor, nesse contexto, não se resume a um sentimento, a um relacionamento ou a um carinho por alguém. O amor é a decisão de enxergar o outro como filho de Deus, vendo-o da maneira como Jesus via a todos, inclusive Seus inimigos. Consegue perceber a diferença?

É hora de deixarmos de lado a romantização do amor e abandonarmos a visão distorcida que muitas vezes temos sobre ele. Amar é uma decisão e um mandamento!

Quanto àquelas pessoas que estão próximas de nós e que são difíceis de amar, o essencial é amá-las em sua essência, ou seja, exatamente como são, evitando julgá-las por suas ações que, porventura, não nos agradem. O segredo está em olharmos além de nossas próprias vontades, respeitando cada ser como ele é e cultivando um amor sincero e desinteressado.

Vamos refletir e acolher em nosso coração o desejo de viver esse amor, revelando, assim, a essência de Deus através de nós!

VAMOS ORAR

Senhor, obrigado pelo Teu amor incondicional por mim. Concede-me um coração amoroso como o Teu, para que eu também possa amar e perdoar aqueles que me ofenderam. Que minha vida reflita a misericórdia e o perdão de Cristo. Em nome de Jesus, amém.

ANOTAÇÕES

_____

_____

_____

_____

_____

2 DE AGOSTO

SOMOS TODOS UM

"Desse modo não existe diferença entre judeus e não judeus, entre escravos e pessoas livres, entre homens e mulheres: todos vocês são um só por estarem unidos com Cristo Jesus. E, já que vocês pertencem a Cristo, então são descendentes de Abraão e receberão aquilo que Deus prometeu." (GÁLATAS 3:28-29)

JESUS CAMINHAVA COM AL-guns de Seus discípulos, quando uma mulher se aproximou pedindo que Ele curasse sua filha, que estava possuída por um espírito maligno. A princípio, Jesus recusou-se a ajudá-la, afirmando que Sua missão era atender às ovelhas perdidas de Israel, e a mulher não fazia parte desse povo. Disse, também, que não poderia dar o pão dos filhos aos cachorrinhos. Porém, essa mulher, com grande humildade, respondeu que até os cachorrinhos podem comer as migalhas que caem da mesa. Foi nesse momento que o cenário mudou! Jesus, movido por compaixão, disse: "Mulher, você tem muita fé! [...] Que seja feito o que você quer!" (Mateus 15:28).

Se essa cananeia não tivesse sido tão ousada ao insistir e implorar pela ajuda de Jesus, talvez não desfrutássemos o privilégio da Sua presença. Mas essa mulher fez com que fôssemos vistos, dissipando as barreiras entre judeus e não judeus, entre pessoas escravizadas e pessoas livres! Esse ensinamento nos desafia a viver em aceitação, refletindo a inclusão e o amor incondicional do Senhor em todas as nossas interações.

Reflita sobre como você pode viver essa unidade em seu cotidiano. Busque formas de ser um agente de reconciliação e paz, promovendo respeito em suas relações. Lembre-se de que, em Cristo, somos todos um; essa verdade tem o poder de transformar o mundo ao nosso redor.

VAMOS ORAR

Senhor Deus, obrigado por me lembrar de que, em Ti, somos todos um. Ajuda-me a viver essa verdade diariamente, tratando a todos com amor, respeito e igualdade. Que eu seja um reflexo da Tua graça e inclusão, promovendo unidade em todas as minhas relações. Em nome de Jesus, amém.

ANOTAÇÕES

3 DE AGOSTO

O SENHOR É O MEU PASTOR

"O Senhor é o meu pastor: nada me faltará.
Ele me faz descansar em pastos verdes e me leva a águas tranquilas."
(SALMOS 23:1-2)

FALAMOS TANTO DESSE VERSÍculo, mas, muitas vezes, continuamos apreensivos, temendo a escassez material diante das dificuldades da vida. Hoje desejo compartilhar uma mensagem diferente, pois acredito que isso proporcionará uma nova perspectiva sobre o assunto.

A versão mais fiel ao original em hebraico diz: "Adonai [meu Deus], amigo íntimo, não faltará." O que isso realmente significa? Que, para aqueles que são íntimos de Deus, o que nunca faltará é Sua presença, a qual nos sustenta em todos os momentos!

É natural que frequentemente interpretemos esse texto de forma equivocada e um tanto egoísta, supondo que, por sermos cristãos, estaremos isentos da falta de bens materiais e transitórios. O exemplo do apóstolo Paulo, porém, confirma a ideia proposta no salmo. Ele, sendo cristão, enfrentou fome e necessidades, mas foi sustentado pela presença do Senhor, seu amigo íntimo! Não estamos errados em pensar de outro modo; o problema reside na forma como revelamos a Palavra em sua essência, em sua originalidade.

Quando refletimos sobre isso, nossa visão se transforma!

Para aquecer seu coração, quero compartilhar uma nova interpretação dessa mensagem: "Ainda que as circunstâncias desta vida me privem de tudo, não sentirei falta de nada, pois o Senhor, meu amigo íntimo, não deixará de estar comigo."

VAMOS ORAR

Senhor, desejo ser Teu amigo íntimo e que Tu também sejas esse amigo que nunca me faltará! Agora entendo que, mesmo enfrentando as maiores dificuldades e provações da minha vida, se estiveres ao meu lado, não sentirei falta de nada, pois Tu és o meu sustento! Em nome de Jesus, amém.

ANOTAÇÕES

4 DE AGOSTO

NINGUÉM ZOMBA DE DEUS

"Não se enganem: ninguém zomba de Deus.
O que uma pessoa plantar, é isso mesmo que colherá." (GÁLATAS 6:7)

O APÓSTOLO PAULO, ESCREVENDO aos gálatas, afirma de maneira muito clara e pontual que ninguém zomba de Deus. O que isso nos ensina? Que todas as nossas escolhas e omissões têm consequências inevitáveis.

Não há como enganar ou manipular esse princípio. Se escolhemos semear bons pensamentos, boas palavras e atitudes positivas, vamos colher o resultado desse plantio. Isso é ter autorresponsabilidade, entendendo que hoje você vive a consequência das sementes que plantou.

É comum que sejamos tendenciosos e culpemos os outros por resultados que nos desagradem. Olhamos para a vida e vemos dores, frustrações e desânimo. Mas é importante entender que a colheita é individual. Se estamos infelizes com nossa atual situação, é porque nos omitimos no plantio.

Cada um só vive o que tolera, e tolera porque não tem consciência de que pode assumir o controle da semeadura. A qualidade do seu casamento, da sua vida financeira, da sua saúde e dos seus amigos é fruto das escolhas que você faz. Gosto de dizer que nossos resultados vêm dos nossos frutos.

Se você está infeliz e não se sente realizado em alguma área da vida, assuma a responsabilidade pelo seu plantio. A mensagem de hoje traz um alerta: ninguém zomba de Deus! Não adianta questioná-Lo pelos resultados de um fruto que Ele deu a você o direito de escolher.

VAMOS ORAR

Senhor, ajuda-me a semear boas sementes em minha vida, sabendo que o que eu plantar, certamente colherei. Dá-me sabedoria para escolher as sementes certas e paciência para esperar a colheita. Que eu colha frutos que glorifiquem o Teu nome. Amém.

ANOTAÇÕES

5 DE AGOSTO

GUIA-ME PELO CAMINHO JUSTO

"O Senhor renova as minhas forças e me guia por caminhos certos, como ele mesmo prometeu." (SALMOS 23:3)

NÃO SEI COMO VOCÊ TEM PASSADO, mas, assim como a mulher samaritana que encontrou Jesus à beira do poço durante o calor do dia, suas forças podem ser renovadas por Ele. Cristo está sempre pronto para renovar seu ânimo e guiá-lo em seus caminhos!

Precisamos estar abertos a Ele, mesmo quando surgem questionamentos, a dor parece insuportável ou nos sentimos exaustos. Jesus nos revela a verdade e nos liberta! Ele nos concede a capacidade de enxergar a vida sob nova perspectiva, aliviando o peso das nossas angústias.

Reflita sobre a mensagem de hoje e faça uma autoanálise das feridas que habitam sua alma, dos desafios que parecem intransponíveis e das perdas que enfraquecem seu coração. Depois, dirija-se aos pés do Senhor e permita que as lágrimas ainda não derramadas fluam. Peça a Ele que renove suas forças! Clame por socorro! Tenho certeza de que Ele ouvirá você.

O Senhor é um Pai amoroso e nunca deixará você sozinho! Recordo-me de todos os meus momentos de angústia, quando me entreguei em Seus braços e, como filha, fui acolhida e atendida. Somos filhos de um Pai que nos ama incondicionalmente! Acredite nessa verdade! Se você ainda carrega a imagem de um Pai punitivo, este é um excelente momento para desfazer esse mal-entendido e vivenciar uma nova experiência. Confie e aja! Ele está esperando por você!

VAMOS ORAR

Jesus, obrigado por sempre renovar minhas forças e me direcionar pelos caminhos certos. Ajuda-me a confiar plenamente na Tua orientação e a seguir Tua vontade em todas as minhas decisões. Que minha vida reflita Tua glória e inspire outros a Te seguirem. Em Teu nome, amém.

ANOTAÇÕES

6 DE AGOSTO

SEJA UM MARDOQUEU NA VIDA DAS PESSOAS

"Se você ficar calada numa situação como esta, do Céu virão socorro e ajuda para os judeus, e eles serão salvos; porém você morrerá, e a família do seu pai desaparecerá. Mas quem sabe? Talvez você tenha sido feita rainha justamente para ajudar numa situação como esta!" (ESTER 4:14)

SABE QUANDO PARECE QUE A vida nos joga no meio de um redemoinho e ficamos ali, rodando sem saber para onde ir? Foi assim com Ester. No palácio, carregava um peso enorme, mas ao seu lado estava Mardoqueu, firme como uma rocha. Ele sabia que aquilo não era por acaso. Percebeu que o momento de Ester não era só dela, mas de todo um povo. Todos nós, em algum momento, precisamos de um Mardoqueu. Sabe aquele amigo que diz "Vai, você consegue" bem quando queremos desistir? Precisamos ser essa voz para os outros. Muitas pessoas não enxergam o seu valor, não veem que estão no lugar certo, na hora certa. Podemos ser os olhos que faltam, a palavra que acende a faísca da coragem que elas nem sabiam que possuíam.

Ser um incentivador vai além de palavras bonitas. É saber a hora de empurrar, de segurar a mão e de simplesmente estar presente. Mardoqueu fez isso com Ester. Ele viu além do medo dela e reconheceu a grandeza que estava escondida. Com uma simples frase, ele a fez entender que ela não estava ali à toa, que cada detalhe tinha um propósito.

Então, da próxima vez que você encontrar alguém perdido, seja um Mardoqueu. Encoraje, mostre que o caminho, mesmo com obstáculos, leva a lugares grandiosos. No fim, todos estamos onde estamos por um propósito maior.

> **VAMOS ORAR**
>
> Senhor, ensina-me a ser um incentivador como foi Mardoqueu. Que eu saiba ver o potencial dos outros e tenha coragem de falar palavras de encorajamento. Usa-me para mostrar o caminho quando alguém estiver perdido, e que eu possa ser o impulso necessário para que Teus planos se realizem. Amém.

ANOTAÇÕES

_____

_____

_____

_____

_____

_____

7 DE AGOSTO

ARRAIGADOS E ALICERÇADOS

"Peço também que, por meio da fé, Cristo viva no coração de vocês. E oro para que vocês tenham raízes e alicerces no amor." (EFÉSIOS 3:17)

IMAGINE UMA ÁRVORE... NÃO UMA árvore qualquer, mas aquela que resiste aos ventos mais ferozes, que balança, perde algumas folhas, mas não cai, porque suas raízes são profundas, entranhadas ao solo.

Agora, vamos pensar em nós como essa árvore. O que nos mantém firmes? Nossas raízes, que são o amor de Deus. Se não estivermos firmados no amor do Senhor, qualquer vento nos derrubará. Quando Paulo fala de estarmos arraigados e alicerçados no amor, está nos lembrando de que não é possível ter uma vida cristã genuína sem esse enraizamento. O amor de Deus é o alicerce que nos mantém de pé, mesmo quando tudo ao nosso redor desmorona.

E sabe o que é incrível? Quando realmente nos permitimos ser amados por Ele, sem máscaras nem fingimentos, começamos a nos ver com Seus olhos. O amor do Pai é real, é transformador; quando nos atinge, cura nossas feridas mais profundas, acalma nossas tempestades internas e nos apresenta uma nova perspectiva.

Embora não seja fácil enfrentar nossos "monstros" internos — pois muitas vezes preferimos viver na superficialidade, nos escondendo atrás de sorrisos ensaiados, enquanto por dentro estamos desmoronando —, hoje somos chamados para sair desse ciclo. Desafio você a encarar suas emoções e permitir que o amor de Deus encontre os lugares mais sombrios da sua alma. Afinal, somente um amor profundo pode gerar vida verdadeiramente abundante.

VAMOS ORAR

Pai, obrigado pela Tua palavra de poder e cura para o meu coração. Ajuda-me a me firmar no Teu amor, pois sem ele eu jamais poderia viver. Que eu possa estar enraizado em Ti. Transforma-me e sustenta-me, Senhor. Em nome de Jesus, amém.

ANOTAÇÕES

8 DE AGOSTO

PARE DE RESISTIR AO DIABO

"Portanto, obedeçam a Deus e enfrentem o Diabo, que ele fugirá de vocês."
(TIAGO 4:7)

PASSEI BOA PARTE DA MINHA vida tentando confrontar o diabo e resistir a ele. Cresci em um lar cristão, por isso sempre estive habituada a frequentar a igreja e a participar dos cultos. Ouvi incessantemente sobre os perigos e as consequências do pecado, e eu temia pecar, por isso dediquei muito tempo a resistir ao inimigo.

Espero que não se surpreenda com o que vou compartilhar a seguir. Mesmo tendo crescido "vivendo" a religião, foi só aos 35 anos que realmente entreguei meu coração ao Senhor. Foi nesse momento que comecei a conhecê-Lo de perto, não apenas por relatos. Esse relacionamento diário e contínuo fez com que esse versículo adquirisse um novo significado para mim. Não preciso me concentrar em enfrentar o diabo ou em resistir a ele. Ao me apegar à primeira parte desse ensinamento, recebo uma proteção sobrenatural que impede que ele se aproxime de mim. O segredo está em nossa obediência e proximidade com o Senhor; é Ele quem nos concede discernimento e sabedoria para resistir às armadilhas do inimigo.

Se você tem se sentido cansado pelos ataques do seu adversário ou está constantemente lutando contra o pecado, trago uma boa notícia: sua obediência ao Senhor libera o poder dEle sobre sua vida. O salmista declarou: "Porque aos seus anjos dará ordem a teu respeito, para te guardarem em todos os teus caminhos" (Salmos 91:11). Então, pare de resistir ao diabo e comece a obedecer a Deus!

VAMOS ORAR

Senhor Jesus, obrigado pela revelação de que a verdadeira força não está em minhas lutas, mas em minha obediência e proximidade de Ti. Que eu saiba descansar na certeza de que Tu me cercarás com Teu amor e Tua proteção. Em Teu nome, amém.

ANOTAÇÕES

9 DE AGOSTO

TEMPO DE CORREÇÃO

*"Quando somos corrigidos, isso no momento nos parece motivo de tristeza
e não de alegria. Porém, mais tarde, os que foram corrigidos recebem
como recompensa uma vida correta e de paz."*

(HEBREUS 12:11)

MUITAS VEZES SENTI QUE Deus me falava sobre mudanças que precisavam acontecer dentro de mim. Mas mudar pode ser difícil, e eu seguia adiando esse processo. É incrível a facilidade com que justificamos nossos erros, colocando nossas atitudes no campo da reação; isso nos impede de aceitar a correção do Senhor.

Quando o Eterno me mostrava minhas falhas com a intenção de me corrigir, era como se eu respondesse: "Deus, como assim?! Você deve ter visto a cena pela metade; eu só agi assim porque fulano fez aquilo." Adiei a correção do Senhor em minha vida por meio das minhas justificativas por tanto tempo!

A disciplina de Deus pode ser desconfortável e dolorosa, mas se Ele quer operar uma mudança em nosso caráter, é porque existe algo novo preparado para nós. O medo de aceitar Sua disciplina impede nosso progresso e nos leva à desobediência.

Se você tem vivido essa fase, aceite a correção na certeza de que ela levará você a um novo tempo. Em Hebreus 12:7 está escrito: "Suportem o sofrimento com paciência como se fosse um castigo dado por um pai, pois o sofrimento de vocês mostra que Deus os está tratando como seus filhos. Será que existe algum filho que nunca foi corrigido pelo pai?" Aceite a correção desse Pai que ama você. As épocas de mudanças são sempre desafiadoras, mas elas nos conduzem a novos reinos de glória.

VAMOS ORAR

Senhor, reconheço que Tua disciplina é uma expressão do Teu amor por mim. Ajuda-me a aceitar Tua correção com humildade e gratidão, deixando de lado minhas justificativas e abraçando as mudanças que desejas realizar em mim. Em nome de Jesus, amém.

ANOTAÇÕES

10 DE AGOSTO

O SENHOR OLHA SUAS INTENÇÕES

"Se você pensa que tudo o que faz é certo, lembre que o Senhor julga as suas intenções."
(PROVÉRBIOS 21:2)

IMAGINE QUE VOCÊ ESTÁ EM SUA casa e, de repente, a campainha toca. Ao abrir a porta, você se depara com um homem clamando por socorro, afirmando que alguém o está perseguindo com a intenção de matá-lo. Sem hesitar, você o acolhe, decidido a salvá-lo. Após algum tempo, ele lhe agradece e se vai, já em segurança.

No dia seguinte, ao retornar do trabalho, você se senta para assistir ao noticiário e, para sua surpresa, vê a imagem do homem que ajudou sendo procurado por agredir uma criança. Como você se sentiria nesse instante: atormentado pela culpa por ter ajudado um agressor ou em paz com sua decisão? Independentemente da sua consciência naquele momento, você auxiliou alguém que feriu uma criança. Na história que contei, sua intenção era de prestar ajuda. Essa era a ação correta naquela ocasião. No entanto, muitas vezes acreditamos estar fazendo algo certo, mas escondemos intenções ocultas, como quando usamos desculpas para nos favorecer ou escapar de situações complicadas.

A reflexão de hoje nos convida a realizar um diagnóstico de nosso coração, identificando a pureza de nossas intenções. Pense em como seria o seu julgamento diante do Pai se isso acontecesse hoje. Se o que você encontrou em seu coração não agradou você, é hora de corrigir suas intenções o mais rápido possível! O Senhor ama você exatamente como é, e está sempre pronto para ouvi-lo!

VAMOS ORAR

Senhor, peço que examines meu coração por completo e reveles minhas intenções, para que eu possa mudá-las e purificá-las de qualquer motivação egoísta ou orgulhosa. Desejo ser visto por Ti através de intenções que Te agradem. Em nome de Jesus, amém.

ANOTAÇÕES

11 DE AGOSTO

QUEM É VOCÊ NESTA LIÇÃO?

"Quem tem juízo procura a sabedoria, mas o tolo não sabe o que quer."
(PROVÉRBIOS 17:24)

O QUE VOCÊ PREFERE: RIQUEza ou sabedoria? Salomão preferiu a sabedoria e foi o homem mais rico do mundo! O texto fala sobre o ajuizado e o tolo. Qual deles é você? Quando nos confrontamos e tentamos nos conhecer e identificar como estamos agindo em relação à nossa vida, podemos mudar seu rumo e dar um significado a ela.

Passei algum tempo sem saber o que realmente queria; com isso, dei muitas "cabeçadas". Mas, quando passei a buscar a sabedoria, tudo passou a acontecer de forma natural. Provérbios 1:20 afirma que ela está nas ruas gritando para ser ouvida. Se virarmos as costas para ela, seremos essas pessoas sem juízo e continuaremos perdidos, correndo atrás do prejuízo que causamos a nós mesmos.

A sabedoria não é inacessível, porém é uma voz que não costuma ser ouvida! Buscá-la é um processo diário que envolve nosso crescimento a partir da meditação na Palavra, de orações, e, principalmente, da nossa intimidade com o Pai. Antes de tomar qualquer decisão, peça direcionamento e sabedoria!

VAMOS ORAR

Senhor, peço que me concedas sabedoria em todas as minhas decisões e ações. Que eu tenha discernimento para escolher o caminho certo, paciência para esperar o tempo certo e humildade para reconhecer a Tua vontade acima da minha. Guia-me com Tua luz, para que eu possa viver de acordo com os Teus propósitos. Em nome de Jesus, amém.

ANOTAÇÕES

12 DE AGOSTO

CONFIE NOS MISTÉRIOS DE DEUS

"Deus faz todas as coisas. E, como você não pode entender como começa uma nova vida dentro da barriga de uma mulher, assim também não pode entender as coisas que Deus faz." (ECLESIASTES 11:5)

VOCÊ JÁ PONDEROU SOBRE como seria se soubéssemos como Deus realiza todas as Suas obras? Será que nossa condição humana nos impediria de vê-Lo verdadeiramente como Deus, ou, quem sabe, nos levaria a desejar ser semelhantes a Ele, assim como Lúcifer, Adão e Eva?

Reconheço que, muitas vezes, nos sentimos frustrados porque desejamos entender e saber o que Ele está fazendo e ainda fará. No entanto, há mistérios que não precisamos desvendar; o que realmente importa é acolher em nosso coração Sua divindade e soberania. Como filhos, podemos aceitar o privilégio de receber o cuidado do Pai sem questionar "como" isso ocorre, tendo a certeza de que Seu zelo e Sua presença jamais nos faltarão.

Cuidados dos nossos filhos da mesma forma — eles não precisam entender como enfrentamos tantas lutas para prover alimento, garantir uma boa educação ou lidar com nossos desafios. Eles não precisam se preocupar se haverá biscoitos ou iogurte; simplesmente vão até o armário ou à geladeira e se servem. Esse é o mesmo carinho que o Senhor tem por nós! Acalme seu coração e não se preocupe em entender como Deus age, apenas desfrute o belo banquete que Ele preparou para nós!

VAMOS ORAR

Senhor, obrigado por ser um Pai tão maravilhoso, que cuida de mim e me prepara um banquete que está sempre à disposição, sem que eu precise me preocupar com o "como" das coisas. Confio em Teus planos para minha vida! Que eu possa encontrar tranquilidade em saber que estarás sempre comigo. Em nome de Jesus, amém.

ANOTAÇÕES

13 DE AGOSTO

UM FRUTO MELHOR

"A mulher viu que a árvore era bonita e que as suas frutas eram boas de se comer. E ela pensou como seria bom ter entendimento. Aí apanhou uma fruta e comeu; e deu ao seu marido, e ele também comeu." (GÊNESIS 3:6)

TALVEZ, ENTRE AS DIVERSAS histórias de homens e mulheres na Bíblia, a de Eva não seja a que faz você exclamar: "Uau, essa vai ser minha fonte de inspiração!" Todos nós a conhecemos, e é fato que alguns nutrem certa "raiva" por Eva; afinal, foi ela quem sentenciou a humanidade ao pecado. Quando Eva começou seus dias na terra, ninguém antes tinha vivido algo semelhante. Ela não teve mãe ou pai, irmãs ou irmãos, muito menos tias ou tios. Eva foi a pioneira, tendo a responsabilidade de escolher sua trajetória. Consegue imaginar o tamanho do desafio? Quando olhamos para seu comportamento, é muito fácil julgá-la. Porém, será que estamos tão distantes assim do comportamento dessa mulher? Eva, antes de escolher o fruto proibido, foi atraída por três coisas: ele era belo aos olhos, convidativo ao paladar e proveitoso para dar conhecimento. Parece que Eva duvidou que encontraria tudo isso no Senhor, e por isso aceitou a enganosa alternativa.

Consegue encontrar alguma semelhança entre você e ela? Talvez você tenha tentado recorrer a qualquer outra coisa que não seja o Senhor (prazeres carnais, tesouros terrenos...) e esteja gastando todo o seu tempo em uma vida sem significado, desejoso de preencher seus vazios emocionais. Você pode escolher um fruto melhor hoje, um fruto completo que é capaz de alimentar seu espírito, sua alma e seu corpo. A decisão é sua; escolha o melhor fruto!

VAMOS ORAR

Senhor, ajuda-me a discernir minhas escolhas diárias. Dá-me sabedoria para buscar em Ti a satisfação completa para minha alma, minha mente e meu corpo. Que eu possa rejeitar as alternativas enganosas que o mundo me oferece. Em nome de Jesus, amém.

ANOTAÇÕES

14 DE AGOSTO

VOCÊ É SEPARADO

"Procurem ter paz com todos e se esforcem para viver uma vida completamente dedicada ao Senhor, pois sem isso ninguém o verá." (HEBREUS 12:14)

A SANTIFICAÇÃO OCORRE QUANDo entendemos que somos "separados" deste mundo, ou seja, precisamos reconhecer que não somos daqui, apesar de estarmos aqui. Quando essa verdade se torna evidente em nossa vida, nossos comportamentos e nossas ações se orientam pelo princípio de não compactuar com as coisas do mundo. Buscar a paz e se dedicar ao Senhor não é renunciar às coisas boas, mas prestar atenção se estamos distorcendo os princípios de Deus para desfrutar de imoralidades. Podemos, sim, ter uma vida maravilhosa, aproveitando tudo o que é bom, mas sempre dentro da vontade do Pai; dessa forma, honramos a Ele com nossas ações. Se você tem feito algo escondido, por exemplo, para ninguém ver ou saber, tenha a certeza de que não está honrando o Senhor com essa atitude!

Santificar-se também não é ser perfeito e nunca pecar; o Senhor conhece o nosso coração e sabe das nossas limitações. Infelizmente, vamos continuar pecando todos os dias, mas podemos ter um coração sincero e buscar a paz, demonstrando nosso desejo por uma vida em harmonia com Deus. Desse modo, demonstramos o amor de Cristo para aqueles que nos cercam, refletimos a Sua glória e nos mantemos no contínuo processo de santificação.

Entenda, você é filho e não deve viver como os perdidos. Você precisa se manter separado das coisas do mundo e levar a Palavra de Deus, auxiliando essas vidas a se reconciliarem com o Pai. O seu testemunho deve ser constante não somente em palavras, mas em atitudes.

VAMOS ORAR

Senhor, eu quero ser um pacificador em todas as minhas relações e viver uma vida dedicada a Ti. Que eu possa refletir Teu amor e Tua santidade em tudo o que faço. Dá-me força e sabedoria para buscar a paz e a santificação diariamente. Em nome de Jesus, amém.

ANOTAÇÕES

_____

_____

_____

_____

_____

_____

15 DE AGOSTO

APRENDA A PEDIR

"E, quando pedem, não recebem porque os seus motivos são maus.
Vocês pedem coisas a fim de usá-las para os seus próprios prazeres." (TIAGO 4:3)

QUERO DESAFIÁ-LO A ELABO-rar uma lista com os pedidos que tem feito, especialmente aqueles que não foram atendidos conforme o desejado. Após finalizá-la, adicione, ao lado de cada item, algumas perguntas reflexivas: "De quem depende a realização deste pedido? Por que eu desejo isto? Está em concordância com a vontade de Deus?"

Se você não desenvolver essa consciência, nada mudará em sua vida, e você continuará esperando, esperando e esperando! Essa consciência surge da aplicação e do enfrentamento das tarefas que estão diante de nós, mas que não paramos para analisar detidamente, o que torna nossos pedidos automáticos.

Muitos dos nossos pedidos não são atendidos porque a nossa motivação gira em torno da satisfação dos nossos próprios prazeres, sem que consideremos se estão alinhados à vontade do Senhor ou se podem prejudicar alguém. Você é filho de um Deus bom, que só faz coisas boas e quer fazer por você muito mais do que pode imaginar (Efésios 3:20), porém Ele o ama demais para dar a você alguma coisa que possa feri-lo.

O exercício que proponho visa analisar todas as motivações que impulsionam você, buscando trazer equilíbrio e harmonia entre suas petições e os planos de Deus. Quando você aprender isso, passará a pedir da maneira correta e, sem dúvida, sua forma de orar se transformará — você estará mais atento e alinhado com o coração do Pai.

VAMOS ORAR

Senhor, ensina-me a pedir com um coração puro e com a motivação correta. Que meus pedidos estejam em conformidade com o Teu querer. Transforma meu coração e meus anseios, para que minha vida de oração seja agradável a Ti. Em nome de Jesus, amém.

ANOTAÇÕES

_____

_____

_____

_____

_____

16 DE AGOSTO

VENHAM E VEJAM!

"Venham, vejam o que o Senhor tem feito!
Vejam que coisas espantosas ele tem feito na terra!" (SALMOS 46:8)

ESSE VERSÍCULO NOS CONVIda a reconhecer a grandeza de Deus e a confiar em Seu poder. Mesmo diante das adversidades e dos desafios da vida, o Senhor está conosco e é capaz de nos ajudar e proteger. Somos chamados a "ir e contemplar" as obras do Pai.

Repare no que o Senhor fez e está fazendo: nunca é algo ruim. Podemos contemplar Suas obras palpáveis realizadas em nosso mundo ou, pelos olhos da fé, observar Seu profundo agir no coração das pessoas. Desde a incrível criação da natureza até os milagres cotidianos que frequentemente passam despercebidos, Deus está em constante ação, manifestando Seu poder e amor por nós.

Hoje, observe os lugares por onde passar, apreciando as obras do Senhor. Que isso o leve a uma postura de gratidão e louvor a Deus. Reconhecer as "coisas incríveis" que Ele tem realizado nos faz lembrar da Sua soberania e bondade. Assim, quando enfrentamos momentos de dificuldade e incerteza, podemos recordar todas as Suas grandes obras e renovar nossa fé e esperança. Afinal, sabemos que o mesmo Deus que agiu no passado continua operando no presente.

Esta mensagem tem o poder de transformar o seu dia, concorda? O sentimento de gratidão que surgirá em seu coração vai ensiná-lo a depender de Deus e encorajá-lo a confiar ainda mais em Sua soberania!

VAMOS ORAR

Senhor, agradeço pelas maravilhas que tens realizado na terra e em minha vida. Ajuda-me a sempre lembrar e reconhecer as "coisas extraordinárias" que tens feito. Sou grato e feliz por sentir a Tua presença! Que meu coração permaneça sempre humilde e dependente de Ti. Em nome de Jesus, amém.

ANOTAÇÕES

17 DE AGOSTO

CRISTO ESTÁ EM TODOS

"Como resultado disso, já não existem mais judeus e não judeus, circuncidados e não circuncidados, não civilizados, selvagens, escravos ou pessoas livres, mas Cristo é tudo e está em todos." (COLOSSENSES 3:11)

AMO PROFUNDAMENTE ESTA mensagem, e meu coração se enche de alegria ao poder compartilhá-la com você! Sabemos que Cristo une todas as pessoas, independentemente de origem, status, cor, raça, cultura ou religião. Todos nós viemos dEle e a Ele retornaremos. Não há barreiras humanas que possam nos limitar ou distinguir dessa verdade, pois Ele habita em nós! Sim, somos a Sua morada!

Esse fato nos convida a olhar além das diferenças e a reconhecer a presença de Cristo em cada ser humano. Em um mundo repleto de divisões e preconceitos, o Evangelho nos desafia a acolher a unidade e a igualdade. Quando enxergamos Jesus em todos, somos impulsionados a amar, respeitar e servir uns aos outros sem discriminação.

Você consegue ver Cristo em cada pessoa que cruza seu caminho? Se ainda não, abra-se para que Deus lhe conceda essa visão e transforme suas interações diárias, promovendo a reconciliação e a harmonia. Ao reconhecermos Jesus em toda a humanidade, nossas ações passam a refletir Sua essência e tratamos todos com dignidade e respeito, lutando pela justiça e pela paz. O Messias é o reflexo mais perfeito do Reino de Deus, onde o amor e a unidade prevalecem.

Você está pronto? Então comece agora mesmo a colocar em prática esse ensinamento tão poderoso!

VAMOS ORAR

Senhor Jesus, obrigado por me unir a Ti, independentemente da minha origem ou condição. Perdoa-me pelas ocasiões em que contribuí para divisões, em vez de promover a unidade que vem de Ti. Ajuda-me a ver cada pessoa como alguém criado à Tua imagem e amado por Ti. Em Teu nome eu oro. Amém.

ANOTAÇÕES

18 DE AGOSTO

A VERDADEIRA LIBERDADE

"Cristo nos libertou para que nós sejamos realmente livres. Por isso, continuem firmes como pessoas livres e não se tornem escravos novamente." (GÁLATAS 5:1)

EM UM MUNDO REPLETO DE distrações e de vozes que tentam nos moldar, a verdadeira liberdade pode parecer um objetivo distante. É comum acreditarmos que ser livre significa fazer o que quiser a qualquer momento. No entanto, essa perspectiva pode nos enredar em uma escravidão sutil aos nossos próprios desejos e vícios e às pressões sociais. A liberdade em Cristo, por outro lado, quebra essas correntes invisíveis e nos capacita a viver plenamente de acordo com o propósito divino para nossa vida.

Jesus nos livra do poder do pecado, dos grilhões da culpa e do medo e, acima de tudo, das normas impostas pelos homens por meio de uma religiosidade vazia, que nos aprisiona em um ciclo eterno. Um exemplo claro disso é o modo como frequentemente somos exortados por meio do temor e do remorso, em vez de experimentarmos o amor de Cristo. Essa liberdade não nos é dada para que façamos simplesmente o que desejamos, mas para que compartilhemos a mensagem do Seu amor. Afinal, Deus não é um ser tirano, castigador, irado; Ele é nosso Pai amoroso!

A liberdade que Cristo nos oferece também nos emancipa das expectativas alheias, das pressões do sucesso material e dos grilhões da condenação; nos possibilita deixar de lado esses fardos e nos permite viver em paz e alegria. Desafio você a abraçar essa liberdade e a renunciar a tudo que o aprisiona!

VAMOS ORAR

Jesus, obrigado pela liberdade que trouxeste à minha vida! Ajuda-me a permanecer firme nessa liberdade, resistindo às tentações e armadilhas do passado. Que eu possa viver diariamente na plenitude da Tua graça e liberdade. Em Teu nome, amém.

ANOTAÇÕES

19 DE AGOSTO

NÃO BUSQUE SEUS PRÓPRIOS INTERESSES

"Ninguém deve buscar os seus próprios interesses e sim os interesses dos outros."
(1 CORÍNTIOS 10:24)

EM UM MUNDO FREQUENTEmente voltado para o "eu", a Palavra de Deus nos convida a redirecionar o olhar para o próximo. Essa lição está intimamente ligada ao único e verdadeiro mandamento que Jesus nos deixou: "Ame a Deus sobre todas as coisas e ao seu próximo como a si mesmo." Entretanto, enfrentamos um dilema: muitas vezes, não aprendemos a nos amar primeiro, o que torna ainda mais difícil amar e ajudar os outros. Por isso, convido você a refletir se tem colocado esse mandamento em prática em sua vida ou se está apenas seguindo a multidão, sem se dar conta de que precisa urgentemente aprender a amar a si mesmo.

Não podemos nos preocupar com os interesses alheios se nossa própria taça está vazia. Compreenda: se não temos o que oferecer, como podemos dar algo que nos falta? Ao aprender essa lição, coloquei-me no lugar do outro para entender suas necessidades, dores e alegrias. Iniciei uma profunda jornada de autoconhecimento, pedindo a Deus que me guiasse e me tornasse instrumento de transformação na vida das pessoas.

Posso assegurar que essa experiência nos leva a lugares além do que somos capazes de imaginar. Quando vivemos sem priorizar nosso ego, conseguimos transbordar o amor do Senhor, conforme está escrito no livro de João 7:38: "Rios de água viva vão jorrar do coração de quem crê em mim."

VAMOS ORAR

Senhor, ensina-me a amar como Tu amas, começando por entender o valor que tenho em Ti. Ajuda-me a encontrar o equilíbrio entre o cuidado comigo mesmo e o serviço aos outros, a fim de que eu seja um instrumento de transformação nas vidas ao meu redor. Em nome de Jesus, amém.

ANOTAÇÕES

20 DE AGOSTO

TORNANDO-SE UM EXEMPLO

"Não deixe que ninguém o despreze por você ser jovem. Mas, para os que creem, seja um exemplo na maneira de falar, na maneira de agir, no amor, na fé e na pureza."

(1 TIMÓTEO 4:12)

NUNCA É CEDO NEM TARDE DEmais para sermos um exemplo de fé para as pessoas! Se você é muito jovem, pode ficar com medo de expor sua opinião ou dar um conselho, pensando no que as pessoas podem achar. Sim, a juventude é frequentemente subestimada, mas Paulo, nesse texto, encoraja Timóteo a não permitir que ninguém o despreze por sua idade. Em vez disso, ele o desafia a ser um exemplo para os fiéis em todas as áreas, o que inclui sua maneira de falar, agir, amar, crer e manter a pureza.

Ser um exemplo é viver de forma que outros possam ver Cristo em nós. Nossas palavras devem ser edificantes e cheias de graça, refletindo o amor de Deus. Independentemente da nossa idade, é importante que vivamos de forma justa e íntegra, demonstrando nosso bom caráter.

Olhe para Davi, Maria, Josué e até Jesus, que são exemplos de pessoas que começaram ainda bem cedo a sua trajetória com o Senhor. Quando vivemos sem medo de assumir nosso chamado, sem temer o julgamento alheio e refletindo o amor sincero, inspiramos aqueles que amamos a fazerem o mesmo e criamos um impacto sobrenatural no meio em que estamos.

Entenda, não importa a sua idade, mas sim o seu coração! Você é capaz e tem a autoridade que Cristo lhe dá! Não tenha medo e se desafie a influenciar e ser um exemplo com suas ações e palavras, alcançando todos que convivem com você.

VAMOS ORAR

Deus, eu Te peço que tire todo o medo e a insegurança que ainda tenho em levar o Evangelho! Que minhas palavras, ações, amor, fé e pureza reflitam o Teu caráter. Dá-me coragem e sabedoria para viver de maneira a inspirar e encorajar os outros a também Te seguirem. Em nome de Jesus, amém.

ANOTAÇÕES

21 DE AGOSTO

PARA QUE TANTA PREOCUPAÇÃO?

"Não deixe que nada o preocupe ou faça sofrer, pois a mocidade dura pouco."
(ECLESIASTES 11:10)

QUAIS PREOCUPAÇÕES TÊM AFLIgido o seu coração? As preocupações nos afastam do presente, consomem nossas energias e, principalmente, prejudicam nossa saúde física, emocional e espiritual.

Repare no que é mencionado ao final do texto bíblico: nossa juventude é passageira! Na verdade, a vida é efêmera, e nada levamos conosco. Se passarmos nossos dias imersos em preocupações, apenas criaremos mais problemas, o que não nos ajudará em nada. A ansiedade nos atrapalha e nos impede de viver uma vida de qualidade, centrada na vontade de Deus.

Quanto mais nos preocupamos, mais nos distanciamos da presença divina, pois não conseguimos discernir Sua voz. Somos bombardeados por ruídos externos que agravam doenças como a depressão. Que tal entregar suas preocupações a Ele neste momento e se libertar do controle? Quando nos preocupamos, nosso inconsciente nos transmite a falsa ideia de que somos os únicos capazes de resolver nossos problemas.

Ao decidir entregar tudo nas mãos de Deus, você está essencialmente dizendo: "Desisto de lutar contra essas preocupações! Deixo o controle de lado!" Você sabia que muitas vezes nos apegamos ao que nos angustia como uma forma de sempre ter desculpas? Por isso, hoje convido você a se desapegar e a entregar ao Senhor todas as questões que o deixam inquieto. Aceita o convite?

VAMOS ORAR

Senhor Jesus, obrigado por me proporcionar esta reflexão. Desisto de lutar contra minhas preocupações e as entrego em Tuas mãos. Solto todos os motivos que poderiam me levar a reclamar ou a buscar desculpas. Ajuda-me neste processo, meu Pai. Em Teu nome, amém.

ANOTAÇÕES

22 DE AGOSTO

UMA LUTA ESPIRITUAL

"É claro que somos humanos, mas não lutamos por motivos humanos."

(2 CORÍNTIOS 10:3)

A VIDA CRISTÃ É FREQUEN-temente comparada a uma batalha, mas não é uma batalha comum. Nossa luta não é contra carne e sangue, mas contra forças espirituais. Embora habitemos um corpo físico e enfrentemos desafios palpáveis, as verdadeiras guerras ocorrem no reino espiritual.

Nossos adversários não são pessoas ou circunstâncias, mas sim forças do mal que se opõem aos propósitos de Deus. Essa compreensão é uma convocação a nos armar com as ferramentas espirituais que o Senhor nos proporciona: a fé, a oração, a Palavra, a justiça, a salvação e a verdade.

Em um casamento, é natural que ocorram desentendimentos e frustrações; na criação dos filhos, podemos enfrentar períodos de preocupação e desânimo; dificuldades financeiras podem gerar ansiedade; e conflitos no trabalho frequentemente acarretam estresse e descontentamento. Reconhecer que estamos em uma luta espiritual transforma a maneira como encaramos os desafios diários. Em vez de reagir com ira ou desespero, somos convidados a responder com fé e confiança em Deus,

cientes de que Ele é o nosso maior aliado. Hoje, lembre-se de que você não está lutando sozinho. Deus está ao seu lado, capacitando você com tudo de que precisa para vencer as adversidades. Confie nEle e utilize as armas espirituais que Ele lhe concedeu para enfrentar e vencer as batalhas que surgirem.

VAMOS ORAR

Pai, obrigado por me lembrar que minha luta não é contra carne e sangue, mas contra principados e potestades. Ajuda-me a empregar as armas espirituais que me outorgaste. Fortalece-me para enfrentar cada batalha cotidiana. Em nome de Jesus, amém.

ANOTAÇÕES

23 DE AGOSTO

TENHA UM CORAÇÃO DE CRIANÇA

"Aí ele disse: Deixem que as crianças venham a mim e não proíbam que elas façam isso, pois o Reino do Céu é das pessoas que são como estas crianças."

(MATEUS 19:14)

TER UM CORAÇÃO DE CRIANÇA é preservar a pureza em meio às complexidades da vida adulta. Reconheço que por vezes somos forçados a crescer e amadurecer antes do tempo, assumindo responsabilidades e compromissos. Mas hoje quero convidá-lo a relembrar a criança que habita em você. As crianças personificam duas qualidades que nos servem de inspiração: resiliência e confiança. Elas se adaptam aos desafios, como quando aprendem a andar; caem e levantam quantas vezes forem necessárias, sempre dispostas a tentar de novo. A confiança manifesta-se na certeza de que, em quaisquer circunstâncias, terão alguém para cuidar delas — seja para trocar as fraldas, fazê-las dormir ou alimentá-las. Essa confiança é genuína, inocente e pura.

É assim que somos chamados a viver! Para mim, esse processo tem sido desafiador, mas é possível quando permanecemos atentos a esse princípio. Você se sente capaz? Respire fundo, faça o exercício que propus no início, reacenda a conexão com sua criança interior ou, se preferir, conecte-se com uma criança e permita-se vivenciar essa pureza!

VAMOS ORAR

Senhor, desejo viver a pureza e a inocência de uma criança. Ajuda-me a recordar o meu coração infantil, para que eu possa confiar em Ti com fé pura e amor incondicional. Concede-me a capacidade de enfrentar a vida com a simplicidade e a alegria de uma criança, sempre aprendendo e crescendo em Teu amor. Que minha fé seja genuína, e minha confiança em Ti, inabalável. Amém.

ANOTAÇÕES

24 DE AGOSTO

A FÉ IMPERFEITA DE MARTA

"Então Marta disse a Jesus: Se o senhor estivesse aqui, o meu irmão não teria morrido! Mas eu sei que, mesmo assim, Deus lhe dará tudo o que o senhor pedir a ele."

(JOÃO 11:21-22)

A DOR DE PERDER ALGUÉM É parte inevitável da vida; nosso coração é posto à prova e nossa fé é desafiada. Quando Marta perdeu Lázaro, seu irmão, ela afirmou que, se Jesus estivesse presente, ele não teria morrido. Mesmo tendo uma base espiritual sólida e conhecendo a verdade, naquela hora ela ansiava por uma solução imediata. Jesus, então, respondeu que Lázaro ressuscitaria. Com um tom de impaciência, Marta retrucou: "Eu sei que ele vai ressuscitar no último dia" (João 11:24). Ao perceber a profundidade da sua dor, Jesus transformou a ideia de uma ressurreição distante na afirmação de que Ele é a própria ressurreição. Ele guiou Marta da esperança vaga para a certeza presente.

Ao retornar para casa, Marta chama Maria, que vai ao encontro de Jesus e repete a mesma fala de Marta. Apesar de suas falhas ao questionar Cristo, Marta expressou sua fé, ainda que imperfeita. Observe que Maria, que antes se sentava aos pés de Jesus para aprender, agora estava mergulhada na tristeza. Marta, por sua vez, mesmo tendo sido considerada "menos espiritual", havia compreendido o suficiente para declarar sua fé em Jesus — ela entendeu que Cristo é a ressurreição e que quem nEle crê, mesmo que morra, viverá! Quando temos essa convicção, sabemos que a morte não é o fim, mas sim o início de algo muito maior: a vida eterna!

VAMOS ORAR

Senhor, ajuda-me a cultivar essa consciência e a crer com todo o meu coração que Tu és a ressurreição e que a morte não existe; ela é apenas o início de uma vida muito maior! Isso me traz conforto para enfrentar as perdas que ainda me entristecem. Em nome de Jesus, amém.

ANOTAÇÕES

25 DE AGOSTO

PRIMEIRO VIGIEM, DEPOIS OREM

"O fim de todas as coisas está perto. Sejam prudentes e estejam alertas para poder orar."
(1 PEDRO 4:7)

O QUE SIGNIFICA "ESTAR ALERTA para orar", se podemos fazer isso a qualquer momento? É certo que você pode e deve orar, mantendo-se em constante comunhão com o Senhor. No entanto, quando a Palavra pede que estejamos alertas, é porque devemos permanecer vigilantes a todo instante. A prudência nos leva a pensar antes de agir, considerando como nossas escolhas refletem o compromisso com Cristo. Se você se mantém alerta, está em constante sintonia com Deus, buscando Sua orientação e Seu fortalecimento. Nesse texto, o apóstolo Pedro nos adverte sobre a proximidade do fim dos tempos e a importância de manter uma atitude de vigilância e oração. Ele nos convoca à prudência, reconhecendo que a preparação espiritual é essencial para enfrentarmos os desafios que se aproximam.

Você tem vigiado suas atitudes e seus comportamentos diários? Qual tem sido sua postura diante das armadilhas e tentações que surgem para desviá-lo do caminho de Deus? Você tem perdoado as pessoas ao seu redor ou mantido o coração endurecido, enquanto a arrogância toma conta do seu ser? Acredite, suas orações não ultrapassarão o teto se sua vida não estiver alinhada com a Bíblia e seus princípios. Por isso, esta mensagem nos convoca à sinceridade e à mudança de rota, pois o fim está próximo.

O desafio de hoje é combinar vigilância com oração, para que estejamos sempre prontos a dizer "não" às armadilhas e tentações que se apresentarem, permanecendo firmes em nossa conexão com o Pai!

VAMOS ORAR

Senhor, ajuda-me a estar alerta e vigilante, consciente da importância de cada decisão que tomo, para que minha conexão Contigo seja sempre direta e sem impedimentos. Em nome de Jesus, amém.

ANOTAÇÕES

26 DE AGOSTO

SUA VIDA REFLETE A IMAGEM DO SENHOR?

"Portanto, todos nós, com o rosto descoberto, refletimos a glória que vem do Senhor. Essa glória vai ficando cada vez mais brilhante e vai nos tornando cada vez mais parecidos com o Senhor, que é o Espírito." (2 CORÍNTIOS 3:18)

COMO VOCÊ ESTÁ REFLETINDO a glória de Deus em sua vida? As palavras que pronuncia estão em harmonia com o que vive? Suas ações são consistentes com o que sai da sua boca? Estamos em um processo contínuo de nos tornar mais semelhantes a Cristo, que é o próprio Espírito; é como se estivéssemos contemplando e refletindo o Senhor "com o rosto descoberto", permitindo que Sua luz e beleza se manifestem em nós.

Dedique alguns minutos para pensar em como tem refletido a glória de Deus. Examine se suas ações e seus comportamentos estão alinhados com os de Cristo. Depois, faça uma autoanálise; permita-se buscar constantemente essa transformação interior, tornando-se um testemunho vivo através da sua história.

Tudo o que você viveu e ainda vive pode refletir a glória de Deus e impactar a vida de outras pessoas; acredite! Esse é um processo que exige de nós disposição e fé, pois vai além da mera aparência externa. As redes sociais estão repletas de pessoas que exibem uma fachada, mas vivem de maneira contraditória. Falam de Deus, mas sua vida não corresponde ao que professam. Posso afirmar que essas atitudes têm um tempo limitado e não perduram. Por isso, quero convidá-lo a experimentar o processo de congruência entre palavras e ações, a fim de tornar-se cada vez mais a imagem e semelhança do Criador e refletir a Sua glória!

VAMOS ORAR

Pai, obrigado pela Tua palavra! Ajuda-me a refletir a Tua glória pela minha vida e pelas minhas atitudes. Desejo viver de forma transparente, tornando minhas palavras coerentes com minhas ações! Em nome de Jesus, amém.

ANOTAÇÕES

27 DE AGOSTO

A RECOMPENSA DA CORAGEM

"Portanto, não percam a coragem, pois ela traz uma grande recompensa."
(HEBREUS 10:35)

A MENSAGEM DE HOJE É VERDAdeiramente inspiradora, pois encontramos muitas narrativas na Bíblia sobre coragem! Davi, Josué, Moisés, Raabe, Débora, Jael, Pedro e vários outros são exemplos que ilustram essa virtude. A coragem não é uma qualidade reservada apenas aos guerreiros ou àqueles que estão na linha de frente das batalhas, mas a todos nós. Quando nos mantemos firmes, estamos demonstrando confiança sólida na fidelidade do Pai e na certeza de que Ele está conosco em todas as circunstâncias.

Reconheço que é fácil desanimar pelo caminho, sentir medo e hesitar em arriscar em algumas situações. Isso também acontece comigo, e não posso negar que já me senti (e ainda me sinto) amedrontada em muitas ocasiões. Mas a minha confiança em Deus me impulsiona a continuar e a perseverar, inspirando-me com a coragem desses grandes heróis que mencionei e a de muitos outros. Eles, assim como nós, enfrentaram dificuldades e nos deixaram lições valiosas que precisamos aplicar em nossa vida!

Você pode estar curioso para saber que grande recompensa é essa. Não pense que será algo para a eternidade. Não! A recompensa é para o aqui e agora. Sabe aquela sensação de missão cumprida e de vitória? Essa é a verdadeira recompensa! Além dela, você encontrará paz interior e crescimento espiritual ao aprender a confiar naquEle que prometeu estar sempre ao nosso lado. Mergulhe nessa missão e tenha coragem!

VAMOS ORAR

Pai, obrigado por me ensinar o valor da coragem. Ajuda-me a não desanimar e a ser corajoso. Concede-me força para perseverar e não desistir diante dos meus desafios. Em nome de Jesus, amém.

ANOTAÇÕES

28 DE AGOSTO

NÃO IGNORE O CONHECIMENTO

"O meu povo não quer saber de mim e por isso está sendo destruído. E vocês, sacerdotes, também não querem saber de mim e esqueceram as minhas leis; portanto, eu não os aceito mais como meus sacerdotes, nem aceitarei os seus filhos como meus sacerdotes."

(OSÉIAS 4:6)

O POVO VIROU AS COSTAS PARA Deus. Esqueceram-se do básico e foram perdendo tudo que era importante. A destruição chegou por falta não de armas, mas de coração. Os próprios sacerdotes, que deveriam estar guiando o povo, rejeitaram o conhecimento, ignorando as leis, e pecaram contra Deus. O resultado? O Senhor simplesmente disse: "Chega!"

O povo trocou a proteção divina por sombras passageiras. Aqueles que deveriam ser exemplo tornaram-se referência negativa. Os sacerdotes tinham que manter o fogo aceso, mas deixaram as brasas se apagarem. É importante reconhecer que o esquecimento vivido pelos israelitas não ocorreu de forma abrupta; foi gradual, como uma neblina encobre tudo até que se torna impossível enxergar. De repente, estamos tão distantes, que não sabemos o caminho de volta. Contudo, ao contrário da neblina, as consequências desse afastamento não se dissipam facilmente — elas permanecem pesadas, causando intensa dor.

A mensagem de alerta é clara e urgente: afastar-se de Deus é afastar-se da própria vida. Isso não se aplica apenas ao povo de outrora; nós também corremos o risco de, distraídos por inúmeras coisas, nos esquecer de quem nos sustenta. Quando isso acontece, sobra um vazio e uma destruição silenciosa que consomem tudo em nosso interior. O momento de lembrar do Senhor é agora! Não negligencie o conhecimento.

VAMOS ORAR

Pai, obrigado pela Tua palavra. Eu não quero me afastar de Ti nem deixar que as distrações me façam esquecer o que é realmente importante. Mantém vivo em mim o desejo de Te buscar e de viver de acordo com Tuas leis. Amém.

ANOTAÇÕES

_____

_____

_____

_____

_____

29 DE AGOSTO

EU PEDI E ELE ME DEU

"Eu pedi esta criança a Deus, o Senhor, e ele me deu o que pedi. Por isso agora eu estou dedicando este menino ao Senhor. Enquanto ele viver, pertencerá ao Senhor. Então eles adoraram a Deus ali." (1 SAMUEL 1:27-28)

COM FREQUÊNCIA, DESISTIMOS DE orar porque passamos dias sem ver nossas súplicas atendidas. Ana me ensinou que não é a quantidade de orações ou o tempo que dedicamos a elas que importa, mas sim o quanto nosso coração está verdadeiramente engajado em Deus.

Quando o profeta Eli a viu em um estado incomum, pensou que estivesse bêbada. Na verdade, ela se derramava aos pés do Senhor, clamando e implorando por um filho. Ela estava completamente imersa em oração: corpo, alma, mente e espírito estavam alinhados ao Eterno. Ao deixar o templo, a mulher explicou ao profeta que sua intensa oração era resultado de sua tristeza e dor. Eli, então, desejou que Deus atendesse a seu pedido. A fé de Ana foi tão poderosa que, na mesma noite, ela concebeu. Alguns meses depois, nasceu Samuel.

Precisamos reavaliar a forma como apresentamos nossos pedidos e se realmente estamos entregues a eles. Ana reconheceu que precisava de um milagre para realizar o sonho da maternidade. Primeiro, ela adorou a Deus com toda a sua essência: corpo e coração. Depois, entregou-se aos Seus pés e clamou! Será

que estamos orando como Ana? Quantos sonhos você está nutrindo que ainda parecem impossíveis? Quando você se dirige a Deus, realmente acredita que Ele é poderoso?

Hoje pode ser o dia de mudar sua abordagem! Espelhe-se em Ana. Tenha a certeza de que esta é a melhor maneira de orar: estar inteiro em cada súplica.

VAMOS ORAR

Pai, reconheço que costumo orar sem a fé que Ana demonstrou. Após esta mensagem, agradeço por me mostrar um exemplo tão vívido e real. Quero estar totalmente presente, de corpo, alma e espírito, em cada oração que fizer. Em nome de Jesus, amém.

ANOTAÇÕES

30 DE AGOSTO

NÃO HÁ AUTORIDADE QUE NÃO PROCEDA DE DEUS

"Obedeçam às autoridades, todos vocês. Pois nenhuma autoridade existe sem a permissão de Deus, e as que existem foram colocadas nos seus lugares por ele." (ROMANOS 13:1)

NAS VÁRIAS OCASIÕES EM QUE LI esse texto, uma ira brotava em meu coração, pois eu não conseguia entender como Deus poderia colocar algumas pessoas em posições de autoridade, já que a maioria delas exerce seus papéis de forma tão cruel! Você e eu ocupamos posições de autoridade, a começar em nossa própria casa. Entenda uma coisa: nada, absolutamente nada mudará no mundo se a transformação não começar dentro do nosso lar!

Quando falamos deste assunto, logo pensamos nos governos que regem o país, o estado e as cidades. Pensamos também em pastores, padres e líderes religiosos que abusam de sua autoridade com pedofilia, exploração de crianças, entre outros crimes. Isso tudo nos revolta, pois, de certa forma, esses indivíduos estão em posições de autoridade. Também existem pais, mães, padrastos e madrastas que, na igreja, são pessoas maravilhosas, se ajoelham, oram, cantam, falam em outras línguas e até choram, mas, ao chegar em casa, agridem o cônjuge e molestam os filhos.

Como está a situação em sua casa? O que você tem ensinado aos seus filhos? Como tem sido como pai/mãe? Você tem se mostrado presente, ausente ou negligente? Precisamos construir um mundo melhor dentro de casa, pois somos nós quem estamos formando uma nova geração de líderes!

VAMOS ORAR

Senhor, sei que preciso estar mais presente na vida dos meus filhos, pois eles são o futuro e poderão ocupar posições de autoridade, guiados pelo amor à Tua Palavra. Concede-me sabedoria para desempenhar meu papel de autoridade conforme a Tua vontade. Em nome de Jesus, amém.

ANOTAÇÕES

_____

_____

_____

_____

_____

31 DE AGOSTO

FAÇA O QUE É BOM

"E aprendam a fazer o que é bom. Tratem os outros com justiça;
socorram os que são explorados, defendam os direitos dos órfãos e protejam as viúvas."
(ISAÍAS 1:17)

HOJE, QUERO CONVIDAR VOCÊ A refletir sobre a verdadeira essência da religião. No livro de Tiago (1:27), Jesus nos revela o que importa sobre esse assunto; ao fazê-lo nos mostra também qual é a nossa missão nesta terra.

Por muito tempo, estive presa a doutrinas religiosas e caí em várias armadilhas impostas por falsos profetas e líderes que infelizmente afetaram toda a comunidade. Estamos cientes de que já vivemos tempos em que os falsos profetas estão se revelando. Quando Isaías nos ensina a fazer o bem, a defender os direitos dos órfãos e das viúvas, a tratar os outros com justiça e a proteger os oprimidos, está nos apresentando a verdadeira religião de Cristo.

Jesus não criou denominações, pois nós somos a Igreja. Desempenhamos esse papel não apenas sentados em um banco, entre quatro paredes, mas praticando a bondade em favor dos nossos irmãos. "Ah, mas na minha igreja temos o ministério social, arrecadamos cestas básicas e ajudamos os necessitados!" — isso é maravilhoso, prossigam! Mas como essa prática se reflete no seu dia a dia?

Como estamos sendo Igreja? Esse é um trabalho contínuo, que requer es-

forço, intenção e dedicação. Certamente, colheremos os frutos dessas ações e contribuiremos para a construção de uma sociedade mais justa e amorosa, pois estaremos proporcionando a todos a oportunidade de experimentar a bondade de Deus.

VAMOS ORAR

Pai, obrigado por esta mensagem. Que ela me inspire a assumir a responsabilidade e a fazer a minha parte, mesmo que eu seja apenas uma formiguinha em meio à multidão. Sei que vou colher os frutos de viver a verdadeira religião em Ti. Fortalece-me e concede-me sabedoria para este novo tempo em minha vida. Em nome de Jesus, amém.

ANOTAÇÕES

SETEMBRO

1º DE SETEMBRO

NÃO TENHA MEDO DE RECOMEÇAR

"Então contei a eles como Deus havia me abençoado e me ajudado. E também contei o que o rei me tinha dito. Eles disseram: 'Vamos começar a reconstrução!' E se aprontaram para começar o trabalho." (NEEMIAS 2:18)

O ATO DE RECOMEÇAR PODE PArecer trabalhoso. No entanto, o que Neemias nos ensina é inspirador: mesmo diante dos escombros, com a cidade em ruínas, ele não hesitou. Compartilhou como Deus o havia abençoado e ajudado, e isso foi o suficiente para animar a todos. O resultado? "Vamos iniciar a reconstrução!", afirmaram, e logo arregaçaram as mangas.

A vida por vezes nos sobrecarrega, destrói nossos muros e derruba nossos sonhos. Tudo fica espalhado no chão, parecendo impossível de ser recolhido e reconstruído. Mas, com Deus, o impossível é apenas o início de um milagre em formação. Quando Neemias compartilhou o que Deus havia feito por ele, o desânimo se transformou em motivação, e o medo foi substituído pela esperança. Se você, neste início de mês, está diante dos escombros do que já foi um sonho, uma meta ou até mesmo um relacionamento e não sabe por onde começar, lembre-se de que Deus é especialista em reviravoltas. Ele pega o que resta, o que consideramos sem solução, e transforma em algo novo, do jeito dEle.

Recomeçar com Deus ao nosso lado é ter a certeza de que o resultado será ainda melhor. Cada pedra recolocada, cada esforço renovado Ele transforma em algo sólido, belo e resistente.

Portanto, não tema. Pode ser desafiador, suas mãos podem tremer, mas não se esqueça: Deus está preparando o caminho. Ele já começou a abençoar cada passo que você está prestes a dar.

VAMOS ORAR

Senhor, dá-me coragem para recomeçar, mesmo quando o medo tenta me paralisar. Que eu consiga enxergar além dos escombros e vislumbrar o que o Senhor está construindo em minha vida. Ajuda-me a confiar em Teu plano. Amém.

ANOTAÇÕES

2 DE SETEMBRO

O QUE FOI ISSO, PEDRO?

"Então Pedro disse: 'Juro que não conheço esse homem! Que Deus me castigue se não estou dizendo a verdade!' Naquele instante o galo cantou [...]" (MATEUS 26:74)

PEDRO SE ACOVARDOU NA CRUCIFIcação. Bastou ouvir a pergunta para perder a compostura. Não foi a arma de um soldado, uma intimidação do Sinédrio ou uma ameaça que o amedrontou. Nada disso. Pedro estava em pânico: não apenas negou o Senhor, mas começou a jurar e amaldiçoar a si mesmo: "Não conheço esse homem!"

Aquele som do galo cantando provavelmente ecoou nos ouvidos de Pedro como um trovão, levando a consciência à dura realidade das palavras de Jesus. Aquele que tinha jurado lealdade inabalável agora se via como alguém que, na hora da verdade, falhou. E fez o que jamais acreditou ser capaz de fazer: negou conhecer seu Mestre — não apenas uma, mas três vezes.

Pedro chorou amargamente. Suas lágrimas eram de dor, vergonha e arrependimento, talvez até de desespero. Ele se viu confrontado com sua fraqueza, sua humanidade. Tantas vezes Pedro quis ser forte, porém descobriu que não era invencível.

Jesus não ficou surpreso com a atitude de Pedro. Ele sabia exatamente o que aconteceria, e mesmo assim o amou. O que deu em Pedro? O que deu em mim e em você? Falhamos com Deus o tempo todo, falhamos com os outros e, por que não dizer, até conosco. Negamos aquilo em que acreditamos; somos levados pelo medo, pela pressão, pelas circunstâncias. Quando a ficha cai, nos sentimos quebrados e arrependidos. Lembre-se: o arrependimento sincero abre o caminho para a graça. E, onde há graça, há renovação.

VAMOS ORAR

Senhor, assim como Pedro, às vezes sou confrontado com a minha fraqueza e falho em ser fiel. Mas hoje venho diante de Ti em arrependimento, pedindo que me perdoes e me restaures. Ajuda-me a viver de acordo com Teu amor e Tua verdade. Em nome de Jesus, amém.

ANOTAÇÕES

3 DE SETEMBRO

ELE NOS DEU PRESENTES

"Como dizem as Escrituras Sagradas: 'Quando ele subiu aos lugares mais altos, levou consigo muitos prisioneiros e deu dons às pessoas.'" (EFÉSIOS 4:8)

JESUS, DEPOIS DE VENCER A morte e o pecado, sobe ao céu como um rei vitorioso, um general que volta da batalha carregando prisioneiros e distribuindo presentes para o seu povo. Mas, ao contrário do que imaginamos, os "prisioneiros" não são inimigos derrotados. Não. É o pecado, a morte e todas aquelas coisas que nos mantinham cativos. Jesus não somente nos libertou como também carregou toda a bagagem pesada com Ele.

A melhor parte dessa história é que Ele não guardou a vitória para si. Jesus nos deu presentes, nos deu dons. Ele deu para cada um de nós algo único e muito especial. Quando subiu ao céu, derramou sobre nós habilidades e talentos, como uma chuva de bênçãos. Esses dons são ferramentas, são nossa maneira de participar dessa vitória.

Agora, pense um pouco: o que você tem feito com o que recebeu? Às vezes esquecemos que fomos capacitados por Deus para fazer a diferença, para edificar e transformar. Tudo isso é fruto da vitória de Cristo.

Amigo, você foi libertado, capacitado e chamado para algo maior. Pare de ficar sabotando seus direitos. Não fique apenas olhando, vendo os dias passarem sem propósito, faça parte dessa vitória. Cristo venceu e, ao vencer, deu a você tudo de que precisava para seguir em frente e fazer a diferença.

VAMOS ORAR

Jesus, obrigado pela Tua vitória e pelos dons que me deste. Às vezes, me sinto pequeno, incapaz, mas lembro que sou parte do Teu plano, parte dessa vitória grandiosa. Ajuda-me a usar o que recebi para Te glorificar e abençoar os outros. Que eu jamais esqueça que, na Tua vitória, eu sou vitorioso. Amém.

ANOTAÇÕES

4 DE SETEMBRO

QUEM É O CAPITÃO DO SEU BARCO?

"Que o Espírito de Deus, que nos deu a vida, controle também a nossa vida!"
(GÁLATAS 5:25)

A VIDA É COMO UM RIO. O ESPÍRIto de Deus é como o leme que nos mantém na rota, evitando que a correnteza do mundo nos arraste por caminhos tortuosos. Ah, quantas vezes tentamos remar sozinhos! Acreditamos ser fortes o suficiente e saber o que é melhor para nós.

Por um período, quis assumir o controle desse leme. Sentia-me capaz de escolher a direção. Afastei-me das orientações centrais e passei a contar uma "historinha" para me convencer de que tudo estava bem. Foi um tempo em que vaguei por caminhos sombrios e me senti sozinha e exausta por carregar a culpa das minhas más decisões. Então lembrei que eu podia buscar a ajuda de alguém que me mostrasse um caminho seguro. Foi aí que o Espírito Santo entrou em cena.

Quando entregamos o controle a Ele, começamos a navegar em águas tranquilas. E isso não significa que não enfrentaremos tempestades — elas certamente surgirão. Porém, quando o Espírito Santo está no comando, as ondas que antes poderiam nos afogar tornam-se desafios que nos fortalecem.

Permitir que o Espírito Santo nos guie é reconhecer e perguntar: "O que o Senhor deseja me ensinar neste momento?" ou "Senhor, como devo agir diante desta tempestade?" É Ele quem nos oferece a coragem necessária para enfrentar mares turbulentos e a sabedoria para encontrar abrigo em portos seguros.

VAMOS ORAR

Deus, quero que o Teu Espírito seja o capitão do meu barco. Que Ele guie minhas escolhas, me mantenha firme nas tempestades e me conduza a águas tranquilas. Entrego o leme a Ti. Que a Tua paz e a Tua sabedoria estejam sempre comigo. Amém.

ANOTAÇÕES

5 DE SETEMBRO

UMA CENA DE HOLLYWOOD

"Então profetizei conforme a ordem que eu havia recebido. Enquanto eu falava, ouvi um barulho. Eram os ossos se ajuntando uns com os outros, cada um no seu próprio lugar." (EZEQUIEL 37:7)

QUAL É O CENÁRIO? VAMOS IMAGInar juntos: um vale repleto de ossos secos, dispersos por todos os lados. Não era somente um retrato de morte, mas uma imagem do fim.

Diante daquela desolação, Ezequiel poderia ter desistido, deixado tudo para trás. No entanto, ele tinha uma missão: levar vida aonde havia apenas poeira e desespero. Ele obedeceu, levantou a voz, e, de repente, o impossível começou a acontecer. Os ossos, que até então eram apenas restos esquecidos, começaram a se mover e se reunir como peças de um quebra-cabeça.

A cena é de Hollywood! Uma representação poderosa do que Deus é capaz de realizar quando tudo parece perdido. Assim como aqueles ossos, nossa vida por vezes se fragmenta em mil pedaços. Mas, quando Deus fala, até o impossível se reorganiza, encontra seu lugar. Ele nos diz: "Calma, estou no controle."

Que área da sua vida parece perdida e sem esperança como esse vale? É hora de parar de olhar para o chão e começar a profetizar. Declare com fé, ciente de que Deus vai restaurar. Quando profetizamos, abrimos espaço para o milagre acontecer.

O que você está esperando? Se Deus está lhe dizendo, profetize! Olhe para a sua vida hoje com esperança e convicção; não há nada que o Senhor não possa restaurar. Abra a boca e profetize!

VAMOS ORAR

Pai, confesso que, às vezes, me sinto em um vale de ossos secos, sem enxergar saída. Mas hoje decido obedecer e profetizar vida onde vejo desespero. Confio que o Senhor transforma o caos em ordem, a morte em vida. Ajuda-me a confiar em Ti, mesmo quando o cenário disser o contrário. Em nome de Jesus, amém.

ANOTAÇÕES

_____

_____

_____

_____

_____

6 DE SETEMBRO

VOCÊ JÁ É ABENÇOADO

"Assim Deus criou os seres humanos; Ele os criou parecidos com Deus. Ele os criou homem e mulher e os abençoou, dizendo: 'Tenham muitos e muitos filhos; espalhem-se por toda a terra e a dominem. E tenham poder sobre os peixes do mar, sobre as aves que voam no ar e sobre os animais que se arrastam pelo chão.'" (GÊNESIS 1:27-28)

QUANDO DEUS SOPROU VIDA em nós, já recebemos a Sua bênção. Não precisamos temer. A maior prova dessa bênção e do imenso amor do Pai foi o plano da cruz. Às vezes, nossa humanidade nos leva a questionar ou, até mesmo, a duvidar. No entanto, ao refletirmos sobre essa mensagem e a ligarmos à ressurreição de Cristo, nosso coração se enche de alegria!

Você consegue sentir o que estou sentindo agora? Como Deus nos ama e faz tudo por nós?! Ele também nos deu uma missão: ter domínio sobre toda a criação, o que implica atitudes de cuidar e multiplicar. Infelizmente, nem sempre compreendemos isso e acabamos fazendo o oposto: destruindo e maltratando.

Hoje, deixo esta reflexão: a convicção da bênção de Deus deve nos levar a viver de acordo com os princípios dEle. Estamos cumprindo a Sua vontade ou nos comportando como agentes da destruição da criação? Pense nisso. Se você ainda não se sente abençoado por Deus, talvez seja porque não conseguiu enxergar essa mensagem de forma clara. Por isso, eu o convido a acolher a bênção que nos acompanha desde o início de tudo. Assim, você poderá identificar o que precisa mudar em sua rotina e seguir a orientação do Senhor. Tenho certeza de que a convicção da bênção nascerá em seu coração.

VAMOS ORAR

Pai, perdoa-me se eu não enxergava essa poderosa mensagem como ela realmente é! Acredito que o Senhor já me abençoou desde antes da fundação do mundo, e acolho esse ensinamento em minha vida. Desejo seguir a Tua orientação e viver conforme Teus princípios. Em nome de Jesus, Amém.

ANOTAÇÕES

7 DE SETEMBRO

EU SOU UM MENSAGEIRO?

"E, todos os dias, no pátio do Templo e de casa em casa, eles continuavam a ensinar e a anunciar a boa notícia a respeito de Jesus, o Messias." (ATOS 5:42)

OS PRIMEIROS SEGUIDORES DE Jesus viviam num mundo que não fazia questão nenhuma de facilitar a situação para eles. Perseguição, ameaças e pressão social batiam à porta. Mesmo assim, lá estavam eles, dia após dia, falando de Jesus para quem quisesse ouvir. Eles sabiam que seguir Jesus não era um compromisso de fim de semana, como ir à igreja aos domingos. Era um esforço diário, um estilo de vida. Eles respiravam o Evangelho, se alimentavam do Evangelho, viviam o Evangelho. O templo era o ponto de encontro, mas a mensagem do Reino não se limitava àquele espaço. Eles saíam carregando a mensagem por onde passavam, de porta em porta, atravessando as ruas, entrando em casas, nas rodas de amigos, nas conversas diárias.

Todos os dias, incansavelmente, havia uma urgência, uma certeza inabalável de que a notícia de Jesus precisava ser anunciada e espalhada. Precisamos ativar a nossa consciência e perguntar: como anda nosso compromisso? O mundo nos oferece milhares de estímulos, o que nos torna vulneráveis a distrações. É fácil perder o foco. Porém, a essência do Evangelho não mudou. Ele ainda é uma luz que brilha na escuridão. A boa notícia de Jesus não será boa se continuar guardada. Ela só cumpre seu propósito quando é compartilhada. A constância dos primeiros cristãos nos ensina a ser ousados, a abrir nossa boca e deixar o coração falar, com amor, com verdade, sabendo que cada dia é uma oportunidade de sermos agentes do Senhor.

VAMOS ORAR

Deus, dá-me um coração que queima por Ti todos os dias. Que eu seja constante em compartilhar o Teu amor; que eu não me cale diante das oportunidades de falar de Jesus. Que minha vida seja uma pregação viva. Em nome de Jesus, amém.

ANOTAÇÕES

8 DE SETEMBRO

É MELHOR SEREM DOIS

"É melhor haver dois do que um, porque duas pessoas trabalhando juntas podem ganhar muito mais." (ECLESIASTES 4:9)

JÁ PERCEBEU COMO AS COISAS simples se tornam mais complexas na ausência de alguém ao nosso lado? Fomos feitos para viver em parceria, unir forças e enfrentar os desafios juntos.

Observe a Bíblia e perceba quantos exemplos ressaltam o poder da parceria. Moisés e Arão, por exemplo: enquanto Moisés tinha a visão, mas enfrentava dificuldades na fala, Arão tinha o dom da eloquência. Juntos, libertaram uma nação inteira! E quanto a Davi e Jônatas? Um era corajoso como um leão; o outro, leal como um cão. Paulo e Barnabé? Um era o visionário; o outro, o encorajador. O resultado? O Evangelho transpassou fronteiras e transformou o mundo.

É intrigante notar que, quando dois ou mais se unem com um propósito comum, algo maior acontece. É como se Deus dissesse: "Eu estou com vocês." A união não apenas soma forças; ela multiplica e transcende. Sozinhos, somos apenas faíscas; juntos, formamos uma chama que ilumina e aquece até os corações mais gelados.

Portanto, a lição é clara: não caminhe sozinho. Não acredite em suportar o peso do mundo nas costas. Busque pessoas que compartilham sua fé, que vibram na mesma sintonia, e una-se a elas. A jornada é longa, mas, na companhia certa, cada passo se torna muito mais significativo. Afinal, não se trata apenas de alcançar a linha de chegada, mas das histórias que construímos ao longo do caminho, lado a lado com aqueles que amamos.

VAMOS ORAR

Senhor, agradeço por me cercar de pessoas que tornam minha vida mais leve e completa. Que eu nunca perca de vista o valor de caminhar junto, de somar forças e dividir fardos. Que eu seja um amigo fiel e um parceiro leal. Em nome de Jesus, amém.

ANOTAÇÕES

9 DE SETEMBRO

NÃO ESCONDA O SEU BRILHO

"Vocês são a luz para o mundo. Não se pode esconder uma cidade construída sobre um monte." (MATEUS 5:14)

VOCÊ JÁ REPAROU QUE, AO viajarmos à noite e nos aproximarmos de uma cidade, conseguimos avistá-la pela luz que ela irradia? Não há como confundir.

É assim que Jesus nos convida a entender o significado de ser luz para o mundo. Sempre digo que não estamos aqui por acaso; afinal, não existem coincidências. Temos uma missão: viver o amor de Deus e refletir Sua graça através de nossa vida.

Quando agimos dessa maneira, não conseguimos ser invisíveis. Somos como uma montanha, visíveis para todos. A luz dissipa as trevas e não pode ser ocultada. Nós somos o farol de Deus aqui na Terra, refletindo Sua luz com a intensidade de uma cidade. Assim, iluminamos o caminho daqueles que estão perdidos e desesperados.

Recebo diversas mensagens de pessoas que precisam apenas de um raio de luz, uma palavra de apoio, um gesto de carinho ou simplesmente alguém que as escute. Acredito que com você não é diferente. Quando nos dispomos a deixar a Luz de Cristo brilhar através de nós, glorificamos a Deus com nosso coração e, em retorno, recebemos inúmeras bênçãos dEle.

Você se lembra da lei da semeadura? Nada se perde!

Todas essas experiências nos transformam e nos tornam poderosos testemunhos de esperança para aqueles que ainda não conhecem a Cristo.

VAMOS ORAR

Pai, agradeço por me chamar a ser luz do mundo. Ajuda-me a enxergar as oportunidades de refletir Tua glória através do meu ser. Quero ser um testemunho vivo do Teu amor e gerar esperança para aqueles que ainda não conhecem a Tua palavra! Em nome de Jesus, amém.

ANOTAÇÕES

10 DE SETEMBRO

DESISTIR NÃO É UMA OPÇÃO!

"Fiz o melhor que pude na corrida, cheguei até o fim, conservei a fé."

(2 TIMÓTEO 4:7)

PAULO NOS ENSINA A IMPORtância da perseverança; perto do fim, ele escreve a Timóteo para compartilhar a metáfora da corrida, que ele utiliza para ilustrar a nossa jornada. Porém, enquanto estivermos vivos, é essencial incorporar essa mensagem ao nosso cotidiano e aprender algo extraordinário com ela.

Vamos imaginar que essa corrida represente os desafios que você tem enfrentado. Existem momentos nos quais parece que você não conseguirá prosseguir, que será mais fácil desistir e partir para outra empreitada.

Às vezes o desânimo nos atinge e começamos a fazer de qualquer jeito as tarefas. Podem ser coisas simples, como cuidar da casa e dos filhos, cumprir uma atividade no trabalho ou desenvolver um projeto pessoal. Não sei o que tem dominado seus dias, mas você tem a clareza do que precisa enfrentar.

Em muitos textos, somos incentivados a perseverar até o fim. Você se lembra de quando Salomão afirma que é melhor o fim do que o início? Assim, convido você a continuar essa corrida, dando o seu melhor, independentemente do desafio ou da situação. Não pare! Não desista!

Mantenha a fé, acredite e você certamente chegará ao final dessa corrida como um verdadeiro vencedor. Na verdade, mais do que um vencedor! Vamos juntos nessa?

VAMOS ORAR

Senhor, ajuda-me a persistir e a dedicar-me a cada desafio que estou enfrentando neste momento. Concede-me Tua força e determinação para continuar, mesmo nos momentos mais difíceis. Assim, quando chegar a hora dos meus últimos dias, poderei afirmar que venci cada fase desta corrida. Em nome de Jesus, amém.

ANOTAÇÕES

11 DE SETEMBRO

VOCÊ É FIEL?

"Feliz é aquele que nas aflições continua fiel! Porque, depois de sair aprovado dessas aflições, receberá como prêmio a vida que Deus promete aos que o amam."

(TIAGO 1:12)

TIAGO NOS APRESENTA UMA PERSpectiva desafiadora sobre como encarar as aflições que nos são impostas ao longo da vida. Ele lembra que a fidelidade a Deus em tempos de dificuldade não é apenas uma prova da nossa fé, mas uma etapa essencial para sermos verdadeiramente aprovados.

Quando foi a última vez que você foi tentado? É importante lembrar que a tentação — o desejo de ter ou fazer alguma coisa que você sabe que deveria evitar — nunca vem de Deus. Ela vem dos desejos carnais dentro de nós, os quais, se não forem inibidos, levam a atos pecaminosos. Quando for tentado, reconheça que Deus não está testando você; ao contrário, Ele quer lhe dar força para vencer a tentação que você está enfrentando.

A Bíblia não fala de uma felicidade superficial e efêmera, mas de uma alegria genuína e profunda, que vai além da satisfação espiritual que encontramos ao viver em obediência a Deus, mesmo em tempos desafiadores.

Durante as aflições, muitas vezes nos sentimos desanimados e tendemos a questionar o propósito das dificuldades que enfrentamos. No entanto, a paz que excede todo entendimento surge quando permanecemos fiéis, confiando que Deus está agindo em nós e através de nós.

A grande recompensa que Deus oferece àqueles que enfrentam as provações com fidelidade é a vida que Ele sonhou para nós: uma vida plena e abundante.

VAMOS ORAR

Pai, obrigado pela promessa da vida! Desejo ser fiel e aprovado, sempre confiando no Teu propósito para aqueles que Te amam. Ajuda-me a enfrentar as aflições com fé e coragem, acreditando no Teu plano. Que cada provação me aproxime mais de Ti e do prêmio que tens reservado para mim. Em nome de Jesus, amém.

ANOTAÇÕES

12 DE SETEMBRO

A NOSSA MAIOR RIQUEZA E ALEGRIA

"Os teus ensinamentos são a minha riqueza para sempre; eles são a alegria do meu coração." (SALMOS 119:111)

ALÉM DE SEREM A NOSSA VERDAdeira riqueza, os ensinamentos divinos são a alegria que habita nosso coração. Encontramos a verdadeira felicidade ao vivermos de acordo com as diretrizes de Deus, pois elas nos conduzem a uma existência plena e significativa. Essa alegria não é superficial ou efêmera; ao contrário, é profunda e duradoura, enraizada na eterna verdade do Reino.

Como reagiríamos ao encontrar uma pedra preciosa? Sem dúvida, desejaríamos apreciá-la, protegê-la e guardá-la em um lugar seguro. Assim é a Palavra de Deus: ela é a nossa riqueza espiritual e emocional, pois aprendemos a gerir nossas emoções por meio dela.

Não passo um dia sem dedicar tempo à Palavra de Deus, desconstruindo e reconstruindo ensinamentos. Em momentos de tribulação, são os ensinamentos do Senhor que me trazem esperança e consolo, pois é por meio da Bíblia que me recordo do Seu amor inabalável.

Você já experimentou meditar na Palavra em meio às tempestades da vida? Fazer isso com frequência encherá seu coração do amor do Senhor. Posso assegurar que essa é a melhor forma de nos conectarmos com Ele. Assim, construímos um relacionamento íntimo com nosso Pai. À medida que aprofundamos nossa compreensão a respeito da Palavra de Deus, nosso amor por Ele se expande, e a alegria que sentimos ao seguir Seus ensinamentos se torna ainda mais intensa.

VAMOS ORAR

Senhor, obrigado por Teus ensinamentos, que são a verdadeira riqueza e alegria do meu coração. Ajuda-me a valorizar e priorizar Tua Palavra em minha vida, buscando sempre compreender Teus princípios e desenvolver maior intimidade Contigo. Em nome de Jesus eu oro. Amém.

ANOTAÇÕES

13 DE SETEMBRO

AMIGOS ALEGRAM O CORAÇÃO

"Um olhar amigo alegra o coração; uma boa notícia faz a gente sentir-se bem."
(PROVÉRBIOS 15:30)

SABE AQUELE OLHAR QUE ACO-lhe, aquele sorriso que tranquiliza? Deus me presenteou com uma amizade assim. Ariely, minha fiel amiga que consegue me decifrar. Sou grata por sua vida!

Um olhar pode ser um farol em meio à tempestade, uma brisa suave em um dia quente, um abraço silencioso que diz: "Estou aqui com você." Como algo tão simples pode ter um efeito tão profundo!

A vida é cheia dessas nuanças, né? Com altos e baixos, momentos de alegria e dias de desafios. Nos períodos mais difíceis, um olhar amigo pode fazer toda a diferença. É como se o mundo desacelerasse por um instante e você se sentisse visto, compreendido e acolhido. Um olhar pode transformar um coração pesado em um balão livre pelo céu.

E quando recebemos uma boa notícia? É como ganhar um presente. Pode ser algo trivial, mas nos aquece por dentro. Eleva o ânimo e espalha um bem-estar durante todo o dia. É o tipo de coisa que nos faz sorrir à toa, fazendo-nos lembrar que ainda há muitas coisas boas a acontecer.

No fundo, Provérbios nos lembra: seja aquele que oferece um olhar amigo, que compartilha boas notícias. Ser luz na vida de alguém não se resume a realizar grandes gestos, mas a estar presente nas pequenas ações. Um olhar, uma palavra podem ser tudo de que alguém precisa para sair da escuridão.

Vamos fazer um amigo feliz hoje?

VAMOS ORAR

Senhor, que nunca nos esqueçamos do poder que um gesto simples pode ter. Ensina-nos a ser aquele olhar acolhedor, aquela palavra consoladora, aquela boa notícia que eleva o espírito. Que possamos ser instrumentos da Tua paz e alegria, sempre. Amém.

ANOTAÇÕES

14 DE SETEMBRO

A SABEDORIA QUE NOS LIVRA DO PERIGO

"As palavras dos maus destroem os outros, mas a sabedoria livra do perigo os homens corretos." (PROVÉRBIOS 11:9)

O LIVRO DE PROVÉRBIOS NOS LEMbra: as palavras dos malignos são como lâminas afiadas — ferem profundamente e, com frequência, deixam cicatrizes irreparáveis. Entendo que algumas parecem inofensivas, mas elas escondem um veneno que se dissemina devagar. Uma crítica, um comentário malicioso, uma fofoca corrosiva — tudo isso enfraquece a confiança, destrói relacionamentos e semeia discórdia. Quem nunca sentiu o impacto de uma palavra mal colocada? É como um soco no estômago.

Por outro lado, a sabedoria é como uma bússola que sempre indica o norte, não é verdade? Ela nos conduz pelo caminho certo, nos protege das armadilhas das palavras maldosas e nos ensina a nos expressar com cautela. Não se trata apenas de saber o que dizer, mas de compreender o impacto que nossas palavras podem ter. A sabedoria nos resguarda, acalma e cura. É aquela voz interior que nos aconselha: "Respire fundo, pense antes de falar."

No fundo, o que Provérbios nos ensina é que temos a capacidade de escolher. Podemos ser aqueles que atiram pedras ou aqueles que acendem luzes. Podemos permitir que as palavras malignas nos destruam ou podemos nos revestir da armadura da sabedoria e seguir adiante, sem carregar os fardos que não nos pertencem. Afinal, palavras podem ser tanto pedras que ferem quanto sementes que florescem. A escolha é nossa.

VAMOS ORAR

Senhor, que eu possa ser um instrumento de encorajamento, amor e cura para aqueles que estão ao meu redor. Livra-me de proferir palavras que causem dor ou destruição. Concede-me discernimento para saber quando falar e quando silenciar, e que minhas palavras sejam sempre um reflexo da Tua sabedoria e graça. Em nome de Jesus, amém.

ANOTAÇÕES

15 DE SETEMBRO

VOCÊ ESTÁ COM SEDE?

"O último dia da festa era o mais importante. Naquele dia Jesus se pôs de pé e disse bem alto: 'Se alguém tem sede, venha a mim e beba.'" (JOÃO 7:37)

JESUS FALOU ESSAS PALAVRAS em um dia bem movimentado em Jerusalém. As ruas estavam lotadas em razão da Festa dos Tabernáculos, comemoração anual que encenava o milagre de Moisés de extrair água da pedra. Durante sete dias, todas as manhãs um sacerdote enchia uma jarra dourada com água e carregava até o templo numa fila enorme de pessoas. Ao som da trombeta, ele derramava a água na base do altar. Era um pedido de bênção, de chuva, mas também uma lembrança de que Deus cuida do seu povo.

No último dia da cerimônia, o mais importante da festa, Jesus se levanta. No meio da multidão, em meio ao barulho das celebrações, Ele fala o extraordinário: "Bebam de mim! Vocês estão buscando água aqui, mas eu sou a fonte verdadeira. Eu sou a água viva de que vocês precisam."

Cada palavra dessa promessa é valiosa! "Se alguém tem sede." Em outras palavras, não importa a cor da pele, o salário ou o histórico de vida. Existe apenas uma qualificação. "Se alguém tem sede", e não "se alguém é digno, qualificado, bem-treinado ou inteligente." Tudo que a pessoa precisa fazer é confessar sua sede.

Aquele povo tinha sede de paz, de propósito, de vida verdadeira, e nem sabia. E Jesus estava lá, oferecendo exatamente isso. Vivemos correndo, buscando um jeito de preencher o vazio, tentando matar a sede com coisas que não duram. Porém nada disso resolve. Jesus continua oferecendo a água viva, aquela que preenche o coração e transforma nossa vida.

VAMOS ORAR

Jesus, quantas vezes tentei saciar minha sede com coisas que não me preenchiam... Perdoa-me por buscar nas fontes erradas. Eu quero beber da Tua água viva, aquela que transforma, que traz vida de verdade. Em Teu nome, amém.

ANOTAÇÕES

16 DE SETEMBRO

TENHA DISCERNIMENTO

"Examinem tudo, fiquem com o que é bom e evitem todo tipo de mal."

(1 TESSALONICENSES 5:21-22)

ESTAMOS SEMPRE DIANTE DE uma infinidade de escolhas. A cada esquina, há uma placa reluzente indicando caminhos a seguir. E, convenhamos, nem sempre é fácil decidir qual rota tomar. Nesse cenário, Paulo nos oferece uma preciosidade: "Examinem tudo, fiquem com o que é bom e evitem o mal." Primeiro, "examinem tudo". Não se trata de aceitar qualquer coisa que nos aparece, mas de ativar nossa mente, observar com atenção e ponderar as opções. Precisamos filtrar, separar o que realmente vale a pena. Nada de engolir tudo que nos oferecem!

Em seguida, "fiquem com o que é bom". Embora pareça óbvio, essa escolha não é tão simples. O que é bom nem sempre é a opção mais fácil ou rápida. Porém, é o que nutre, fortalece e faz a alma verdadeiramente sorrir. É como escolher entre um *fast-food* e uma refeição caseira — enquanto o primeiro pode ser tentador, a segunda realmente sacia. É disto que Paulo está falando: agarre-se ao que traz bem, que eleva você e contribui para seu crescimento pessoal.

Por fim, "evitem o mal". Aqui não há espaço para hesitações. Não se trata de negociar ou ficar em cima do muro. O mal, mesmo quando disfarçado, é um veneno que corrói lentamente. É fundamental extrair o mal pela raiz, antes que ele ganhe força e comece a influenciar nossas decisões.

VAMOS ORAR

Senhor, peço que me concedas sabedoria e discernimento para seguir o caminho certo. Que eu possa examinar todas as opções à luz da Tua verdade, escolhendo sempre o que é bom e rejeitando tudo o que não Te agrada. Ajuda-me a identificar e evitar o mal, afastando-me de tudo que possa me afastar de Ti. Em nome de Jesus, amém.

ANOTAÇÕES

17 DE SETEMBRO

SUAS LÁGRIMAS DARÃO FRUTOS

"Que aqueles que semeiam chorando façam a colheita com alegria!"
(SALMOS 126:5)

EU JÁ VIVI MUITOS MOMENtos em que as lágrimas pareciam não ter fim. E acredito que você também já passou por experiências assim, ou talvez esteja passando por uma delas agora. Não sei quais motivos levaram suas lágrimas a cair, mas tenho certeza de uma coisa: elas darão frutos.

A Palavra nos ensina que o Espírito Santo recolhe nossas lágrimas em um odre, e os nossos pedidos são apresentados com gemidos inexprimíveis. Às vezes, imagino a dor que Ele sente ao nos ver sofrer, pois não foi para isso que Deus nos criou.

Se você ainda se vê em uma situação que o faz chorar, convido-o a buscar consolo na Palavra de Deus, pois encontrará alívio para a dor. Lembre-se de que você não está sozinho. Continue sua caminhada, mesmo em meio às lágrimas! Não pare! O Espírito Santo está ao seu lado a todo momento, e a promessa é que colheremos com alegria todas as sementes que plantamos em momentos de tristeza.

Você consegue acreditar nesta maravilhosa notícia?

Saiba que não é necessário ser forte para vencer; na verdade, você pode conquistar, mesmo cambaleando, chorando, caindo e levantando-se. O importante é seguir em frente na sua jornada, pois as lutas não durarão para sempre. O tempo da colheita está próximo!

VAMOS ORAR

Senhor, agradeço a sua promessa de que aqueles que semeiam com lágrimas colherão com alegria. Ajuda-me a perseverar em meio às dificuldades, confiando que estás comigo a cada passo. Fortalece a minha fé e renova a minha esperança. Quando a colheita de alegria chegar, que meu coração transborde gratidão e louvor a Ti. Em nome de Jesus, amém.

ANOTAÇÕES

18 DE SETEMBRO

O AMOR INCONDICIONAL DE DEUS

"Foi assim que Deus mostrou o seu amor por nós: ele mandou o seu único Filho ao mundo para que pudéssemos ter vida por meio dele." (1 JOÃO 4:9)

A GENTE COSTUMA DIZER QUE ama uma boa pizza, uma série na Netflix ou aquele café quentinho pela manhã... Mas, quando nos referimos ao amor de Deus, a conversa ganha outra dimensão. Não se trata de um amor qualquer. É um amor que transforma vidas, que desafia o impossível, que realiza aquilo a que ninguém mais se atreveria.

Pense nisto: Deus enviou Seu único Filho ao mundo. E não estamos falando de um "filho" qualquer, mas dO Filho, o tesouro mais precioso do coração do Pai. É impensável o peso dessa decisão! E por quê? Porque o amor dEle é imensurável e grandioso. Mesmo ciente de tudo que Jesus enfrentaria — a dor, a rejeição, a crucificação —, Deus decidiu enviar o Filho por amor a mim, a você, a todos nós. E o mais extraordinário? Ele fez isso para que tivéssemos vida. E não uma vida qualquer. É uma vida plena, vibrante, abundante, que faz o coração pulsar com intensidade, que põe cor onde antes havia apenas cinza.

Sem Jesus, estávamos na escuridão, presos em um beco sem saída. Mas Deus, em Sua imensa bondade, abriu um novo caminho.

O amor de Deus não é uma ação concreta. É um amor que desceu do céu e se fez carne, que se tornou presente entre nós. E esse amor não é distante; ele é real — é aqui e agora! Deus demonstrou, de forma definitiva, quanto nos ama. E, quando entendemos isso de verdade, não há como nossa vida continuar a mesma. O amor dEle muda tudo!

VAMOS ORAR

Pai, reconheço que nada se compara ao Teu amor, que enviou Jesus para nos dar vida, uma vida plena e abundante. Ajuda-me a compreender cada vez mais a profundidade desse amor, para que ele transforme cada área da minha vida. Em nome de Jesus, amém.

ANOTAÇÕES

19 DE SETEMBRO

A ALMA GRITA!

"Como sou infeliz! Quem me livrará deste corpo que me leva para a morte?"
(ROMANOS 7:24)

ESSA CONFISSÃO REPRESENTA um ponto de exclamação na memória de Paulo acerca da sua vida antes de Cristo. Todos os dias eram de derrota para ele. Muitas pessoas se sentem dessa maneira. Para elas, as tentações de hoje vieram para ficar.

Você já se olhou no espelho e sentiu que travava uma batalha consigo mesmo? A vida se transformou em um ringue, e o adversário mais desafiador é aquele que reside dentro de nós. É clássica a situação de saber o que é certo, mas, no momento decisivo, acabar fazendo o que não deveríamos. Paulo expressa um conflito que todo ser humano carrega dentro de si. Ele dizia: "Sozinho eu não consigo!" E quem de nós nunca se sentiu assim? A realidade é que, por mais que nos esforcemos para nos libertar de nossos erros e falhas, parece que estamos constantemente tropeçando nas mesmas pedras.

Se você também pensa assim, observe o que Paulo escreveu alguns versículos adiante. Romanos 8 traz um testemunho de libertação. Em contraste com o versículo anterior, aqui Paulo fala de vitória, certeza e graça. O que mudou?

O capítulo 7 de Romanos representa o apóstolo vivendo sob a antiga lei (Romanos 7:9), enquanto o capítulo 8 representa sua vida sob o Espírito.

Agora tudo ganha sentido. A libertação que buscamos não está em nossa própria força, pois, convenhamos, ela é falha. Em outras palavras, a vitória sobre o pecado resulta da presença do Espírito de Deus em nossa vida.

VAMOS ORAR

Senhor, reconheço minhas fraquezas e lutas internas, sabendo que, por minhas próprias forças, não consigo vencer ciclos viciosos que me prendem. Peço que o Teu Espírito Santo me guie e me transforme. Em nome de Jesus, amém.

ANOTAÇÕES

20 DE SETEMBRO

A INTEGRIDADE DE JÓ

"Na terra de Uz morava um homem chamado Jó. Ele era bom e honesto, temia a Deus e procurava não fazer nada que fosse errado." (JÓ 1:1)

JÓ É UM PODEROSO TESTEMUnho para nossa vida, refletindo seu temor a Deus e sua retidão. Apesar do imenso desespero que enfrentou, ele nunca murmurou; pelo contrário, se manteve em louvor — diferentemente de nós, que diante de qualquer problema, por mais simples que seja, como uma dor de cabeça, já começamos a reclamar.

Você já percebeu como isso se tornou uma reação automática em nossa vida? Na maioria das vezes, ao nos depararmos com um obstáculo, a primeira atitude que tomamos é nos queixar, protestar e questionar!

Seremos capazes de agir como Jó?

O convite de hoje é para que olhemos nossos problemas e louvemos a Deus. Que possamos enfrentar as situações que tentam nos derrubar e, em vez de nos lamentar, agradecer a Deus!

E então? Aceita o meu convite?

Sei que não será fácil, mas, se Jó conseguiu, nós também podemos. Ele agradava ao Senhor por causa de seu coração humilde e íntegro. Mesmo quando sua esposa o amaldiçoou, nada fez Jó se desviar de seu propósito.

Não deixe para depois! Olhe para a vida de Jó e, se necessário, leia o livro que narra sua história, a fim de compreender melhor seu comportamento e suas atitudes. Assim, você também poderá ter a honra de dizer a Deus: "Agora eu Te vejo com os meus próprios olhos, e não apenas de ouvir falar."

VAMOS ORAR

Senhor Jesus, ajuda-me a viver uma vida de retidão e temor, evitando o mal, independentemente das circunstâncias que me cercam. Que eu encontre inspiração na história de Jó para permanecer firme na minha fé e confiança em Ti, mesmo nos momentos mais desafiadores. Em Teu nome, amém.

ANOTAÇÕES

21 DE SETEMBRO

QUANDO ACHAMOS QUE TUDO ACABOU...

"E as mulheres disseram a Noemi: 'Louvado seja o Senhor, que lhe deu hoje um neto para cuidar de você! Que este menino venha a ser famoso em Israel.'" (RUTE 4:14)

EMBORA NOEMI TIVESSE NOTÁveis virtudes, a Bíblia não hesita em revelar seu momento de maior fragilidade. Ao retornar à sua terra natal, imersa na dor do luto, decidiu mudar de nome. Deixou de ser chamada Noemi, que significa "agradabilidade", para adotar o nome Mara, que significa "amargurada". Após tantas tragédias, ela se sentia profundamente amarga.

Noemi chegou a acreditar que Deus a havia abandonado. Entretanto, o Senhor estava preparando algo belo e extraordinário para ela. Ele trouxe Rute, a nora que se tornou um instrumento do amor divino, a luz que iluminou o caminho de Noemi em meio à escuridão.

O amor de Rute por Noemi é verdadeiramente inspirador. Uma nora que, mesmo sem obrigação, escolheu ficar ao seu lado, compartilhando as dores da sogra desolada. Obede, o menino que chegou para trazer alegria e esperança de volta a Noemi, carregava a promessa de que Deus não a havia esquecido. Ele era mais do que um neto; era Deus dizendo: "Eu estou aqui, eu cuido de você."

Talvez você esteja passando por um momento semelhante à fase de amar-

gura de Noemi e tenha, por vezes, pensado que Deus o abandonou. Contudo, mesmo quando não conseguimos enxergá-Lo, Ele está presente, alinhando as circunstâncias e preparando o cenário para que, no momento certo, você possa vislumbrar a luz que brilha.

VAMOS ORAR

Pai, às vezes me sinto imerso em momentos de dor e amargura, pensando que estou sozinho. Mas hoje reconheço que, mesmo nos meus dias mais sombrios, Tu estás comigo, preparando algo belo e extraordinário para mim. Ajuda-me a confiar em Teu plano e a perceber o Teu cuidado. Em nome de Jesus, amém.

ANOTAÇÕES

22 DE SETEMBRO

CUIDADO COM A SUA AMBIÇÃO

"Quem ama o dinheiro nunca ficará satisfeito; quem tem a ambição de ficar rico nunca terá tudo o que quer. Isso também é ilusão." (ECLESIASTES 5:10)

A AMBIÇÃO À QUAL O TEXTO se refere é aquela que leva o indivíduo a fazer qualquer coisa em nome do dinheiro. Isso pode gerar um comportamento ganancioso: a pessoa está sempre insatisfeita e deseja acumular cada vez mais. Essa busca desenfreada por bens materiais pode nos fazer esquecer que nossa verdadeira riqueza está em Deus. Portanto, é fundamental que examinemos qual motivação tem predominado em nosso coração.

O nosso propósito deve nos guiar para que a ambição não nos domine; ao vivermos segundo esse propósito, seremos capacitados a desfrutar o melhor que a vida tem a oferecer, sempre alinhados aos princípios do Reino.

Não se deixe enganar! Como Salomão sabiamente disse, tudo é vaidade, incluindo a ambição e a ganância.

Quero trazer um alerta ao seu coração e incentivá-lo a refletir sobre seu comportamento em relação ao dinheiro. Você aceita qualquer proposta apenas porque a compensação financeira é atraente?

Com nossa natureza humana, é fácil deixar nossos olhos brilharem e cair em armadilhas que parecem vantajosas. No entanto, ao estarmos envolvidos, podemos perceber que o banquete prometido é bem diferente do que esperávamos.

Deus nos convida a encontrar contentamento em Sua provisão e a confiar nEle, sabendo que Ele cuidará de nós.

VAMOS ORAR

Pai, perdoa-me por buscar segurança e significado nas coisas materiais. Ajuda-me a encontrar contentamento em Ti e em relacionamentos saudáveis, em lugar de perseguir riquezas que nunca podem satisfazer verdadeiramente. Que meu coração busque primeiro o Teu Reino e a Tua justiça. Em nome de Jesus, amém.

ANOTAÇÕES

23 DE SETEMBRO

QUALQUER SITUAÇÃO

"Com a força que Cristo me dá, posso enfrentar qualquer situação."

(FILIPENSES 4:13)

A VIDA, DE FATO, NÃO VEM COM um manual. Um dia tudo está em harmonia e, no outro, somos surpreendidos por uma tempestade que parece interminável. Em meio a esse turbilhão, recordamos as palavras de Paulo: "Com a força que Cristo me dá, posso enfrentar qualquer situação."

Paulo, um homem que vivenciou tantas adversidades, compartilha essa mensagem com a serenidade de quem sabe que uma força superior o sustenta. Ele não se referia a uma força qualquer, dessas que tentamos encontrar dentro de nós e que, ao primeiro obstáculo, nos decepcionam. Não. A força de Cristo é algo extraordinário. Essa força não depende de como nos sentimos ao acordar ou de estarmos em um dia bom ou ruim. Ela permanece constante, firme e sólida, sustentando-nos quando o chão parece desvanecer. Nos momentos de dificuldade, é Cristo quem nos fornece a energia e a coragem necessárias para prosseguir, mesmo diante do medo.

Portanto, se hoje você enfrenta um grande desafio, lembre-se disto: você não está sozinho. A força que emana de Cristo é real e palpável. Ela nos levanta, nos apoia quando as pernas tremem e nos faz acreditar que é, sim, possível seguir em frente. Com Ele, não há barreira intransponível nem tempestade que não possa ser superada. Afinal, a força dEle é o que realmente transforma a nossa realidade.

VAMOS ORAR

Senhor, obrigado por me lembrar de que não preciso enfrentar as dificuldades da vida com minhas próprias forças. Quando as tempestades surgem e tudo parece desmoronar, sei que posso contar com a força de Cristo em mim. Dá-me a coragem e a confiança necessárias para seguir em frente, mesmo quando o caminho parece impossível. Em nome de Jesus, amém.

ANOTAÇÕES

24 DE SETEMBRO

JULGUE COM JUSTIÇA

"Parem de julgar pelas aparências e julguem com justiça."
(JOÃO 7:24)

JULGAR FAZ PARTE DO NOSSO LI-vre-arbítrio, pois diariamente somos levados a tomar decisões que envolvem julgamento. Isso vale para a escolha de uma profissão, as diversas resoluções que precisamos tomar, entre outras questões. Vamos acalmar a mente e o coração com algumas dicas de como podemos julgar com justiça e retidão.

A Palavra de Deus nos ensina que todas as coisas boas vêm dEle, enquanto aquilo que não é bom tem origem no diabo, que nos incita ao pecado e ao mal. Para ajudá-lo nesse processo, considere as seguintes perguntas: "Essa decisão me traz paz ou dúvida?", "Com essa escolha, estou fazendo o bem?", "Essa pessoa ou decisão me ajuda a amar a Deus e a servi-Lo ainda mais?", "Com essa escolha, estarei condenando alguém e emitindo um veredicto que não é meu papel?".

Se todas as suas respostas estiverem alinhadas com os princípios de Deus, você estará julgando com justiça. Caso contrário, reflita sobre suas escolhas e decisões. Responda a essas perguntas quantas vezes for preciso, até que encontre a paz necessária para agir!

Que esta reflexão ajude você a compreender a lição de maneira leve e prática. Assim, conseguiremos nos livrar do fardo do julgamento que muitas vezes carregamos em vão!

VAMOS ORAR

Senhor Jesus, sei que tomar decisões e fazer julgamentos é parte da minha vida diária, mas peço que me concedas sabedoria para julgar com justiça e retidão. Ajuda-me a alinhar minhas escolhas com os Teus princípios, buscando sempre a paz e o bem. Livra-me do peso de julgamentos desnecessários. Em Teu nome, amém.

ANOTAÇÕES

25 DE SETEMBRO

FOGO DE JUSTIÇA E RENOVAÇÃO

"Os povos de Judá e de Israel serão como labaredas de fogo. Eles destruirão os descendentes de Esaú, como o fogo devora a palha; nenhum dos edomitas escapará. Eu, o Senhor, falei." (OBADIAS 1:18)

IMAGINE UM FOGO QUE COMEça pequenininho, uma faísca só, mas que vai crescendo, ganhando força e, de repente, ninguém mais consegue pará-lo. O profeta Obadias usa essa imagem poderosa para falar do que Deus faria com os edomitas, o povo que, na sua arrogância, virou as costas a Judá, seus próprios irmãos.

Esse fogo, que vai de Judá a Israel, simboliza o zelo de Deus pelos Seus. É como se Ele dissesse: "Vocês podem até pensar que estão no controle, mas, no final, Eu sempre tenho a última palavra." E, quando essa palavra vem, ela não é só dita, ela é vivida. A justiça de Deus, quando começa a arder, queima o que é falso, o que é vazio, o que é puro orgulho.

Muitas vezes passamos por situações nas quais parece que a injustiça vai vencer, que o mal vai se dar bem. Mas o que Obadias nos lembra é que o fogo de Deus ainda queima, silencioso, paciente, mas certeiro. Quando tudo parecer confuso, quando o mundo parecer tomado por um caos sem fim, lembre-se: o fogo de Deus não é apenas destruição, é também renovação. É o tipo de fogo que traz vida, que purifica o coração e a alma, que faz brotar algo novo e puro. O fogo que destrói os edomitas é o mesmo que renova Judá e Israel. É o mesmo fogo que quer renovar a sua vida hoje.

VAMOS ORAR

Senhor, ajuda-nos a entender o Teu fogo como um sinal do Teu cuidado e da Tua justiça. Que possamos deixar queimar em nós tudo o que não Te agrada, para que sejamos purificados e renovados pelo Teu amor. Que o Teu fogo leve luz, clareza e transformação aonde só há escuridão e confusão. Em nome de Jesus, amém.

ANOTAÇÕES

26 DE SETEMBRO

AUTORIDADE E MISSÃO

"Jesus chamou os doze discípulos e lhes deu poder e autoridade para expulsar todos os demônios e curar doenças. Então os enviou para anunciarem o Reino de Deus e curarem os doentes." (LUCAS 9:1-2)

JESUS REÚNE OS DOZE DISCÍpulos e, sem rodeios, confere-lhes uma missão significativa. Ele não apenas descreve o que devem fazer, mas também lhes fornece as ferramentas necessárias. Poder e autoridade. Esses homens comuns, que até então se dedicavam à pesca ou à cobrança de impostos, agora se lançam em uma missão de expulsar demônios e curar enfermidades. Cristo deu a eles tudo de que precisavam para cumprir sua missão. E o mais interessante é que essa autoridade que Jesus conferiu aos doze não está apenas restrita ao passado; ela permanece acessível a nós, aqui e agora. Todos nós também somos convocados a fazer parte dessa missão, a dar continuidade ao que Ele iniciou.

A chave é entender que essa autoridade não se origina de nossa força, nosso carisma ou nossas habilidades. Ela provém de Jesus. É o nome dEle que abre portas, quebra cadeias, cura e liberta. Portanto, quando a insegurança ou a dúvida surgirem, e a pergunta "Será que consigo?" vier à tona, precisamos lembrar que não estamos sozinhos. Jesus já nos proporcionou tudo de que necessitamos. A missão que Jesus nos confia é clara: anunciar o Reino, trazer esperança, cura e libertação. Ele nos assegura que não precisamos realizar isso com nossas próprias forças. O poder dEle está com você em cada passo, em cada palavra, em cada ato.

VAMOS ORAR

Senhor Jesus, obrigado por confiar a mim a missão de continuar o Teu trabalho aqui na Terra. Tu me deste poder e autoridade para realizar a Tua vontade e, por isso, não preciso temer. Ajuda-me a lembrar que essa autoridade vem de Ti, e não de minhas próprias forças. Em Teu nome, amém.

ANOTAÇÕES

27 DE SETEMBRO

DEUS OUVE O HONESTO

"Quando as pessoas honestas chamam o Senhor, ele as ouve e as livra de todas as suas aflições." (SALMOS 34:17)

VOCÊ JÁ TEVE AQUELE DIA em que tudo pareceu desmoronar? Quando, ao olhar ao redor, só conseguiu enxergar problemas surgindo a todo instante? É nesses momentos que o coração grita, mas o eco ressoa vazio. Surge a pergunta: "Será que Deus está me ouvindo?"

Tenho uma boa notícia para você: "Sim, Ele ouve. E faz muito mais do que isso: Ele age." Quando você clama, não pense que suas palavras são levadas ao vento. Deus, como um pai amoroso e atento, inclina seus ouvidos para nós. Ele escuta cada palavra, cada suspiro que emitimos. E, quando menos esperamos, o alívio chega à nossa vida. Vale lembrar que o socorro de Deus pode não corresponder às nossas expectativas, pois Ele sabe perfeitamente que, muitas vezes, o que pedimos não é exatamente o que precisamos. O Senhor não quer apenas resolver nossos problemas; Ele almeja transformar nossa vida.

É impressionante como, no meio das crises mais profundas, conseguimos descobrir o verdadeiro poder do livramento. Quando parece que chegamos ao fundo do poço, é nesse exato momento que Deus estende a mão para nos resgatar. Ele mergulha fundo, purifica a bagunça que somos e nos levanta, colocando-nos de pé novamente.

Deus ouve você. Deus responde ao seu clamor. O resgate dEle surge como uma brisa suave que renova e revigora suas forças. Mesmo quando tudo à sua volta parecer desmoronar, Ele jamais abandonará você.

VAMOS ORAR

Senhor Jesus, clamo a Ti com um coração sincero, sabendo que me ouves. Concede-me a força de que necessito e livra-me das minhas aflições. Que eu possa perceber o Teu agir na minha vida. Em Teu nome, amém.

ANOTAÇÕES

28 DE SETEMBRO

PROMESSA DE ABUNDÂNCIA

"Deus abrirá o céu, onde guarda as suas ricas bênçãos, e lhes dará chuvas no tempo certo e assim abençoará o trabalho que vocês fizerem. Vocês emprestarão a muitas nações, porém não tomarão emprestado de ninguém." (DEUTERONÔMIO 28:12)

VOCÊ SE RECORDA DE QUANdo o povo de Israel atravessou o mar Vermelho e Deus os guiou até as águas amargas de Mara? Essas águas eram amargas, mas, na verdade, tinham muitas ervas curativas.

Foi intencional que Deus os direcionasse para lá, para que pudessem encontrar cura nas águas amargas. No entanto, o povo se queixava! Em seguida, Deus anunciou que enviaria maná todos os dias, instruindo-os a não guardar, pois esse alimento estragaria. Algum tempo depois, Deus revelou que, em vez do maná, o povo experimentaria as benesses da terra prometida. E, assim, começaram a receber uma variedade de alimentos. Conosco acontece da mesma forma: Ele está sempre disposto a nos conceder ricas bênçãos em diversas áreas de nossa vida. Quando seguimos Seus princípios, podemos confiar que Ele abrirá os céus para derramar Suas bênçãos sobre nós, fazendo prosperar tudo o que tocamos. Você se lembra de quando Ele disse que Seus planos são para nos fazer prosperar? Que desfrutaremos o melhor desta terra? São inúmeras as promessas que Ele nos fez, e devemos ter a convicção de que elas se realizarão, como chuva abundante em nossa vida! Ele é Deus e cumprirá cada uma das promessas que fez! Ter essa certeza nos motiva a perseverar e a não desistir diante das adversidades. Esteja preparado para receber uma chuva de bênçãos diretamente do Pai! Confie, e Ele abrirá os céus com boas notícias.

VAMOS ORAR

Senhor, agradeço por Tuas promessas de abundância e provisão. Ajuda-me a trabalhar com dedicação e fé, confiando que Tu derramarás Tuas bênçãos no tempo certo. Concede-me paciência e confiança para aguardar Teu tempo perfeito. Em nome de Jesus, amém.

ANOTAÇÕES

29 DE SETEMBRO

SE FOR PARA DEVER, QUE DEVA AMOR

"Não fiquem devendo nada a ninguém. A única dívida que vocês devem ter é a de amar uns aos outros. Quem ama os outros está obedecendo à lei." (ROMANOS 13:8)

QUANDO AMAMOS, OBEDECEmos à lei suprema de Deus. A Bíblia nos ensina que contra o mandamento do amor não há lei, ou seja, não há nada que possa nos isentar de amar ao próximo como Deus nos amou.

O novo mandamento de Cristo nos orienta a amar as pessoas como Ele nos amou. Perceba a profundidade do amor de Jesus por nós. Ele deixou Sua glória, não usurpando ser igual a Deus, mas assumindo a forma de servo, entregando-se em nosso lugar quando ainda éramos pecadores.

É esse nível de amor que o Senhor deseja que tenhamos pelo próximo, a ponto de abrir mão de nossa própria vida, se necessário for.

Somos incapazes de atingir o amor ágape de Deus, ou seja, o amor sacrificial que Cristo demonstrou por nós. É por isso que precisamos nos relacionar intimamente com o Pai, conhecendo-O em Sua plenitude, para que nos tornemos cada vez mais parecidos com Ele. Assim, através do Espírito Santo que habita em nós, poderemos amar o próximo como Ele nos amou.

Convido você a fazer uma lista de pessoas que, para você, é difícil amar dessa forma, e colocar todas em oração. Você vai começar a orar por elas todos os dias, e Deus vai ajudá-lo. Em pouco tempo, você passará a vê-las de maneira bem diferente de quando iniciou as orações. Experimente, vai valer a pena!

VAMOS ORAR

Senhor, o amor sacrificial que Cristo demonstrou por nós é algo que só podemos alcançar com a ajuda do Teu Espírito Santo. Ensina-me a amar como Tu nos amaste, mesmo aqueles que considero difíceis de amar. Transforma meu coração e minha visão para que eu possa refletir o Teu amor a todos ao meu redor. Amém.

ANOTAÇÕES

_____

_____

_____

_____

_____

30 DE SETEMBRO

EIS-ME AQUI, ENVIA-ME

"Em seguida, ouvi o Senhor dizer: 'Quem é que eu vou enviar? Quem será o nosso mensageiro?' Então respondi: 'Aqui estou eu. Envia-me a mim!'" (ISAÍAS 6:8)

COMO VOCÊ REAGIRIA AO OUVIR Deus fazer essa pergunta?

Essa passagem revela a resposta de Isaías diante do desafio que o Senhor lhe propôs. Não hesitando, Isaías manifestou sua disposição com uma declaração de fé e coragem. Será que estamos prontos para responder a esse mesmo chamado como fez Isaías? Quero encorajá-lo a dizer "sim" a Deus ainda hoje!

O Senhor busca corações dispostos a obedecê-Lo e a realizar a Sua vontade. No nosso cotidiano, estamos sempre prontos para diversas atividades, preenchendo nossas agendas com compromissos profissionais, acadêmicos e pessoais. No entanto, quando somos convocados a realizar a obra de Deus, muitas vezes adotamos uma atitude de preguiça e desinteresse.

Diante disso, desafio você a lembrar que o amor de Deus nunca nos abandonou, e Sua provisão e fidelidade são evidentes em cada detalhe de nossa vida. Hoje, você pode se levantar e responder ao chamado dEle!

Ore por um coração disposto como o de Isaías, para servi-Lo e cumprir Seu chamado, priorizando Seu reino e Sua vontade, como forma de gratidão por tudo que Ele é e tem feito em sua vida.

VAMOS ORAR

Senhor, quero estar disposto a responder ao Teu chamado com um coração cheio de fé e coragem. Ajuda-me a não hesitar, mas a dizer "sim" ao que Tu me pedes, priorizando o Teu reino e a Tua vontade acima de tudo. Dá-me um coração disposto a obedecer e a cumprir o Teu propósito, como uma expressão de gratidão por tudo que és e tens feito por mim. Em nome de Jesus, amém.

ANOTAÇÕES

OUTUBRO

1º DE OUTUBRO

A ORAÇÃO ANTES DO CEDROM

"Depois de fazer essa oração, Jesus saiu com os discípulos e foi para o outro lado do riacho de Cedrom. Havia ali um jardim, onde Jesus entrou com eles." (JOÃO 18:1)

O VERSÍCULO DE HOJE MARCA O início de um dos momentos mais intensos e dramáticos da vida de Jesus. Após orar, Ele atravessa o riacho de Cédron (que, em hebraico, significa "vale da escuridão") e entra no jardim. Getsêmani não é o típico lugar tranquilo que costumamos imaginar. Ali, entre as árvores e o silêncio da noite, se desenrola uma das batalhas mais profundas: Jesus enfrenta a realidade do que está por vir. Naquele instante, Getsêmani transforma-se em um cenário de luta interna. Cristo tinha consciência do que o aguardava — dor, traição, morte. Mesmo assim, Ele escolheu entrar e encarar tudo corajosamente, em nome do amor que nos dedica.

Quantas vezes somos convocados a atravessar nossos próprios Cédrons? Nesse lugar, enfrentamos nossas batalhas internas e somos desafiados a abrir mão da vontade e a confiar no plano de Deus, mesmo sem compreender os motivos de tudo.

Podemos extrair uma lição valiosa de Jesus ao observar Sua atitude antes de adentrar o vale: Ele orou. Que possamos cultivar essa mesma postura. Não aguarde um sinal para se dirigir a Deus; ore, mesmo quando nada parecer indicar a saída. A vida de oração não se constrói apenas com sentimentos; o Reino do Céu é conquistado com determinação. Sentimentos não conferem autoridade. O que realmente nos capacita a avançar são a disposição e a disciplina. Há vales que só conseguiremos atravessar após nos dedicarmos à oração.

VAMOS ORAR

Senhor, ajuda-me a enfrentar meus momentos de escuridão com coragem e fé. Que eu confie no Teu plano, mesmo sem entender, e que a oração seja sempre minha força e meu refúgio. Sustenta-me e guia-me em cada desafio. Em nome de Jesus, amém.

ANOTAÇÕES

2 DE OUTUBRO

FUJA DA GANÂNCIA

"A riqueza que é fácil de ganhar é fácil de perder;
quanto mais difícil for para ganhar, mais você terá."

(PROVÉRBIOS 13:11)

A BUSCA PELO DINHEIRO MUITAS vezes pode cegar. Quando isso acontece, a ganância começa a fazer morada, disfarçada de oportunidade. Ah, que ilusão sedutora! Aconteceu o mesmo com Eva, que viu o fruto bonito e, sem perceber, se afastou da verdade. A ganância é uma insatisfação constante, um buraco negro que só cresce.

Aí vem o erro: seguir apenas o brilho do ouro e esquecer o que realmente importa. É fácil se perder quando o foco está só no dinheiro. "Ah, mas eu quero é enriquecer!", você pode pensar. Claro, quem não quer? Mas, cuidado, o dinheiro pode ser um mestre cruel. A verdadeira riqueza, meu amigo, está lá dentro, nas profundezas da alma, onde a sabedoria do Senhor habita.

Então respire fundo e reflita um pouco. Quais são suas prioridades? Elas estão alinhadas com os princípios de Deus? E, mais importante, estão promovendo em você a verdadeira felicidade? Se não, talvez seja hora de repensar o caminho. A verdadeira riqueza não é aquela que reluz por fora, mas a que preenche por dentro, que traz paz, equilíbrio e uma confiança inabalável.

Prosperar de verdade é viver em sintonia com o que realmente importa, deixando de lado os atalhos e abraçando o que é eterno. Como uma árvore que cresce firme e dá frutos, sua vida também pode florescer. Basta estar enraizada naquilo que vale a pena.

VAMOS ORAR

Senhor, obrigado por Tua orientação acerca do verdadeiro valor das riquezas. Capacita-me a encontrar contentamento no que possuo e a confiar em Ti para suprir minhas necessidades. Que eu possa viver com integridade e gratidão, refletindo Tua sabedoria em minhas decisões. Em nome de Jesus, amém.

ANOTAÇÕES

3 DE OUTUBRO

DÊ UMA OLHADA NO ESPELHO!

"Meu amigo, não importa quem você seja, você não tem desculpa quando julga os outros. Pois, quando você os julga, mas faz as mesmas coisas que eles fazem você está condenando a você mesmo." (ROMANOS 2:1)

OBSERVAMOS ALGUÉM COMETENdo um erro e, sem pensar duas vezes, exclamamos: "Eu jamais faria isso!" Paulo está nos alertando: "Ei, calma! Quando você julga o outro, mas comete a mesma falta, está se condenando." É um verdadeiro: "Melhore, amigo!"

Estamos sempre prontos para apontar o dedo, mas será que olhamos para nosso próprio nariz? Ao julgarmos o próximo, frequentemente revelamos apenas os nossos defeitos, como se denunciássemos nossas próprias transgressões.

Paulo não está sugerindo que devemos ignorar o que está errado. Discernir entre certo e errado é fundamental. O problema surge quando nos tornamos juízes dos outros sem perceber que estamos cometendo as mesmas infrações. Temos a tendência de nos ver através de lentes cor-de-rosa, enquanto olhamos para os outros com lente de aumento. A ironia é cruel: ao julgar, cavamos o nosso próprio buraco e, sem perceber, acabamos caindo nele.

O versículo de hoje nos convida a respirar fundo e refletir sobre nós mesmos antes de iniciar julgamentos. Será que estamos sendo justos? Nossas atitudes e palavras refletem o amor e a misericórdia que Deus tem por nós? Julgar sem autorreflexão é como atirar pedras morando em uma casa de vidro — cedo ou tarde, os estilhaços voltarão.

VAMOS ORAR

Senhor Jesus, ensina-me a olhar para meu interior antes de criticar os outros. Concede-me humildade para reconhecer meus erros e sabedoria para perdoar, assim como fomos perdoados. Que minhas palavras e ações sejam repletas de amor e respeito, livres de hipocrisia. Em Teu nome, amém.

ANOTAÇÕES

4 DE OUTUBRO

A GLÓRIA ESTÁ ACIMA DA TERRA E DO CÉU

"Que todos louvem a Deus, o Senhor, porque ele é superior a todos os outros deuses! A sua glória está acima da terra e do céu." (SALMOS 148:12)

DEUS ESTÁ ACIMA DE TUDO! NO entanto, frequentemente, sem perceber, valorizamos mais outras coisas do que nosso próprio Pai. O dinheiro, por exemplo, é algo que muitas vezes colocamos em um pedestal. Além disso, a dependência emocional que desenvolvemos por determinadas pessoas, sejam elas filhos, cônjuges, pais e até mesmo amigos, pode nos levar a exaltá-las.

Deus deve sempre ocupar o primeiro lugar, tanto no altar do nosso coração quanto em todas as situações do dia a dia.

A adoração a Deus se reflete em tudo que fazemos diariamente, sobretudo no amor e na compaixão que demonstramos às pessoas ao nosso redor. Quando escolhemos agir com integridade, independentemente da presença de outros, e quando utilizamos nossos talentos e recursos para servir ao próximo, estamos, de fato, reverenciando o Senhor.

Reserve um momento hoje para refletir sobre como seu estilo de vida pode se tornar uma forma de adoração a Deus. Quais escolhas e atitudes você pode adotar para refletir Sua glória e expressar Seu amor e Sua compaixão? Deixe que cada aspecto da sua vida seja um testemunho da grandeza de Deus.

VAMOS ORAR

Senhor, obrigado por Tua glória que se eleva acima da terra e do céu. Ajuda-me a viver de forma que Te honre em tudo que faço. Que minhas escolhas, atitudes e ações reflitam Teu amor e Tua santidade. Que minha vida seja uma adoração contínua a Ti. Em nome de Jesus, amém.

ANOTAÇÕES

5 DE OUTUBRO

QUANDO DEUS LEVANTA A MÃO

"O Senhor Todo-Poderoso resolveu fazer isso; haverá alguém que o faça parar?
Ele levantou a mão para castigar; haverá quem a faça abaixar?"

(ISAÍAS 14:27)

A VIDA É TÃO INCERTA, NÃO É verdade? Pode estar tudo bem hoje, e amanhã nosso mundo virar de ponta-cabeça. Isso nos torna vulneráveis e temerosos em certos momentos. Isaías deixa isso muito claro na leitura bíblica de hoje: se o Senhor levantou a mão, quem pode fazê-Lo mudar de ideia?

Aqui estamos falando do Todo-Poderoso, o Rei dos Reis, aquEle que cria e desfaz sem precisar da permissão de ninguém. Não importa se o mundo inteiro vai se levantar contra ou se as circunstâncias forem as mais improváveis. Quando Ele decide, é um caminho sem volta.

Esse é um lembrete importante para os nossos dias. A soberania de Deus é coisa séria. Se Ele decidiu abençoar você, celebre! Mas, se Ele levantar a mão para corrigi-lo, é melhor estar atento, pois não será em vão. Apenas aqueles que confiam em Deus podem experimentar a paz que essa realidade proporciona. Para mim, saber que o Senhor está no controle de todas as coisas é como encontrar um porto seguro em meio à tempestade.

Se você está aflito em relação a possíveis situações do seu amanhã, entenda que Ele já escreveu o início, o meio e o fim. Nada escapa à Sua percepção. Então, quando tudo parecer fora de controle, lembre-se: quando Deus levanta a mão, o cenário muda.

VAMOS ORAR

Senhor, às vezes me sinto tão perdido em meio ao caos... Porém, saber que Tu estás no controle de tudo me traz uma paz inestimável. Preciso confiar mais em Ti e lembrar que nada nem ninguém pode frustrar os Teus planos. Que Tua vontade seja feita sempre. Em nome de Jesus, amém.

ANOTAÇÕES

6 DE OUTUBRO

O SEU LUGAR É O CÉU

*"Mas nós somos cidadãos do céu e estamos esperando ansiosamente
o nosso Salvador o Senhor Jesus Cristo, que virá de lá."*

(FILIPENSES 3:20)

NA MENSAGEM DE HOJE, PAULO nos revela a nossa verdadeira identidade como cristãos: somos cidadãos do reino dos céus, estrangeiros nesta terra. Ao entregarmos a vida a Cristo, passamos a fazer parte do reino de Deus, aguardando com expectativa a Sua volta para nos buscar.

O maior consolo que encontro nessa verdade é saber que estamos separados de um mundo tão perverso e maligno. No entanto, também reconheço que, enquanto estivermos aqui, precisamos viver de forma natural; afinal, somos seres humanos. Se você se sentir sozinho ou como um "peixe fora d'água" em determinado ambiente, onde parece que ninguém fala a sua língua, não se desespere; apenas viva de acordo com a sua verdadeira identidade.

Somos a noiva que aguarda com expectativa a chegada do noivo.

Ter uma visão de Reino pode parecer loucura para aqueles que são do mundo, mas estamos aqui nesta terra para levar essas verdades ao maior número de pessoas possível, revelando o amor do Senhor a todos. Jesus mesmo disse que veio para os doentes e perdidos;

esse é o nosso chamado, e é por isso que estamos aqui!

Peça a Deus que lhe mostre as oportunidades para que você possa cumprir sua missão enquanto aguarda a chegada do nosso Salvador!

VAMOS ORAR

Senhor, obrigado por me lembrar de que sou cidadão do céu e de que minha verdadeira identidade está em Ti. Mesmo vivendo neste mundo, ajuda-me a manter meu foco no Teu reino e a viver de acordo com os Teus valores. Que eu possa aguardar com alegria o dia em que estaremos para sempre Contigo. Em nome de Jesus, amém.

ANOTAÇÕES

7 DE OUTUBRO

O EMPREGADO E O PATRÃO

"Lembrem do que eu disse: 'O empregado não é mais importante do que o patrão'. Se as pessoas que são do mundo me perseguiram, também perseguirão vocês; se elas obedeceram aos meus ensinamentos, também obedecerão aos ensinamentos de vocês." (JOÃO 15:20)

JESUS FOI BASTANTE CLARO AO afirmar que a vida ao lado dEle não seria um mar de rosas. Na verdade, Ele já nos alertou: se passaram a persegui-lo, certamente também nos perseguirão.

Seguir a Jesus é como nadar contra a correnteza; se ela está forte, quer dizer que estamos no caminho certo. Quando Jesus afirma que "o empregado não é mais importante do que o patrão", Ele nos convida a refletir sobre a realidade. Se até o próprio Filho de Deus enfrentou rejeição, perseguição e injustiça de todo tipo, por que seria diferente conosco? Não podemos desanimar! Isso apenas demonstra que estamos trilhando o mesmo caminho que Ele. Pense comigo: assim como houve aqueles que ignoraram Jesus, existiram aqueles que ouviram, entenderam e seguiram Seus ensinamentos. Esse princípio se aplica a nós também. Nem todos compreenderão nossa fé, e está tudo bem. No entanto, aqueles que têm o coração aberto se conectam com a verdade que carregamos. E é por eles que vale a pena não desistir.

Nossa missão é simples: ser fiéis, mesmo quando o mundo está contra nós. Continuar a plantar, semear, amar, confiando que Deus está no controle de tudo. No final das contas, o que importa não é a aceitação dos outros, mas a aprovação de Deus.

Amigo, não desista! Mantenha-se firme na caminhada, pois o que está reservado para nós ultrapassa tudo o que este mundo pode nos oferecer.

VAMOS ORAR

Pai, preciso tanto manter o foco em Ti, mesmo quando as circunstâncias se tornarem difíceis. Dá-me força para seguir em frente, sabendo que, se estou sendo desafiado, é porque estou no caminho certo. Que a Tua presença me conceda coragem e paz em cada passo. Em nome de Jesus, amém.

ANOTAÇÕES

8 DE OUTUBRO

RETRIBUA SEMPRE COM BÊNÇÃOS

"Não paguem mal com mal, nem ofensa com ofensa. Pelo contrário, paguem a ofensa com uma bênção porque, quando Deus os chamou, ele prometeu dar uma bênção a vocês."

(1 PEDRO 3:9)

QUANDO SOMOS OFENDIDOS E humilhados, nosso impulso é responder à mesma altura. O exemplo de Pedro é emblemático; pois, em um momento de ira, ele cortou a orelha de um dos soldados que foram prender Jesus.

A mensagem de hoje é profunda e desafiadora, porque nos ensina a reagir às ofensas e ao mal de maneira que nos distanciemos do padrão de um mundo que frequentemente considera a retaliação e a vingança respostas naturais.

Para adotarmos tal atitude, é fundamental experimentar uma transformação interna tanto do coração quanto da mente. Precisamos aprender a enxergar as pessoas pelos olhos de Deus, com compaixão e amor, mesmo quando elas nos ferem. Esse tipo de resposta não é comum; resulta de uma vida submetida ao Espírito Santo, que nos capacita a amar como Jesus amou.

Quando optamos por abençoar em vez de retribuir com maldade, estamos confiando em Deus como nosso defensor e juiz e demonstrando nossa fé em Sua promessa de que Ele nos abençoará quando agirmos com obediência. Além disso, nos tornamos um poderoso testemunho, que pode mostrar um caminho de paz e reconciliação àqueles que amamos.

Se você é alguém que não tolera desaforos, aproveite esta mensagem para refletir sobre seu comportamento e transformá-lo, buscando viver e conquistar todas as bênçãos que Deus tem reservado para você.

VAMOS ORAR

Pai, reconheço que, muitas vezes, não consegui responder às ofensas com bênçãos; mas, a partir de hoje, desejo aprimorar-me a cada dia. Ajuda-me a seguir o exemplo de Jesus e a manifestar Teu amor, mesmo nas situações mais desafiadoras. Em nome de Jesus, amém.

ANOTAÇÕES

9 DE OUTUBRO

PRONTO PARA GUERRA

"Da tribo de Zebulom: cinquenta mil homens fiéis e de confiança, treinados para usar todos os tipos de armas e prontos para lutar."
(1 CRÔNICAS 12:33)

NESSA PASSAGEM, O AUTOR ESTÁ fazendo uma relação dos homens corajosos que foram até Davi para ajudá-lo a se preparar para a guerra pelo trono de Israel. Como podemos perceber, esses homens não tinham um coração indeciso.

É fácil imaginar a cena: um exército coeso, treinado e, acima de tudo, digno de confiança. Esses guerreiros não estavam para brincadeira; eram conscientes da própria missão. Não eram apenas combatentes habilidosos, mas homens de palavra, prontos para qualquer desafio.

Também estamos em uma batalha, e não é uma qualquer. Trata-se da guerra diária e invisível que confronta nossa mente, nosso coração e até mesmo nossa alma. Surge, então, a pergunta: estaremos tão preparados quanto os homens de Zebulom? Temos o treinamento necessário, a lealdade genuína e a disposição para enfrentar o que vier?

Devemos polir nossas armas, que são a oração, a Palavra de Deus e a nossa fé. A oração é nosso treinamento diário de conexão com o Senhor; a Palavra é nosso guia, a bússola que nos orienta; e a fé atua como um escudo contra as adversidades que a vida nos impõe.

Os homens de Zebulom eram conhecidos por sua fidelidade e confiabilidade. Em nossa vida, isso implica ser leal a Deus, mesmo nos momentos de pressão.

Não adianta possuir todas as ferramentas se não estamos dispostos a utilizá-las. Precisamos estar prontos para agir. É a disposição de entrar na batalha que revela quanto estamos prontos.

VAMOS ORAR

Pai, prepara meu coração e minha mente para as batalhas da vida. Ajuda-me a ser fiel, confiável e a estar sempre pronto para lutar com as armas que o Senhor me deu. Dá-me força e coragem para seguir em frente. Amém.

ANOTAÇÕES

10 DE OUTUBRO

CUIDAR DO PRÓPRIO LAR

"Pois, se alguém não sabe governar a sua própria família, como poderá cuidar da Igreja de Deus?" (1 TIMÓTEO 3:5)

GOVERNAR A FAMÍLIA NÃO É TArefa fácil. Exige amor, paciência, disciplina e, sobretudo, bom exemplo. É no cotidiano, nas pequenas atitudes, que evidenciamos quem realmente somos. Paulo nos leva a uma reflexão que é pura realidade: antes de nos dedicarmos à igreja ou a qualquer outra coisa, precisamos demonstrar que sabemos cuidar da própria casa. Como você tem lidado com todas as responsabilidades? Tem exercido a liderança dentro do seu lar? Consegue dedicar tempo de qualidade à família?

T. Harv Eker diz que "a maneira como fazemos uma coisa é a maneira como fazemos todas as coisas". A maneira como governamos nosso lar revela muito sobre nossa capacidade de cuidar das coisas de Deus. Queremos nos sentir importantes, estar à frente de grandes projetos, porém o Senhor conhece nosso desempenho atual. Ele percebe, mais do que qualquer pessoa, se estamos prontos e capacitados para receber mais e mais. Quando somos fiéis às pequenas coisas, Deus confia em nós para as grandes coisas.

Então, antes de pedir a Deus grandes responsabilidades, olhe para tudo que você já tem nas mãos hoje — sua casa, sua família, seu trabalho, sua saúde. Cuide de todas as áreas com dedicação, respeito e amor. É no ordinário que somos preparados para viver o extraordinário.

VAMOS ORAR

Pai, ajuda-me a ser fiel nas pequenas coisas e a cuidar bem da família, minha primeira missão. Dá-me sabedoria, paciência e amor para liderar meu lar com o Teu exemplo. Que eu possa ser preparado no cotidiano para receber as responsabilidades maiores que Tu tens para mim. Em nome de Jesus, amém.

ANOTAÇÕES

11 DE OUTUBRO

ONDE BUSCAR FORÇAS?

"É tanta a minha tristeza, que estou me acabando; dá-me forças, como prometeste."
(SALMOS 119:28)

É POSSÍVEL SENTIR O PESO NAS palavras do salmista enquanto clama por socorro e busca forças nas promessas do Senhor. Não é fácil! Mas aí está o segredo: a Palavra de Deus é nossa fonte de consolo e encorajamento.

Nos momentos difíceis muitas vezes corremos para os braços dos amigos, nos refugiamos no colo da família ou nos perdemos em distrações e passatempos, esquecendo que o maior tesouro está bem ali, ao nosso alcance: na Bíblia!

É nesses momentos, quando tudo parece desmoronar, quando a decepção e a tribulação ameaçam nos esmagar, que devemos buscar força na Palavra de Deus. É nela que encontramos a verdade que acalma e o consolo que cura a alma ferida.

Acredite, não é exagero. Quantas vezes já ouvimos conselhos que não trazem alívio? Mas, ao nos afastar do barulho e dedicar um tempo para meditar na Palavra e manter aquele diálogo íntimo com o Pai, a luz dEle brilha e, de repente, tudo faz sentido. A paz se instala em nosso coração.

Então, que tal estabelecer um compromisso, um pacto com Deus e com a Sua Palavra? Faça disso sua prioridade. Não deixe para depois. Se for necessário, acorde mais cedo, mas não renuncie a esse tempo sagrado. Quando a tempestade chegar, você já estará fortalecido, sabendo exatamente a quem recorrer e como pedir socorro!

VAMOS ORAR

Senhor, obrigado pela Tua Palavra, que é viva, poderosa e eficaz. Que nos momentos de crise eu encontre abrigo e consolo nas Tuas promessas. Ajuda-me a manter esse compromisso como minha prioridade absoluta, sem me distrair com outras coisas. Em nome de Jesus, amém.

ANOTAÇÕES

_____

_____

_____

_____

_____

12 DE OUTUBRO

QUANDO DIZEM QUE VOCÊ NÃO PODE

*"Mas Saul respondeu: 'Você não pode lutar contra esse filisteu.
Você não passa de um rapazinho, e ele tem sido soldado a vida inteira!'"*

(1 SAMUEL 17:33)

A HISTÓRIA DA BATALHA DE DAVI E Golias é, provavelmente, um dos melhores exemplos de teste que encontramos na Bíblia.

Quando Davi se ofereceu como voluntário para lutar contra o gigante, ninguém confiou nele. Mas Davi se encorajou, lembrando-se das vitórias que Deus lhe dera no passado. Ele sabia que a vitória não se media pelo tamanho do gigante, mas pela grandeza de Deus.

Quantas vezes nos vemos em situações semelhantes? Os problemas aparecem como Golias, imensos, prontos para nos esmagar. E sempre há uma voz que diz: "Você não vai conseguir. Isso é grande demais para você."

Se quisermos ser líderes e fazer algo para Deus, devemos compreender que haverá centenas, talvez milhares de vezes em que satanás virá contra nós para nos desencorajar. E por que ele faz isso? Porque sabe que precisamos ter coragem para superar os ataques, senão ficamos fracos e perdemos o impulso para prosseguir.

Aprenda a enfrentar o desencorajamento e diga: "Eu confio em um Deus que me faz forte; nEle eu sou corajoso e não temo nenhum gigante." Já repeti muitas vezes isso olhando no espelho. Pode parecer "bobo", porém nos faz lembrar de que há poder naquilo que profetizamos!

Não importa como as coisas estão neste momento, repita para você mesmo: "Vou me levantar e continuar." Quando nos sentimos desencorajados, Deus nos ajuda, e até um gigante se torna pequeno diante de nós.

VAMOS ORAR

Senhor Jesus, preciso de Ti todos os dias. Concede-me a fé de Davi, aquela que não se abala diante dos gigantes. Que eu encare os desafios confiando que Tu estás no controle. Ajuda-me a lembrar que, com o Senhor, nenhum gigante é invencível. Amém.

ANOTAÇÕES

13 DE OUTUBRO

CRISTO EM MIM

"Assim, já não sou eu quem vive, mas Cristo é quem vive em mim. E esta vida que vivo agora, eu a vivo pela fé no Filho de Deus, que me amou e se entregou a si mesmo por mim." (GÁLATAS 2:20)

REFLETIR SOBRE O VERSÍCULO de hoje nos convida a examinar a nossa própria experiência na vida cristã. Estamos permitindo que Cristo habite em nós e se manifeste através de nossas ações?

Viver pela fé no Filho de Deus implica uma entrega total e uma confiança plena em Seu plano soberano para nossa vida. A partir do momento em que você entregou sua vida a Cristo, Ele passou a residir em você. Quanto mais você O conhece, mais passa a se conhecer verdadeiramente.

Viver pela fé no Filho é depositar uma confiança profunda no amor sacrificial de Jesus, que nos libertou de todos os pecados e nos concedeu uma nova vida. É claro que essa jornada não será isenta de desafios, pois Ele mesmo já nos alertou das aflições que enfrentaríamos, mas nos exortou a não desanimar.

Agora somos resgatados e redimidos pelo sangue do Cordeiro. Por amor, temos o direito à vida e fomos libertados da morte! Independentemente das circunstâncias, saberemos que nunca estamos sozinhos e que já somos vencedores, pois Ele vive em nós, e a fé que brota desse amor é a nossa sustentação!

Aproveite este dia para refletir e aprender mais sobre o que significa viver pela fé. Sinta a presença de Cristo em seu coração; respire fundo e perceba Seu fôlego entrando e saindo. Viva Cristo!

VAMOS ORAR

Senhor Jesus, obrigado por habitar em mim. Perdoa-me por, às vezes, confiar mais em mim mesmo do que em Ti. Ajuda-me a viver cada dia pela fé, confiando no Teu amor e na Tua orientação para a minha vida. Que cada pensamento, palavra e ação reflitam Tua presença em mim. Capacita-me a ser um instrumento do Teu amor. Amém.

ANOTAÇÕES

14 DE OUTUBRO

FORÇA E CORAGEM COM DEUS

"Sejam fortes e corajosos; não se assustem, nem tenham medo deles, pois é o Senhor, nosso Deus, quem irá com vocês. Ele não os deixará, nem abandonará."

(DEUTERONÔMIO 31:6)

QUANDO NOS DEPARAMOS COM desafios, podemos sentir que somos pequenos e incapazes de superá-los. Contudo, Deus nos assegura de que Ele é maior do que qualquer problema, oferecendo-nos auxílio para enfrentar os medos e seguir em frente com confiança.

Fala-se muito em medo na Bíblia, e acredito que é porque Deus conhece nosso coração e entende como, com frequência, nos deixamos paralisar por ele. É reconfortante saber que não precisamos temer, pois Deus está sempre ao nosso lado! No entanto, na prática, a realidade pode ser um pouco diferente.

O versículo de hoje nos lembra de que, apesar dos desafios ou medos que enfrentamos, Deus nos acompanha e nos fortalece. Por isso, é fundamental que recordemos, a cada momento, como esses sentimentos tentam nos dominar.

Vamos refletir sobre o que significa ser forte e corajoso com Deus ao nosso lado: ser forte e corajoso não implica nunca sentir medo ou dúvida, mas confiar em Deus para nos prover a força necessária, mesmo diante dessas situações.

Quando lemos a Bíblia e meditamos sobre o que Deus nos revela, nosso coração se enche de esperança e força. Afinal, recordamos as histórias de grandes homens e mulheres que enfrentaram situações desafiadoras, mas Deus nunca os desamparou; pelo contrário, esteve presente em todos os momentos. Creia e não tema, pois o Senhor sempre estará conosco! Não estamos sozinhos!

VAMOS ORAR

Senhor, obrigado por estar sempre comigo e por me conceder força e coragem. Ajuda-me a lembrar que não estou sozinho e que posso confiar em Ti em todos os momentos. Quando eu sentir medo ou dúvida, enche meu coração com Tua paz e coragem. Em nome de Jesus, amém.

ANOTAÇÕES

15 DE OUTUBRO

LIVRE DO PERIGO

"E pelejarão contra ti, mas não prevalecerão;
porque eu sou contigo, diz o Senhor, para te livrar." (JEREMIAS 1:19)

JEREMIAS ENFRENTOU INÚmeras dificuldades em seu ministério profético. Ele foi alvo de zombarias, perseguições e rejeições, mas Deus lhe garantiu que, apesar de todas as adversidades, nunca estaria sozinho. O Pai seria seu escudo e defensor.

Essa promessa não se limita a Jeremias; ela se estende a todos nós que enfrentamos batalhas na vida. Quando nos sentimos atacados por circunstâncias desfavoráveis, por pessoas ou até mesmo por inseguranças pessoais, podemos lembrar que Deus está ao nosso lado, lutando em nosso favor.

A poderosa mensagem deste dia nos proporciona uma segurança inabalável e fortalece nossa confiança nEle, pois Sua proteção e presença são garantidas! A presença de Deus nos dá a coragem necessária para enfrentarmos qualquer situação, sabendo que nunca estamos sozinhos.

O Senhor é nosso libertador e protetor e nos assegura de que nenhuma força adversária poderá nos vencer enquanto estivermos sob Sua proteção. A promessa é clara: os inimigos não prevalecerão. Porém, é importante refletir: muitas vezes, somos nossos próprios adversários! O que fazer nessa situação? Precisamos nos derramar diante de Deus e pedir perdão; mas, acima de tudo, devemos aprender a nos perdoar por sermos tão severos e cruéis conosco. Perdoe-se e reoriente sua trajetória!

VAMOS ORAR

Senhor Deus, em meio às batalhas da vida, ajuda-me a lembrar que o Senhor está sempre comigo. Fortalece minha fé, especialmente nos momentos em que percebo que meu maior adversário sou eu mesmo. Que eu possa sentir Tua presença em meu coração a todo instante e encontrar paz, mesmo diante das perseguições. Em nome de Jesus, amém.

ANOTAÇÕES

16 DE OUTUBRO

A ALEGRIA DE UM PAI ORGULHOSO

"O pai que tem um filho correto e sábio ficará muito feliz e se orgulhará dele."
(PROVÉRBIOS 23:24)

O LIVRO DE PROVÉRBIOS ESTÁ REpleto de sabedoria prática para a vida cotidiana, e o versículo de hoje nos oferece um olhar profundo sobre a felicidade que um pai sente quando seu filho vive de maneira justa e sábia.

Ao refletir sobre esse texto, considero o que significa ser justo e sábio aos olhos de Deus. A justiça implica uma vida segundo princípios de integridade, honestidade e equidade. Já a sabedoria diz respeito à aplicação prática do conhecimento e do discernimento. Um filho que segue esses valores dá imensa alegria e orgulho tanto para os pais terrenos quanto para nosso Pai celestial. Porém, caso contrário, pode se transformar em motivo de tristeza e decepção. Que tipo de filho você foi?

Em determinado momento da minha vida, causei decepção aos meus pais por engravidar muito cedo, antes do casamento, coisa que eles não aceitavam na época. No entanto, meu marido e eu assumimos a responsabilidade, buscamos a sabedoria divina e honramos nossos pais ao construir uma família linda e estruturada.

Não podemos escapar dos erros — eles são inevitáveis. Mas podemos corrigi-los e, com sabedoria, direcionar nossa trajetória para colher frutos de alegria e um futuro abençoado.

Desafio você a refletir sobre o filho que foi. Se precisar pedir perdão, faça isso sem hesitar. Seus pais merecem sua honra!

VAMOS ORAR

Senhor, obrigado por Tua sabedoria e orientação em minha vida! Ajuda-me a ensinar meus filhos da melhor maneira, para que, num futuro próximo, eles também possam me encher de orgulho. Em nome de Jesus, amém.

ANOTAÇÕES

_____

_____

_____

_____

_____

_____

17 DE OUTUBRO

O CUIDADO

"Quando Jesus desceu do barco, viu a multidão e teve pena daquela gente porque pareciam ovelhas sem pastor. E começou a ensinar muitas coisas."
(MARCOS 6:34)

A COMPAIXÃO QUE JESUS TEM por nós é profunda! Ao observar a multidão, Ele a compara a ovelhas sem pastor, simbolizando pessoas abandonadas e desamparadas. O amor e a preocupação em relação às necessidades alheias são características marcantes de Jesus, e foi exatamente isso que Ele se esforçou para nos ensinar ao longo de Sua vida.

Quando Jesus se compadece da multidão, não apenas sente pena, mas age de acordo com essa compaixão, começando a ensinar e oferecendo orientação e esperança. As palavras e os ensinamentos Dele constituem o alimento espiritual de que aquelas pessoas tanto necessitam.

Assim como um pastor cuida de suas ovelhas, Jesus cuida de nós, suprindo tudo de que precisamos para nossa vida espiritual e emocional.

Você já se sentiu como uma ovelha sem pastor? Eu já me senti assim inúmeras vezes, perdida e desgarrada. Contudo, em cada uma dessas situações o Senhor me resgatou. Hoje tenho a certeza de que posso contar com um pastor amoroso, sempre pronto para me guiar e ensinar. Ele é Jesus!

Acredite, meu amigo: através desta mensagem, você se sentirá acolhido e cuidado pelo Bom Pastor, encontrando descanso em Seu colo e a certeza de que Ele vai guiá-lo novamente, proporcionando a direção de que você precisa.

VAMOS ORAR

Senhor Jesus, obrigado por Tua infinita compaixão e Teu cuidado. Sou grato por Tu seres meu Bom Pastor e pelo zelo que tens pela minha vida e pela minha família. Ajuda-me a perceber a Tua presença a cada instante e a aprender com os Teus ensinamentos. Em Teu nome, amém.

ANOTAÇÕES

_____

_____

_____

_____

_____

18 DE OUTUBRO

O PECADO COMO PRISÃO

"Jesus disse a eles: 'Eu afirmo a vocês que isto é verdade: quem peca é escravo do pecado.'" (JOÃO 8:34)

A VERDADEIRA TRANSFORMAÇÃO e libertação ocorre quando trazemos à consciência os nossos pecados. A partir desse momento, reconhecemos a necessidade de nos arrependermos e nos rendermos ao Senhor, implorando por Sua misericórdia.

Quantas vezes ainda nos vemos prisioneiros de nossos pecados, que consideramos inofensivos? Jesus nos revela uma verdade profunda: o pecado nos escraviza. Ao decidirmos examinar ações, sentimentos, relações e situações que nos aprisionam, percebemos que ainda precisamos de mudança e alinhamento com Cristo.

O simples descuido com nossa saúde e a adoção de hábitos prejudiciais, como uma alimentação inadequada ou a falta de exercícios físicos, configuram modos de pecar contra nós mesmos, que somos templos do Espírito Santo. Note como essas questões podem ser sutis; muitas vezes, não percebemos que estamos nos prejudicando. Contudo, quando despertamos para essa realidade, tudo se transforma!

Quero convidá-lo a se despir diante do Senhor, a confessar seus pecados e a se libertar dessa prisão, liberdade que somente Ele pode oferecer. Volte-se para Deus com sinceridade no coração e prepare-se para viver com leveza e plenitude, assim como Ele sempre sonhou para você.

VAMOS ORAR

Pai, obrigado por essa verdade libertadora que me envolve em Teu amor! Peço perdão pelos pecados que ainda mantenho trancados a sete chaves e também por aqueles que ainda não reconheço. Por favor, Senhor, revela-me o que preciso entender sobre mim mesmo, para que eu possa ter clareza sobre as mudanças necessárias em mim e, de fato, deixar de ser prisioneiro desses pecados. Em nome de Jesus, amém.

ANOTAÇÕES

19 DE OUTUBRO

NÃO VIVA SOZINHO

*"Descobri que na vida existe mais uma coisa que não vale a pena:
É o homem viver sozinho, sem amigos, sem filhos, sem irmãos, sempre
trabalhando e nunca satisfeito com a riqueza que tem. Para que é que ele trabalha
tanto, deixando de aproveitar as coisas boas da vida? Isso também é ilusão, é uma
triste maneira de viver."* (ECLESIASTES 4:7-8)

SALOMÃO NOS APRESENTA O exemplo de um homem que, apesar de sua busca incansável pela riqueza, é vazio e insatisfeito. Ele está tão imerso no trabalho e na acumulação de bens, que perde a conexão com o que realmente importa: as relações significativas e o prazer das simples alegrias cotidianas.

Atualmente, com o avanço da era digital, vivemos em um ritmo ainda mais acelerado. Estamos constantemente adicionando novos conteúdos e compartilhando stories, que, para muitos, se tornaram uma ferramenta de trabalho. Se não tomarmos cuidado, nossas relações podem ser negativamente impactadas e continuaremos em uma ilusão.

Devemos focar o trabalho, sim, mas também precisamos aproveitar as coisas boas que o Pai nos oferece! Do contrário, nada terá verdadeiro valor.

O que estamos realmente buscando na vida? Deus nos convida a vivenciar nossa jornada valorizando e apreciando nossos relacionamentos. Esta é uma riqueza que não se baseia em ilusões: ter pessoas ao nosso lado para compartilhar momentos simples e significativos.

Desejo que você encontre um equilíbrio saudável entre trabalho e lazer, entre busca pelo sucesso e valorização do que realmente importa. Tenho certeza de que, ao conseguir isso, sua vida será enriquecida pelo amor e pela conexão com todos aqueles que nos cercam, especialmente com o Pai.

VAMOS ORAR

Senhor, peço que me ensines a valorizar os relacionamentos e as experiências que me trazem alegria e satisfação genuína. Que eu encontre equilíbrio entre minhas responsabilidades e o prazer das coisas boas da vida. Em nome de Jesus, amém.

ANOTAÇÕES

20 DE OUTUBRO

UNIDADE E RECONCILIAÇÃO

"O país que se divide em grupos que lutam entre si certamente será destruído. Se uma família se divide, e as pessoas que fazem parte dela começam a lutar entre si, ela será destruída." (MARCOS 3:24-25)

CONHECEMOS A HISTÓRIA DA Torre de Babel, quando um povo se uniu para um único objetivo: alcançar o céu. Deus observou que eles estavam comprometidos com essa construção, compartilhando a mesma língua. Contudo, o Pai decidiu confundi-los, fazendo com que falassem línguas diferentes, para que essa unidade fosse destruída. A unidade é essencial para a sobrevivência e prosperidade de qualquer grupo — uma nação, uma comunidade ou uma família. Jesus nos transmite uma mensagem clara: a divisão interna é um caminho certo para a ruína.

Deus tinha razões para intervir naquela construção, mas a principal lição que quero destacar é que, se a intenção deles fosse boa e Deus permitisse que a torre fosse finalizada, certamente teriam alcançado o céu e a vitória, tudo por conta da unidade!

Unidade não significa que todos devem ser iguais. Trata-se de trabalhar juntos em torno de um único propósito, valorizando as diferenças e as contribuições únicas de cada indivíduo. Quando estamos divididos, perdemos força e a capacidade de enfrentar os desafios coletivamente. Ao permitirmos que o amor de Cristo conduza nossas ações e atitudes, superamos barreiras e encontramos formas de colaborar e crescer juntos. Convido você a sempre lembrar que juntos somos mais fortes e que a nossa unidade é um testemunho poderoso do amor de Deus para o mundo.

VAMOS ORAR

Senhor, ajuda-me a ser um agente de unidade e reconciliação em minha família, comunidade e sociedade. Concede-me sabedoria para resolver conflitos com amor e compreensão. Que minha vida reflita o Teu desejo de paz e união. Em nome de Jesus, amém.

ANOTAÇÕES

21 DE OUTUBRO

A IRONIA DO ORGULHO

"Mas, se houver alguém tão orgulhoso, que não queira obedecer à decisão do sacerdote ou do juiz, esse alguém será morto, e assim vocês tirarão o mal do meio do povo de Israel." (DEUTERONÔMIO 17:12)

NO ANTIGO TESTAMENTO, DEUS tratava seu povo de forma diferente. Se analisarmos como Deus lidava com o pecado na Antiga Aliança, veremos como a questão é séria, e não podemos simplesmente fazer vista grossa e tolerar.

Deus está dizendo a seu povo que, se um dos líderes agisse com soberba, devia ser morto. Esses líderes eram encarregados de preservar a ordem divina, e o orgulho ao desafiar essa autoridade era visto como uma ameaça à comunidade como um todo. O orgulho pode ser comparado a uma erva daninha: se não for erradicado, ele se espalha e sufoca tudo em volta.

Embora não vivamos sob as mesmas diretrizes, o orgulho continua sendo um obstáculo em nosso caminho. Ele nos leva a acreditar que sabemos tudo, que não precisamos de conselhos, que somos "donos da verdade". A ironia é que esse orgulho nos cega, nos isola e, no fim das contas, gera destruição.

Deus não quer a soberba. Ele quer a humildade. Precisamos reconhecer que não temos todas as respostas e que seguir a vontade do Senhor é a melhor decisão.

Portanto, aqui está um conselho: deixe o orgulho de lado e se renda ao que Deus tem reservado para você. Quando soltamos o controle e confiamos, Deus realiza maravilhas que jamais conseguiríamos por conta própria. Obedecer vai além de apenas seguir regras; é entrar em sintonia com o ritmo de Deus, no qual o orgulho não tem espaço e a paz reina.

VAMOS ORAR

Senhor, afasta de mim todo orgulho que possa desviar meu caminho. Ajuda-me a cultivar um coração humilde, disposto a obedecer à Tua direção e confiar nela. Que eu saiba me render ao Teu plano, acreditando que o Teu caminho é sempre o melhor. Em nome de Jesus, amém.

ANOTAÇÕES

22 DE OUTUBRO

A FONTE DE TODO ENSINAMENTO

"Jesus disse: 'O que eu ensino não vem de mim, mas vem de Deus, que me enviou.'"
(JOÃO 7:16)

JESUS SEMPRE FOI BASTANTE direto. Ao afirmar que seus ensinamentos não provinham dEle, mas de Deus, Ele está sendo bem claro: Cristo é o mensageiro, a voz direta do Criador. Ele não estava ali para se promover, conquistar seguidores ou disseminar as próprias ideias. Ele estava a serviço de revelar a vontade de Deus e mostrar o caminho correto a seguir.

Isso nos proporciona uma importante lição: o verdadeiro conhecimento e a direção de que necessitamos não vêm de qualquer lugar. Eles vêm de Deus. Se até Jesus fazia questão de enfatizar que Seus ensinamentos vinham do Pai, devemos buscar essa fonte divina.

Frequentemente, perdemo-nos ao confiar demais na própria sabedoria ou nas opiniões alheias. No entanto, Jesus nos guia a buscar a orientação de Deus em todas as áreas da vida. Quando aprendemos e aplicamos esses ensinamentos, somos levados à plenitude e a uma vida sem máscaras, porque estamos focados em viver os princípios e o caráter de Deus.

Portanto, na próxima vez que você ouvir as palavras de Jesus, lembre-se de que não é apenas mais um belo discurso. Elas vêm diretamente de Deus; são a voz dEle falando conosco e guiando nossos passos. Não há nada melhor do que confiar nessa sabedoria.

Desejo que você, ao ler esta mensagem, compreenda a profundidade dos ensinamentos de Cristo, acolha-os em seu coração e aplique em sua vida essas verdades ensinadas com tanto amor.

VAMOS ORAR

Deus, ajuda-me a buscar sempre a Tua sabedoria e a seguir os ensinamentos de Cristo, sabendo que eles vêm diretamente de Ti. Que eu confie na Tua orientação e viva de acordo com a Tua vontade. Em nome de Jesus, amém.

ANOTAÇÕES

23 DE OUTUBRO

UMA ARMADURA INVENCÍVEL

"Para terminar: tornem-se cada vez mais fortes, vivendo unidos com o Senhor e recebendo a força do seu grande poder. Vistam-se com toda a armadura que Deus dá a vocês, para ficarem firmes contra as armadilhas do Diabo." (EFÉSIOS 6:10-11)

PAULO NOS LEMBRA DE QUE, como seguidores de Cristo, somos constantemente chamados a fortalecer nossa fé e a viver em união com o Senhor. A força que recebemos não provém de nós mesmos, é um dom do imenso poder de Deus. Ele é a nossa fortaleza, capacitando-nos a enfrentar qualquer desafio que se apresente no caminho.

Para confrontar as batalhas espirituais, Paulo nos orienta a revestir-nos com toda a armadura divina. Essa armadura é composta por diversas peças espirituais que nos protegem e nos preparam para resistir às ciladas do inimigo. Ao nos vestirmos com essa armadura, declaramos nossa total dependência de Deus e disposição de lutar com as armas espirituais que Ele nos concede.

Entre os elementos dessa armadura, encontramos a verdade, que nos mantém firmes; a justiça, que nos defende contra as acusações; a paz, que nos proporciona estabilidade; a fé, que nos resguarda dos ataques; a salvação, que protege nossa mente; e a Palavra de Deus, que é nossa espada.

Vestir essa armadura diariamente é essencial para permanecermos firmes na fé e triunfarmos nas batalhas espirituais cotidianas. Que tal hoje, antes de sair de casa, dedicar um momento à oração e pedir a Deus que revista você com essa armadura invencível?

VAMOS ORAR

Senhor Jesus, eu Te peço que me revista hoje e todos os dias com a Tua armadura. Dá-me a verdade, a justiça, a paz, a fé, a salvação e a Tua Palavra para que eu possa enfrentar e vencer as batalhas espirituais. Reconheço que minha força vem de Ti e dependo totalmente do Teu poder para triunfar. Capacita-me a permanecer firme na fé, preparado para qualquer desafio que eu possa encontrar. Em Teu nome, amém.

ANOTAÇÕES

24 DE OUTUBRO

ENSINAMENTOS QUE VALEM OURO

"Meu filho, escute o que o seu pai ensina e preste atenção no que a sua mãe diz. Os ensinamentos deles vão aperfeiçoar o seu caráter, assim como um belo turbante ou um colar melhoram a sua aparência." (PROVÉRBIOS 1:8-9)

QUE MARAVILHOSO É SABER QUE nossos pais têm tanto a ensinar! Deus nos concedeu pais para nos guiar e ajudar a crescer de maneira sábia e justa. Contudo, nem sempre isso acontece, e não é porque Deus assim o quis, mas porque cada um exerce seu livre-arbítrio.

Você pode estar pensando que sua experiência é diferente, pois seus pais não foram como você desejaria que fossem. É compreensível. Entretanto, gostaria de trazer conforto ao seu coração: por meio dos seus pais, você recebeu o maior presente de todos, que é a vida! Isso não tem preço! Você veio ao mundo porque a vontade soberana de Deus é a de que você tem uma missão poderosa nesta Terra.

Os ensinamentos dos pais são presentes preciosos para nós, filhos. Eles nos auxiliam a fazer escolhas acertadas e tornam nosso caráter mais belo e forte. Ao escutar o que eles têm a dizer e seguir seus conselhos, aprendemos a viver de maneira que agrada a Deus. Eles nos ensinam amor, bondade, honestidade e respeito — valores que nos fazem pessoas melhores e enchem a nossa vida de significado e felicidade.

Deus deseja que honremos nossos pais e valorizemos o que eles nos transmitem. Mesmo quando é difícil escutar e seguir seus conselhos, devemos nos lembrar de que eles desejam o melhor para nós e de que Deus utiliza as palavras deles para nos ensinar e direcionar.

VAMOS ORAR

Senhor, agradeço-Te por me ajudar a valorizar os ensinamentos dos meus pais, pois sei que tudo o que fizeram foi voltado para o meu bem. Ajuda-me a ter mais amor e a aceitá-los como são, sem desejar mudá-los. Em nome de Jesus, amém.

ANOTAÇÕES

25 DE OUTUBRO

VOCÊ ACEITA?

*"Se forem humildes e me obedecerem,
vocês comerão das coisas boas que a terra produz."*
(ISAÍAS 1:19)

UMA PROMESSA REPLETA DE amor e um convite irresistível!

A mensagem de hoje nos traz uma promessa feita por Deus: desfrutaremos as benesses que a terra oferece, mas isso está condicionado a duas qualidades fundamentais, humildade e obediência.

Humildade e obediência são atitudes que evidenciam nosso compromisso e nossa fé.

Ser humilde é reconhecer nossas limitações e a necessidade de depender de Deus. Por outro lado, a obediência implica agir conforme os ensinamentos divinos, mesmo quando isso contraria nossos desejos ou a conveniência do momento. Essas posturas nos alinham com a vontade de Deus e nos abrem à sua generosa bênção.

Ele nos promete o melhor desta terra! Sim, Deus deseja nos proporcionar o melhor! No entanto, para isso, é imprescindível que sejamos humildes e obedientes. Depende de nós aceitar o convite que Deus nos faz para que possamos receber as maravilhas que Ele tem a nos oferecer! Contudo, o mais importante não é apenas receber, mas viver a transformação interna que essa experiência promove em nossa vida. Isso não tem preço!

A vida abundante que Deus promete é rica em amor, relacionamentos significativos e uma profunda conexão com Ele.

A pergunta que fica é: você aceita esse convite?

VAMOS ORAR

Senhor, obrigado pelo convite para viver uma vida plena através da humildade e da obediência. Ajuda-me a ser humilde e a seguir Teus ensinamentos em todas as áreas da minha vida. Que eu possa experimentar as boas coisas que reservaste para mim. Em nome de Jesus, amém.

ANOTAÇÕES

26 DE OUTUBRO

AINDA QUE TODOS O ABANDONEM

"Ainda que o meu pai e a minha mãe me abandonem, o Senhor cuidará de mim."

(SALMOS 27:10)

A MENSAGEM DE HOJE NOS ensina que nossa verdadeira segurança reside naquEle que já nos conhecia antes de chegarmos a este mundo. Ele nos planejou e nos formou no ventre de nossa mãe, cuidando de cada detalhe! Essa é a fidelidade de Deus em nossa vida. Independentemente das situações que vivemos após o nascimento, Ele é quem nos sustenta e nos guia. Estou compartilhando isso para que você compreenda que, a despeito do que ocorreu após seu nascimento, você não é uma mera coincidência! Sua vida sempre fez parte do plano divino.

A vida pode nos confrontar com situações em que nos sentimos negligenciados ou incompreendidos. A dor do abandono e da rejeição, seja real ou percebida, pode ser extremamente dolorosa. No entanto, essa compreensão é profunda, pois nos revela que, mesmo em meio à vulnerabilidade, mesmo quando nossos laços familiares não nos oferecem segurança e apoio, a proteção e o cuidado de Deus permanecem inabaláveis.

Não sei se você está passando ou se já passou por isso, mas quero desafiá-lo a confiar nesse cuidado e a enfrentar os desafios da vida com a certeza de que você não está sozinho, mesmo nos momentos mais solitários. Se você ainda sente dificuldade em perceber a presença do Pai, entre em seu quarto, feche a porta e busque-O com um coração sincero! Tenho certeza de que você será atendido!

VAMOS ORAR

Pai, obrigado por essa Palavra, que consola meu coração. Peço que, nos momentos de solidão e abandono, eu possa sentir o Teu grande amor por mim e a Tua presença. Ajuda-me a sempre lembrar que não sou uma obra do acaso, mas que o Senhor me planejou. Em nome de Jesus, amém.

ANOTAÇÕES

_____

_____

_____

_____

_____

_____

27 DE OUTUBRO

A ALEGRIA DA VERDADE

"Nada me alegra mais do que ouvir que os meus filhos vivem de acordo com a verdade."
(3 JOÃO 1:4)

QUANDO JOÃO ESCREVEU ESSAS palavras, era evidente sua felicidade ao perceber que seus filhos na fé estavam firmes na verdade. Não era uma alegria qualquer; era uma alegria profunda, que aquece a alma e faz o coração pulsar mais forte. Quando vemos as pessoas que amamos, especialmente nossos filhos, vivendo de acordo com a verdade de Deus e experimentando a libertação a cada revelação de Sua Palavra, compreendemos a alegria que João expressou. Essa é, de fato, uma alegria duradoura, que brota da certeza de que estamos trilhando o caminho certo, aquele que nos leva à vida eterna.

Para nós, esse versículo serve como um poderoso lembrete de que nossas escolhas e a maneira como vivemos impactam não apenas nossa vida, mas também a vida daqueles que nos acompanham e torcem por nós.

Eu o desafio a pensar sobre como tem vivido. Você está caminhando na verdade de Deus?

Quando deixamos a Palavra entrar em nosso coração, nos permitimos ser moldados conforme a vontade do Pai, o que se reflete em nossas escolhas e nossos comportamentos. Como pais, mentores ou amigos, estamos incentivando e guiando os outros a viver de acordo com essa verdade? A verdadeira alegria vem de saber que estamos alinhados com Deus e Seus propósitos. Quando vivemos de acordo com a verdade, experimentamos a paz e a alegria que só Ele pode proporcionar.

VAMOS ORAR

Senhor, ajuda-me a viver uma vida dessa maneira também. Dá-me sabedoria e força para aprender cada vez mais da Tua Palavra e verdade, pois assim poderei encorajar os outros que estão ao meu redor, sendo um testemunho vivo. Em nome de Jesus, amém.

ANOTAÇÕES

28 DE OUTUBRO

ODEIEM O MAL

*"Temer o Senhor Deus é odiar o mal. Eu odeio o orgulho
e a falta de modéstia, os maus caminhos e as palavras falsas."*

(PROVÉRBIOS 8:13)

NA BÍBLIA, ENCONTRAMOS DIversos exemplos do que é detestável ao Senhor, como orgulho, arrogância, fofoca, injúrias e comportamentos malignos. Nesse sentido, temer a Deus é também aborrecer a tudo isso!

O orgulho e a arrogância nos distanciam de Deus e das pessoas ao nosso redor. Palavras enganadoras e condutas reprováveis não devem fazer parte da vida de quem realmente deseja seguir ao Senhor.

Temer ao Senhor é optar pela humildade, pela integridade e pela verdade em todas as circunstâncias. De fato, todas as mensagens que encontramos na Bíblia nos conduzem a essas virtudes, constituindo uma verdadeira lição sobre o caráter de Cristo.

Salomão, ao redigir seu livro de sabedoria, dedicou-se a deixar claro em todos os seus escritos os princípios de uma vida reta e bem-sucedida. Acredito que as repetições são essenciais para o nosso aprendizado, pois o cérebro assimila por meio da repetição e do impacto emocional forte.

Se hoje há alguma situação que ainda aprisiona você a sentimentos que o Senhor detesta, como os mencionados, convido você a reverenciá-Lo e a redefinir sua trajetória de temor a Ele. Pode não ser fácil, mas acredite: será libertador!

VAMOS ORAR

Senhor, ajuda-me a compreender o que significa temer-Te de verdade. Ensina-me a abominar o mal e a buscar o que é bom. Auxilia-me a evitar o orgulho, a arrogância e a falsidade, e a viver com humildade e integridade. Que minhas ações e palavras reflitam quem Tu és e inspirem outros a Te seguir. Em nome de Jesus, amém.

ANOTAÇÕES

29 DE OUTUBRO

SOL DA JUSTIÇA

"Mas, para vocês que me temem, a minha salvação brilhará como o sol, trazendo vida nos seus raios. Vocês saltarão de alegria, como bezerros que saem saltando do curral." (MALAQUIAS 4:2)

O SOL, CRIADO POR DEUS, NOS proporciona o conforto necessário; por meio dele, temos vida e calor. Além disso, é um símbolo de clareza, pois a luz nos permite enxergar como as coisas realmente são. Podemos entender que Jesus é esse sol que veio para nos trazer a salvação de nossos caminhos escuros e sombrios. Com essa luz, o Senhor nos revela uma nova forma de viver, sob Sua proteção e justiça. É importante lembrar que, quando o profeta escreveu essas palavras, Jesus ainda não havia nascido. No entanto, após a vinda dEle, toda a Bíblia (tanto o Velho quanto o Novo Testamento) revela uma profunda conexão.

Você consegue compreender a profundidade da mensagem de hoje? Meu coração transborda de gratidão ao saber que sempre estarei protegida, especialmente porque agora Jesus brilha com Sua luz em minha vida! E o mesmo se aplica a você! Se ainda não entregou sua vida a Ele, lembre-se de que você está distante dos caminhos da verdade. Hoje é o dia de dizer "SIM" e viver as bênçãos de ter o sol da justiça em sua vida.

Talvez você esteja enfrentando momentos desafiadores, mas é possível que ainda não tenha percebido que seu relacionamento com Deus está comprometido devido à sua distância em relação a Ele. Volte-se para Jesus e peça que Ele brilhe em sua vida. Viva em reverência a Ele, e Sua luz voltará a brilhar como o sol da justiça!

VAMOS ORAR

Senhor, obrigado por ser o sol da justiça que brilha sobre mim, trazendo luz e clareza para minha vida. Peço que, mesmo nos momentos mais desafiadores, eu nunca me afaste de Ti. Que eu possa viver sempre sob a Tua proteção e justiça, refletindo o Teu amor em tudo o que faço. Em nome de Jesus, amém.

ANOTAÇÕES

30 DE OUTUBRO

ALEGRIA PELO ARREPENDIMENTO

"Pois lhes digo que assim também haverá mais alegria no céu por um pecador que se arrepende dos seus pecados do que por noventa e nove justos que não precisam se arrepender." (LUCAS 15:7)

À MEDIDA QUE O ANO SE ENCERRA, surge uma oportunidade valiosa para refletir sobre o poder transformador do arrependimento. Em hebraico, a palavra "arrependimento" remete ao conceito de "retorno", ou seja, o ato de reorientar-se para o caminho do qual, por algum motivo, nos desviamos.

Jesus nos lembra de que o arrependimento é profundamente valorizado no Reino dos Céus. O arrependimento expressa não apenas a tristeza pelo que fizemos de errado, mas também sinaliza nosso reconhecimento e aceitação de um novo começo.

Com ainda dois meses restantes para o fim do ano, talvez você sinta a necessidade de refletir sobre suas ações e de buscar esse novo começo antes mesmo do último dia do ano. Quero afirmar que Deus está sempre pronto para recebê-lo de volta com alegria. Sua disposição em se arrepender e buscar o perdão se torna um motivo de grande celebração nos céus.

Quando nos arrependemos, ocorre uma transformação interior. Você se liberta de algo que o aprisionava. Permita que este seja um momento de renovação e esperança, ciente de que cada esforço sincero para se reconciliar com Deus é valioso e acolhido. A alegria no céu é uma prova do amor incondicional de Deus.

VAMOS ORAR

Senhor, obrigado pelo Teu amor incondicional e por estar sempre pronto a me receber de volta, independentemente do que eu tenha feito. Peço perdão pelos meus erros e busco um novo começo em Tua presença. Desejo experimentar a alegria e a paz que advêm do arrependimento sincero e da reconciliação Contigo. Em nome de Jesus, amém.

ANOTAÇÕES

31 DE OUTUBRO

ANUNCIEM A GRANDEZA DE DEUS

"Agradeçam a Deus, o Senhor, anunciem a sua grandeza e contem às nações as coisas que ele fez." (SALMOS 105:1)

PARA ENCERRAR ESTE MÊS, CONVIDO você a se tornar um testemunho vivo de gratidão por meio de uma atitude prática: compartilhar as maravilhas que Deus tem realizado em sua vida! Essa ação não apenas expressará sua gratidão, mas também permitirá que todos que a ouvirem conheçam quem é Deus em sua vida.

No meu dia a dia, sinto que algo está faltando se não anuncio a grandeza de Deus! Para mim, essa prática já se tornou parte da rotina e flui naturalmente.

É possível que você se pergunte: *Como falar sobre isso? Você não sente vergonha?* Anunciar a grandeza de Deus é, na verdade, compartilhar com os outros as maravilhas que Ele realiza em nossa vida. É relatar a nações, amigos, familiares e comunidades as obras extraordinárias do Pai e Seu amor incondicional.

Quando fazemos isso, glorificamos a Deus, propagando Seu amor e Sua esperança, e ainda encorajamos nossos semelhantes a buscar e conhecer Sua presença. O nosso testemunho é único e poderoso.

Essa é uma grande oportunidade para disseminarmos a Palavra de Deus, seguindo o que Jesus nos ensina em Mateus: "Ide e pregai o Evangelho a toda criatura."

Dessa forma, também estaremos fortalecendo nossa fé para enfrentar os desafios que surgirão em nossa jornada.

Aproveite o dia de hoje para compartilhar sua gratidão a Deus e ser uma luz para alguém que pode estar em trevas! Mostre a grandeza de Deus e de Seu amor e ajude a transformar vidas.

VAMOS ORAR

Senhor, obrigado por Tua bondade e por todas as maravilhas que realizas em minha vida. Que meu testemunho seja um farol de esperança para aqueles que ainda não Te conhecem e para aqueles que possam estar em trevas. Em nome de Jesus, amém.

ANOTAÇÕES

NOVEMBRO

1º DE NOVEMBRO

COM ESFORÇO VOCÊ CONSEGUE!

"Fale sempre do que está escrito no Livro da Lei. Estude esse livro dia e noite e se esforce para viver de acordo com tudo o que está escrito nele. Se fizer isso, tudo lhe correrá bem, e você terá sucesso." (JOSUÉ 1:8)

É UMA ALEGRIA VÊ-LO AQUI NOVAMENTE, meditando neste devocional. O objetivo principal deste livro é guiá-lo a estabelecer um tempo especial com o Pai por meio destas mensagens e da meditação em Sua Palavra, então fico feliz em saber que está fazendo efeito.

Hoje, trago uma mensagem que ressoa profundamente com meu propósito: "Medite na Palavra e se empenhe em viver conforme tudo o que está escrito nela." Gostaria de propor uma reflexão: como têm sido os dias em que você se dedicou a esta leitura? O que mudou em sua vida?

Mais do que ler estas mensagens, o seu relacionamento com Deus e uma meditação aprofundada em Sua Palavra devem ser prioridades! Embora eu compartilhe várias reflexões baseadas na Bíblia, quando nos dispomos a ler, meditar e abrir nosso coração para ouvir o que Ele tem a nos dizer em oração, algo extraordinário acontece! Se você ainda não faz isso, convido você a começar, a partir de hoje, a ler este devocional e, em seguida, reservar um tempo a sós com Deus e a Escritura.

Assim, você notará mudanças significativas em sua vida, além de viver a promessa que Ele nos faz ao final do verso em destaque: "Se fizer isso, tudo lhe irá bem e você terá sucesso." Não é incrível? Portanto, não perca mais tempo! Corra para os braços do Pai ainda hoje, ao concluir esta leitura!

VAMOS ORAR

Senhor Jesus, obrigado por este tempo de meditação na Tua Palavra e por guiar meus passos diariamente. Ajuda-me a manter a constância em minha caminhada Contigo, reservando sempre um tempo especial para estar na Tua presença. Que eu possa viver de acordo com os Teus ensinamentos. Em Teu nome, amém.

ANOTAÇÕES

2 DE NOVEMBRO

TODAS, E NÃO ALGUMAS

"Pois sabemos que todas as coisas trabalham juntas para o bem daqueles que amam a Deus, daqueles a quem ele chamou de acordo com o seu plano."

(ROMANOS 8:28)

VOCÊ JÁ PAROU PARA REFLEtir sobre o que significa a expressão "Todas as coisas cooperam para o bem daqueles que amam a Deus"? O verso fala de "todas", e não de "algumas"! Interessante, não é mesmo? Desse modo, podemos compreender que até as dificuldades colaboram para o nosso bem! Momentos de desespero, tristeza e angústia estão contribuindo para o nosso crescimento.

Há uma frase que eu aprecio bastante: "Toda doença vem para a resolução de um conflito" (Bert Hellinger). Isso traduz perfeitamente a mensagem de hoje. Nossa humanidade tende a nos fazer focar somente a dor e os problemas, dificultando nossa visão durante as tempestades. Por isso, quero lembrá-lo do ensinamento de Paulo sobre a importância de renovar a mente. É fundamental mudarmos nossa mentalidade para que, ao nos depararmos com qualquer situação, sejamos capazes de enxergar a oportunidade de viver o plano que Deus tem para nós.

Aceite este convite e comece a transformar sua maneira de pensar. Evite concentrar-se apenas nos problemas; em vez disso, peça a Deus que lhe mostre o que essas dificuldades podem ensinar, a fim de que você as supere e se torne cada vez mais forte.

VAMOS ORAR

Deus, ajuda-me não apenas a dar graças nas vitórias, mas também a enxergar meus problemas de uma maneira diferente a partir de agora. Mostra-me e ensina-me o que preciso aprender para que eu cresça cada vez mais e viva conforme o plano que o Senhor tem para mim. Em nome de Jesus, amém.

ANOTAÇÕES

3 DE NOVEMBRO

QUANDO JESUS CHEGA

"Ele respondeu: 'Senhor, eu não tenho ninguém para me pôr no tanque quando a água se mexe. Cada vez que eu tento entrar, outro doente entra antes de mim.'"

(JOÃO 5:7)

ESSE VERSÍCULO NOS TRANSPORta diretamente para a cena de um homem que havia perdido a fé na vida. Imagine só: 38 anos esperando por uma cura que sempre parecia escapar. Ali estava ele, à beira do tanque de Betesda, observando as águas se agitarem e vendo outros conquistarem o que tanto almejava. Quando Jesus lhe pergunta se ele deseja ser curado, sua resposta é repleta de frustração e tristeza: "Eu quero, mas não tenho quem me ajude. Sempre que tento, alguém chega primeiro."

Mas então Jesus entra em cena e transforma tudo! O que aquele homem não sabia é que a sua solução não estava nas águas do tanque, mas na presença do Mestre. Ele não precisava de ajuda humana ou de um empurrãozinho para entrar no tanque, apenas da palavra de Cristo. Com um simples comando, Jesus inverte a situação: "Levante-se, pegue sua maca e ande." Pronto, a espera terminou! A cura não veio da forma como ele esperava, mas veio, e foi completa.

Se hoje você se sente como aquele homem, pare de murmurar, dizendo que ninguém o ajuda; lembre-se de que Jesus está ao seu lado. Ele não requer tanques ou rituais complicados, deseja apenas que você creia. Quando Jesus fala, o que parecia impossível se transforma em realidade. A paralisia se transforma em movimento, e a desesperança cede lugar a uma nova vida.

VAMOS ORAR

Senhor, muitas vezes me sinto desamparado, como aquele homem à beira do tanque. Contudo, sei que Tu és mais do que suficiente, e que Tua palavra tem o poder de transformar qualquer situação. Ajuda-me a confiar em Ti, mesmo quando tudo parece estar contra mim. Levanta-me do desespero e guia-me para uma vida repleta da Tua esperança. Em nome de Jesus, amém.

ANOTAÇÕES

4 DE NOVEMBRO

DEUS NÃO BUSCA PESSOAS PERFEITAS

"Moisés respondeu ao Senhor: 'Ó Senhor, eu nunca tive facilidade para falar nem antes nem agora, depois que começaste a falar comigo. Quando começo a falar, eu sempre me atrapalho.'" (ÊXODO 4:10)

MOISÉS, EM UM DIÁLOGO DIRETO com Deus na sarça ardente, é convocado para uma missão grandiosa. Em vez de sentir-se honrado ou empolgado, o que ele faz? Começa a enumerar suas inseguranças, concentrando-se imediatamente naquilo que acredita não possuir. Moisés estava ali, diante do Criador do universo, mas o medo e a autocrítica prevaleceram.

Quantas vezes não agimos da mesma forma? Deus nos apresenta uma oportunidade extraordinária, porém só conseguimos enxergar nossas limitações, considerando-nos os últimos da fila, incapazes, destituídos de habilidades e talentos. O que Moisés não pôde perceber imediatamente é que o Senhor se alegra em trabalhar tendo como matéria-prima nossas fraquezas. Ele não se interessa por currículos impecáveis ou por aqueles que já têm tudo sob controle; Ele busca corações dispostos a confiar nEle, mesmo cientes de que, por si sós, não seriam capazes.

Ao reconhecer que não conseguimos sozinhos, abrimos espaço para que Deus demonstre o que é capaz de realizar através de nós. O Senhor não errou ao escolher você. Ele sabia exatamente o que estava fazendo. Ele enxerga além das suas inseguranças, além do que você considera ser capaz de fazer. O que Ele pede é que você confie, que se entregue e permita que Ele realize o impossível, do jeito dEle.

VAMOS ORAR

Deus, muitas vezes me sinto pequeno, incapaz e um tanto perdido. Ajuda-me a confiar em Ti, mesmo quando minhas fraquezas parecem sobrepujar minha fé. Que o Teu poder se manifeste nas minhas limitações e que eu possa testemunhar o impossível acontecer em minha vida. Em nome de Jesus, amém.

ANOTAÇÕES

5 DE NOVEMBRO

PROMETER É COISA SÉRIA

"Então o povo de Israel prometeu a Deus, o Senhor, o seguinte: Se fizeres com que derrotemos este povo, nós destruiremos completamente as suas cidades." (NÚMEROS 21:2)

O POVO DE ISRAEL, CERCADO por inimigos, vivia uma situação crítica, sem muitas alternativas. Diante disso, fazem uma promessa direta e sem rodeios a Deus : "Senhor, se nos conceder esta vitória, nós destruiremos tudo, não deixaremos nada." O que mais impressiona nessa promessa dos israelitas é sua disposição em abrir mão de qualquer ganho pessoal. Eles não buscavam a vitória para se beneficiar ou acumular riquezas; seu foco era honrar a Deus. Eles compreendiam que a vitória somente teria sentido se fosse para cumprir o plano divino e preservar a pureza do povo. A pergunta que fica é: e nós? Nossas promessas são feitas com um coração genuinamente voltado para o Eterno ou estamos apenas tentando garantir a nossa bênção?

Quando prometemos algo a Deus, é bom lembrar que Ele não esquece. A motivação por trás dos nossos votos deve ser sincera; e nossa disposição de cumprir, real. O povo de Israel prometeu destruir as cidades dos cananeus não para ganhar território, mas para demonstrar que confiava plenamente no Senhor, sem esperar nada em troca.

Fazer promessas a Deus é reconhecer que Ele está no controle. Se fizermos isso de verdade, não teremos como sair perdendo. Mas é fundamental lembrar: prometer a Deus é sério, e cumprir a promessa é ainda mais. Não se trata de proferir palavras bonitas, mas de ter um compromisso genuíno.

VAMOS ORAR

Senhor, ajuda-me a compreender o peso das promessas que faço a Ti. Que minhas palavras sejam o reflexo de um coração que realmente deseja Te honrar. Dá-me coragem e integridade para cumprir o que prometo, mesmo quando for desafiador. Em nome de Jesus, amém.

ANOTAÇÕES

6 DE NOVEMBRO

"ESTÁ TUDO BEM"

"Corra até lá e pergunte se tudo está bem com ela,
com o marido e com o filho. A mulher disse a Geazi que estava tudo bem."

(2 REIS 4:26)

ESSA NARRATIVA É A DE UMA MUlher sunamita que, em meio ao caos, oferece uma resposta que parece desafiar toda a lógica. Quando Geazi, o servo de Eliseu, corre até ela para verificar se estava tudo bem, ela responde com um simples "está tudo bem", algo que, para quem conhece a narrativa, soa no mínimo estranho. Afinal, seu filho, um milagre de Deus, estava morto. O que pode levar alguém a afirmar "está tudo bem" em uma situação tão desoladora?

Ela sabia que o Deus que lhe havia concedido aquele filho tinha o poder de restaurar sua vida. Sua resposta não estava negando o fato, mas demonstrando uma confiança inabalável, daquelas que nos mantêm firmes quando tudo desmorona ao redor. Quando as coisas fogem do controle, nossa reação inicial é, na maioria das vezes, o desespero. O medo, a ansiedade e a incerteza parecem nos invadir, e, de repente, a fé se torna algo distante. No entanto, a sunamita nos oferece uma lição que devemos valorizar: seu foco não estava nas circunstâncias, mas em Deus. O "está tudo bem" que ela disse a Geazi é um testemunho poderoso de que a verdadeira fé não se abala facilmente. Ainda que estivesse diante da morte, ela escolheu confiar, e essa confiança foi recompensada. Portanto, na próxima vez que você enfrentar uma tempestade, lembre-se da sunamita. Ainda que tudo pareça perdido, declare "está tudo bem", não como uma forma de ignorar a realidade, mas por saber que Deus tem a última palavra.

VAMOS ORAR

Deus, que, mesmo nas tempestades, eu consiga dizer "Está tudo bem" porque confio que o Senhor está no controle. Ajuda-me a lembrar que não importa o quanto seja difícil uma situação, Tu podes mudar tudo. Em nome de Jesus, amém.

ANOTAÇÕES

7 DE NOVEMBRO

O PODER DO SILÊNCIO

"Não contei a ninguém o que pensava fazer pela cidade de acordo com o que Deus havia posto no meu coração. Eu me levantei no meio da noite e saí, junto com alguns dos meus companheiros. Só levei um animal, o jumento que eu montava." (NEEMIAS 2:12)

NEEMIAS TINHA UMA GRANde missão: reconstruir os muros de Jerusalém. Para tal, ele se manteve em silêncio, planejou com cuidado e aguardou o momento apropriado, pois compreendia que, muitas vezes, a melhor estratégia é ser prudente, agir com discrição e mover-se apenas quando tudo estiver devidamente preparado.

Você aguentaria passar por esse processo? Vivemos em um mundo onde muitos se apressam em falar, postar, compartilhar tudo que Deus revela. Podemos aprender uma lição valiosa com Neemias: nem tudo deve ser divulgado imediatamente. Às vezes, o que o Senhor coloca em nosso coração deve ser protegido para crescer na tranquilidade, longe dos holofotes e da interferência alheia.

Neemias também nos dá uma verdadeira aula sobre preparação. Ele não saiu apressadamente para cumprir o que Deus lhe ordenara. Ao contrário, levantou-se durante a noite, em um horário em que poucos notariam, e, com calma, observou o que precisava ser feito. Quando Deus colocar algo em seu coração, respire fundo. Não é necessário sair espalhando para todos.

Guarde, ore, planeje. Vá devagar, mas siga firme; é necessário ter estratégia e discernimento. O segredo de um plano bem-sucedido pode estar no silêncio e na confiança de que Deus guiará você passo a passo, no tempo certo.

VAMOS ORAR

Senhor Jesus, ajuda-me a compreender o valor do silêncio e da preparação. Que eu possa guardar em meu coração os planos que tens para mim e agir com sabedoria, conforme o Teu tempo e a Tua direção. Mesmo quando os recursos parecem escassos, concede-me a fé para iniciar e a confiança para avançar. Em Teu nome, amém.

ANOTAÇÕES

8 DE NOVEMBRO

A MANCHA NA TÚNICA NÃO É O PONTO-FINAL

"Então os irmãos mataram um cabrito e com o sangue mancharam a túnica de José."
(GÊNESIS 37:31)

QUANDO PENSAMOS NA HISTÓria de José, é comum focarmos a traição dos irmãos e o sofrimento que ele enfrentou. Mas e se mudássemos a perspectiva e víssemos aquela túnica manchada como o início de algo muito maior?

Aquela peça de roupa, que simbolizava o amor de Jacó por José, foi maculada pela inveja e pelo ódio. O que parecia ser o fim dos sonhos de José foi, na verdade, o começo da reescrita da sua história por Deus.

Reflita por um momento: quantas vezes nossas "túnicas" — que representam coisas boas, sonhos e conquistas — são manchadas? Um relacionamento que se deteriora, uma amizade que se desfaz, uma porta que se fecha... parece que tudo está dando errado! O que parece ser caótico pode ser, na verdade, a direção de Deus nos guiando por um caminho melhor e mais profundo, que nem imaginamos.

A túnica de José foi manchada, ele foi jogado em uma cova e vendido como escravo. Mas foi a partir desse momento que Deus começou a moldá-lo para o extraordinário propósito que tinha para ele. José não apenas sobreviveu à traição; foi transformado por ela! Isso nos desafia a olhar para as manchas em nossa trajetória com novos olhos. Em vez de apenas enxergar dor e perda, podemos perceber a mão de Deus atuando, transformando o que parecia uma derrota em uma vitória significativa. A túnica manchada pode se tornar um testemunho do poder redentor do Todo-Poderoso.

VAMOS ORAR

Pai, que eu possa confiar que, mesmo quando tudo parece estar errado, Tu estás reescrevendo minha história para o meu bem. Transforma minhas perdas em vitórias e minhas dores em testemunhos da Tua redenção. Em nome de Jesus, amém.

ANOTAÇÕES

9 DE NOVEMBRO

SOLTE O FARDO DO ÓDIO

*"Esaú ficou com ódio de Jacó porque o seu pai tinha dado
a ele a bênção. Então pensou assim: 'O meu pai vai morrer logo.
Quando acabarem os dias de luto, vou matar o meu irmão.'"* (GÊNESIS 27:41)

DE UM LADO, TEMOS O IRMÃO mais velho, traído e furioso, sentindo o peso da deslealdade. Do outro, temos Jacó, que, com a ajuda da mãe, consegue roubar a bênção que deveria ter sido concedida a Esaú. Inevitavelmente, o ódio se instala. Esaú, cego pela raiva, decide que a única solução é vingar-se. O ódio, quando alimentado, transforma-se em uma prisão. Promete uma falsa sensação de alívio; mas, na realidade, gera apenas mais dor, peso e amargura. Esaú estava tão concentrado no que havia perdido que a sede de vingança lhe parecia a única alternativa. Mas será que eliminar o irmão traria paz? Certamente não! O ódio só gera mais ódio, aprisionando-nos em um ciclo de destruição.

Deus tem sempre um jeito singular de conduzir as situações. Ele apresenta uma alternativa que Esaú nunca havia considerado: o perdão. Quando Jacó e Esaú se reencontram anos depois, ocorre algo surpreendente. Em vez de se vingarem, eles se abraçam e se reconciliam. O que poderia ter resultado em um desastre transforma-se em um momento de cura. A verdade é que, ao nos apegarmos ao rancor, somos nós que sofremos. Ficamos imersos em um peso desnecessário. Porém, ao decidirmos perdoar, aliviamos o fardo, a alma se torna leve, e conseguimos enxergar o que Deus está preparando para nós no futuro. Perdoar não é uma tarefa fácil, mas é profundamente libertador.

VAMOS ORAR

Deus, ajuda-me a não deixar que o ódio e o ressentimento dominem meu coração. Ensina-me a perdoar, mesmo quando parece extremamente difícil. Que eu possa escolher o caminho da paz e da reconciliação, confiando que o Senhor sempre tem um plano melhor. Em nome de Jesus, amém.

ANOTAÇÕES

10 DE NOVEMBRO

FAÇA E NÃO FAÇA!

"Então, de agora em diante, vivam o resto da sua vida aqui na terra de acordo com a vontade de Deus e não se deixem dominar pelas paixões humanas."

(1 PEDRO 4:2)

QUANDO PEDRO NOS CONVOCA A viver conforme a vontade de Deus, e não guiados pelas paixões humanas, ele não está simplesmente apresentando uma lista de "faça" e "não faça". Ele nos convida à liberdade e a uma existência significativa.

As paixões humanas se alteram como os ventos trocam de direção. A vontade de Deus, em contrapartida, é como uma bússola que aponta sempre para o norte, até quando os ventos mudam.

Às vezes, podemos até perceber a vontade de Deus como algo limitador, como se Ele estivesse nos impedindo de desfrutar e aproveitar a vida. No entanto, Pedro nos revela o oposto. As paixões humanas, se não forem controladas e bem gerenciadas, têm o poder de nos aprisionar. Quando somos guiados por elas, estamos sempre reagindo às circunstâncias, às emoções, às pressões externas. Viver de acordo com a vontade de Deus é escolher uma vida proativa, intencional e clara. É desfrutar a paz de saber que, mesmo quando tudo parece fora do controle, estamos trilhando o caminho certo, porque seguimos a direção adequada.

Encare a vontade de Deus para sua vida não como uma obrigação, mas como a oportunidade de participar de algo grandioso, de contribuir para um plano que ultrapassa nossa compreensão. Escolha um propósito em vez de prazeres momentâneos.

VAMOS ORAR

Senhor Jesus, quero perceber a Tua vontade como minha bússola, a direção que me leva à verdadeira liberdade e ao propósito. Transforma minhas escolhas e meu coração para que reflitam a Tua vontade em tudo o que faço. Em Teu nome, amém.

ANOTAÇÕES

11 DE NOVEMBRO

JUSTO E HONESTO

"Eu, o Senhor Todo-Poderoso, tinha ordenado isto ao povo:
'Sejam honestos e corretos e tratem uns aos outros com bondade e compaixão.'"
(ZACARIAS 7:9)

QUANDO DEUS NOS CHAMA À HOnestidade e à justiça, Ele não espera apenas que evitemos mentiras ou que ajamos com equidade em momentos específicos. Ele nos convida a fazer da justiça e da verdade os alicerces da nossa vida! Deus nos desafia a tratar os outros com bondade e compaixão. Isso não é um mero pedido; é uma ordem. Podemos praticar esse princípio diariamente, nas filas que enfrentamos, no caixa do supermercado, com o frentista do posto de gasolina e com todas as pessoas com quem nos conectamos ao longo do dia. Esse equilíbrio que Deus exige — unir a justiça à bondade, à verdade à compaixão — é o que mais necessitamos nos dias de hoje. Vivemos em uma época em que muitos buscam a verdade, mas nem sempre se lembram da importância da gentileza. O Pai, no entanto, nos desafia a não escolher entre essas virtudes, mas a viver ambas de forma harmoniosa. Ele nos convida a uma vida que reflete Seu caráter, pois Ele é um Deus justo, mas também repleto de misericórdia.

É fácil ceder à tentação de achar que ser justo implica ser rigoroso, ou que ser bondoso significa ser fraco em um tempo em que as pessoas parecem tão divididas e cheias de opiniões. Mas Deus nos ensina, através de Cristo, que é possível ser firme na verdade e manter um coração cheio de graça. Se conseguirmos viver assim, seremos um verdadeiro reflexo do amor do Pai em um mundo tão carente de esperança.

VAMOS ORAR

Senhor, ajuda-me a equilibrar a justiça com a bondade e a verdade com a compaixão. Que minha vida seja um espelho do Teu caráter. Ensina-me a agir de maneira que cada uma de minhas ações testemunhe o Teu modo de ser. Em nome de Jesus, amém.

ANOTAÇÕES

12 DE NOVEMBRO

BUSQUE SEGURANÇA NELE

"A pessoa que procura segurança no Deus Altíssimo e se abriga na sombra protetora do Todo-Poderoso pode dizer a ele: 'Ó Senhor Deus, tu és o meu defensor e o meu protetor. Tu és o meu Deus; eu confio em ti.'" (SALMOS 91:1-2)

AO LER ESSE TEXTO, RECORdo-me da infância, quando me deitava no colo do meu pai, sentindo-me protegida e amparada. É assim que Deus age quando nos refugiamos em Sua sombra. Você já teve a oportunidade de vivenciar essa experiência? Em momentos difíceis, buscamos geralmente a ajuda de outras pessoas; no entanto, convido você a descansar no colo do Pai e sentir essa segurança.

Feche os olhos por um instante, após a leitura, e visualize você e Deus sentados na sala da sua casa. Em seguida, apoie a cabeça no colo dEle. Se precisar chorar, permita-se! Ninguém está observando; há apenas você e o Senhor neste momento. Ele acaricia seus cabelos enquanto você compartilha seus anseios e suas angústias. Sinta a presença dEle neste instante! Aprecie a segurança que Seu abrigo oferece. Em sua oração, declare que, a partir de hoje, todas as suas preocupações e ansiedades estão entregues a Ele.

Quando expressamos nossa confiança em Deus e buscamos Seu refúgio, encontramos um defensor fiel que sempre estará ao nosso lado. Isso é confiar no Pai: acreditar que Ele está no controle de tudo — mesmo quando tudo parece desmoronar — e descansar.

Sempre que você se sentir desprotegido e sozinho, faça esse exercício e retorne ao colo do Pai. Ele estará sempre disponível e pronto para ouvi-lo!

VAMOS ORAR

Pai, como é bom sentir-me seguro em Teus braços e experimentar o Teu amor por mim! Agradeço por seres meu defensor e protetor. Agora, sempre que me sentir sozinho e inseguro, voltarei a esse lugar de refúgio que és Tu! Ensina-me a entregar aos Teus cuidados minhas preocupações e meus medos, pois sei que és fiel e cuidas de mim. Em nome de Jesus, amém.

ANOTAÇÕES

_____

_____

_____

_____

_____

13 DE NOVEMBRO

ESCOLHA SEUS CONSELHEIROS

"Felizes são aqueles que não se deixam levar pelos conselhos dos maus, que não seguem o exemplo dos que não querem saber de Deus e que não se juntam com os que zombam de tudo o que é sagrado! Pelo contrário, o prazer deles está na lei do Senhor, e nessa lei eles meditam dia e noite." (SALMOS 1:1-2)

SOMOS A MÉDIA DAS CINCO PESsoas com quem mais nos relacionamos. Reflita, sobre quem tem acompanhado sua vida e lhe dado conselhos. Ao recordar-me de Salomão e seus conselheiros, percebo que ele não escolhia qualquer pessoa para lhe dar orientação; ele tinha uma sabedoria ímpar e sabia selecionar bem suas influências.

É fundamental estar atento e vigilante, evitando compartilhar os problemas e sentimentos com qualquer um. Faça uma análise sincera das pessoas cujos conselhos você tem ouvido. Pergunte a si mesmo se esses conselhos realmente fizeram a diferença em sua vida e se estão alinhados aos princípios de Deus. Observe também os propósitos dessas pessoas: estão em harmonia com suas crenças e valores?

Quando comecei a caminhar com Deus e vivenciar Seus princípios, muitos "amigos" se distanciaram; alguns passaram a me considerar "careta" ou antiquada. Hoje, restam poucos amigos sinceros que posso contar como verdadeiros conselheiros. Essa "faxina" em meus relacionamentos foi necessária. Se você ainda não passou por isso, lanço o desafio. Não é preciso afastar ninguém, mas sim rever atitudes, ambientes e comportamentos, buscando estar sempre de acordo com a vontade de Deus. Aqueles que realmente precisarem sair de sua vida certamente o farão.

VAMOS ORAR

Senhor, obrigado por essa verdade. Perdoa-me se, até hoje, não percebi algumas pessoas que não me fazem bem e continuo em ambientes onde não devo estar. Decido, neste momento, fazer uma "faxina" em minha vida! Permita, Pai, que eu aceite a remoção de todos aqueles que o Senhor considerar necessário. Em nome de Jesus, amém.

ANOTAÇÕES

14 DE NOVEMBRO

FALE MENOS

"Lembrem-se disto, meus queridos irmãos: cada um esteja pronto para ouvir, mas demore para falar e ficar com raiva." (TIAGO 1:19)

NÃO SEI VOCÊ, MAS EU AMO conversar! O texto de hoje fala da importância de estarmos prontos para ouvir. Infelizmente, essa prática não é comum entre nós, apesar de ser o segredo da verdadeira sabedoria. O insensato responde sem refletir, é reativo a qualquer estímulo e revida ofensas com agressões ainda piores. E assim a humanidade segue seu caminho...

Falar é uma das maneiras mais autênticas de expressar o pensamento humano. Sempre sentimos a necessidade de comunicar o que pensamos, mas, por vezes, acabamos dizendo coisas que não desejávamos simplesmente por falarmos sem refletir. Essa falha pode gerar sérios problemas. Não conseguimos ouvir com atenção quando estamos falando, por isso muitas discussões são infrutíferas, já que ambos os interlocutores estão mais preocupados com o que vão dizer do que com o que o outro está realmente expressando.

Tiago, então, nos ensina duas lições fundamentais: saber quando falar e o que dizer! Falar sem pensar, não ouvir, agir impulsivamente e não medir as consequências são atitudes que não colocam os valores de Deus em primeiro lugar. Cuidemos de nossas palavras e oremos como o rei Davi: "Ó Senhor, controla a minha boca e não me deixes falar o que não devo!" (Salmos 141:3).

Precisamos aprender a refletir sobre o que vamos dizer, quando e como fazê-lo. E, sempre que possível, que possamos falar menos!

VAMOS ORAR

Senhor, perdoa-me por falar demais e, principalmente, por não ouvir meu próximo como deveria. Hoje aprendi que devo amar e servir mais ao meu próximo e falar menos! A partir de agora, pensarei antes de falar e não agirei mais por impulso. Em nome de Jesus, amém.

ANOTAÇÕES

---

15 DE NOVEMBRO

O QUE SERÍAMOS SEM AMOR?

"Eu poderia falar todas as línguas que são faladas na terra e até no céu, mas, se não tivesse amor, as minhas palavras seriam como o som de um gongo ou como o barulho de um sino." (1 CORÍNTIOS 13:1)

AMOR, AMOR, AMOR... É O QUE carrego em meu coração, pois sou um ser divino! Esta frase revela a nossa essência: somos seres divinos, frutos da maior fonte de amor que existe, Deus. Mas, afinal, o que é o amor?

Ao me debruçar sobre esse texto, percebi a profundidade do amor ao qual o autor se refere. A tradução da Bíblia King James de "amor" é "caridade". Em grego, esse termo é "ágape", que representa o amor verdadeiro, originado em Deus e expresso em ações — mesmo que essas ações sejam generosamente sacrificiais.

Jesus realizou a maior de todas as ações generosamente sacrificiais ao entregar Sua vida por amor a nós. Esse amor é a caridade mencionada na mensagem, que não se importa se o outro merece, se será reconhecido ou agradecido, mas simplesmente age. É o tipo de amor que precisamos aprender a cultivar hoje! Por outro lado, somos advertidos: sem esse amor — essa caridade —, podemos falar todas as línguas, até mesmo a dos anjos, mas isso não terá valor, pois nossas palavras se tornarão ecos de um vazio.

Consegue perceber como é maravilhoso compreender o significado do verdadeiro amor? É uma percepção realmente libertadora! Agora, como seres divinos, podemos seguir o exemplo de Jesus e aplicar essa lição que enriquece nosso coração.

VAMOS ORAR

Senhor, como é bom ter clareza sobre a Tua Palavra! Agradeço-Te por me ensinar o que é o verdadeiro amor. Ajuda-me a tornar esse ensinamento um hábito em minha vida, praticando a caridade com todos que necessitam. Em nome de Jesus, amém.

ANOTAÇÕES

16 DE NOVEMBRO

TROQUE O MEDO PELO AMOR

"No amor não há medo; o amor que é totalmente verdadeiro afasta o medo. Portanto, aquele que sente medo não tem no seu coração o amor totalmente verdadeiro, porque o medo mostra que existe castigo." (1 JOÃO 4:18)

TODOS NÓS SENTIMOS MEDO. SEM o medo, não teríamos a cautela necessária para atravessar uma rua movimentada, por exemplo, o que nos exporia ao risco de atropelamento.

No entanto, o medo também nos aprisiona. Ele nos bloqueia na hora de tomar decisões, nos impede de expressar o que realmente pensamos e gera ansiedade, silenciando nossa verdadeira identidade.

Você sabia que o medo é uma emoção mencionada ainda em Gênesis? Após a queda do homem, quando Deus chama Adão e Eva ao entardecer, eles se escondem, apavorados. Por que isso não acontecia antes? Porque eles viviam em obediência e em um relacionamento íntimo com Deus, imersos em Seu amor.

Apesar da desobediência cometida, por Sua misericórdia, Deus redesenhou o caminho e nos enviou o amor encarnado: Jesus! Ele é a verdade que nos liberta do medo e nos proporciona paz. Em diversas ocasiões, vemos Jesus nos dizendo para não temer, pois Ele está sempre conosco.

Você se sente pleno nesse amor? Consegue reconhecer o carinho do Messias em sua vida? Se você ainda se vê paralisado por temores que bloqueiam seu progresso, reflita sobre esta mensagem e abra-se para o amor de Jesus. Permita que Sua presença invada o coração neste momento e peça por Sua orientação.

VAMOS ORAR

Senhor, obrigado pelo Teu amor que me aperfeiçoa a cada Palavra que aprendo. Ajuda-me a me sentir completamente amado por Ti e a estar sempre integrado e imerso em Teu amor. Assim, sei que não temerei mal algum. Em nome de Jesus, amém.

ANOTAÇÕES

_____

_____

_____

_____

_____

17 DE NOVEMBRO

QUANDO DEUS LEMBRA

"Então Deus lembrou-se de Raquel. Ele ouviu a sua oração e fez com que ela pudesse ter filhos." (GÊNESIS 30:22)

A HISTÓRIA DE RAQUEL É UMA daquelas que tocam nosso coração. Foram anos e mais anos de espera, observando a irmã Lia ter filho após filho, enquanto ela, a amada de Jacó, permanecia sem resposta. Naquela época, ser mãe era algo extremamente importante e essencial, então Raquel carregava uma profunda dor, uma angústia de se sentir esquecida, incompleta e invisível aos olhos de Deus.

O Senhor ouviu aquelas orações sussurradas em silêncio, aquelas lágrimas ocultas, aquele grito de desespero disfarçado de fé. E respondeu. Isso nos mostra que o Pai está sempre atento, mesmo quando está em silêncio. A espera pode ser angustiante, repleta de dúvidas e de inseguranças, mas o tempo de Deus é diferente do nosso. Ele sabe exatamente o que faz.

Às vezes, pode até parecer que a resposta não chega e que nossas orações não estão sendo ouvidas, pois apenas ecoam em um vazio. Porém, o Pai está agindo nos bastidores. Ele utiliza a espera para moldar nosso caráter e para nos alinhar segundo a Sua vontade. Qual tem sido o seu tempo de espera?

Todos nós passamos por esses momentos, e o mais difícil é a incerteza do que poderá acontecer. Se isso tem angustiado seu coração, reflita na mensagem de hoje e não desanime. O mesmo Deus que se lembrou de Raquel e atendeu às orações dela vê e ouve seu clamor. Pode até parecer que está demorando, mas o tempo de Deus é sempre perfeito!

VAMOS ORAR

Pai, obrigado pela Tua poderosa Palavra, que alegra meu coração neste dia. Ajuda-me a confiar em Ti, mesmo quando parecer que minhas orações não estão sendo ouvidas. Concede-me paciência para esperar Teu tempo e Tua resposta. Em nome de Jesus, amém.

ANOTAÇÕES

18 DE NOVEMBRO

TUDO É UMA QUESTÃO DE ESCOLHA

"Neste dia chamo o céu e a terra como testemunhas contra vocês. Eu lhes dou a oportunidade de escolherem entre a vida e a morte, entre a bênção e a maldição. Escolham a vida, para que vocês e os seus descendentes vivam muitos anos."

(DEUTERONÔMIO 30:19)

ESTAMOS SEMPRE FAZENDO ES-colhas. Quando crianças, se vemos nossos amigos fazendo algo que aprendemos ser errado e decidimos segui-los, estamos escolhendo! Quando jovens, achamos que podemos tudo. Ouvimos conselhos que nos levam para o mal e, ao mesmo tempo, ouvimos dentro de nós que os ensinamentos recebidos nos conduzem para um caminho de paz e alegria. Então, novamente, temos uma escolha a fazer. Desde a hora em que acordamos até o momento de dormir, somos movidos por escolhas.

A cada decisão que tomamos, optamos pela vida ou pela morte. Moisés nos orienta a escolher sempre a vida, e, em seguida, vem uma promessa: desse modo, nós e nossos descendentes viverão muito!

Seguir conselhos que contrariam os ensinamentos de Deus nos leva à destruição, pois o "belo" nem sempre é o melhor; já conhecemos o exemplo de Eva, que se encantou com o fruto bonito aos olhos. Hoje, você tem escolhas a fazer! Você já escolheu ler esta mensagem e, por isso, está aqui recebendo vida! Quando andamos nos caminhos ensinados por Jesus e seguimos Seus passos, podemos experi-mentar alegrias verdadeiras e ter vida em abundância, pois Ele é fiel para cumprir tudo o que promete!

Agora é com você: a sua próxima escolha trará vida ou morte? Reflita e opte sempre pela vida!

VAMOS ORAR

Senhor, agradeço-Te esta mensagem. Sei que tudo o que eu vivo hoje é fruto das minhas escolhas, por isso peço sabedoria para que, a partir de agora, eu tome melhores decisões. Dá-me sabedoria e discernimento para não escolher o caminho que me leva para longe de Ti. Em nome de Jesus, amém.

ANOTAÇÕES

19 DE NOVEMBRO

CENTRO DA MESA

"[...] Mefibosete passou a comer junto com o rei, como se fosse filho dele."
(2 SAMUEL 9:11)

ESSE HOMEM TINHA TUDO PARA viver uma vida gloriosa; mas, devido a um acidente na infância, acabou esquecido em Lo-Debar, um lugar cujo próprio nome carrega um peso significativo: "sem pasto", "sem palavra", um local sem vida. Mefibosete, neto do rei Saul e filho de Jônatas, carregava no corpo e na alma as marcas da sua queda. Aleijado, ele vivia à margem da sociedade, sem perspectivas ou esperança, apenas observando os dias passarem como alguém à espera de um tempo que engolisse suas vivências.

Até que surge a graça. Davi, recordando a aliança que fizera com Jônatas, toma uma atitude inesperada: manda buscar Mefibosete. De Lo-Debar ao palácio do rei! Essa história revela o poder transformador da graça. Mefibosete nada fez para merecer tal favor; ele foi lembrado por causa de uma aliança da qual nem tomou parte. A graça de Deus opera da mesma forma. Nós, quebrados, marcados por nossas quedas, somos chamados à mesa do Rei. Não por nossos méritos, mas em virtude da aliança estabelecida por Jesus na cruz. Independentemente de onde você se encontra, mesmo que se sinta esquecido, inadequado ou até sem valor, saiba que Deus não o vê dessa forma. Ele convida você à mesa, à comunhão, a um relacionamento íntimo com Ele. O mais surpreendente é que Ele trata você como filho, a despeito do seu passado, das suas cicatrizes e das suas quedas. Ele vê você através da lente da graça, e essa graça redefine quem você é.

VAMOS ORAR

Deus, sou tão grato pela Tua graça, que me tira do esquecimento e me leva à Tua mesa. Que eu possa viver à altura desse chamado, desfrutando a comunhão e a honra que o Senhor me dá. Em nome de Jesus, amém.

ANOTAÇÕES

20 DE NOVEMBRO

RASGAR E REMENDAR

"Tempo de rasgar e tempo de remendar; tempo de ficar calado e tempo de falar."
(ECLESIASTES 3:7)

HÁ TEMPO PARA ROMPER E tempo para restaurar; há momentos para silenciar e momentos para nos manifestar.

É importante entender que, em certas situações, a vida nos pede para pôr um ponto-final, para erradicar aquilo que já não faz sentido. Romper é algo desafiador, causa dor, mas, por vezes, é necessário.

Em 2022, essa palavra adquiriu um significado profundo para a transformação da minha vida. Recordo-me como se fosse hoje: era o primeiro culto do ano, e meu pastor declarou: "Este será o ano do romper na sua vida!" Não consigo encontrar palavras que expressem a intensidade da minha fé naquele instante. Assim, abracei essa promessa e, desde então, tenho vivido um processo intenso ao lado do Senhor.

Com o tempo, algumas pessoas se afastaram de mim, o que me fez questionar essa situação. No entanto, compreendi o ensinamento da passagem de hoje: existe um tempo certo para todas as coisas. O versículo destacado nos convida a viver com mais discernimento, a estar atentos às estações da nossa vida. Rasgar e remendar, silenciar e falar:

tudo tem seu tempo. Se chegou a hora de rasgar, que o façamos com a firmeza necessária. Se é tempo de remendar, que o façamos com cuidado e paciência. Se o silêncio for a melhor resposta, que tenhamos a sabedoria de permanecer calados. E, quando for o momento de falar, que nossas palavras sejam verdadeiras e repletas de propósito.

VAMOS ORAR

Senhor, obrigado por me lembrar de que tudo na vida ocorre em seu devido tempo. Dá-me a coragem de romper com o que já não faz sentido. Que eu possa viver com atenção as estações da minha vida, confiando que o Teu tempo é perfeito. Em nome de Jesus, amém.

ANOTAÇÕES

21 DE NOVEMBRO

OUVIR E APRENDER

"Moisés aceitou o conselho de Jetro."
(ÊXODO 18:24)

MOISÉS ESTAVA SOBRECARREGADO. Ele assumiu sozinho a responsabilidade de julgar todas as questões do povo, sem perceber que isso estava drenando sua energia e limitando sua eficácia. Então aparece Jetro, uma pessoa que, aos olhos do mundo, talvez não fosse visto como um grande líder ou alguém com uma conexão direta com Deus, mas que tinha algo valioso a oferecer: sabedoria prática e experiência de vida. Jetro observou, refletiu e, com muito respeito, deu a Moisés um conselho simples, mas revolucionário: delegue, confie nos outros e divida a carga.

Moisés não apenas ouviu o conselho; ele aceitou e aplicou! Poderia ter se agarrado ao seu orgulho, pensando que, como o líder escolhido por Deus, não precisava de orientação humana. Mas não! Moisés reconheceu a sabedoria existente no conselho de Jetro e, ao agir sobre ele, demonstrou uma liderança ainda maior.

E nós? Como reagimos aos conselhos que recebemos? Muitas vezes, estamos tão focados em nossos próprios caminhos, tão presos à ideia de que precisamos dar conta de tudo, que esquecemos que a sabedoria de Deus pode se manifestar através de outras pessoas. Podemos estar perdendo oportunidades preciosas de crescimento simplesmente porque não estamos dispostos a ouvir ou porque o conselho vem de uma fonte inesperada. Que possamos entender que a verdadeira grandeza não está em fazer tudo sozinho, mas em reconhecer quando precisamos de ajuda, em saber quando é a hora de ouvir e aprender.

VAMOS ORAR

Pai, que eu possa aprender a ouvir e a aplicar aquilo que vem de Ti, mesmo quando isso exige que eu deixe de lado meu orgulho. Dá-me a sensibilidade para perceber o que devo ouvir e reter. Em nome de Jesus, amém.

ANOTAÇÕES

22 DE NOVEMBRO

O CAMINHO PARA CASA

"Aqueles a quem o Senhor salvar voltarão para casa, voltarão cantando para Jerusalém e ali viverão felizes para sempre. A alegria e a felicidade os acompanharão, e não haverá mais tristeza nem choro." (ISAÍAS 35:10)

SER MÃE DE TRÊS FILHOS E ESPOsa é, sem dúvida, uma verdadeira aventura. Há dias em que me sinto em uma maratona: gerenciar a casa, o trabalho, os filhos e o casamento simultaneamente parece um desafio interminável. No meio desse turbilhão, confesso que, por vezes, anseio por um instante de tranquilidade, um espaço para recarregar as energias.

Esse versículo de Isaías me recorda que, além de um descanso temporário, existe um "retorno para casa" mais profundo, uma volta à verdadeira paz que só Deus pode oferecer. Um lugar ao qual chegaremos cansados, mas plenos de alegria, onde a felicidade é eterna.

Ao ler "voltar cantando", não consigo deixar de pensar nos pequenos momentos que iluminam a rotina: as risadas com meus filhos após um dia difícil, aquela oração que Deus respondeu de maneira surpreendente, os abraços apertados que revitalizam a alma. Esses momentos nos lembram que, mesmo em meio às tempestades, Deus está conosco, guiando nossos passos de volta a Ele.

As demandas diárias podem nos fazer perder a perspectiva; o que vivemos hoje, com todas as lutas e alegrias, faz parte de um caminho que nos conduz a um lugar onde a tristeza e o choro não têm espaço algum! Deus nos concede força, paz e a certeza de que, no final, a história que Ele está escrevendo para nós é boa, repleta de graça e com um final feliz garantido.

VAMOS ORAR

Senhor, ajuda-me a caminhar com a certeza de que estou voltando para casa, para o lugar que o Senhor preparou para mim. Que eu nunca perca de vista essa esperança, mesmo nas dificuldades. Sustenta-me na jornada e enche meu coração com a alegria que só Tu podes dar. Em nome de Jesus, amém.

ANOTAÇÕES

23 DE NOVEMBRO

UMA FALSA SEGURANÇA

"O seu orgulho o enganou. Você vive nas cavernas das rochas, lá no alto das montanhas, e por isso pensa assim: 'Ninguém é capaz de me derrubar daqui.'"

(OBADIAS 1:3)

NESSE VERSÍCULO, DEUS SE DIrige a Edom, um povo que, por causa de sua localização geográfica e suas fortificações nas montanhas, desenvolveu um senso de segurança e invulnerabilidade. Edom acreditava que, por estar nas alturas, estava a salvo de qualquer ameaça. Esse pensamento era algo mortal, alimentado pelo orgulho.

O orgulho é uma armadilha sutil. Ele se infiltra em nosso coração de maneira quase imperceptível, rouba nossa consciência e nos faz acreditar que estamos no controle. Mas a verdade é que o orgulho nos desconecta da dependência de Deus. A altivez nos cega da verdade de que tudo que somos vem dEle — no momento em que nos afastamos dessa verdade, nos tornamos vulneráveis à queda.

Em Provérbios 16:18, está escrito: "O orgulho leva a pessoa à destruição, e a vaidade faz cair na desgraça." Quando nos vemos superiores, deixamos de ver o valor e a necessidade de estarmos conectados uns com os outros e nos tornamos como Edom, isolados em nossas "alturas", porém cada vez mais distantes de relacionamentos saudáveis.

Isso tudo nos torna presas fáceis para a queda. O orgulho nos engana; se não for confrontado, nos levará à ruína. A segurança não está em nossas "cavernas" de autossuficiência, mas em uma vida de humildade e dependência de Deus. É preciso reconhecer que, por mais alto que subamos, só estamos seguros quando debaixo da proteção e da direção do Senhor.

VAMOS ORAR

Senhor Jesus, livra-me do engano do orgulho. Preciso reconhecer que toda a minha segurança e força vêm de Ti. Dá-me um coração humilde, disposto a depender de Ti. Que todos os dias eu lembre que sem Ti nada sou. Em Teu nome, amém.

ANOTAÇÕES

24 DE NOVEMBRO

TENHA CORAGEM

"Eu digo isso para que, por estarem unidos comigo, vocês tenham paz.
No mundo vocês vão sofrer; mas tenham coragem. Eu venci o mundo."

(JOÃO 16:33)

JESUS NOS REVELA DE FORma clara que enfrentaremos sofrimentos, assim como Ele os enfrentou. Embora não possamos escapar das dificuldades, podemos vencê-las ao nutrir fé nas palavras de Cristo.

Essa declaração nos traz a paz que vem de saber que o Mestre superou tribulações muito maiores que as nossas. O segredo está em manter o ânimo, ou seja, ter disposição de espírito. Jesus não nos pede que saltemos de alegria ou celebremos as tribulações; Ele nos convida a ter a certeza de que tudo ocorrerá da maneira que deve ser e nos assegura que já somos mais que vencedores.

Sim, é possível encontrar ânimo! Quando temos a convicção de que Ele está ao nosso lado, nos guiando e sustentando com Sua doce presença, isso se torna realidade. Se você está passando por um momento muito difícil na sua vida e não sabe para onde correr, sugiro que corra para os braços de Cristo!

Reflita sobre tudo que Ele suportou. Perceba que seu sofrimento não é pior nem menor, mas sim algo que pode ser superado! Ele nos ensina a perseverar em paz, a andar sobre as águas, mesmo correndo o risco de naufragar. Também nos ensina a orar, mesmo diante das perseguições, e a não desanimar.

Mantenha-se animado e olhe para suas dificuldades com os olhos de Jesus. Tranquilize-se, persista e não olhe para trás! Jesus venceu o mundo, e nós também venceremos!

VAMOS ORAR

Senhor Jesus, obrigado pela Tua vitória sobre o mundo. Ajuda-me a encontrar ânimo no sofrimento, confiando em Tua força e coragem. Que eu possa enfrentar cada desafio com a certeza de que Tu estás comigo e que a Tua vitória é a minha esperança. Em Teu nome, amém.

ANOTAÇÕES

25 DE NOVEMBRO

SEJA HONESTO COM VOCÊ MESMO

"Serei honesto em tudo o que fizer. Quando virás para te encontrares comigo? Viverei uma vida correta na minha casa e não deixarei que entre nela nenhum mal. Eu detesto as ações daqueles que se afastam de Deus e não tomarei parte nos seus pecados."

(SALMOS 101:2-3)

VIVER NESTE MUNDO, ONDE OS costumes muitas vezes vão de encontro à preservação das virtudes cristãs, não é uma tarefa simples. Entretanto, como cristãos, não podemos nos deixar influenciar por essas correntes. A casa a que o salmista se refere é o nosso corpo, por meio do qual podemos permitir que coisas mundanas adentrem. Nossos olhos, como é dito em Mateus, são os lampiões da alma; logo, devem ser a luz que ilumina todo o nosso ser. No entanto, o que consumimos através deles pode afetar profundamente o coração, afinal somos atraídos por aquilo que os olhos contemplam.

O que é mal frequentemente nos chama a atenção. Repare nos telejornais de tragédias que são exibidos diariamente. Eles existem porque têm audiência, e todos os que os assistem estão permitindo que aquilo que é ruim entre em suas vidas, despertando sentimentos negativos.

O mundo apresenta inúmeras maneiras de instigar em nós prazeres carnais, sejam eles bons ou maus. Ele nos oferece alimentos que podem adubar ainda mais a alma, de forma quase invisível, e, se não estivermos atentos, poderemos cair em suas armadilhas. Neste dia, convido você a refletir sobre a sua casa — você mesmo — e a considerar o que tem deixado entrar nela por meio dos seus olhos. Decida agir como Davi e, em respeito à fidelidade de Deus, seja honesto consigo mesmo!

VAMOS ORAR

Senhor, obrigado por abrir meus olhos e me conceder discernimento sobre minhas ações. Mostra-me quais hábitos ainda estão ocultos, para que eu mude completamente meu caminho. Compreendo que a mensagem que recebi de Ti me chama à transformação, e me comprometo a mudar. Em nome de Jesus, amém.

ANOTAÇÕES

26 DE NOVEMBRO

QUEM RESPONDE?

"Em seguida, ouvi o Senhor dizer: Quem é que eu vou enviar?
Quem será o nosso mensageiro? Então respondi: Aqui estou eu. Envia-me a mim!"
(ISAÍAS 6:8)

ANTES DE OUVIR O CHAMADO, Isaías reconhecia profundamente suas falhas e indignidade. Ele se via como um homem de "lábios impuros", ciente das próprias limitações e fraquezas. Quando Isaías declarou "envia-me", abriu-se para um processo de transformação. O "sim" ao chamado de Deus não diz respeito somente ao que fazemos por Ele, mas também ao que Ele realiza em nós. O Senhor não se limita a usar Isaías como mensageiro; Ele o molda, aprimora seu caráter, amplia sua visão e aprofunda sua fé. Esquecemos essa dimensão ao pensarmos no chamado divino em nossa vida. Acreditamos que se resume ao que devemos fazer, ao trabalho, à missão e à responsabilidade. Porém, tem muito mais a ver com o que Ele deseja realizar em nós enquanto respondemos. Quando comecei a fazer isso, em 2022, eu tinha uma compreensão bastante equivocada — acreditava se tratar do que eu poderia realizar por Ele ou em Seu nome. No entanto, após alguns passos em minha jornada, percebi que as escamas dos meus olhos foram se desfazendo, permitindo-me contemplar a grandeza do Senhor sob uma nova perspectiva. Hoje, deixei de focar o que posso fazer por Ele e passei a compreender o que Ele deseja realizar em mim.

Portanto, quando Deus pergunta "Quem enviarei?", Ele não busca apenas um mensageiro, mas alguém disposto a ser transformado ao longo do processo. Você aceita esse chamado?

VAMOS ORAR

Senhor, que eu possa responder ao Teu chamado com um coração disposto, não apenas para realizar a Tua obra, mas para ser transformado por Ti no processo. Molda-me, trabalha em mim e através de mim, para que eu possa viver plenamente o propósito que tens para a minha vida. Em nome de Jesus, amém.

ANOTAÇÕES

27 DE NOVEMBRO

O PEDIDO DE JESUS

"Pois eu lhes entreguei a mensagem que tu me deste, e eles a receberam, e ficaram sabendo que é verdade que eu vim de ti, e creram que tu me enviaste. Eu peço em favor deles. Não peço em favor do mundo, mas por aqueles que me deste, pois são teus."

(JOÃO 17:8-9)

NO CONTEXTO DOS VERSOS acima, Jesus estava conversando com o Pai pouco antes de ascender aos céus. Ele declarou que já havia cumprido Sua missão, transmitido a mensagem que muitos abraçaram, e que Deus O enviara. Então, Jesus intercede por nós! Isso mesmo! Ele roga a nosso favor! Que amor é esse? É algo que realmente não conseguimos mensurar!

Quando aceitamos Jesus e a obra consumada na cruz, recebemos o direito de sermos chamados de filhos. Isso significa que nos tornamos irmãos mais novos de Cristo! Assim, pertencemos a Ele, fazendo parte da Sua árvore genealógica por escolha. O Seu amor se manifesta através de diversas ações, mas esse pedido por nós nos torna ainda mais apaixonados por Ele. Jesus não intercede pelo mundo, mas por aqueles que se entregaram ao Seu governo!

É fundamental que, todos os dias, independentemente de já termos aceitado a Jesus ou não, proclamemos quem Ele é em nossa vida. Devemos agradecer Seu imenso amor e tudo que realizou por nós. A partir de agora, não deixe passar um dia sem expressar seu amor e sua gratidão a Ele. Prepare-se para viver ainda mais bênçãos, pois, como Ele disse, somos dEle, e há uma abundância transbordante pronta para ser derramada sobre nós!

VAMOS ORAR

Senhor Jesus, obrigado pelo Teu amor imensurável. Sou grato por ser chamado de Teu filho e por pertencer a Ti. Ajuda-me a proclamar quem Tu és em minha vida todos os dias, reconhecendo a Tua obra consumada na cruz e a Tua presença em meu coração. Que minha gratidão e meu amor por Ti sejam sempre expressos em minhas palavras e ações. Em Teu nome, amém.

ANOTAÇÕES

28 DE NOVEMBRO

ATENÇÃO NAS CONEXÕES

"Quando Isabel ouviu a saudação de Maria, a criança se mexeu na barriga dela. Então, cheia do poder do Espírito Santo [...]."

(LUCAS 1:41)

QUANDO MARIA CHEGA À CASA DE Isabel, algo extraordinário acontece instantaneamente — o bebê no ventre de sua prima dá um chute forte, mexendo de uma forma singular, e Isabel fica cheia do Espírito Santo.

Não foi uma palavra de poder ou uma oração fervorosa que provocou essa reação, mas sim a simples saudação de Maria, impregnada da presença de Jesus. Quando Jesus está presente, até o que parece simples adquire uma dimensão espiritual profunda. O movimento do bebê não representava algo físico; foi o Espírito Santo trazendo clareza a Isabel do que estava acontecendo com Maria.

Será que também teríamos essa conexão tão forte com o Senhor a ponto de perceber Seu movimento? Muitas vezes, o Espírito Santo nos chama a atenção, desperta algo para nós, mas a correria e as preocupações do dia a dia podem nos fazer perder esses momentos. Precisamos estar atentos, com o coração preparado para sentir esse "chute" espiritual, esse movimento interno que nos alerta do que Deus está realizando ao nosso redor.

Portanto, preste atenção nos encontros que Deus coloca em sua vida. Valo-rize as pessoas que Ele conecta a você, pois pode ser que, por meio delas, o Espírito Santo esteja desejando provocar algo em seu interior. Pode ser um toque suave ou um movimento mais intenso, mas certamente é Deus chamando você para perceber o que Ele está fazendo.

VAMOS ORAR

Senhor, ajuda-me a estar mais sintonizado com o Teu Espírito, pronto para perceber quando o Senhor está se movendo em mim e ao meu redor. Que eu possa valorizar os encontros e as conexões que colocas em meu caminho, e que eu seja sensível ao Teu toque. Em nome de Jesus, amém.

ANOTAÇÕES

29 DE NOVEMBRO

O VALOR DA SABEDORIA

"Para ter sabedoria, é preciso primeiro pagar o seu preço.
Use tudo o que você tem para conseguir a compreensão." (PROVÉRBIOS 4:7)

ADQUIRIR SABEDORIA VAI ALÉM de acumular informações; trata-se de buscar uma compreensão profunda e aplicá-la em nosso dia a dia.

No texto, Salomão nos diz que precisamos pagar o preço para ter sabedoria, e isso significa dar tudo o que temos para conseguir. Mas o que temos? Todos os nossos bens materiais, patrimônios, dinheiro? Não! Infelizmente, muitos templos usam esse versículo para convencer os irmãos de determinada comunidade a dar tudo o que construíram com tanto esforço! Já vi várias pessoas vendendo suas casas, seus móveis, carros... e entregando para instituições religiosas! Entenda, a questão não é essa!

Salomão nos ensina a oferecer o que temos de nós mesmos, por exemplo, nosso tempo, atenção, dedicação e esforço, para aprender a respeito da sabedoria. Claro que, se você precisar investir em um curso para aprofundar seus conhecimentos sobre a Palavra, em mentorias ou autoconhecimento, isso também faz parte desse caminho. Não estou sugerindo que você abandone suas obrigações na comunidade que frequenta. Por favor, amigo, não confunda as coisas e seja sábio!

O valor da sabedoria transcende qualquer bem material; reside na sua disposição de ser sábio e de aplicar essa sabedoria em sua vida. Afinal, conhecimento não aplicado é lixo mental!

VAMOS ORAR

Senhor, peço-Te que me concedas a verdadeira sabedoria, aquela que vai além do mero conhecimento e se traduz em ações e decisões sábias no meu dia a dia. Que eu nunca seja confundido por interpretações erradas, mas que o Teu Espírito Santo me guie em cada passo, ajudando-me a discernir o que é verdadeiramente importante. Em nome de Jesus, amém.

ANOTAÇÕES

30 DE NOVEMBRO

PROPÓSITO REDIMIDO

"E Sansão orou ao Senhor, dizendo: Ó Senhor, meu Deus, peço que lembres de mim. Por favor, dá-me força só mais esta vez. Deixa que eu, de uma só vez, me vingue dos filisteus, por terem furado os meus olhos." (JUÍZES 16:28)

E SE, EM VEZ DE VERMOS SANSÃO apenas como um homem forte que caiu por suas fraquezas, o enxergássemos como alguém que, mesmo com todos os desvios, acabou cumprindo o propósito de Deus?

Desde o início, Sansão foi escolhido para um grande propósito. Ele tinha todas as ferramentas para isso — força, coragem e um chamado claro. Mas lhe faltava a compreensão profunda do que significava viver em aliança com o Senhor. Sua vida foi marcada por decisões impulsivas, relacionamentos destrutivos e uma tendência a seguir seus desejos acima do plano divino.

Contudo, aqui está o ponto-chave: Deus não depende da nossa perfeição para cumprir Seus planos. Na verdade, Ele frequentemente trabalha através de nossas imperfeições. Mesmo quando Sansão se desviou, Deus continuou a usá-lo. Deus, apesar dos desvios de Sansão, continuou fiel ao Seu propósito. No final, quando Sansão clama ao Eterno uma última vez, cego e humilhado, finalmente entende que sua força vinha do Senhor, e não de si mesmo. Quando nos desviamos, tomamos decisões erradas ou não correspondemos ao que Deus espera de nós, Ele ainda pode usar tudo isso para cumprir Seu propósito. O Pai não é limitado pelos nossos erros. Isso nos dá esperança. Mesmo que nos desviemos para longe, o propósito de Deus para nossa vida permanece.

VAMOS ORAR

Senhor, ajuda-me a compreender que meu propósito em Ti não depende da minha perfeição, mas da Tua graça. Que eu possa sempre me voltar para Ti, confiando que podes redimir até mesmo meus erros para cumprir o Teu plano. Em nome de Jesus, amém.

ANOTAÇÕES

DEZEMBRO

1º DE DEZEMBRO

AINDA DÁ TEMPO

"Sem conselhos os planos fracassam, mas com muitos conselheiros há sucesso."
(PROVÉRBIOS 15:22)

PARECE QUE FOI ONTEM QUE O ano começou, repleto de promessas, metas e sonhos. Mas agora, conforme se aproxima o fim do calendário, é natural olhar para trás e perceber que nem tudo correu como planejado. Dezembro não representa apenas o encerramento de um ciclo, mas também o início de algo novo. É exatamente neste momento, quando muitos começam a desacelerar, que Deus nos convoca a dar um impulso final. Provérbios 15:22 deixa claro: os planos falham quando carecem de conselhos, mas alcançam sucesso quando as vozes certas são ouvidas. Ainda temos a oportunidade de buscar orientação, tomar decisões assertivas e reverter a situação. Deus não está preso ao relógio como nós. Ele sabe o tempo de cada coisa e, sim, pode realizar muito em um período curto.

Deus não avalia o valor do nosso ano pelos dias que se passaram, mas pelo que fazemos com as oportunidades que Ele nos oferece até o último instante. É hora de perdoar, recomeçar, renovar a esperança ou, simplesmente, repousar nas promessas dEle.

Não deixe que o cansaço vença você, nem que o desânimo o paralise. Ainda há tempo de transformar o fim deste ano em algo significativo. Há tempo para buscar a Deus com mais fervor. O Senhor está ao seu lado! Enquanto houver vida, sempre haverá esperança.

VAMOS ORAR

Senhor, neste início de dezembro, lembra-me de que ainda há tempo para fazer o que é certo, buscar conselhos sábios e seguir o Teu propósito. Renova minhas forças e me dá coragem para recomeçar, ajustar meus passos e confiar que o Senhor pode fazer grandes coisas nos poucos dias que restam. Em nome de Jesus, amém.

ANOTAÇÕES

2 DE DEZEMBRO

A ALEGRIA NÃO ESTÁ NO DESTINO

"Aqueles a quem o Senhor salvar voltarão para casa, voltarão cantando para Jerusalém e ali viverão felizes para sempre. A alegria e a felicidade os acompanharão, e não haverá mais tristeza nem choro." (ISAÍAS 35:10)

ESSE VERSÍCULO MENCIONA um futuro glorioso! Mas antes de alcançá-lo precisamos atravessar um deserto. É aí que muitos desanimam. Desejamos a alegria, sem dúvida, mas frequentemente esquecemos que ela é fruto das batalhas enfrentadas, das noites em claro e dos "nãos" que a vida nos impõe.

A alegria que Deus nos promete não é superficial; é resultado de uma jornada repleta de altos e baixos, na qual cada desafio, lágrima e luta nos molda e prepara. Vamos pensar nela como o nascer do sol — a noite pode ser longa, escura e fria; mas, quando o sol nasce, ilumina tudo, aquece e traz vida. O mesmo ocorre em nossa vida. Enfrentamos desertos e tempestades, mas é exatamente no meio desse caos que o Eterno nos molda, fortalece e prepara nosso coração para acolher a alegria plena que nos prometeu. Portanto, que tal valorizarmos o presente?

Os percalços fazem parte de um processo essencial. Cada passo dado com fé, cada oração em tempos de dor, cada decisão de prosseguir em meio ao cansaço, tudo isso nos aproxima da alegria eterna. O futuro é certo, mas o presente também tem seu valor! A vida não se resume ao destino final, mas à transformação que experimentamos ao longo da jornada.

Deus está conosco em todo o tempo, utilizando nossas experiências para nos moldar e nos preparando para viver em plenitude de alegria. Só temos que confiar e continuar a caminhada!

VAMOS ORAR

Pai, concede-me a graça de enxergar a beleza do caminho, mesmo quando ele se torna difícil. Que eu aprenda a valorizar cada passo sabendo que o Senhor está me preparando para a alegria eterna. Em nome de Jesus, amém.

ANOTAÇÕES

3 DE DEZEMBRO

PROCRASTINAR É ADIAR O PROPÓSITO

"Quem fica esperando que o vento mude e que o tempo fique bom nunca plantará, nem colherá nada." (ECLESIASTES 11:4)

A PROCRASTINAÇÃO É UM HÁBIto traiçoeiro que todos nós enfrentamos em algum momento. Ela pode parecer inofensiva, mas é capaz de nos afastar do cumprimento do propósito de Deus para nós.

O versículo em destaque aborda diretamente essa questão. Aquele que espera por condições perfeitas nunca age. A procrastinação se manifesta exatamente assim: na expectativa de encontrar o momento "certo" para começar. Contudo, a Bíblia nos ensina que o tempo perfeito raramente se apresenta.

Não se trata apenas de adiar tarefas; é semear o adiamento do propósito de Deus em nossa vida. É negligenciar os dons que Ele nos concedeu e os planos que colocou em nosso coração. E quanto mais adiamos, mais pesado e difícil se torna o fardo. A procrastinação nos amarra, nos paralisa e, em geral, nos leva ao arrependimento por não termos realizado o que sabíamos ser importante.

O Senhor nos oferece a oportunidade de recomeçar, de superar esse hábito e de viver de maneira mais plena e produtiva. Hoje, reconheça o que o impede de avançar. Pode ser o medo do fracasso, a falta de motivação ou até o perfeccionismo. Lembre-se: Deus nos chama à ação, à semeadura, mesmo quando os ventos estão intensos ou as nuvens prometem chuva. Ele não pede que aguardemos as condições perfeitas; Ele nos convida a confiar e agir.

VAMOS ORAR

Senhor, obrigado por essas palavras tão necessárias no meu dia. Ajuda-me a vencer a procrastinação e a agir com fé, mesmo quando as condições não parecem ideais. Dá-me coragem para plantar e não deixar para amanhã o que estás me chamando para fazer hoje. Em nome de Jesus, amém.

ANOTAÇÕES

4 DE DEZEMBRO

ENTRE O LOUVOR E A HUMILDADE

"Eu os tirei do Egito, salvando-os da escravidão, e enviei Moisés, Arão e Miriã para os guiar pelo deserto." (MIQUÉIAS 6:4)

MIRIÃ DESDE JOVEM DEMONStrou coragem admirável, cuidando da segurança de Moisés às margens do rio. Anos depois, tornou-se uma profetisa respeitada, guiando seu povo em momentos de adoração. Ela detinha autoridade, era ouvida e desempenhou um papel importante na história do povo de Israel. Juntamente com essa responsabilidade, enfrentou um desafio que muitos de nós também conhecemos: como manter os pés no chão quando se está no auge?

Sempre em destaque, ela se viu repentinamente questionando a própria importância quando Deus começou a destacar seu irmão. Quantas vezes nos sentimos inseguros ao ver alguém brilhando mais do que nós, mesmo conscientes de que Deus tem um plano único para cada pessoa?

A história de Miriã nos ensina que a verdadeira adoração e liderança só têm significado quando acompanhadas de humildade. Não adianta liderar ou cantar com beleza se o coração está repleto de vaidade. Deus corrigiu Miriã não para puni-la, mas para moldá-la (Números 12). Afinal, mesmo os grandes líderes precisam, em algum momento, descer do pedestal.

Cada um de nós tem um papel único no plano do Senhor, mas seremos verdadeiramente abençoados quando vivermos esse papel com humildade. Não importa quem brilha mais; nosso foco deve ser nos entregar de coração ao que Deus deseja realizar.

VAMOS ORAR

Senhor, ensina-me a servir com humildade, lembrando que o verdadeiro valor está em cumprir o Teu propósito. Molda meu coração para que eu sempre O adore com sinceridade e me entregue por completo ao Teu plano. Em nome de Jesus, amém.

ANOTAÇÕES

5 DE DEZEMBRO

O QUE MORREU DENTRO DE VOCÊ?

"Por que estou tão triste? Por que estou tão aflito? Eu porei a minha esperança em Deus e ainda o louvarei. Ele é o meu Salvador e o meu Deus." (SALMOS 42:5)

À S VEZES, A VIDA NOS ATINGE com tanta força que algo em nós simplesmente se apaga. Pode ser um sonho, uma paixão, um relacionamento ou mesmo a esperança. O que antes trazia vida, cor e propósito agora parece enterrado sob o peso das circunstâncias, do tempo ou das escolhas erradas.

Davi, no Salmo 42, expressa esse sentimento de forma muito sincera. Ele sabe que algo dentro dele mudou, perdeu a força. Ao mesmo tempo, nos ensina algo poderoso: "Ponha a sua esperança em Deus." Em meio à dor, à perda ou ao abatimento há uma esperança capaz de ressuscitar o que morreu dentro de nós.

O que está morto hoje pode ser resultado de desilusões e fracassos ou do cansaço de lutar. Aquela fé fervorosa, antes inabalável, aquela paixão por servir a Deus, aquele amor pelas pessoas... Tudo parece ter sido sufocado pelas dificuldades da vida. O Senhor está perguntando hoje: "O que morreu dentro de você?" Ele não somente pode como também deseja trazer de volta à vida o que se perdeu. Entregue ao Senhor hoje suas partes despedaçadas, esperanças des-

feitas, memórias dolorosas. Deus pode transformar cinzas em beleza e trazer novo fôlego para o que parecia perdido. O que morreu dentro de você pode ser ressuscitado pelo poder do Alto! Ele é a ressurreição e a vida, e nada está além do alcance de Sua restauração.

VAMOS ORAR

Pai, Tu sabes o que morreu dentro de mim — as partes da minha vida que perderam o brilho, os sonhos que deixei de lado, a fé que enfraqueceu. Hoje, entrego a Ti tudo isso. Restaura em mim a alegria, a esperança e a paixão por servir a Ti. Em nome de Jesus, amém.

ANOTAÇÕES

6 DE DEZEMBRO

DEUS NÃO GOSTA DE BAGUNÇA

"Pois Deus não quer que nós vivamos em desordem e sim em paz.
Como em todas as igrejas do povo de Deus [...]."

(1 CORÍNTIOS 14:33)

ACORDAR COM TUDO FORA DO lugar, aquela pilha acumulada de objetos, sem saber por onde começar... Desde o princípio, na criação, Deus demonstrou que sabe como organizar tudo. A terra estava sem forma e vazia, um verdadeiro caos, e Ele interveio, colocando tudo em ordem — separou a luz das trevas, as águas dos céus, e criou cada coisa em seu devido lugar. Assim como Ele organizou o universo, deseja também trazer ordem à nossa vida.

Quando deixamos a bagunça tomar conta, nossa vida se torna confusa e barulhenta. Perdemos o foco, a paz e a direção. Eu cresci em um lar no qual a limpeza e a ordem não eram meras opções, mas obrigações fundamentais. Por isso, desenvolvi uma apreciação natural por hábitos de organização e limpeza. Os ensinamentos que recebi da minha mãe não apenas me beneficiaram externamente, mas também impactaram meu interior. Afinal, nosso exterior é um reflexo do que está em nosso interior.

Como você se sente em relação ao que seus olhos contemplam? Que emoções surgem ao observar os ambientes que frequenta? Eles são o resultado de tudo dentro de você. Talvez você esteja carregando mágoas que já deveriam ter sido deixadas para trás ou, quem sabe, a desordem se manifeste em sua rotina espiritual (pois Deus ficou em último lugar entre suas prioridades). Independentemente da situação, o Pai deseja ajudá-lo a organizar sua casa, sua mente, seu coração e suas prioridades.

VAMOS ORAR

Senhor, seja nas minhas emoções, nos meus pensamentos ou nas minhas escolhas, preciso da Tua ajuda para organizar tudo. Ensina-me a viver em harmonia Contigo, deixando para trás o caos e abraçando a Tua paz. Em nome de Jesus, amém.

ANOTAÇÕES

7 DE DEZEMBRO

ENCARANDO A ZONA DE DESCONFORTO

"No entanto, Deus mandou um forte vento, e houve uma tempestade no mar. Era tão violenta, que o navio estava em perigo de se partir ao meio." (JONAS 1:4)

JONAS NÃO QUERIA IR A NÍNIVE. Não apenas por medo, mas porque acreditava que os ninivitas não mereciam a misericórdia de Deus. O que ele fez diante da ordem recebida? Fugiu! Fugir do chamado de Deus é, na verdade, fugir de nós mesmos. O que Jonas não percebeu foi que o Senhor não se preocupava apenas com Nínive; Ele desejava também curar seu coração. A tempestade no mar, o peixe gigante, a planta que lhe ofereceu sombra... tudo isso fazia parte de um plano maior para revelar quem Jonas realmente era por dentro. O Eterno desejava que esse profeta compreendesse que Seu amor ultrapassa nossas limitações, preferências e preconceitos.

Quais são as "Nínives" da sua vida? Quais lugares, pessoas ou situações você evita porque o desconforto é grande ou por acreditar que estão além da graça de Deus? A história de Jonas nos ensina que, em Seu amor, o Pai nos leva diretamente a essas zonas de desconforto não apenas para transformar os outros, mas para mudar a nós mesmos.

Ao final, a verdadeira transformação ocorreu tanto em Nínive quanto no coração de Jonas. Deus utilizou aquela missão desafiadora para ensinar ao profeta que a compaixão divina vai muito além do que podemos entender ou aceitar. Esse mesmo Pai nos chama para impactar o mundo ao nosso redor e transformar o que está dentro de nós.

VAMOS ORAR

Senhor, ajuda-me a enfrentar as zonas de desconforto que colocas em meu caminho. Concede-me coragem e fé para prosseguir, mesmo quando os desafios parecem insuperáveis. Ensina-me a reconhecer o Teu amor e a Tua compaixão em todos ao meu redor e transforma o meu coração para que ele reflita o Teu. Em nome de Jesus, amém.

ANOTAÇÕES

8 DE DEZEMBRO

O ENCONTRO À MESA

*"Sentou-se à mesa com eles, pegou o pão e deu graças a Deus.
Depois partiu o pão e deu a eles."* (LUCAS 24:30)

JESUS, RESSUSCITADO, SENTA-SE à mesa com dois discípulos que estão a caminho de Emaús. Eles ainda estão perdidos, tentando compreender os acontecimentos em Jerusalém, imersos em tristeza e confusão. Mas, naquele gesto simples — pegar o pão, dar graças, partir e repartir —, tudo muda. De repente, como em um estalo, seus olhos se abrem, e eles percebem que o próprio Jesus estava ali, diante deles, o tempo todo.

Costumamos esperar encontrar Deus em coisas grandiosas, mas Ele está presente na simplicidade do cotidiano. Cristo pega o pão e transforma-o em um símbolo de algo muito maior. Ao partir o pão e agradecer, Ele nos ensina sobre gratidão, partilha e comunhão, nos mostrando que o extraordinário pode, sim, se manifestar no ordinário.

Talvez você esteja à procura de um encontro com o Senhor, aguardando algo grandioso. Mas e se Ele já estiver se revelando nas pequenas coisas? Jesus transforma o cotidiano, abre nossos olhos e traz sentido ao que antes era apenas rotina.

Lembre-se disto: Jesus pode estar aí, no meio do comum, se revelando de maneiras que você nem imagina. A mesa sempre foi um espaço especial. É onde nos reunimos, trocamos ideias e compartilhamos a vida; é nesse ambiente de proximidade que o Filho de Deus escolhe se manifestar.

VAMOS ORAR

Senhor, abre meus olhos para reconhecê-Lo nas pequenas coisas do dia a dia. Que eu não espere por grandes sinais, mas veja Tua presença na simplicidade do cotidiano. Ensina-me a valorizar os momentos comuns, sabendo que é ali que Tu Te revelas e transformas o ordinário em extraordinário. Em nome de Jesus, amém.

ANOTAÇÕES

9 DE DEZEMBRO

A OPOSIÇÃO REVELA A FORÇA DE DEUS

"Então os nossos inimigos das nações vizinhas souberam disso e ficaram desmoralizados porque todos ficaram sabendo que o trabalho havia sido feito com a ajuda do nosso Deus."

(NEEMIAS 6:16)

NEEMIAS TINHA UMA MISsão clara: reconstruir os muros de Jerusalém. Seus inimigos tentaram desanimá-lo espalhando boatos e até intimidando-o com ameaças. À medida que Neemias avançava em sua obra, seus inimigos ficavam mais desesperados. Foi nesse momento que se tornou evidente para todos: aquela obra não era apenas de Neemias; era de Deus.

As artimanhas que deveriam paralisar a construção acabaram desmoralizando os próprios opositores. Eles perceberam que não estavam lutando contra um homem, mas contra o Todo-Poderoso. O resultado foi uma vitória que mostrou que o Senhor estava à frente de tudo.

Isso me lembra dos momentos em que também fui chamada a realizar algo que parecia impossível aos olhos dos outros. Havia desafios, críticas e até tentativas de me fazer desistir, mas foi justamente nessas ocasiões que vi o Pai agindo de forma mais poderosa. A oposição que enfrentei me fez ver que não estava sozinha, que o que eu estava fazendo não era por mim, mas por Seu propósito maior. Portanto, quando você se deparar com oposição, críticas ou tentativas de sabotagem, lembre-se: isso pode ser apenas o prenúncio de uma grande vitória, o indício de que Deus está prestes a realizar algo incrível por meio de você. Em vez de desanimar, encare cada desafio como uma oportunidade!

VAMOS ORAR

Senhor Jesus, que eu não me deixe abater pelos desafios, mas que cada obstáculo me aproxime ainda mais de Ti. Fortalece minha fé e concede-me coragem para prosseguir, ciente de que a Tua mão está sobre mim e de que a Tua obra sempre prevalecerá. Em Teu nome, amém.

ANOTAÇÕES

---

10 DE DEZEMBRO

PENSE CERTO SOBRE VOCÊ

"Porque, como imagina em sua alma, assim ele é."
(PROVÉRBIOS 23:7)

O QUE VOCÊ PENSA SOBRE SI MESmo tem um impacto enorme em sua vida. Se você se coloca para baixo, acredita nas mentiras que o mundo ou sua própria mente compartilha, acabará vivendo uma vida muito aquém do plano divino. Entenda, Deus criou você com um propósito. Ele afirma que você é amado, escolhido e capaz. Se o Criador do universo diz isso, quem é você para duvidar? Ter uma visão correta sobre si mesmo não é arrogância; é fé. É acreditar que você é quem o Criador diz que é, mesmo quando os seus próprios sentimentos tentam convencê-lo do contrário. É saber que, apesar de suas falhas e seus tropeços, você é amado incondicionalmente por Deus. Em certa fase, fui assolada por essa voz interior negativa. Eu me sentia incapaz e duvidava do meu valor e das minhas habilidades. Quase me convenci de que não era capaz de realizar meus projetos, inclusive este livro que está em suas mãos agora. Por vezes, essa voz tentou me paralisar. Mas então, em um momento de profunda reflexão e oração, fui lembrada das verdades de Deus sobre mim.

Reflita por um momento: como você tem se enxergado? Esses pensamentos estão alinhados à visão que o Senhor tem de você? Ao ajustar sua mente para pensar de acordo com o que o seu Pai afirma, sua vida começará a se transformar. Você deixará de aceitar migalhas e passará a viver plenamente, da maneira que Deus sonhou.

VAMOS ORAR

Pai, ajuda-me a transformar a maneira como penso sobre mim mesmo. Quero alinhar minha mente à Tua verdade, reconhecendo o valor que me conferiste. Liberta-me de toda insegurança e permite que eu viva conforme o que o Senhor planejou, com confiança e fé. Em nome de Jesus, amém.

ANOTAÇÕES

_____

_____

_____

_____

_____

_____

11 DE DEZEMBRO

JESUS ESTÁ DORMINDO?

"De repente, uma grande tempestade agitou o lago, de tal maneira que as ondas começaram a cobrir o barco. E Jesus estava dormindo." (MATEUS 8:24)

A VIDA É CHEIA DE SURPRESAS. Às vezes, tudo está em perfeita harmonia e, de repente... uma tempestade inesperada surge e revira nossa realidade. Foi exatamente isso que os discípulos vivenciaram naquela noite em que se encontravam no mar, enfrentando uma tempestade avassaladora. Curiosamente, enquanto o barco era sacudido pelas ondas e estava prestes a afundar, Jesus estava a bordo, mas... dormindo! No auge do caos, decidiram despertá-lo, gritando: "Senhor, salva--nos! Estamos à beira da morte!" Então, Ele se levantou, repreendeu o vento e o mar, e tudo se aquietou. A tempestade, que parecia intransponível, se acalmou em um piscar de olhos.

Talvez você esteja enfrentando uma tormenta, assim como os discípulos. Pode ser um casamento fragilizado pela mentira, uma crise financeira ou, quem sabe, um problema de saúde. Independentemente da prova que você enfrenta, saiba que não precisa passar por ela sozinho. Quando Jesus está presente, as tempestades podem até ocorrer — e sabemos que ocorrem —, mas o medo não precisa dominar o nosso coração.

As tempestades não representam um ponto-final, mas sim oportunidades de experimentarmos a presença de Jesus de maneira ainda mais profunda. Lembre-se: não importa a força das águas, com Jesus ao nosso lado sempre há esperança e redenção à vista.

VAMOS ORAR

Senhor, nas tempestades da vida, ajuda-me a lembrar que Tu estás sempre comigo. Eu preciso de fé para confiar que, com um simples comando Teu, toda tempestade pode se acalmar. Quero encontrar paz e esperança na Tua presença, sabendo que Tu estás no controle. Em nome de Jesus, amém.

ANOTAÇÕES

12 DE DEZEMBRO

A ESTABILIDADE É IMUTÁVEL

"Jesus Cristo é o mesmo ontem, hoje e sempre." (HEBREUS 13:8)

AH, COMO É RECONFORTANTE SAber que em meio a tantas transformações Jesus continua sendo aquela rocha firme, sempre estável e imutável. Cristo é o amigo em quem podemos confiar plenamente; não hesita, não muda de opinião. Ele afirmou ser o mesmo ontem, hoje e sempre. Jesus pode intervir em nossa vida, ajustando o que for necessário, mas Sua essência permanece imutável.

Já parou para pensar como seria maravilhoso se também fôssemos tão firmes? Já passei por dias em que minhas emoções eram um verdadeiro vendaval. Acordava sem saber se o dia seria de risos ou de lágrimas. Minha vida parecia uma maré alta, repleta de surpresas nem sempre agradáveis. Aqueles que me conheciam sabiam que podiam esperar qualquer coisa, menos estabilidade.

É exatamente aí que Jesus se destaca ainda mais. Ele é a calma em meio ao caos, a serenidade na confusão. Se há algo que precisamos aprender com Ele, é isto: crescer emocionalmente não se resume a manter o autocontrole, mas a ser constante. Não à toa a Bíblia afirma que Ele é o mesmo de sempre — essa é a marca de alguém que sabe onde pisa.

Convido você a se permitir ser moldado por esse exemplo. Que possamos nos tornar como Jesus, firmes e confiáveis, não por nossas próprias forças, mas pela graça dEle que nos transforma a cada dia.

VAMOS ORAR

Senhor, agradeço por ser minha rocha firme e imutável, calmaria no caos. Molda minhas emoções e minha vida, para que eu possa ser um porto seguro para os outros, assim como Tu és para mim. Que a Tua graça me transforme a cada dia, tornando-me mais parecido Contigo. Em nome de Jesus, amém.

ANOTAÇÕES

13 DE DEZEMBRO

UM CORAÇÃO CONFIANTE

"O meu coração está firme, ó Deus, bem firme; eu cantarei hinos em teu louvor."
(SALMOS 57:7)

AO LONGO DA NOSSA CAMInhada com Deus aprendemos que manter o coração firme e confiante é fundamental, especialmente quando estamos envolvidos no ministério. Mas essa tarefa não é simples. Observe, basta alguém olhar para o relógio durante a mensagem para o diabo começar a sussurrar: "Viu? Eles estão entediados." Se alguém se levanta para ir ao banheiro, lá vem ele novamente: "Eles estão saindo porque não gostam do que você está dizendo. Ninguém está gostando." É uma batalha mental incessante para roubar nossa confiança com suas mentiras insidiosas.

A mente é como um campo de batalha, e o diabo sabe atacar onde mais dói. Se conseguir nos fazer duvidar, já avançou no terreno do nosso coração. Seu objetivo é nos fazer perder a confiança em tudo. Ele deseja que nos sintamos insignificantes, sem valor.

Não podemos começar o dia com medo ou desânimo. Precisamos nos levantar pela manhã com a certeza de que, em Cristo, a vitória já nos pertence! Levante-se com a fé de que, com Deus ao seu lado, você já é um vencedor!

Que o clamor das mentiras do inimigo seja silenciado pela certeza de que o Senhor é quem guia seus passos. Com essa confiança, você pode enfrentar qualquer desafio de cabeça erguida, sabendo que a batalha já foi vencida por aquEle que nunca falha.

VAMOS ORAR

Jesus, que eu possa manter meu coração firme e confiante, especialmente quando o inimigo tenta plantar dúvidas em minha mente. Dá-me forças para resistir às mentiras do diabo e para confiar plenamente no Teu chamado e no Teu propósito para mim. Guia meus passos e silencia as vozes que tentam me desanimar. Em Teu nome, amém.

ANOTAÇÕES

_____

_____

_____

_____

_____

14 DE DEZEMBRO

FÉ QUE REDEFINE

"Jesus ouviu isso e disse a Jairo: 'Não tenha medo; tenha fé, e ela ficará boa.'"
(LUCAS 8:50)

QUANDO PENSAMOS EM FÉ, É COmum acharmos que ela significa acreditar em algo que desejamos que aconteça. Mas e se, na visão de Jesus, fé for mais do que isso?

No momento em que Jairo recebeu a notícia devastadora da morte de sua filha, ele estava encarando o que parecia ser o fim da linha, mas Jesus o desafiou a pensar diferente: "Não tenha medo; tenha fé." Cristo estava ensinando a ele — e a todos nós — que a fé não é só uma resposta ao medo, mas uma transformação completa da nossa percepção da realidade. Muitas vezes, nos deparamos com situações em que o medo nos diz para desistir, para aceitar a derrota. Não conseguimos ampliar nossa visão e ajustar o foco, vemos apenas nossos problemas. Contudo, Jesus nos convida a dar um passo além, a ter uma fé que não apenas acredita, mas que redefine. Quando Jesus disse a Jairo para não temer, Ele estava, de fato, revelando que o controle do cenário nunca havia saído de Suas mãos e que o que parecia ser um ponto-final era, na verdade, o início de algo extraordinário. O Messias nos convida a ter o tipo de fé que nos leva a enxergar a vida com os olhos do céu. É uma fé que muda nossa perspectiva, que nos tira da zona de conforto e nos coloca no campo do sobrenatural. Ao escolher essa fé, começamos a ver que, com Jesus, o impossível é apenas o começo.

VAMOS ORAR

Senhor, muda a minha perspectiva para que eu possa ver além do que é visível. Ajuda-me a ter uma fé que não apenas enfrenta o medo, mas que redefine o impossível. Que eu possa confiar plenamente no Teu poder, mesmo quando tudo parecer contrário. Em nome de Jesus, amém.

ANOTAÇÕES

15 DE DEZEMBRO

O BEM QUE DEUS PROMETE

"Pois sabemos que todas as coisas trabalham juntas para o bem daqueles que amam a Deus, daqueles a quem ele chamou de acordo com o seu plano." (ROMANOS 8:28)

ESTAMOS SEMPRE BUSCANDO SOluções rápidas, respostas claras e resultados palpáveis. Desejamos que as adversidades se resolvam de maneira a nos oferecer conforto e alívio instantâneos. Não estamos dispostos a "pagar o preço".

Toda adversidade promove mudança, principalmente em nosso interior. Quando eu reflito sobre essa Palavra, percebo que todas as fases da minha vida, por mais dolorosas que tenham sido, me levaram ao crescimento espiritual, à maturidade e à conformidade com a imagem de Cristo. Passei por muitos processos dolorosos e, em alguns deles, eu acreditava que não teria saída ou solução. Paulo deixa claro que o plano do Senhor vai muito além desta vida. A promessa expressa no versículo não significa que tudo será resolvido agora, mas que na eternidade entenderemos como cada detalhe, cada dor, cada alegria e cada luta contribuíram para a realização do propósito eterno.

Reoriente seu foco. Em vez de questionar "Por que isso está acontecendo?" ou "Como isso pode ser para o meu bem?", comece a perguntar: "O que Deus deseja me ensinar através disso?" ou "De que maneira esta situação está me moldando para que eu me torne mais parecido com Cristo?" Saber que esse "bem" ultrapassa o presente nos fortalece para prosseguir, confiando que, no final, tudo realmente colabora para o propósito que Ele estabeleceu para nós.

VAMOS ORAR

Senhor, abre meus olhos para ver além das circunstâncias imediatas e para confiar no bem eterno que o Senhor está operando em mim. Ajuda-me a lembrar que o Teu plano é maior do que consigo entender agora. Que eu possa compreender que todas as coisas, de fato, cooperam para o meu bem. Em nome de Jesus, amém.

ANOTAÇÕES

16 DE DEZEMBRO

ATRAVÉS DA MURALHA

"Ó Deus, tu nos puseste à prova. Como a prata é provada pelo fogo, assim nos provaste."
(SALMOS 66:10)

ATRAVESSIA DA MURALHA ESPIritual é um processo difícil de identificar tanto ao começar quanto ao chegar ao outro lado. Muitos enfrentam sofrimentos profundos e se deparam com grandes obstáculos, mas nem todos são transformados por eles. Para alguns, as muralhas se tornam um ciclo repetitivo, de maneira que, em vez de atravessá-las, são apenas repelidos, retornando mais amargurados e frustrados.

Somente Deus pode nos fazer atravessar essas barreiras. Ele é o único capaz de nos segurar pela mão e nos guiar ao outro lado. Não há como saber quando ou de que forma isso acontecerá. Podemos nos esforçar; mas, no fim, a decisão é dEle. Por mais que desejemos ter controle, atravessar as muralhas que se avolumam é entregar o volante da nossa história a Deus. Ele é quem guia e conhece o caminho. Não se trata de forçar a passagem, mas de permitir que Ele nos mostre o momento certo para avançar.

Portanto, quando a vida colocar você diante de uma muralha, não se precipite em colidir com ela. Em vez disso, pare, respire e confie. Deus tem Seu próprio tempo e Seu jeito de nos conduzir ao nosso destino. Pode parecer demorado e, em alguns momentos, doloroso, mas o outro lado sempre reserva algo que só Ele pode nos revelar.

VAMOS ORAR

Senhor, sei que muitas vezes enfrento barreiras que parecem intransponíveis, muralhas que me deixam sem forças e sem direção. Mas sei que Tu estás comigo, segurando a minha mão e me guiando para além das dificuldades. Ajuda-me a confiar no Teu tempo, a esperar com paciência e a entregar o controle a Ti. Em nome de Jesus, amém.

ANOTAÇÕES

17 DE DEZEMBRO

SAIRÁ ÁGUA?

"Eu estarei diante de você em cima de uma rocha, ali no monte Sinai. Bata na rocha, e dela sairá água para o povo beber. E Moisés fez isso na presença dos líderes do povo de Israel." (ÊXODO 17:6)

O POVO DE ISRAEL ESTAVA NO deserto sob um sol escaldante sem uma gota d'água à vista. O desespero se instaurou, e as reclamações começaram a surgir. Foi então que Deus ordenou a Moisés que batesse em uma rocha. Quem poderia imaginar que dela sairia água? Mas, para surpresa de todos, saiu em abundância, saciando aquele povo completamente. A rocha, normalmente associada à dureza e à imobilidade, tornou-se fonte de vida. Às vezes, nos deparamos com situações que se assemelham a verdadeiros desertos. É nesses momentos que Deus nos surpreende e nos proporciona água fresca do lugar mais improvável.

Quando Moisés bateu na rocha, ele nos ensinou uma lição valiosa. Em geral, o que precisamos fazer é confiar e dar um passo de fé, ainda que tudo ao nosso redor indique não haver solução. Deus é mestre em transformar o impossível em possível e faz isso de maneira singular. Quando "batemos" na rocha — ou seja, quando confiamos em Deus, mesmo que pareça insensato —, Ele nos surpreende com a solução que nunca imaginamos.

Da próxima vez que você se sentir em um deserto, lembre que Deus está ali, diante de você, pronto para realizar o impossível. A resposta pode vir do lugar mais inesperado, mas chegará! Quando isso acontecer, será mais do que suficiente para sustentar você, renovar suas forças e impulsioná-lo a seguir em frente com fé. Você crê?

VAMOS ORAR

Senhor, ensina-me a confiar em Ti nos desertos da vida. Que eu possa "bater na rocha" com fé, acreditando que o Senhor pode trazer soluções até dos lugares mais improváveis. Obrigado por sempre estar presente e por nunca me abandonar. Em nome de Jesus, amém.

ANOTAÇÕES

18 DE DEZEMBRO

DECISÃO E DIREÇÃO

"O Senhor renova as minhas forças e me guia por caminhos certos, como ele mesmo prometeu." (SALMOS 23:3)

A VIDA, É UM ETERNO "E AGORa?". Ir ou ficar? Abraçar ou soltar? Constantemente fazemos escolhas, muitas vezes sem refletir de modo profundo. No entanto, cada decisão, seja ela significativa ou não, se torna parte da nossa história. Decidir pode ser exaustivo e gerar um verdadeiro nó no estômago. "E se eu errar drasticamente?" A Bíblia oferece conforto para esse dilema. Há uma promessa que atua como um GPS divino: o Espírito Santo está disposto a nos guiar.

Como lemos em Salmos, Deus, nosso Pastor fiel, não apenas se preocupa com nossas necessidades básicas, mas também nos orienta e nos direciona de forma assertiva, não nos deixando desamparados no meio do caminho.

Lembra-se da história dos hebreus no Egito? Eles eram como pássaros encarcerados, sem nunca terem conhecido o mundo exterior. Porém, um dia o faraó os libertou, e eles se viram livres. Com liberdade total, não sabiam para onde ir! No entanto, Deus, em Sua infinita bondade, abriu o mar Vermelho, como se dissesse: "Calma, Eu estou no controle", e os conduziu até a Terra Prometida.

Assim como fez com os hebreus, o Senhor age em nossa jornada hoje. Quando a vida se assemelha a um labirinto, repleto de curvas e impasses, o Espírito Santo nos guia e nos toma pela mão. Mesmo quando o caminho parece não levar a lugar algum, Ele conhece exatamente o destino a que nos quer conduzir. Esse destino sempre compensa!

VAMOS ORAR

Senhor, que Teu Espírito ilumine meu caminho, mostrando-me a direção certa, mesmo quando tudo parecer confuso. Que eu possa ouvir Tua voz e seguir Tua direção, sabendo que o destino que tens para mim é sempre o melhor. Em nome de Jesus, amém.

ANOTAÇÕES

19 DE DEZEMBRO

O QUE SE ESPERA E O QUE SE NECESSITA

"Logo que foi batizado, Jesus saiu da água. O céu se abriu, e Jesus viu o Espírito de Deus descer como uma pomba e pousar sobre ele. E do céu veio uma voz, que disse: 'Este é o meu Filho querido, que me dá muita alegria!'" (MATEUS 3:16-17)

JOÃO BATISTA BEM QUE TENtou dissuadir Jesus do batismo, até desejou trocar de lugar com Ele, mas Cristo estava decidido. Em um gesto simples, João mergulhou o Messias nas águas, selando um momento que transformaria a história.

Quando Jesus emergiu, o céu se abriu em reverência, e o Espírito Santo desceu sobre Ele não como fogo ou vento impetuoso, mas suavemente, como uma pomba. Esse momento extraordinário é registrado em todos os quatro Evangelhos (Marcos 1:10; Lucas 3:22; João 1:32). Lucas, em particular, enfatiza que o Espírito não apenas parecia uma pomba, mas realmente tomou essa forma.

É curioso... Por que uma pomba? Uma águia poderia simbolizar poder, pronta para derrotar Satanás. Podia ser uma coruja, sábia e misteriosa, ou até uma cotovia, cantando esperança para o mundo. Mas o Espírito escolheu a forma de uma pomba. Talvez a resposta esteja na natureza do Espírito Santo, que carrega uma ternura quase maternal. Na cultura bíblica, a pomba era símbolo de delicadeza e feminilidade.

Essa escolha revela o profundo contraste entre o que se espera e o que se necessita. Enquanto o mundo valoriza poder e imponência, Deus se manifesta em humildade e gentileza. Naquele momento, o batismo de Jesus marcou o início de uma missão que trará redenção pelo poder transformador do amor divino, e não pela força das armas.

VAMOS ORAR

Senhor, obrigado por me lembrar de que o Teu Espírito Santo se manifesta em humildade e gentileza. Ajuda-me a valorizar essas qualidades em minha vida, buscando transformar o mundo ao meu redor não pela força, mas pela suavidade do Teu amor. Em nome de Jesus, amém.

ANOTAÇÕES

20 DE DEZEMBRO

A LIBERDADE DE SER FILHO

"Porque o Espírito que vocês receberam de Deus não torna vocês escravos e não faz com que tenham medo. Pelo contrário, o Espírito torna vocês filhos de Deus; e pelo poder do Espírito dizemos com fervor a Deus: 'Pai, meu Pai!'" (ROMANOS 8:15)

SER FILHO DE DEUS É MUITO DIFE-rente de ser escravizado. Enquanto este vive assolado pelo medo e pela incerteza, sempre preocupado com o julgamento do seu senhor, aquele vive na segurança do amor e da confiança. A relação de pai e filho é marcada por uma confiança profunda, algo que o escravizado jamais experimentou.

No Antigo Testamento, Deus é chamado de "Pai" em apenas algumas ocasiões; no Novo Testamento, essa imagem se torna central, com mais de duzentas referências! O que mudou? A resposta é simples: Jesus. Sua morte na cruz foi o pagamento final e definitivo pelos nossos pecados. Através dEle, fomos adotados como filhos e filhas, e nossas transgressões foram afastadas de nós para sempre.

O perdão de Deus é tão obstinado que Ele lança nossos pecados no mar, no lugar mais profundo, onde nunca mais serão encontrados. Ele não esconde nossos fracassos, nem os guarda para usar contra nós no futuro, mas os arremessa para bem longe, garantindo que estejam fora de alcance, afundados no oceano da Sua graça.

Esse ato de perdão irreversível nos dá a liberdade de viver como filhos, e não como escravizados. Podemos descansar na certeza de que nada vai nos separar do amor de Deus, pois Ele nos ama como um Pai perfeito que cuida e provê para Seus filhos.

VAMOS ORAR

Pai, agradeço por me chamar de Teu filho, e não de escravo. Obrigado pelo Teu perdão que lança meus pecados para longe, no oceano da Tua graça. Ajuda-me a viver na segurança do Teu amor, sabendo que nada pode me separar de Ti. Como um filho que confia no amor de seu Pai, preciso sempre da Tua provisão e do Teu cuidado. Em nome de Jesus, amém.

ANOTAÇÕES

21 DE DEZEMBRO

CICATRIZES

"Ainda que o meu pai e a minha mãe me abandonem, o Senhor cuidará de mim."
(SALMOS 27:10)

AS FERIDAS CAUSADAS PELA família demoram a se curar. Espero que a sua infância tenha sido feliz, que os seus pais tenham conseguido alimentá-lo e protegê-lo. Mas, caso não tenha sido assim, saiba que compreendo; você não está sozinho. Acredite, até as famílias mais reverenciadas da Bíblia enfrentaram suas tempestades.

Um bom exemplo disso é Davi. Ele era o filho mais novo, praticamente esquecido pelo pai, Jessé, quando o profeta Samuel foi escolher um novo rei. Enquanto seus irmãos se destacavam nas mais variadas áreas, Davi era apenas um pastor de ovelhas relegado ao campo. Quando o momento certo chegou, esse pastor foi ungido como rei, mesmo sem o apoio ou o reconhecimento da própria família. A rejeição que ele vivenciou tornou-se combustível para sua fé e determinação. Sua história nos ensina que, ainda que sejamos negligenciados ou subestimados por aqueles que deveriam nos apoiar, Deus vê nosso valor e tem um plano singular para cada um de nós.

As feridas causadas pela família podem ser profundas, mas não precisam definir quem você é. Deus é o Pai que nunca falha, o amigo que nunca abandona. Decida hoje transformar a dor em propósito e a rejeição em redenção. O que sua família não pôde oferecer o Senhor dá em abundância. Confie que, mesmo nas situações mais difíceis, Ele está ao seu lado, vendo além das circunstâncias, pronto para elevar você ao propósito que Ele preparou.

VAMOS ORAR

Pai, ajuda-me a enxergar o valor que colocaste em mim, mesmo quando outros falham em reconhecê-lo. Que eu possa encontrar cura em Teu amor, força em Tua presença e propósito em Tua Palavra. Sustenta-me, Pai. Em nome de Jesus, amém.

ANOTAÇÕES

22 DE DEZEMBRO

DESERTO OU TERRA PROMETIDA?

"Pensem nas coisas lá do alto e não nas que são aqui da terra."
(COLOSSENSES 3:2)

OS ISRAELITAS TINHAM UMA "mentalidade de deserto" que os manteve presos em um lugar de estagnação. Colossenses 3:2 nos lembra de fixar nossa mente nas coisas certas, para não sermos vítimas de pensamentos que nos afastem da Terra Prometida.

Eu me lembro de uma época em que, apesar de ter uma boa casa, filhos maravilhosos e uma vida confortável, ainda me sentia vazia e insatisfeita. Tudo ao meu redor parecia sombrio porque minha mente estava presa a uma mentalidade de deserto. Mesmo com tantas bênçãos, eu não conseguia enxergar nada de positivo, e isso me impedia de desfrutar a vida que o Criador tinha me dado.

Essa mentalidade negativa pode se enraizar em nós de diversas formas. Por muitos anos, eu fui uma dessas pessoas. Caminhava em direção ao céu, mas não aproveitava a jornada. Estava morrendo por dentro, perdida no deserto da minha própria criação. Mas Ele me mostrou que essa mentalidade não precisa ser o meu destino. Quando decidi renovar minha mente e focar as promessas de Deus, comecei a ver a vida com esperança e alegria.

Agora, cabe a você fazer a escolha. Não permita que essa forma de pensar roube sua alegria e o mantenha preso em ciclos de insatisfação. Deus tem uma Terra Prometida cheia de bênçãos esperando por você!

VAMOS ORAR

Senhor, reconheço que, por muito tempo, estive preso em uma mentalidade de deserto, incapaz de enxergar as bênçãos ao meu redor. Não quero mais viver em estagnação ou insatisfação. Liberta-me dos pensamentos negativos que me afastam da Terra Prometida. Em nome de Jesus, amém.

ANOTAÇÕES

23 DE DEZEMBRO

A INIMIGA PREOCUPAÇÃO

"E nenhum de vocês pode encompridar a sua vida, por mais que se preocupe com isso."
(MATEUS 6:27)

POR MUITOS ANOS, PERMITI QUE a preocupação dominasse minha vida. Gastei tempo e energia me preocupando com coisas que estavam completamente fora do meu controle. Hoje, olhando para trás, desejaria ter esses anos de volta para poder vivê-los de forma diferente. Houve momentos em que eu me sentia sobrecarregada. Sentava-me à mesa da cozinha, rodeada de contas e cheques, tentando desesperadamente fazer os números se encaixarem. Minha mente se enchia de cenários terríveis! Pensamentos rodavam na minha cabeça como um filme de terror infindável, me deixando ainda mais ansiosa e frustrada.

Apesar de todos esses esforços e preocupações, percebo agora que nada disso mudou minha circunstância. A ansiedade apenas me afastava da paz e da confiança que Deus sempre ofereceu. Em vez de me desesperar, eu deveria ter focado a fidelidade dEle e a Sua promessa de cuidar de mim. Se você está preso em um ciclo de preocupação, eu entendo. Mas saiba que há um caminho melhor! Preocupar-se não resolve problemas, mas confiar em Deus traz paz e esperança. A preocupação nos desgasta e nos rouba a alegria. Em vez de nos afundarmos nela, podemos escolher confiar em Deus, sabendo que Ele é capaz de cuidar de tudo aquilo que está fora do nosso controle. Vamos entregar nossas ansiedades a Ele e desfrutar a paz que só Ele pode dar!

VAMOS ORAR

Jesus, reconheço que, por muitos anos, permiti que a preocupação dominasse minha vida. Hoje, escolho entregar todas as minhas ansiedades a Ti, confiando na Tua fidelidade e no Teu cuidado. Ajuda-me a focar a Tua promessa de suprir minhas necessidades. Em Teu nome, amém.

ANOTAÇÕES

24 DE DEZEMBRO

O MILAGRE DA ESPERANÇA

"A Palavra se tornou um ser humano e morou entre nós, cheia de amor e de verdade. E nós vimos a revelação da sua natureza divina, natureza que ele recebeu como Filho único do Pai." (JOÃO 1:14)

AQUI ESTAMOS, 24 DE DEZEMbro, véspera de Natal. O clima de expectativa permeia o ar, as luzes cintilam e o coração se aquece para a celebração de amanhã. Vamos além dos presentes, da ceia e da tradicional correria? Hoje é o dia de refletir sobre o que realmente estamos comemorando: o nascimento da esperança, do amor encarnado. Sim, Jesus chegou, trazendo consigo a promessa de uma vida transformada.

O Criador de todas as coisas decidiu entrar na nossa história. O Todo-Poderoso se fez pequeno e vulnerável para nos ensinar que a verdadeira força reside no amor e na entrega.

Hoje, enquanto o mundo se agita, somos chamados a permitir que essa verdade nos toque novamente. O nascimento de Jesus foi a luz que dissipou a escuridão. O Natal é um lembrete de que Deus está conosco. Ele veio para estar ao nosso lado, para ser a nossa luz na escuridão.

Assim, nesta véspera de Natal, permita que a esperança inunde o seu coração. Que o nascimento de Jesus renove a sua fé, fortaleça sua esperança e inspire você a espalhar amor por onde passar. A noite em Belém foi apenas o começo. A luz que brilhou naquele estábulo é a mesma que pode iluminar nossa vida hoje. Vamos vivenciar este Natal com gratidão, sabendo que, por causa de Cristo, a verdadeira paz e a alegria estão ao nosso alcance!

VAMOS ORAR

Senhor, agradeço o presente mais valioso que já recebi — o Teu Filho Jesus. Que neste Natal eu possa sentir novamente a profundidade do Teu amor e a paz que só Tu podes proporcionar. Ajuda-me a viver com um coração grato e a difundir a luz de Cristo em todos ao meu redor. Em nome de Jesus, amém.

ANOTAÇÕES

25 DE DEZEMBRO

PRÍNCIPE DA PAZ

"Pois já nasceu uma criança, Deus nos mandou um menino que será o nosso rei. Ele será chamado de 'Conselheiro Maravilhoso', 'Deus Poderoso', 'Pai Eterno', 'Príncipe da Paz'."

(ISAÍAS 9:6)

O CLIMA DE NATAL ESTÁ NO ar. A casa está cheia, a família reunida e as crianças correndo para lá e para cá, ansiosas para abrir os presentes. Tem riso, conversa e cheirinho de comida boa vindo da cozinha. É um daqueles dias em que o coração se aquece só de estar junto das pessoas que amamos. No meio dessa celebração toda, vale a pena parar um pouquinho para lembrar o verdadeiro motivo desse dia tão especial.

Hoje celebramos o nascimento de Jesus, o Filho de Deus que veio ao mundo de um jeito tão simples, tão humilde, nascendo em uma manjedoura.

O Criador do universo escolheu se fazer carne, viver entre nós, sentir nossas dores e alegrias. Tudo isso por amor. Então, enquanto curtimos este dia especial, que tal lembrar do verdadeiro presente que recebemos? Cristo veio para nos mostrar que Deus não está distante. O Natal fala da proximidade de Deus conosco, da luz que Ele trouxe para a nossa vida e do amor que transforma tudo ao nosso redor. Neste dia, aproveite cada momento com a sua família, mas não se esqueça de agradecer o maior presente de todos: Jesus. Que a paz e a alegria que Ele nos trouxe encham o seu coração, e que o verdadeiro significado do Natal faça parte de cada gesto, palavra e sorriso compartilhado.

VAMOS ORAR

Senhor, obrigado por Jesus, o maior presente que a humanidade poderia receber. Que o verdadeiro espírito do Natal esteja presente em minha família, trazendo paz, amor e união. Ajuda-me a lembrar sempre do Teu amor e a compartilhar essa alegria com todos ao meu redor. Em nome de Jesus, amém.

ANOTAÇÕES

_____

_____

_____

_____

_____

26 DE DEZEMBRO

NO TOPO DA LISTA

"Portanto, ponham em primeiro lugar na sua vida o Reino de Deus e aquilo que Deus quer, e ele lhes dará todas essas coisas."

(MATEUS 6:33)

QUEREMOS TANTO UMA CONEXÃO profunda com Deus, desejamos sentir que Ele está presente, bem perto de nós. Porém, é importante reconhecer que essa intimidade não vem como mágica.

Deus não é como um restaurante fast-food no qual você pede e logo já recebe o prato pronto. Ele se assemelha mais a uma horta, que precisa de cuidados constantes, de rega e de sol todos os dias.

É impressionante como nos tornamos especialistas em atividades passageiras, mas amadores no que diz respeito ao que é eterno. Imagine você chegando à última página da sua vida e percebendo que dedicou muito mais horas ao espelho do que à Palavra... Isso certamente provoca um aperto no coração e nos faz compreender o que realmente deveria ter importado.

Li certa vez que, em média, pastores oram apenas quatro minutos por dia. Quatro minutos! Mal é tempo suficiente para uma oração que faça sentido. Não é de se espantar que muitas pessoas vão à igreja e saem de lá do mesmo jeito que entraram. É como tentar matar a sede com um copinho de água quando o corpo clama por um rio inteiro. O segredo, seja no púlpito ou na vida, é simples: o tempo que dedicamos a Deus é o que determina o poder que detemos. Se você pensa que está indo bem na vida sem Ele, imagine como seria com Ele no centro!

VAMOS ORAR

Pai, ajuda-me a perceber o que realmente importa e a colocar o Senhor em primeiro lugar na minha vida. Que eu não Te deixe esperando enquanto busco coisas que não me preenchem. Que meu coração, meus planos e meu tempo sejam Teus, todos os dias. Em nome de Jesus, amém.

ANOTAÇÕES

27 DE DEZEMBRO

SUA MAIOR BATALHA É CONSIGO MESMO

"Pois o Espírito que Deus nos deu não nos torna medrosos; pelo contrário, o Espírito nos enche de poder e de amor e nos torna prudentes." (2 TIMÓTEO 1:7)

A AUTOSSABOTAGEM É UM algoz interno que sussurra "Você não consegue" quando mais precisamos de coragem! É como se, em vez de enfrentarmos os desafios do mundo exterior, optássemos por derrubar nossos próprios castelos de areia. Somos nós mesmos que minamos os nossos sonhos! A ironia é que fazemos isso por medo de falhar; mas, ao final, acabamos fracassando sem nem tentar.

Deixe-me compartilhar um segredo: Deus não criou você para que tropece em suas próprias armadilhas. Ele não deu a você um espírito de medo ou insegurança; na verdade, Ele lhe concedeu poder, amor e equilíbrio, para que possa olhar no espelho e enxergar um guerreiro, não um derrotado.

Superar a autossabotagem é um ato de rebeldia contra as mentiras que contamos a nós mesmos. É retirar os óculos embaçados e enxergar a vida com as cores vibrantes que Deus planejou para você.

Troque o "não consigo" por "Deus me capacita" e veja o impossível começar a perder força. Cada vez que você diz "sim" ao propósito de Deus, é como se colocasse um tijolo na construção do futuro que Ele já sonhou para você.

Acredite: quando você se livra das correntes da autossabotagem, o céu deixa de ser o limite e transforma-se no ponto de partida.

VAMOS ORAR

Deus, reconheço que muitas vezes sou meu pior inimigo, mas hoje peço que me ajudes a superar essa tendência de me autossabotar. Desejo enxergar meu valor e viver o propósito que o Senhor tem para mim sem medo e sem limitações autoimpostas. Em nome de Jesus, amém.

ANOTAÇÕES

_____

_____

_____

_____

_____

28 DE DEZEMBRO

O NÃO DE DEUS

"Mas ele me respondeu: 'A minha graça é tudo o que você precisa, pois o meu poder é mais forte quando você está fraco.' Portanto, eu me sinto muito feliz em me gabar das minhas fraquezas, para que assim a proteção do poder de Cristo esteja comigo."
(2 CORÍNTIOS 12:9)

OUVIR UM "NÃO" NUNCA É FÁCIL. Nós oramos, esperamos e acreditamos que o que pedimos faz todo o sentido, e então... nada. O silêncio de Deus, ou pior, um "não" claro e direto.

Paulo, o apóstolo, experimentou essa realidade de maneira intensa. Ele implorou a Deus três vezes para remover aquele "espinho na carne", mas o que recebeu foi um "não". Você já parou para pensar que o "não" do Pai não significa que Ele se importe menos? Na verdade, é exatamente o oposto. Pode ser um desvio necessário, uma proteção invisível, ou até uma preparação para algo muito melhor que está por vir.

Talvez você esteja refletindo sobre os projetos de 2025 que não se concretizaram. Isso pode trazer uma sensação de frustração. Porém, é importante lembrar que os "nãos" que o Criador deu a você este ano foram fundamentais na formação do seu caminho. Algumas portas podem ter se fechado, mas cada "não" foi uma oportunidade para confiar mais nEle e menos em si mesmo. Portanto, se 2025 não foi o ano dos "sins", certamente foi um ano de aprendizado, paciência e dependência.

É claro que aceitar o "não" não é fácil; exige humildade e confiança. Mas acredite: cada negativa de Deus contém um "sim" disfarçado. Ele está nos dizendo: "Não agora, não deste jeito, mas espere, pois Eu tenho algo muito melhor reservado para você."

VAMOS ORAR

Senhor Deus, eu reconheço que nem sempre compreendo os Teus "nãos", mas hoje escolho confiar em Ti. Sei que todas as Tuas respostas, inclusive as que me desagradam, são motivadas por amor e cuidado. Ajuda-me a descansar na Tua graça e a acreditar que o Teu plano é sempre o melhor. Em nome de Jesus, amém.

ANOTAÇÕES

29 DE DEZEMBRO

ALEGRIA NAS PEQUENAS COISAS

"O que vocês fizerem façam de todo o coração, como se estivessem servindo o Senhor e não as pessoas." (COLOSSENSES 3:23)

VIVEMOS APRESSADOS, RISCANDO itens da nossa lista de tarefas. Nesse turbilhão, nos esquecemos de aproveitar o processo. Um dia, decidi que precisava mudar essa situação. Propus-me a desfrutar de cada pequena ação, até mesmo aquelas que costumava fazer no automático. Em vez de correr para me arrumar logo pela manhã, comecei a valorizar o ritual: escolher a roupa do dia, aplicar a maquiagem, arrumar o cabelo... Eram tarefas cotidianas; mas, ao decidir prestar atenção nelas, de repente, o que antes era rotina passou a ter cor e alegria.

Agora, ao final de 2025, talvez você olhe para trás e se dê conta de momentos que poderiam ter sido mais proveitosos se tivesse adotado essa nova perspectiva. Quantas vezes nos preocupamos em fazer as coisas rapidamente, sem atentar para o presente? Pode ser que tenhamos deixado de desfrutar a plenitude de pequenos momentos — como uma conversa que poderia ter sido mais significativa, uma tarefa que poderia ter sido realizada com mais dedicação ou um instante de descanso que poderia ter sido saboreado com gratidão.

Quando decidimos fazer tudo com amor, percebemos que o Espírito Santo está ali, oferecendo aquele empurrãozinho que nos ajuda a apreciar até mesmo o que parece mais sem graça. No fim das contas, a alegria não reside apenas nos grandes acontecimentos, mas na escolha de enxergar cada detalhe como um presente raro e especial.

VAMOS ORAR

Senhor, ajuda-me a encontrar alegria nas pequenas coisas. Que eu consiga perceber a Tua mão nos detalhes do meu dia a dia e transformar cada tarefa em um ato de amor a Ti. Ensina-me a viver cada instante como um presente precioso. Em nome de Jesus, amém.

ANOTAÇÕES

30 DE DEZEMBRO

RUMO AO FUTURO

"Maria guardava todas essas coisas no seu coração e pensava muito nelas."
(LUCAS 2:19)

QUANDO CHEGAMOS AO FInal do ano, são inevitáveis as avaliações. Olhamos para trás e fazemos um inventário mental de conquistas, derrotas, sorrisos e lágrimas. O que fazer com tudo isso? Podemos aprender uma lição valiosa com Maria. Após os extraordinários eventos do nascimento de Jesus, ela não apenas testemunhou, mas também guardou cada detalhe em seu coração. Ela não deixou passar em branco: meditou, refletiu e processou tudo. É exatamente isso que devemos fazer ao encerrar 2025!

Refletir é como montar um quebra-cabeça. Mesmo que algumas peças ainda pareçam perdidas, a imagem geral começa a se esclarecer. Talvez nem tudo esteja claro agora, e isso é perfeitamente aceitável. O que realmente importa é que, ao meditar sobre nossas vivências, encontramos pistas do que o Pai está realizando. Ele sempre tem um plano, mesmo quando não conseguimos enxergar.

Então, antes de virar a página e iniciar 2026, reserve um tempo para refletir. Olhe para trás com carinho, guarde o que é precioso, aprenda com os desafios

e permita que Deus revele o que estava fazendo. A reflexão é a ponte que liga o que já passou ao que ainda está por vir. Nela encontramos a paz e a confiança de que Deus continua no controle.

VAMOS ORAR

Deus, ao encerrar este ano, agradeço todos os momentos vividos. Ajuda-me a refletir com sabedoria sobre tudo que experimentei, a guardar no coração o que é precioso e a aprender com os desafios. Que essa pausa me aproxime mais de Ti e me prepare para um novo ano cheio de fé e esperança. Em nome de Jesus, amém.

ANOTAÇÕES

31 DE DEZEMBRO

EM CRISTO, O NOVO SEMPRE CHEGA!

"Quem está unido com Cristo é uma nova pessoa; acabou-se o que era velho, e já chegou o que é novo."

(2 CORÍNTIOS 5:17)

A VIRADA DE ANO É AQUELE MOMENTO em que tentamos deixar para trás o que não funcionou e acolher as possibilidades que se aproximam. O peso do que vivemos não se dissipa com os fogos de artifício, e as promessas de Ano-Novo, muitas vezes, já nascem fragilizadas. Em Cristo, somos verdadeiramente novos, o passado já ficou para trás. Ele nos observa e enxerga além dos nossos erros, tropeços e lágrimas. Por isso, ainda que o passado seja pesado, não precisa determinar o nosso amanhã.

Neste momento de reflexão, não posso deixar de expressar minha gratidão. Agradeço a Deus por me guiar até aqui e sou grata a você, que caminhou ao meu lado ao longo destes 365 dias. Juntos, aprendemos que Deus é fiel em cada detalhe. Agora, com um novo ano à frente, que tal deixar para trás o que é velho? O que foi dor, permita que cure. O que foi erro, leve como lição. E o que foi bom, traga consigo, mas sem nostalgia, apenas como uma boa lembrança. O que realmente importa é o que está por vir; com Cristo, sempre há coisas boas a caminho. Ele faz tudo novo, incluindo nós mesmos, nossos sonhos e nossas batalhas. Então, prossigamos com o coração mais leve e a esperança renovada, pois o melhor ainda está por vir!

VAMOS ORAR

Deus, agradeço por estar ao meu lado em cada passo desta jornada. Sou grato por tudo que vivemos, pelas lições aprendidas e pelas bênçãos recebidas. Que neste ano que se inicia eu possa viver o que o Senhor tem de novo para mim, deixando para trás o que já não serve mais e caminhando em direção ao que preparaste. Obrigado, Senhor, por me sustentar ao longo destes 365 dias de leitura e crescimento. Em nome de Jesus, amém.

ANOTAÇÕES

_____

_____

_____

_____

_____

Texto revisado segundo o novo Acordo Ortográfico da Língua Portuguesa.

Copyright © 2024 by Catia Regiely
Copyright da edição © 2024 by Editora Best Seller Ltda.

Todos os direitos reservados. Proibida a reprodução,no todo ou em parte, sem
autorização prévia por escrito da editora, sejam quais forem os meios empregados.

PROJETO GRÁFICO
Anderson Junqueira

DIAGRAMAÇÃO
Anderson Junqueira e Tebhata Spekman

SINDICATO NACIONAL DOS EDITORES DE LIVROS, RJ

R261d

    Regiely, Catia
      Deus : minha essência : 365 dias de devocional fortalecendo
minha identidade /

      Catia Regiely. - 1. ed. - Rio de Janeiro : BestSeller, 2024.

      ISBN 978-65-5712-436-9

      1. Deus. 2. Literatura devocional. 3. Devoções diárias. I. Título.

| 24-93545 | CDD: 242 |
| | CDU: 27-583 |

Meri Gleice Rodrigues de Souza - Bibliotecária - CRB-7/6439
21/08/2024 26/08/2024

Direitos exclusivos de publicação em língua portuguesa
para o mundoadquiridos pela
EDITORA BEST SELLER LTDA.
Rua Argentina, 171, parte, São Cristóvão
Rio de Janeiro, RJ   20921-380
que se reserva a propriedade literária desta edição.

Impresso no Brasil

ISBN 978-65-5712-436-9

Seja um leitor preferencial Record.
Cadastre-se no site www.record.com.br e receba informações
sobre nossos lançamentos e nossas promoções.

Atendimento e venda direta ao leitor:
sac@record.com.br

*Este livro foi impresso na
tipologia FreightText Pro, em
corpo 10, e impresso em papel
offset na gráfica Santa Marta.*